工学结合·基于工作过程导向的项目化创新系列教材
高等职业教育"十四五"系列教材

公路工程招投标与合同管理

GONGLU GONGCHENG ZHAOTOUBIAO YU HETONG GUANLI

主　编　王振峰　张　丽
　　　　　钱雨辰
副主编　张　征　苗　飞
　　　　　韩俊平　陈瑞明
　　　　　师百垒　孙博闻
主　审　刘红霞　徐明霞

华中科技大学出版社
http://press.hust.edu.cn
中国·武汉

内 容 简 介

本书根据中华人民共和国交通运输部颁布的《公路工程标准施工招标文件(2018年版)》,公路工程招投标与合同管理的相关法律法规、相应范本和相关规定,结合我国公路工程建设市场的实际情况和国际惯例,重点阐述了公路工程招标、投标及合同管理等方面的基本理论和基本知识。

为了方便教学,本书还配有电子课件等教学资料,任课教师可以发邮件至 husttujian@163.com 索取。

本书可作为道路桥梁工程技术、工程造价管理及相关专业的教材,也可作为公路工程建设、施工、监理等工程技术人员的参考用书及相关岗位培训用书。

图书在版编目(CIP)数据

公路工程招投标与合同管理/王振峰,张丽,钱雨辰主编. —武汉:华中科技大学出版社,2020.8(2024.12重印)
ISBN 978-7-5680-6528-3

Ⅰ.①公… Ⅱ.①王… ②张… ③钱… Ⅲ.①道路施工-招标-教材 ②道路施工-投标-教材 ③道路工程-经济合同-管理-教材 Ⅳ.①U415.1

中国版本图书馆 CIP 数据核字(2020)第 163525 号

公路工程招投标与合同管理　　　　　　　　　　　　　　王振峰　张丽　钱雨辰　主编
Gonglu Gongcheng Zhao-toubiao yu Hetong Guanli

策划编辑:康　序
责任编辑:白　慧
责任监印:朱　玢
出版发行:华中科技大学出版社(中国·武汉)　　电话:(027)81321913
　　　　　武汉市东湖新技术开发区华工科技园　　邮编:430223
录　　排:武汉三月禾文化传播有限公司
印　　刷:武汉邮科印务有限公司
开　　本:787mm×1092mm　1/16
印　　张:22.25
字　　数:567千字
版　　次:2024年12月第1版第3次印刷
定　　价:68.00元

本书若有印装质量问题,请向出版社营销中心调换
全国免费服务热线:400-6679-118　　竭诚为您服务
版权所有　侵权必究

前言

本书系高等职业教育道路桥梁工程技术专业系列教材之一。全书根据中华人民共和国交通运输部颁布的《公路工程标准施工招标文件(2018年版)》,公路工程招投标与合同管理的相关法律法规、相应范本和相关规定,结合我国公路工程建设市场的实际情况和国际惯例,重点阐述了公路工程招标、投标及合同管理等方面的基本理论和基本知识。本书可作为道路桥梁工程技术、工程造价管理及相关专业的教材,也可作为公路工程建设、施工、监理等工程技术人员的参考用书及相关岗位培训用书。

本书采用全新体例编写,附有工程案例,此外,每个学习情境后还附有复习思考题供读者练习。通过对本书的学习,读者可以掌握公路工程招投标、合同与索赔的基本理论和操作技能,具备自行编制公路工程招投标文件和拟订公路工程施工合同文件的能力。本书分为八个学习情境。学习情境1主要介绍了公路招投标基本知识;学习情境2、3介绍了公路工程施工招投标的概念和程序、招标文件和投标文件的编制、评标、开标、定标等内容;学习情境4介绍了公路工程勘察设计招投标的内容;学习情境5介绍了公路工程监理招投标的主要内容;学习情境6、7介绍了合同法及公路工程涉及的合同管理等内容;学习情境8介绍了公路工程施工索赔与FIDIC施工合同条件。学习时间可按照54学时进行安排,推荐学时分配:学习情境1,6学时;学习情境2,8学时;学习情境3,6学时;学习情境4,8学时;学习情境5,8学时;学习情境6,6学时;学习情境7,6学时;学习情境8,6学时。

本书学习情境2以及学习情境7的任务1、2、3由陕西国防工业职业技术学院王振峰老师编写,学习情境3由泰山职业技术学院张丽老师编写,学习情境1由泰山职业技术学院钱雨辰老师编写,学习情境4以及学习情境7的任务4、5由陕西国防工业职业技术学院张征老师编写,学习情境5由杨凌职业技术学院师百垒老师编写,学习情境6的任务1、2、3、4由上海中侨职业技术学院孙博闻老师编写,学习情境6的任务5、6、7由永城职业学院苗飞老师编写,学习情境8的任务1、2、3由湖北城市建设职业技术学院韩俊平老师编写,学习情境8的任务4、5由贵阳职业技术学院陈瑞明老师编写。王振峰、张丽、钱雨辰担任主编,张征、苗飞、韩俊平、陈瑞明、师百垒、孙博闻担任副主编,刘红霞、徐明霞担任主审,王振峰对全书进行统稿。

本书在编写过程中参考了书后所列参考文献中的部分内容,在此向相关作者致以衷心的感谢。同时,对本书付出辛勤劳动的编辑同志表示深切的谢意!

为了方便教学,本书还配有电子课件等教学资料,任课教师可以发邮件至 husttujian@163.com 索取。

由于编写时间仓促,编者水平有限,书中疏漏和不妥之处在所难免,恳请读者批评指正。

编者
2024年6月

目录

学习情境 1　公路工程招投标基本知识 ……………………………………………… (1)
　任务 1　公路建设市场的介绍 ……………………………………………………… (2)
　任务 2　公路工程招投标的概念及分类 …………………………………………… (9)
　任务 3　公路工程招投标的有关法律法规 ………………………………………… (18)
　任务 4　公路工程建设市场的资质管理 …………………………………………… (26)
　任务 5　公路工程建设工程承发包方式 …………………………………………… (41)

学习情境 2　公路工程施工招标 ……………………………………………………… (47)
　任务 1　公路工程招标概述 ………………………………………………………… (48)
　任务 2　公路工程施工招标的程序 ………………………………………………… (54)
　任务 3　公路工程施工招标的资格预审文件 ……………………………………… (70)
　任务 4　公路工程施工招标文件的编制 …………………………………………… (85)

学习情境 3　公路工程施工投标 ……………………………………………………… (125)
　任务 1　公路工程投标的概念与准备 ……………………………………………… (126)
　任务 2　公路工程施工投标的程序与过程 ………………………………………… (130)
　任务 3　公路工程施工投标文件的编制 …………………………………………… (136)
　任务 4　投标决策及技巧 …………………………………………………………… (149)

学习情境 4　公路工程勘察设计招标与投标 ………………………………………… (156)
　任务 1　公路工程勘察设计招标与投标概述 ……………………………………… (157)
　任务 2　公路工程勘察设计招标的程序 …………………………………………… (163)
　任务 3　公路工程勘察设计招标文件的编制 ……………………………………… (174)
　任务 4　公路工程勘察设计投标 …………………………………………………… (205)
　任务 5　公路工程勘察设计电子招投标 …………………………………………… (221)

学习情境 5　公路工程施工监理招标与投标 ………………………………………… (225)
　任务 1　监理招投标概述 …………………………………………………………… (226)

任务 2　公路工程施工监理资格预审文件……………………………………………(230)
  任务 3　公路工程施工监理招标…………………………………………………………(235)
  任务 4　公路工程施工监理投标…………………………………………………………(253)

学习情境 6　公路工程合同法律基础……………………………………………………(259)
  任务 1　合同法概述………………………………………………………………………(260)
  任务 2　合同的订立………………………………………………………………………(263)
  任务 3　合同的效力………………………………………………………………………(267)
  任务 4　合同的履行………………………………………………………………………(269)
  任务 5　合同的变更、转让及终止………………………………………………………(272)
  任务 6　违约责任与合同争议的解决……………………………………………………(275)
  任务 7　合同担保…………………………………………………………………………(280)

学习情境 7　公路工程施工合同及合同管理……………………………………………(286)
  任务 1　公路工程合同概述………………………………………………………………(287)
  任务 2　公路工程勘察设计合同管理……………………………………………………(291)
  任务 3　公路工程施工合同管理…………………………………………………………(295)
  任务 4　公路工程监理合同管理…………………………………………………………(308)
  任务 5　公路工程其他合同管理…………………………………………………………(314)

学习情境 8　公路工程施工索赔与 FIDIC 施工合同条件……………………………(324)
  任务 1　公路工程索赔概述………………………………………………………………(325)
  任务 2　公路工程索赔的处理与依据……………………………………………………(330)
  任务 3　公路工程索赔的计算……………………………………………………………(336)
  任务 4　FIDIC 施工合同条件……………………………………………………………(340)
  任务 5　公路工程索赔案例………………………………………………………………(344)

参考文献……………………………………………………………………………………(349)

学习情境 1

公路工程招投标基本知识

1.知识目标
(1) 了解公路工程招标投标的特点；
(2) 了解公路工程行业的资质；
(3) 掌握公路工程招标投标相关的法律法规；
(4) 理解并掌握公路工程招标投标的条件和基本原则；
(5) 理解并掌握公路工程承发包的分类。

2.能力目标
(1) 能够掌握公路工程招标和投标的联系与区别；
(2) 掌握公路工程招标投标的分类和方式；

(3) 掌握公路工程承发包的分类和方式。

知识链接

某工程项目批准立项后进行招标，经招标工作领导小组研究决定招标程序后，招标过程中又出现了以下问题：

1.招标文件规定本地区单位参加投标不需要垫资，外地区单位参加投标则需要垫资50万元。市建管办指定天马公司为其代理招标事务，并负责主持投标预备会议与开标会议。有四家单位参加投标，其中红星、兰天公司为长期合作伙伴，作为不同的法人单位在多次投标中采用你高我低的合作方法争取中标，并取得明显效果。黄河公司在投标截止时间（1月10日10:00）之前，在原报价方案的基础上提出了报价降低的新技术施工方案，招标方以"一标一投"为理由拒绝了该公司的新方案。

2.白水公司于1月9日从邮局寄回投标文件，招标人于1月11日10:00收到，招标方认为此标书为无效投标文件。

问题：
(1)简述招标工作程序。
(2)按照目前国内招标投标管理规定，指出上述事件中哪些做法是正确的，哪些是错误的。

任务 1 公路建设市场的介绍

一、公路建设市场

随着社会的进步，相关部门对公路工程招投标项目的重视程度也在逐步提升，这不仅表明我国对公路建设的关注度在提升，更重要的是表明我国的经济建设水平在不断增高。一个国家的公路建设水平可以很好地体现这个国家的经济发展程度，而重视我国的公路工程也就是重视我国交通系统的完善，所以说，想要提升我国交通建设水平，最重要的就是大力推动公路工程的建设规模，要从公路工程招投标做起，使用最科学的方式对我国的公路工程实施高效的监督与管理。

公路建设市场是指以公路工程承发包交易活动为主要内容的市场。公路建设市场分狭义的建设市场和广义的建设市场两种。狭义的公路建设市场一般指有形建设工程市场，有固定的交易场所。广义的公路建设市场包括有形建设工程市场和无形建设工程市场，既包括与工程建设有关的技术、租赁、劳务等各种要素的市场，也包括依靠广告、通讯、中介机构或经纪人等为工程建设提供专业服务的有关组织体系，还包括建设工程产品生产过程及流通过程中的经济联系和经济关系等。因此，可以说广义的公路建设市场是公路工程建设生产和交易关系的总和。

二、公路建设市场的特点

与一般市场相比,公路建设市场的特点主要表现在以下几个方面:
① 建设产品生产与交易的统一性;
② 建设产品的多样性;
③ 建设产品交易的长期性;
④ 建设产品完工后的不可逆转性;
⑤ 建设产品交易的阶段性;
⑥ 建设产品交易价值的高额性。

公路建设市场的这些特点,决定了公路工程施工活动的特有规律,研究和遵循这些规律,对科学地组织与管理公路工程施工,提高公路建设的经济效益具有重要意义。公路建设市场交易贯穿于公路建设产品生产的整个过程。从工程建设的咨询、设计,施工任务的发包开始,到工程竣工、保修期结束为止,发包方与承包方、分包方进行的各种交易,以及公路工程施工、商品混凝土供应、构配件生产、机械租赁等活动,都是在公路建设市场中进行的。生产活动和交易活动交织在一起,使得公路建设市场在许多方面不同于其他产品市场。

经过近年来的发展,我国目前已基本形成以发包方、承包方和中介服务方为市场主体,以建设产品和建设生产过程为市场客体,以招投标为主要交易形式的市场竞争机制,以资质管理为主要内容的市场监督管理手段,并具有中国特色的社会主义建设工程市场体系。公路建设行业是最早全面开放建设市场,最先实行招标投标制度的行业之一。1989年,原交通部首次发布了《公路工程施工招标投标管理办法》。自2000年1月1日《中华人民共和国招标投标法》实施以来,交通运输部先后制定并颁布了一系列规范公路工程建设项目招标投标活动的部门规章和规范性文件,涵盖了公路工程施工、勘察设计、监理、设备材料招标、评标专家管理等内容,在维护公开、公平、公正的公路建设市场竞争秩序方面发挥了重要作用。

三、公路建设市场管理体制

我国的建设管理体制是建立在社会主义公有制基础之上的。计划经济时期,我国的公路管理机构既代表政府担负着公路管理的行政职能,同时也承担着公路养护、施工、设计等生产任务,是政事企合一的管理体制。这种体制的弊端是生产按计划安排,经费按人头划分,高投入、低产出现象十分严重,干部、职工的忧患意识淡薄,特别是各级公路管理机构在计划经济体制下形成的各种生产性单位,都依附于各级公路管理机构。这不仅影响了公路的管理,更影响了生产单位的积极性。在经营管理上还是事业性质,没有竞争机制,缺乏活力,在养护管理上,又专设一套人马,职工队伍庞大,设备利用率低,造成闲置和浪费,影响了效益的发挥。改革开放以来,我国公路建设在不断探索、实践和借鉴国外经验的基础上,逐步形成了以项目法人责任制、工程监理制、招标投标制和合同管理制这四项制度为核心内容的建设管理体制。

建设项目根据资金来源的不同可分为两类:公共投资项目和私人投资项目。前者是代表公共意愿的政府行为,后者则是个人行为。政府对这两类项目的管理有很大差别。

对于公共投资项目而言，政府既是业主，又是管理者。一般以不损害纳税人利益和保证公务员廉洁为出发点，规定此类投资项目除了必须遵守一般法律外，还必须公开进行招投标，并保证项目实施过程的透明。

对于私人投资项目而言，一般只要求其在实施过程中遵守有关环境保护、规划、安全生产等方面的法律规定，对是否进行招投标不做规定。

不同国家由于体制的差异，建设行政主管部门的设置不同，管理范围和管理内容也各不相同。但综合各国的情况，可以发现其在建设项目的管理上具有一定的共性，大致包括以下几个方面：

① 制定建筑法律、法规；
② 制定建筑规范与标准（国外大多由行业协会或专业组织编制）；
③ 对承包商、专业人员进行资质管理；
④ 安全和质量管理（国外主要通过专业人员或机构进行监督检查）；
⑤ 行业资料统计；
⑥ 公共工程管理；
⑦ 国际合作和开拓国际市场。

我国的公路管理工作正处于一个继往开来的关键时期，随着大规模公路建设高潮的逐渐消退，公路工作的重心必然要转向管理工作，特别是国家税费改革工作正在进行之中，延续了数十年的公路建设、养护、管理资金筹集的方式和渠道将发生重大变革。在这种形势下，各级公路主管部门应切实把改革公路管理体制作为一项重要任务进行研究，逐步建立适应社会主义市场经济运行规律的新型公路管理体制，努力构筑一个高效、科学、合理的公路管理体系。

四、公路建设市场的主体和客体

公路建设市场的主体是指参与建筑生产交易过程的各方，主要有业主（建设单位或发包人）、承包商、工程咨询服务机构等。公路建设市场的客体则分为有形的建筑产品（公路构筑物）和无形的建筑产品（咨询、监理等智力型服务）。

1. 公路建设市场主体

1）业主

业主是指既有某项工程建设需求，又具有该项工程建设相应的建设资金和各种准建手续，在建筑市场中发包工程项目建设的勘察、设计、施工任务，并最终得到建筑产品，达到经营使用目的的政府部门、企事业单位和个人。在我国，业主也称为建设单位，只有在发包工程或组织工程建设时才成为市场主体，故又被称为发包人或招标人，因此，业主方作为市场主体具有不确定性。我国的工程项目大多数是政府投资建设的，业主大多属于政府部门。为了规范业主行为，我国建立了投资责任约束机制，即项目法人责任制，又称业主责任制，由项目业主对项目建设全过程负责。

（1）项目业主主要有以下三种形式。

① 业主是原企业或单位。企业或机关、事业单位投资的新建、扩建、改建工程，该企业或单位即为项目业主。

② 业主是联合投资董事会。由不同投资方参股或共同投资的项目，业主是共同投资方组成的董事会或管理委员会。

③ 业主是各类开发公司。自行融资的开发公司、由投资方协商组建或委托开发的工程管理公司也可称为业主。

(2) 业主在项目建设过程中的主要职能。

① 在工程招标及与勘察、设计、施工、监理等单位签订协议、合同时，应对工程文件（含电子文件）的套数、费用、质量、移交时间等提出明确的要求。

② 收集和整理工程准备阶段、竣工验收阶段形成的电子文件，并进行立卷归档。

③ 负责组织、监督和检查勘察、设计、施工、监理等单位的工程电子文件的形成、积累和立卷归档工作；也可委托监理单位监督、检查工程电子文件的形成、积累和立卷归档工作。

④ 收集和汇总勘察、设计、施工、监理等单位立卷归档的工程电子档案。

⑤ 对建设工程电子文件的真实性、完整性、有效性和安全性进行监督和鉴定，并保证电子档案和纸质档案在内容、格式、相关说明及描述上保持一致。

⑥ 对列入城建档案馆接收范围的工程，在按规定向城建档案馆移交一套完整的符合规定的工程竣工档案的同时，移交与纸质档案完全一致的电子档案。

⑦ 采取措施保证电子文件在形成和处理过程中不被非正常修改。

⑧ 出具整个工程的电子档案质量保证书。

2) 承包商

承包商是指拥有一定数量的建筑装备、流动资金、工程技术经济管理人员及一定数量的工人，取得建设行业相应资质证书和营业执照的，能够按照业主的要求提供不同形态的建筑产品并最终得到相应工程价款的建筑施工企业。

相对于业主而言，承包商作为建筑市场的主体，是长期和持续存在的。因此，无论是在国内还是在国外，对承包商一般都实行从业资格管理。承包商从事建设生产，一般须具备四个条件：

① 拥有符合国家规定的注册资本；

② 拥有与其资质等级相适应且具有注册执业资格的专业技术和管理人员；

③ 有从事相应建筑活动所应有的技术装备；

④ 经资格审查合格，已取得资质证书和营业执照。

承包商可按其所从事的专业分为土建、水电、道路、港口、铁路、市政工程等专业公司。在市场经济环境下，承包商需要通过市场竞争（投标）取得施工项目，需要依靠自身的实力去赢得市场，承包商的实力主要包括四个方面：

① 技术方面的实力。有精通本行业的工程师、造价师、经济师、会计师、项目经理、合同管理师等专业人员队伍，有施工专业装备，有承揽不同类型的项目施工经验。

② 经济方面的实力。有足够的周转资金用于工程准备，具有一定的融资和垫付资金的能力；具有足够的固定资产和购买项目需要的大型设备所需的资金；具有支付各种担保和保险的能力；有承担相应风险的能力；此外，承担国际工程尚需具备筹集外汇的能力。

③ 管理方面的实力。建筑承包市场属于买方市场，承包商为打开局面，往往需要依靠低利润报价的策略取得项目。因此，必须在成本控制上下功夫，向管理要效益，采用先进的施工方法提高工作效率和技术水平，必须具有一批高水平的项目经理和管理专家。

④ 信誉方面的实力。承包商一定要有良好的信誉，这直接影响着企业的生存与发展。要建

立良好的信誉,就必须遵守法律法规,保证工程质量、工期,安全文明施工,能认真履约,承担国外工程时能按国际惯例办事。承包商招揽工程,必须根据本企业的施工力量、机械装备、技术力量、施工经验等方面的条件选择能发挥自己优势的项目,避开自己不擅长或缺乏经验的项目,做到扬长避短,避免给企业带来不必要的风险和损失。

3) 工程咨询服务机构

工程咨询服务机构是指具有一定注册资金,具有一定数量的工程技术、经济管理人员,取得建设咨询证书和营业执照,能为工程建设提供估算测量、管理咨询、建设监理等智力型服务并获取相应费用的企业。

工程咨询服务机构包括勘察设计机构、工程造价(测量)咨询单位、招标代理机构、工程监理公司、工程管理公司等。这类企业主要是向业主提供工程咨询和管理服务,弥补业主对工程建设过程不熟悉的缺陷,在国际上一般被称为咨询公司。在我国,目前数量最多并有明确资质标准的是勘察设计机构、工程监理公司、工程造价(测量)咨询单位和招标代理机构。工程管理公司和其他咨询类企业近年来也有发展。工程咨询服务机构虽然不是工程承发包的当事人,但其受业主委托或聘用,与业主签订了协议书或合同,因而对项目的实施负有相当重要的责任。

咨询单位的风险主要来自三个方面。

(1) 来自业主的风险。

业主希望少花钱、多办事——业主对工程提出的要求往往有些过分,例如工程标准定得过高、施工速度定得过快,导致投资规模难以控制或者工程质量难以保证。

可行性研究缺乏严肃性——业主委托咨询单位时常附加种种倾向性要求,咨询单位做可行性研究时,业主的主意已定,使得可行性研究成为可批性研究。一旦付诸实施,各种矛盾都将暴露出来,处理不好导致的后果自然要由咨询单位承担责任。

盲目干预——有些业主虽然与咨询单位签有协议书,但其在项目实施过程中随意做出决定,对咨询单位的工作干扰过多,影响咨询单位行使权力,影响合同的正常履行。

(2) 来自承包商的风险。

作为业主委聘的工程技术负责人,咨询单位在合同实施期间代表业主的利益,在与承包商的交往中难免会出现分歧和争端。承包商出于自己的利益,常常会有种种不正当行为,给咨询单位的工作带来困难,甚至导致咨询单位蒙受重大风险。

承包商缺乏职业道德——对管理严厉的代表咨询单位的工程师,有可能借业主之手达到驱逐工程师的目的。例如,闻知业主代表到现场前,将工程师已签字的工程弄得面目全非,待业主查问时出示工程师已签字的认可文件。

承包商素质太差——没有能力或弄虚作假,对工程质量极不负责。由于工程面大,内容复杂,承包商弄虚作假的机会很多,待工程隐患暴露时,固然可以追究承包商的责任,但咨询单位的责任也难免除。

承包商投标不诚实——有的承包商出于策略需要,投标报价很低,一旦中标后,在难以完成合同或施工过程中发生高额索赔时,往往以停工作为要挟,若承包商破产或工期拖延,咨询单位也有苦难言。

(3) 来自职业责任的风险。

咨询单位的工程师的职业要求其承担重大的职业责任风险,这种职业责任风险一般由下列因素构成:

设计错误或不完善——在咨询单位承担设计任务的情况下,若设计不充分、不完善,无疑是工程师的失职,但也有业主提供的技术资料不准确等原因,特别是有关地质、水文等的勘探资料不准确。不管出自何种原因,设计错误或不完善引发的风险自然要由设计咨询承担。应该指出的是,配管设计出现错误和疏忽往往铸成重大责任事故,会造成人员和财产的重大损失;投资概算和预算这项工作要求测量工程师(造价师)对各项经济数据、物价指数、贷款利息变化、人工费及材料价格涨落等全面掌握,还要对各种静态和动态因素进行正确分析,工程师必须对其完成的核算和预算负责。如果工程实施后的实际投资大幅度超出预算,则咨询单位的责任难以免除。

自身能力和水平不适应——咨询业务是一项高难度的技术工作,工程师需要有丰富的阅历和经验,不断掌握新的知识,还要善于处理各种繁杂的纠纷,有很强的应变能力,而高度的事业心、责任感以及职业道德更是不可缺少。不具备这些条件,随之而来的风险就难以避免了。

2. 公路建设市场的客体

公路建设市场的客体一般称作公路建设产品,是公路建设市场的交易对象,既包括有形产品(如公路、桥梁、隧道等),也包括无形产品(各类智力型服务,如设计图纸、咨询服务等)。

公路建设产品不同于一般工业产品,因为公路建设产品本身及其生产过程具有不同于其他工业产品的特点。在不同的生产交易阶段,公路建设产品表现为不同的形态。它可以是咨询公司提供的咨询报告、咨询意见或其他服务,也可以是勘察设计单位提供的设计方案、施工图纸、勘察报告,还可以是生产厂家提供的混凝土构件,当然也包括承包商生产的各类建筑物和构筑物。

1) 公路建筑产品的特点

① 产品的固定性、多样性与形体庞大性。公路工程的构造物固定于一定的地点不能移动,只能在建造的地方供长期使用。由于公路的具体使用目的、技术等级、技术标准、自然条件、结构形式、主体功能等的不同,而使公路的组成部分、形体构造千差万别、复杂多样。公路工程是一种线型构造物,其组成部分的形体庞大,占用土地和空间多。

② 产品部分结构的易损性。公路工程构造物受行车作用、自然因素的影响,暴露于大自然的部分以及直接受行车作用的部分容易损坏。

③ 产品无商品交换形式。公路是物质产品,虽具有商品性,但不具有商品交换形式,不作为商品出售,只提供有偿或无偿的使用,不存在等价交换的买卖形式。

④ 产品消费过程和方式的独特性。一般商品的生产与消费在时间和空间上是分开的,产品生产完成后,才能进行消费。公路则不是这样,公路建成后,一边投入使用,一边尚需不断地进行养护、维修和改造。公路生产建设和使用消费同时进行,二者不可分割,在时间和空间上重合。而且,公路不是一次性消费而是多次性消费,是在生产部门的直接管理下提供的重复性消费品。

⑤ 劳动对象分散。公路建设线长点多,工程分布极为分散,工程数量分布不均匀,从而需要采取与之相适应的工程管理方法。

⑥ 生产流动性强。公路建设产品的固定性必然带来生产的流动性。在施工生产过程中,要组织各类工作人员和各种机械围绕着一固定产品,在同一工作面的不同时间,或同一时间的不同工作面上进行施工活动,因此需要科学地解决空间上的布置和时间上的安排这两者之间的矛盾。此外,当某一公路工程竣工后,还要解决施工队伍向新的施工现场或基地转移的问题。公

路施工的流动性是公路建设的一大显著特点,给公路施工企业的生产管理和生活安排带来很多特殊要求,例如施工基地的建立、施工组织方法和形式、施工运输和预算费用计算等。

⑦ 生产类型多,且以单件生产为主。公路建设产品的多样性、固定性和不可分割性,决定了公路施工生产除部分桥、涵、结构物能进行预制、成批生产外,其绝大部分施工生产以单件生产为主,这增加了公路施工生产管理的难度,要求施工协作性高。由于产品的多样性,特别是公路生产施工环节多,生产程序复杂,每项工程都需要建设单位、设计单位、施工单位,以及材料、动力、运输等各个部门的通力协作,施工过程中的综合平衡和调度、严密的计划和组织就显得特别重要。

⑧ 生产周期长。产品的形体庞大性、固定性和不可分割性致使生产周期长,在较长时间内大量占用和耗费人力、物力和财力,直到整个施工周期完结后,才能出产品。因此,在施工过程中,必须将各阶段、各环节有条不紊地组织起来,在时间上不间断,在空间上不脱节。如果施工的连续性受到破坏或中断,必然会拖延工期,造成人力、物力、财力的浪费。这要求我们严格遵守施工程序,合理、周密地组织施工。

⑨ 受外界干扰及自然因素影响大。公路工程大部分是在露天场地进行施工,受地势、地质、气温、洪水、雨、雪、风、潮等自然条件的影响较大。不利的自然条件和外界环境因素对工程进度、工程质量、工程成本等会造成很大的不利影响,针对这些因素的影响,我们在公路施工生产中应认真研究并采取措施。

⑩ 需要不断地维修养护。公路产品部分结构的易损性,以及公路产品消费过程和方式的独特性,使得公路既不同于一般的工业产品,也不同于一般的建筑产品。需要在公路部门的管理下,不断对其进行维修、养护,才能维持正常的使用性能,并确保运输生产正常进行及车辆安全、迅速、舒适、畅通地行驶。

2) 公路建设产品的商品属性

长期以来,受计划经济体制影响,公路工程建设由工程指挥部管理,工程任务由行政部门分配,公路建设产品价格由国家规定,抹杀了公路建设产品的商品属性。改革开放以后,由于推行了一系列以市场为取向的改革措施,建筑企业成为独立的生产单位,建设投资由国家拨款改为多种渠道筹措,市场竞争代替了行政分配任务,公路建设市场也逐步建立起以市场形成价格为主的价格机制,公路建设产品的商品属性观念已为大家所认识。这成为建筑市场发展的基础,并推动了公路建设市场的价格机制、竞争机制和供求机制的形成,使实力强、素质高、经营好的企业在市场上更具竞争力,能够更快地实现发展,实现资源的优化配置,提高全社会的生产力水平。

3) 工程建设标准的法定性

建筑产品的质量不仅关系到承发包双方的利益,也关系到国家和社会的公共利益,正是由于建筑产品的这种特殊性,其质量标准是以国家标准、国家规范等形式颁布实施的。从事建筑产品生产必须遵守相关标准、规范的规定,违反相关标准、规范将受到国家法律的制裁。

工程建设标准涉及面很宽,包括房屋建筑、交通运输、水利、电力、通讯、采矿冶炼、石油化工、市政公用设施等方面。工程建设标准是对工程勘察、设计、施工、验收、质量检验等各个环节的技术要求,包括五个方面的内容:

① 工程建设勘察、设计、施工及验收等的质量要求和方法;
② 与工程建设有关的安全、卫生、环境保护的技术要求;

③ 工程建设的术语、符号、代号、量与单位、建筑模数和制图方法；
④ 工程建设的试验、检验和评定方法；
⑤ 工程建设的信息技术要求。

在具体形式上，工程建设标准包括了标准、规范、规程等。工程建设标准的独特作用在于，它一方面通过有关的标准、规范为相应的专业技术人员提供了需要遵循的技术要求和方法；另一方面，标准的法律属性和权威属性，保证了从事工程建设的有关人员必须按照规定去执行，从而为确保工程质量打下了基础。

任务 2 公路工程招投标的概念及分类

一、招标投标活动简介

招标与投标是一种国际上普遍运用的、有组织的市场交易行为，是贸易中的一种工程、货物或服务的买卖方式。通常是指采购人事先提出采购的条件和要求，邀请众多的供应商参与竞争，按照规定的程序从中择优选定交易对象的过程。

招投标活动最早开始于英国，1830 年，英国政府以法律手段推出了总包合同制度，要求每个建设项目由一个承包商进行总包。总包制的实行推动了招标投标交易方式的出现，也促进了工程监理制度的发展。进入 20 世纪，特别是第二次世界大战之后，招标投标在西方发达国家成为重要的采购方式，在工程承包、咨询服务及货物采购中得到了广泛的应用。招投标现在已被公认为是一种可靠的高级交易方式，并在国际经济贸易中得到普遍应用。工程招标与投标是工程建设项目采购中最普遍、最重要的方式，涉及工程的决策咨询、勘察设计、工程施工、建设监理、工程材料和设备的供应等方面。招标与投标是市场经济条件下的一种特别的采购方式，其目的是尽量节省采购活动的开支，最大限度地满足采购目标。招投标交易行为，对于招标人来讲，可以对工程的投资、质量进度进行有效的控制，获得合格的工程产品，达到预期的投资效益；对于投标人来讲，则可以在公平合理的市场竞争环境下，以自身的优势获得工程项目，取得合理利润，保证自身的生存和发展。与其他采购方式相比，招标与投标具有采购程序规范化，广泛地征求投标者，以公开、公平、公正、诚信为原则，交易双方一次性成交等特点。

二、招标投标的基本概念及分类

1. 招标投标的基本概念

工程招标投标是建设市场的一种交易方式，是由唯一的买主设立标的，招请若干个卖主通过报价进行竞争，从中选择优胜者并与之签订合同的过程。工程招标投标的过程由招标和投标两部分组成，其中包含以下几个概念。

1)工程项目招标

工程项目招标是指招标人(下称业主)对自愿参加某一待定工程项目的投标人(承包商)进行审查、评比和选定的过程。工程项目实行招标时,业主要根据它的建设目标,对特定工程项目的建设地点、投资目的、任务数量、质量标准及工程进度等予以明确,通过发布广告或发出邀请函的形式,使自愿参加投标的承包商按照业主的要求进行投标,业主根据其投标报价的高低,技术水平、人员素质、施工能力、工程经验、财务状况及企业信誉等方面的情况进行综合评价,全面分析,择优选择中标者,并与之签订合同。工程项目招标是工程项目招投标的一部分,是从工程项目投资者(即业主)的角度所揭示的招投标的过程.亦可理解为业主运用竞争手段,通过审查、评比、选定等活动,在众多自愿参加投标的投标者中选择承包商的市场交易行为。

2)工程项目投标

工程项目投标是指承包单位在同意建设单位拟定的招标文件所提出的各项条件的前提下对招标项目进行报价。投标单位获得招标文件以后,在认真研究招标文件的基础上,把握好价格、工期、质量、物资等几个关键因素,根据建设单位的要求和条件,在符合招标项目质量要求的前提下,对招标项目估算价格,并在规定的期限内向招标单位递交投标资料,争取"中标"。这个过程就是投标。

3)标底

标底就是建设单位招标时,对于拟建的工程项目,由自己或委托设计单位或咨询公司,依据工程内容及有关规定计算出建成这项工程所需的造价。标底一般根据概算和预算资料,再综合考虑不可预见费、工程的价值价格,并考虑承包者的一定利润之后进行估算。标底一般作为选定中标单位的一个重要参考指标。明标招标时,在招标文件中明确公布标底;暗标招标时,开标前标底应严格保密。每一个招标项目只允许有一个标底。

4)报价

报价即标价,是投标者承包工程的预算造价,它是投标能否取胜的一个重要指标。在一项工程投标前,由投标人根据标书、图纸等招标文件,再进行现场勘察后计算得出标价。一般情况下,可根据施工图预算并考虑各种管理费、不可预见费及利润来计算标价。

招标投标制是实现项目法人责任制的重要保证之一,它的推行有利于促使工程建设按程序进行,保证建设的科学性、合理性;有利于保证工程质量,缩短工期,节约投资;有利于促进承包企业提高履约率,提高经营管理水平。

2. 公路工程招标的分类

公路工程招标是指工程建设单位就拟建工程的规模、等级、设计图纸、质量标准等有关条件,公开或非公开地邀请投标人报出工程价格,在规定的日期开标,从而择优选定工程承包者的过程。建设单位发布招标公告,从中选择标价低、工期合理和社会信誉高的承包单位,达到"货比三家,从中选优"的目的。

1)按项目建设程序分类

公路工程招标按项目建设程序可分为全过程招标、勘察设计招标、监理咨询招标、材料及机械设备招标和施工招标等。

(1)全过程招标。

全过程招标又称公路建设全过程招标,即从项目建议书开始,包括可行性研究、设计任务书、勘察设计、工程施工,直至竣工交付使用,实行全部招标。公路建设全过程招标,在程序上不符合我国公路工程基本建设程序,因而国内很少采用,但在国外发展趋势良好。

(2) 勘察设计招标。

公路工程勘察设计招标是指招标人按照国家的基本建设程序，依据批准的可行性研究报告，对公路工程初步设计、施工图设计通过招标活动选定勘察设计单位。公路工程勘察设计招标可由建设单位或其上级主管部门主持，也可委托工程承包公司或项目管理咨询机构代理。实行工程勘察设计招标的目的是鼓励竞争，促使设计单位改进管理，采用先进技术，降低工程造价，缩短工期，提高投资效益。工程勘察是指为满足工程建设的规划、设计、施工、运营及综合治理等的需要，对地形、地质、水文等要素进行测绘、勘探、测试及综合评定，并提供可行性评价与建设所需要的勘察资料，以及进行岩土工程勘察、设计、处理、监测的活动。工程设计是指对拟建工程的生产工艺流程、设备选型、建筑物外形和内部空间布置、结构构造、建筑群的组合以及与周围环境的相互联系等方面提出清晰、明确、详细的概念，并体现于图纸和文件之上的技术经济工作；还指运用工程技术理论及技术经济方法，按照现行技术标准，对新建、扩建、改建项目的工艺、土建、公用工程、环境工程等进行综合性技术经济分析，并提供作为建设依据的设计文件和图纸的活动。

实行勘察设计招标的项目，必须具备以下条件：具有经过审批机关批准的设计任务书；具有开展所设计必需的可靠基础资料（包括路线的起讫点、主要控制点、全长、所经主要河流、垭口及城镇，沿线地形、地质、地震、气候和水文等资料）；招标申请报告已审批同意。勘察设计招标可采用公开招标和邀请招标两种方式，对于少数特殊工程或偏远地区的工程，企业不愿参与投标的，可由项目主管部门或当地政府指定投标单位。

工程勘察设计招标的程序与施工招标的程序基本一致，两者的不同之处在于：招标文件的内容不同（设计招标文件仅提出设计的依据、设计的范围与深度、应达到的技术指标、要求完成的时间等内容，而施工招标文件通常还需提供工程量表）；投标文件的编制要求不同（设计投标文件必须包括工程设计方案的图纸、技术说明文件、工程投资计算和经济分析等内容，并在此基础上提出设计费报价，施工投标则是按要求填报工程量清单中的单价和合价，进一步汇总出报价单，得出总标价）；评标标准不同（设计评标主要是通过评估工程设计方案的先进性、合理性，工程造价设计质量、设计进度的控制措施，以及工程项目投资效益等方面来择优选定设计单位，施工评标通常是在满足招标文件各项要求的前提下，将合理的最低标价作为中标的主要因素来考虑，即设计评标以技术指标为主，施工评标以经济指标为主）。

(3) 材料及机械设备招标。

公路工程设备材料招标是我国现阶段最为提倡的工程设备材料采购形式。工程设备材料采购一般是指工程项目法人（买方）通过招标、询价等方式寻求合格的供货商（卖方），购买工程项目建设所需要的设备和材料的过程。设备材料采购不仅包括单纯的采购工程设备、材料等货物，还包括按照工程项目的要求进行设备、材料的综合采购（包括购买、运输、安装和调试等），以及交钥匙工程（即工程设计，土建施工，设备采购、安装、调试等实施阶段全过程的工作）。工程设备材料招标一般适用于购买大宗建筑材料或订购大型设备，且标的金额较大、市场竞争激烈的情况。公路工程设备和材料供应的招标投标程序比较简单。大宗交易通常采取公开招标的方式，即由招标单位在报刊上发布招标公告，投标单位购买标书，按指定时间、地点递交投标文件，招标单位在预定的时间、地点当众开标，当场决定中标单位，随后双方签订供货合同。小批器材供应不值得公开招标，可采取比价方式选定供货单位。具体做法是由建设单位或委托咨询机构开列所需要器材的品名、规格、型号和数量，向若干家供应商发出询价函，要求他们在规定的时间内提供报价，收到供应商的报价单之后，建设单位经过比较，选定报价合理的供应商，签订供货合同。

(4)施工招标。

公路工程施工招标指所有列入国家和地方公路建设计划的公路基本建设项目(除个别不宜招标的项目外),都要通过招标来选定施工单位。

2)按工程承包的范围分类

(1)项目总承包招标。

项目总承包招标即选择项目总承包人招标,它又可分为两种类型,其一是指工程项目实施阶段的全过程招标,其二是指项目建设全过程的招标。前者是在设计任务书完成后,从项目勘察、设计到交付使用进行一次性招标;后者则是从项目的可行性研究到交付使用进行一次性招标,业主只需提供项目投资和使用要求及竣工、交付使用期限,项目的可行性研究、勘察设计、材料和设备采购、施工安装、生产准备和试运行、交付使用,均由一个总承包商负责承包,即所谓"交钥匙工程"。

(2)专项工程承包招标。

专项工程承包招标是指在工程承包招标中,对其中某项比较复杂或专业性强、施工和制作要求特殊的单项工程进行单独招标。

3)按行业类别分类

按行业类别分类即按照与工程建设相关的业务性质进行分类。按不同的业务性质,公路工程招标可分为土木工程招标、勘察设计招标、材料设备采购招标、机电设备安装工程招标、生产工艺技术转让招标、咨询服务招标等。土木工程包括铁路、公路、隧道、桥梁、堤坝、码头、飞机场、厂房、剧院、旅馆、医院、商店、学校、住宅等,材料设备采购包括建筑材料和大型成套设备等,咨询服务包括项目开发型研究、可行性研究、工程监理等。我国财政部经世界银行同意,专门为世界银行贷款项目的招标采购制定了各种标准文本,包括货物采购国内竞争性招标文件范本、土建工程国内竞争性招标文件范本、生产工艺技术转让招标文件范本、咨询服务合同协议范本、大型复杂工厂与设备的供货和安装监督招标文件范本、总承包合同招标文件范本,以便利用世界银行贷款来支持和帮助我国的国民经济建设。

4)按招标方式分类

工程建设项目的招标方式主要有公开招标、邀请招标和议标。

(1)公开招标。

公开招标是指招标人以招标公告的方式邀请不特定的法人或者其他组织参与投标。招标公告必须通过国家指定的报刊、信息网络或者其他媒介发布,应当载明招标人的名称、地址,招标项目的性质、数量、实施地点和时间以及获得招标文件的办法等事项。如果要进行投标资格预审的,招标公告中还应载明资格预审的主要内容及申请投标资格预审的办法。

公开招标的最大特点是一切有资格的承包商或供应商均可参加投标竞争,都有同等的机会。公开招标的优点是招标人有较大的选择范围,可在众多的投标人中选到报价合理、工期较短、技术可靠、资信良好的中标人。但是公开招标的资格审查及评标的工作量大、耗时长、费用高,且有可能因资格审查不严导致鱼目混珠的现象发生,这一点需要特别警惕。

招标人选用了公开招标方式,就不得以不合理的条件限制或者排斥潜在的投标人,例如,不得限制或者排斥本地区、本系统以外的法人或者其他组织参加投标。

(2)邀请招标。

邀请招标是指招标人以投标邀请书的方式邀请特定的法人或者其他组织参与投标。投标邀请书上同样应载明招标人的名称、地址,招标项目的性质、数量、实施地点和时间以及获取招标文件的办法等内容。招标人采取邀请招标方式的,应邀请三个以上具备承担招标项目的能力且资信良好的潜在投标人参加投标。邀请招标虽然能保证投标人具有可靠的资信和完成任务的能力,能保证合同的履行,但由于招标人受自身的条件所限,不可能对所有的潜在投标人都有所了解,可能会失去在技术上、报价上有竞争力的投标人。

邀请招标一般邀请的都是招标人所熟悉的,或在本地区、本系统拥有良好业绩、建立了良好形象的投标人,所以相较于公开招标,邀请招标在投标人资格审查上的工作量就要少得多,招标周期就可缩短,招标费用也可以减少,同时可减少合同履行过程中承包人违约的风险。因此,在一般的工程建设招标中,大量采用的招标方式是邀请招标。

(3) 议标(定向招标)。

招标人经过建设主管部门的同意,直接向指定承包人发出招标通知书,召集双方有关人员召开会议,直接商谈招标条件和要求。这是一种非竞争性招标,它适用于某些专业性比较强的工程,以及那些急于开工,没有充裕时间组织招标的工程。这种招标方式一般易于达成协议,可以立即展开工作,其缺点在于报价的只有一家,不具备比较和选择的余地,因此也就起不到良好的竞争效果。采用议标方式时,也可找两家承包人分别商议招标条件和要求,以克服上述缺陷。

5) 按招标阶段划分

(1) 一阶段招标。

一阶段招标法又称为施工图阶段招标法,是指在完成项目的施工图设计、施工文件,并计算出工程量之后进行的招标。签约后,即可进行施工。

优点:有利于招标人获取合理的报价(设计文件齐全,工程量计算的准确性较高,价格容易把握,工程质量和工期容易控制等)

缺点:设计过程花费的时间过长,不利于招标人尽早发挥其投资的经济效益。

(2) 两阶段招标。

两阶段招标将招标文件分成技术标和商务标,在程序上先进行技术招标,而后进行商务招标。只有通过了技术标的投标商,才有资格进入商务标投标。

第一阶段:技术建议。招标人根据投标人提交的技术建议确定技术标准和要求,编制招标文件。

第二阶段:商务投标。投标人按照招标文件的要求提交包括最终技术方案和投标报价的投标文件。此招标方式适用于技术要求较高的项目。

三、招投标的基本性质和原则

1. 招标投标的基本性质

(1) 招标投标是建设市场的一种交易方式,是在双方(业主与承包商、业主与监理单位等)同意基础上的一种买卖行为。

(2) 招标投标是市场竞争的表现形式,是竞争机制(竞争规律)在建设市场产生作用的体现。

(3) 招标投标是建筑产品的价格形成方式,是价格机制(价值规律和供求规律)在建设市场产生作用的体现。

(4) 招标投标方式是一种特殊的合同订立方式,招标投标过程是形成合同的过程。

(5) 招标投标是一种法律行为。招标投标过程是要约和承诺的实现过程(投送标书是一种要约行为,签发中标通知书是一种承诺行为),是当事人双方合同法律关系产生的过程。

2. 招标投标的原则

1) 合法原则

合法原则是指建设工程招标投标主体的一切活动,必须符合法律、法规、规章和有关政策的规定。① 主体资格要合法。招标人必须具备一定的条件才能自行组织招标,否则只能委托具有相应资格的招标代理机构组织招标;投标人必须具有与其投标的工程相适应的资格等级,并经招标人资格审查,报建设工程招标投标管理机构进行资格复查。② 活动依据要合法。招标投标活动应按照相关的法律、法规、规章和政策性文件开展。③ 活动程序要合法。建设工程招标投标活动的程序必须严格按照有关法规规定的要求进行。当事人不能随意增加或减少招标投标过程中某些法定步骤或环节,更不能颠倒次序、超过时限、任意变通。④ 对招标投标活动的管理和监督要合法。建设工程招标投标管理机构必须依法监管、依法办事,不能越权干预招投标人的正常行为或对招投标人的行为进行包办代替,也不能懈怠职责、玩忽职守。

2) 统一、开放原则

统一原则要求:① 市场必须统一。任何分割市场的做法都是不符合市场经济规律要求的,也是无法形成公平竞争的市场机制的。② 管理必须统一。要建立和实行由建设行政主管部门(建设工程招标投标管理机构)统一归口管理的行政管理体制,在一个地区只能有一个主管部门履行政府统一管理的职责。③ 规范必须统一。如市场准入规则的统一,招标文件文本的统一,合同条件的统一,工作程序、办事规则的统一等。只有这样,才能真正发挥市场机制的作用,全面实现建设工程招标投标制度的宗旨。

开放原则要求:根据统一的市场准入规则,打破地区、部门和所有制等方面的限制和束缚,向全社会开放建设工程招标投标市场,破除地区和部门保护主义,反对一切人为的对外封闭市场的行为。

3) 公开、公平、公正原则

公开原则是指建设工程招标投标活动应具有较高的透明度,具体包含以下几层意思:① 建设工程招标投标的信息公开。通过建立和完善建设工程项目报建登记制度,及时向社会发布建设工程招标投标信息,让有资格的投标者都能享受到同等的信息。② 建设工程招标投标的条件公开。什么情况下可以组织招标,什么机构有资格组织招标,什么样的单位有资格参加投标等,必须向社会公开,便于社会监督。③ 建设工程招标投标的程序公开。在建设工程招标投标的全过程中,招标单位的主要招标活动程序、投标单位的主要投标活动程序和招标投标管理机构的主要监管程序,必须公开。④ 建设工程招标投标的结果公开。哪些单位参加了投标,最后哪个单位中标,应当予以公开。

公平原则是指所有投标人在建设工程招标投标活动中享有均等的机会,具有同等的权利,履行相应的义务,任何一方都不受歧视。

公正原则是指在建设工程招标投标活动中,按照统一标准实事求是地对待所有的投标人,不偏袒任何一方。

4) 诚实信用原则

诚实信用原则是指在建设工程招标投标活动中,招投标人应当以诚相待、讲求信义、实事求是,做到言行一致、遵守诺言、履行成约,不得见利忘义,投机取巧,弄虚作假,隐瞒欺诈,损害国家、集体和其他人的合法权益。诚实信用原则是市场经济的基本前提,是建设工程招标投标活动中的重要道德规范。

5) 求效、择优原则

求效、择优原则是建设工程招标投标活动的终极原则。实行建设工程招标投标的目的,就是要追求最佳的投资效益,在众多的竞争者中选出最优秀、最理想的投标人作为中标人。讲求效益和择优定标,是建设工程招标投标活动的主要目标。在建设工程招标投标活动中,除了要坚持合法、公开、公正等前提性、基础性原则外,还必须贯彻求效、择优的目的性原则。贯彻求效、择优原则,最重要的是要有一套科学合理的招标投标程序和评标定标办法。

6) 权益不受侵犯原则

招标投标权益是当事人和中介机构进行招标投标活动的前提和基础。因此,保护合法的招标投标权益是维护建设工程招标投标秩序、促进建设市场健康发展的必要条件。建设工程招标投标活动当事人和中介机构依法享有的招标投标权益,受国家法律的保护和约束。任何单位和个人不得非法干预招标投标活动的正常进行,不得非法限制或剥夺当事人和中介机构享有的合法权益。

四、各类建设工程招标投标的特点

建设工程招标投标的目的是在工程建设中引入竞争机制,择优选定勘察、设计、设备安装、施工、装饰装修、材料设备供应、监理和工程总承包单位,以保证缩短工期、提高工程质量和节约建设资金。

1. 工程招标投标的总特点

(1) 通过竞争机制,实现交易公开。

(2) 鼓励竞争,防止垄断,优胜劣汰,实现投资效益。

(3) 通过科学合理和规范化的监管机制与运作程序,有效地杜绝不正之风,保证交易的公正和公平。

各类建设工程招标投标的内容不尽相同,有着不同的招标投标意图或侧重点,因此它们在具体操作上也有细微的差别,呈现出不同的特点。

2. 工程勘察设计招标投标的特点

工程勘察和工程设计,是两个既有密切联系但又有所不同的工作。工程勘察是指依据工程建设目标,通过对地形、地质、水文等要素进行测绘、勘探、测试及综合分析测定,查明建设场地和有关范围内的地质地理环境特征,提供工程建设所需的勘察成果资料及其相关的活动。具体包括工程测量、水文地质勘察和工程地质勘察。工程设计是指依据工程建设目标,运用工程技术和经济方法,对建设工程的工艺、土木、建筑、公用、环境等系统进行综合策划、论证,编制工程建设所需要的设计文件及其相关的活动。具体包括总体规划设计(或总体设计)、初步设计、技术设计、施工图设计和设计概预算编制。

1) 工程勘察招标投标的主要特点

(1) 有批准的项目建议书或者可行性研究报告、规划部门同意的用地范围许可文件和要求的地形图;

(2) 采用公开招标或邀请招标方式;

（3）申请办理招标登记，招标人自己组织招标或委托招标代理机构代理招标，编制招标文件，对投标单位进行资格审查，发放招标文件，组织勘察现场和进行答疑，投标人编制和递交投标书，组织开标、评标、定标，发出中标通知书，签订勘察合同；

（4）在评标、定标上，着重考虑勘察方案的优劣，同时考虑勘察进度的快慢，勘察收费依据与取费的合理性、正确性，以及勘察资历和社会信誉等因素。

2）工程设计招标投标的主要特点

（1）在招标的条件、程序、方式上，与勘察招标相同；

（2）在招标的范围和形式上，主要实行设计方案招标，可以是一次性总招标，也可以分单项、专业进行招标；

（3）在评标、定标上，强调把设计方案的优劣作为确定中标人的主要依据，同时考虑设计经济效益的好坏、设计进度的快慢、设计费报价的高低以及设计资历和社会信誉等因素；

（4）中标人应承担初步设计和施工图设计，经招标人同意也可以向其他具有相应资格的设计单位进行一次性委托分包。

3. 工程施工招标投标的特点

建设工程施工是指把设计图纸变成预期的建筑产品的活动。施工招标投标是目前我国建设工程招标投标中开展得比较早、比较多、比较好的一类，其程序和相关制度具有代表性和典型性，甚至可以说，建设工程其他类型的招标投标制度，都是承袭施工招标投标制度而来的。就施工招标投标本身而言，其特点主要如下：

（1）在招标条件上，比较强调建设资金的充分到位；

（2）在招标方式上，采用公开招标、邀请招标，议标方式受到严格限制甚至被禁止；

（3）在评标和定标中，要综合考虑价格、工期、技术、质量、安全、信誉等因素，价格因素所占分量较大，可以说是关键的一环，常常起到决定性作用。

4. 工程建设监理招标投标的特点

工程建设监理是指具有相应资质的监理单位和监理工程师，受建设单位或个人的委托，独立对工程建设过程进行组织、协调、监督、控制和服务的专业化活动。工程建设监理招标投标的主要特点如下：

（1）在性质上，属工程咨询招标投标的范畴；

（2）在招标的范围上，可以包括工程建设过程中的全部工作，如项目建设前期的可行性研究、项目评估等，项目实施阶段的勘察、设计、施工等，也可以只包括工程建设过程中的部分工作，通常是施工监理工作；

（3）在评标定标上，综合考虑监理规划（或监理大纲）、人员素质、监理业绩、监理取费、检测手段等因素，其中最主要的因素是人员素质，分值所占比重较大。

5. 材料设备采购招标投标的特点

建设工程材料设备是指用于建设工程的各种建筑材料和设备。材料设备采购招标投标的主要特点如下：

（1）在招标形式上，一般优先考虑在国内进行招标；

（2）在招标范围上，一般为大宗设备的采购，而不是零星的建设工程材料设备，如锅炉、电梯、空调等的采购；

(3) 在招标内容上，可以就整个工程建设项目所需的全部材料设备进行总招标，也可以就单项工程所需的材料设备进行分项招标或者就单件（台）材料设备进行招标，还可以从项目的设计、材料设备的生产、制造、供应和安装调试到试用投产的工程技术材料设备进行成套招标；

(4) 在招标中，一般要求做标底，标底在评标和定标中具有重要意义；

(5) 允许具有相应资质的投标人就部分或全部招标内容进行投标，也可以联合投标，但应在投标文件中明确一个总牵头单位承担全部责任。

6. 工程总承包招标投标的特点

工程总承包，简单来说就是对工程全过程的承包，具体可分为三种情况：一是对工程建设项目从可行性研究、勘察、设计、材料设备采购、施工、安装，直到竣工验收、交付使用、质量保修等的全过程实行总承包，由一个承包商对建设单位或个人负总责，建设单位或个人一般只负责提供项目投资、使用要求及竣工、交付使用期限。二是针对工程建设项目实施阶段，从勘察、设计、材料设备采购、施工、安装，直到交付使用等的全过程实行一次性总承包。三是对整个工程建设项目的某一阶段（如施工）或某几个阶段（如设计、施工、材料设备采购等）实行一次性总承包。工程总承包招标投标的主要特点如下：

(1) 它是一种综合性的、全过程的一次性招标投标；

(2) 投标人在中标后应当自行完成中标工程的主要部分（如主体结构等），对于中标工程范围内的其他部分，经发包人同意，有权作为招标人组织分包招标投标或依法委托具有相应资质的招标代理机构组织分包招标投标，并与中标的分包投标人签订工程分包合同；

(3) 分承包招标投标的运作一般按照总承包招标投标的有关规定执行。

五、实行招标投标制的意义

实行招标投标制，不仅在理论上符合商品经济和价值规律的基本原理，且实践证明，实行招标投标制可以保证质量，缩短建设工期，降低工程造价，提高投资效益，保护公平竞争。招标投标制的优点具体体现在以下几个方面。

1. 促进建设单位按基本建设程序办事

中华人民共和国交通运输部明确规定，除国家另有规定外，公路建设应当按照下列程序进行：

(1) 根据规划，进行预可行性研究，编制项目建议书；

(2) 根据批准的项目建议书，进行工程可行性研究，编制可行性研究报告；

(3) 根据批准的可行性研究报告，编制初步设计文件；

(4) 根据批准的初步设计文件，编制施工图设计文件；

(5) 根据批准的施工图设计文件，编制项目招标文件；

(6) 根据批准的项目招标文件、资格预审结果和公路建设计划，组织项目招标投标；

(7) 根据国家有关规定，进行征地拆迁等施工前准备工作，编制项目开工报告；

(8) 根据批准的项目开工报告，组织项目实施；

(9) 项目完工后，编制竣工图表和工程决算，办理项目验收；

(10) 竣工验收合格后，组织项目后评价。

也就是说，招标单位只有具备了招标条件，才允许进行招标活动，因此，建设单位必须按基本建设程序办事,认真做好项目的前期准备工作。

2. 工程造价普遍降低,工程质量得到保证,工期明显缩短

实行招标投标制,依据报价合理、施工方案可行、施工技术先进、确保工期和质量的原则择优选定承包商。施工单位为了中标,定会尽全力挖掘潜力,在保证招标文件中规定的工期和质量标准的前提下,尽量降低报价。这对于建设单位来讲,可以有效地降低造价。

3. 有利于采用、推行、发展新技术,吸收现代化的科学管理经验

要想在某个领域取得良好的业绩,就必须站在领域的最前端。只有不断地推陈出新,不断地发展先进的施工技术、施工工艺,吸收科学的管理经验,向管理要效益,充分降低劳动成本,提高生产效率,才能降低报价,争取"中标"。

4. 促进承包队伍素质不断提高

招标投标制是在公路建设中引入的竞争机制。招投标管理办法规定:"凡持有工商行政管理部门核发的营业执照,并具有与公路规模相应等级资格证书的施工单位,均可参加投标。"这就打破了地区、行业、单位之间的界限,使得招标单位可以在较大的范围内、众多的投标单位间择优选定承包者。投标单位必须全面提高自身的综合素质,不断增强企业的竞争实力,确保在激烈的竞争中立于不败之地。

5. 有利于国际交流和对外合作

当今世界是开放的世界。随着生产和资本的国际化,经济全球化趋势日益明显,任何国家的发展都离不开世界经济体系。中国的发展离不开世界,实行对外开放,利用国外资金、先进技术和管理经验,克服我国经济建设中的各种困难,加速经济发展是我国的一项基本国策。加入世贸组织后,中国面对着更为开放的经济环境,拥有了更多的权利,也承担着更多的义务。这对公路建设者来说既是机遇也是挑战,要进入世界经济的主流,首先要做的就是遵守规则。国际上最典型、最具有影响力的《联合国贸易法委员会货物、工程和服务采购示范法》中明确规定:凡采购货物或工程均应通过招标程序进行。国际上关于政府采购的国际标准规范还有世界贸易组织的《政府采购协议》、世界银行出版的《国际复兴开发银行贷款和国际开发协会信贷采购指南》等。只有按照国际惯例,通过市场竞争选择承包商,我们的建设队伍才能走出国门,走向世界。

为此,从宏观上说,政府要为开放提供更好的政策环境,同时也将增强防范风险的能力。从微观上说,企业要练好内功,注重质量,提高效益,增强竞争能力。公路建设者必须熟悉国际规则,走出国门,为实现我国经济建设的快速发展不断努力。

任务 3 公路工程招投标的有关法律法规

一、公路工程招标投标的法律与法规

招标投标是一种法律行为,必然要受到法律的规制和约束,且要服从法律的规范和要求。

招标投标的相关法律法规有很多,主要有以下几种。

(1)《中华人民共和国合同法》(下文简称《合同法》)、《中华人民共和国招标投标法》(下文简称《招标投标法》)及其他有关合同法规,这些法规为招标文件内容的规范化提供了法律依据。

(2)《中华人民共和国反不正当竞争法》,它为招标投标行为的规范化提供了法律依据。

(3)《公路建设市场管理办法》,它分别就公路建设的市场主体、市场交易及市场的监督和管理等问题做了详细的规定。

(4)《公路工程施工招标投标管理办法》,它是规范公路施工招标投标工作的主要法规。

(5)《公路工程施工监理招标投标管理办法》,它是规范公路建设市场监理招标投标活动的主要法规。

二、《招标投标法》概述

1. 招标投标的基本概念

招标投标是在市场经济条件下进行大宗货物的买卖、工程建设项目的发包与承包,以及其他项目的采购与供应时,所采用的一种商品交易方式。建筑产品也是商品,建设工程项目以招标投标的方式选择施工企业(承包商),是运用竞争机制来体现价值规律的科学管理模式。

工程招标,是指招标人用招标文件将委托的工程内容和有关要求告之有兴趣参与竞争的投标人,让他们按规定条件提出实施计划和价格,然后通过评审选出信誉可靠、技术能力强、管理水平高、报价合理的可信赖单位(设计单位、监理单位、施工单位、供货单位),并以合同形式委托其完成工程。工程投标,是指各投标人依据自身能力和管理水平,按照工程招标文件规定的统一要求递交投标文件,争取获得工程实施资格。属于要约和承诺特殊表现形式的招标与投标是合同的形成过程,通过招标与投标,招标人与中标人签订明确双方权利和义务的合同。招标投标制是实现项目法人责任制的重要保障措施之一。

2. 我国招标投标活动存在的主要问题

我国从20世纪80年代初开始实行招标投标制度,并逐渐在利用外国政府贷款、机电设备进口、建设工程发包、科研课题分配、出口商品配额分配等领域内推行。从多年的实践来看,实行招标投标制度,对于推进投融资体制改革,创造公平竞争的市场环境,提高经济效益,保证项目质量,防止各种腐败现象,都具有重要作用。

1) 建设单位存在的主要问题

建设单位作为投资主体,在组织招投标活动中,会采取一系列手段来保护自身利益,有些时候明招暗定、虚假招标,给投标企业带来极大损失,主要表现以下几个方面:

(1)没有依法上报有关部门批准,擅自采用邀请招标方式,给投标单位串通投标提供了机会。

(2)在对投标单位进行资格预审时,存在明显的倾向性和排斥性。

(3)招标文件不规范,招标文件文本费过高,而且售后不退,不开发票,给投标企业带来经济损失;巨额的投标保证金很难要回,有些建设单位要求投标单位垫资,垫资越多,评标分数越高。

(4)评标不公正、不科学,评标只看报价,报价最低者中标;评标过程不公开,暗箱操纵,不当场宣布评标结果。定标前谈判压价和违规分包,定标后在签合同时还要过分压价。

（5）标底泄露或标底不准，使真正具有实力的投标者远离标底而被淘汰。

2）投标单位存在的主要问题

投标单位作为竞争者，处于被动地位，要响应建设单位招标文件的各项要求，为了在竞争中取胜，也会采取一些违规行为，扰乱建筑市场秩序。

（1）为了参与竞争，先多方找关系入围，然后想办法得到标底，再拉拢评委打高分，这样使投标费用很高，不中标就造成很大损失。

（2）投标单位互相串通，彼此达成协议，出现陪标、大家轮流中标或借机抬高标价的现象。

（3）投标单位挂靠现象严重，有些投标单位不具备要求的施工资质和能力，就借用别的施工企业的资质，中标后再转包或分包以获得工程利益，使工程项目质量得不到应有的保证。

3）建设主管部门和监督部门存在的问题

（1）建设主管部门作为招投标活动的行政管理部门，本应严格执法，按基本建设程序办事，但有些地方却大搞地方和部门保护主义，排斥外地施工企业进入本地有形市场，设置各种障碍，如办理投标许可证，缩小公告发布范围，缩短投标时间，缴纳注册费、管理费、巨额保证金等，使外地施工企业望而却步。有些部门仍然习惯于行政审批，对项目招投标活动的监管、指导和服务明显不够，甚至以审批代替监管，侵害了建设单位的招标自主权。

（2）监督部门作为招投标活动的监督主体，本应严格监督招投标各方的行为是否符合招投标程序，是否合法，但有些地方的监督人员却参与评标，成了评委，既当裁判员，又当运动员，使评标处于无监督状态。

3. 我国《招标投标法》的立法目的

立法目的是一部法律的核心，法律的各项具体规定都是围绕立法目的而展开的，因此，每部法律都必须开宗明义地明确其立法目的。《招标投标法》第一条规定：为了规范招标投标活动，保护国家利益、社会公共利益和招标投标活动当事人的合法权益，提高经济效益，保证项目质量，制定本法。《招标投标法》的立法目的包括三方面的含义。

1）规范招标投标活动

随着我国社会经济不断发展，招标投标领域不断拓展，招标投标活动日益成为社会经济中最主要的采购方式。但是，招标投标活动中也存在一些比较突出的问题，如招标投标制度统一，程序不规范；不少项目单位出于种种原因不愿意招标或者想方设法规避招标，甚至搞虚假招标、串通投标；招标投标中不正当交易和腐败现象比较严重，吃回扣、钱权交易等违法犯罪行为时有发生；政企不分，对招标投标活动的行政干预过多；行政监督体制不顺，职责不清；地方保护主义和部门保护主义问题仍比较严重。因此，依法规范招标投标活动，维护市场竞争秩序，促进招标投标市场健康发展，反腐倡廉，是《招标投标法》的主要立法目的之一。

2）提高经济效益，保证项目质量

我国社会主义市场经济的基本特点，是要充分发挥竞争机制的作用，使市场主体在平等条件下公平竞争，优胜劣汰，从而实现资源的优化配置。招标投标是市场竞争的一种重要方式，其最大的优点就是能够充分体现"公开、公平、公正"的市场竞争原则，通过招标采购，让众多投标人进行公平竞争，招标人以最低或较低的价格获得最优的货物、工程或服务，从而达到提高经济效益，提高国有资金使用效率的目的。由于招标的特点是公开、公平和公正，将采购活动置于透明环境中，可有效地防止腐败行为的发生，也使工程、设备等采购项目的质量得到保证，这也是《招标投标法》的立法目的之一。为此，《招标投标法》在招标投标的当事人、程序、规则等方面做了全面、系统的规定,形成了较严密的制度体系。

3) 保护国家利益、社会公共利益和招标投标活动当事人的合法权益

无论是规范招标投标活动,还是提高经济效益,保证项目质量,最终目的都是保护国家利益、社会公共利益,保护招标投标活动当事人的合法权益。因为只有在招标投标活动得以规范,经济效益得以提高,项目质量得以保证的条件下,国家利益、社会公共利益和当事人的合法权益才能得以维护。因此,从这个意义上说,保护国家利益、社会公共利益和当事人的合法权益是《招标投标法》最直接的立法目的。从这个目的出发,《招标投标法》具体规定了招标投标程序,并且对违反法定程序、规避招标、串通投标、转让中标项目等各种违法行为做出了严厉的处罚规定,还规定了行政监督部门依法实施监督,允许当事人提出异议或投诉,为全方位地保障国家利益、社会公共利益和当事人的合法权益提供了重要的法律保障。

4.《招标投标法》的效力

《招标投标法》的效力是指该法的生效范围或适用范围,也就是说,《招标投标法》在什么地点、什么时间和对什么人适用,即《招标投标法》的空间效力、时间效力和对人的效力。

1)《招标投标法》的空间效力

《招标投标法》的空间效力,是指《招标投标法》生效的地域范围,即在哪些地方具有约束力。《招标投标法》规定:"在中华人民共和国境内进行招标投标活动,适用本法。"这说明《招标投标法》在全国范围内有效,凡在中华人民共和国境内进行的招标投标活动,都要遵守《招标投标法》。但同时该法也指出,除法律有特别规定的以外,如在香港特别行政区进行的招标投标活动,应当执行香港特别行政区关于招标投标的法律,澳门特别行政区也属于这种情况。

2)《招标投标法》的时间效力

所谓法的时间效力,是指该法何时生效、何时终止和有无溯及力的问题。

(1) 法的生效时间,一般根据该法的具体性质和实际需要决定。《招标投标法》规定:"《中华人民共和国招标投标法》自 2000 年 1 月 1 日起施行。"

(2) 法律终止效力,即法律被废止,绝对地失去其约束力。

法律终止效力一般有以下几种情况:新法颁布实施后,原有相同内容的法自行失去效力;新法中明文宣布原有相同内容的法自新法生效之日起终止效力;授权的国家机关颁布决定、命令等专门的法律文件,宣布某法失效或修改某些条款,使旧条款失效;在法中明文规定的有效期限届满时,该法自行终止效力。《招标投标法》施行后,当旧法与该法有抵触时以该法为准,旧法规自然失效,且有关招标投标的行政法规、部门规章都必须与《招标投标法》的规定相一致。

(3) 法的溯及力,是法律溯及既往的效力,即新法颁布施行后,对生效前所发生的事件和行为是否适用的问题。《招标投标法》对此没有明确的规定,即无溯及力。也就是说,《招标投标法》只对该法生效后的招标投标活动予以适用,该法生效以前的招标投标活动,则适用其他有关法律、行政法规及规章的规定。

3)《招标投标法》对人的效力

法对人的效力,是指法对哪些人具有约束力,即法对什么样的自然人和法人及其他组织适用。由于国情和发展阶段的不同,各国在法的效力方面先后确立过属人原则、属地原则、保护原则,以及以属地为基础,属人、保护为补充的原则。大多数国家都采用了最后这种原则。

《招标投标法》对人的效力以属地原则为基础,适用于我国境内的单位和人员,也就是说,不论什么人,只要在中华人民共和国境内进行招标投标活动,均适用《招标投标法》。

三、招标及其法律规定

1. 招标概述

1) 招标人的概念

招标人是指依照《招标投标法》的规定,提出招标项目、进行招标的法人或者其他组织。

2) 招标人的资格要求

利用招标方式选择承包单位属于招标单位自主的市场行为,因此,《招标投标法》规定,招标人具有编制招标文件和组织评标能力的,可以自行办理招标事宜,向有关行政监督部门备案即可,任何单位和个人不得强制其委托招标代理机构办理招标事宜;如果招标单位不具备招标能力,则需委托具有相应资质的中介机构代理招标。招标人的资格要求:① 是法人或依法成立的其他组织;② 有与招标工作相适应的经济、法律咨询和技术管理人员;③ 有组织编制招标文件的能力;④ 有审查投标单位资质的能力;⑤ 有组织开标、评标、定标的能力。

3) 招标代理机构的资质条件

招标代理机构是依法成立的组织,与行政机关和其他国家机关不得存在隶属关系。为了完满地完成代理业务,招标代理机构必须取得建设行政主管部门的资质认定。招标代理机构应具备的基本条件包括:

(1) 有从事招标代理业务的营业场所和相应资金。

(2) 有能够编制招标文件和组织评标的相应专业力量。

(3) 有可以作为评标委员会成员人选的技术、经济等方面的专家库。对"专家库"的要求包括:① 专家人选应是从事相关领域工作满8年并具有高级职称或具有同等专业水平的技术、经济等方面人员;② 专家的专业特长应能涵盖本行业或专业招标所需的各个方面;③ 人员数量应能满足建立专家库的要求。

2. 招标的法律规定

1) 招标的标的范围

招标方与投标方交易的项目统称为"标的"。招投标交易的项目分为工程类、货物类、服务类。工程类项目的"标的"指的是项目的工程设计、土建施工、成套设备、安装调试等内容。货物类项目的"标的"指的是拟采购商品的规格、型号、性能、质量要求等。服务类项目的"标的"指的是服务要保障的内容、范围、质量要求等。服务包括除工程和货物以外的各类社会服务、金融服务、科技服务、商业服务等,还包括与工程建设项目有关的投融资、项目前期评估咨询、勘察设计、工程监理、项目管理服务等。服务招标中还包括各类资产所有权、资源经营权和使用权出让招标,如企业资产或股权转让、土地使用权出让、基础设施特许经营权、科研成果与技术转让以及其他资源使用权的出让招标等。

2) 建设项目招标范围

《招标投标法》规定,进行下列工程建设项目,包括项目的勘察、设计、施工、监理以及与工程建设有关的重要设备、材料等的采购,必须进行招标。

(1) 关系社会公共利益、公众安全的基础设施项目:① 煤炭、石油、天然气、电力、新能源等能源项目;② 铁路、公路、管道、水运、航空、邮政、综合交通枢纽等交通运输项目;③ 电信枢纽、通信信息网络等通信项目;④ 防洪、灌溉、排涝、引(供)水、滩涂治理、水土保持、水利枢纽等水利项目;⑤ 环境污染防治、自然灾害防治、土地整治、矿山地质环境恢复治理等生态环境项目;⑥ 其他基础设施项目。

(2) 关系社会公共利益、公众安全的公用事业项目:① 供水、排水、供电、供气、供热、污水和垃圾处理、地下管道、道路、桥梁、公共交通、公共停车场、园林绿化、照明等项目;② 科技、教育、文化、卫生、体育、旅游,以及社会福利设施等项目;③ 保障性安居工程项目;④ 其他公用事业项目。

(3) 使用国有资金的投资项目:① 使用各级各类财政性资金的项目;② 使用国有企业事业单位资金,并且国有资产投资占控股或者主导地位的项目。

(4) 国家融资项目,即县级以上人民政府依照法定权限融资的项目:① 使用政府发行债券所筹资金的项目;② 使用政府对外借款或者担保所筹资金的项目;③ 政府授权投资主体融资的项目;④ 政府采用特许经营方式融资的项目。

(5) 使用国际组织或者外国政府资金的项目:① 使用世界银行、亚洲开发银行等国际组织贷款资金的项目;② 使用外国政府及其机构贷款资金的项目;③ 使用国际组织或者外国政府援助资金的项目。

(6) 除招标投标法规定的可以不进行招标的特殊情况外,有下列情形之一的,可以不进行招标:① 需要采用不可替代的专利或者专有技术;② 采购人依法能够自行建设、生产或者提供;③ 已通过招标方式选定的特许经营项目投资人依法能够自行建设、生产或者提供;④ 需要向原中标人采购工程、货物或者服务,否则将影响施工或者功能配套要求;⑤ 国家规定的其他特殊情形。

3) 招标投标活动的行政监督管理

行政监督管理是指国家行政机关和行使行政管理权的单位,对所监督的对象在执行法律、法规、行政决定的情况进行调查、统计、监察、督促并提出处理意见的行政行为。为了保证招标投标活动依照法律规定进行,需要行政机关对其进行有效的监督,并对违法行为依法查处。因此,《招标投标法》规定:"招标投标活动及其当事人应当接受依法实施的监督。有关行政监督部门依法对招标投标活动实施监督,依法查处招标投标活动中的违法行为。"并且还规定了有关行政监督部门应接受投标人和其他利害关系人的投诉等,从而使招标投标活动有章可循、有法可依。

国务院以及省、自治区、直辖市和计划单列市的有关行业管理部门负责监督各自管辖范围内的单位及项目的招标投标活动。其主要职责如下:

(1) 执行关于招标投标的政策、法律和规定。

(2) 制定有关监督方法和程序。

(3) 监督和指导招标投标活动。

(4) 宣传关于招标活动的信息并协调招投标工作。

(5) 对招标投标活动中的违法行为进行查处。

四、投标及其法律规定

1. 投标概述

投标人是指响应招标、参加投标竞争的法人或者其他组织。所谓响应招标,主要是指投标人应当对招标人在招标文件中提出的实质性要求和条件做出响应。《招标投标法》把投标人限制在法人和其他组织的范围内。

2. 有关投标人行为的法律规定

《招标投标法》规定:"投标人不得相互串通投标报价,不得排挤其他投标人的公平竞争,损害招标人或者其他投标人的合法权益。投标人不得与招标人串通投标,损害国家利益、社会公共利益或者他人的合法权益。"这明确规定了投标人之间、投标人与招标人之间不得串通投标。

(1) 下列行为均属于投标人之间串通投标:① 投标人之间相互约定抬高或降低投标报价;② 投标人之间相互约定,在招标项目中分别以高、中、低价位报价;③ 投标人之间先进行内部竞价,内定中标人,然后再参加投标;④ 投标人之间其他串通投标报价行为。

(2) 下列行为均属于招标人与投标人串通投标:① 招标人在开标前开启投标文件,并将投标情况告知其他投标人,或者协助投标人撤换投标文件,更改报价;② 招标人向投标人泄露标底;③ 招标人与投标人商定,投标时压低或抬高标价,中标后再给投标人或招标人额外补偿;④ 招标人预先内定中标人;⑤ 其他串通投标行为。

(3) 以向招标人或者评委会成员行贿的手段谋取中标。

投标人以行贿的手段谋取中标是严重违背招标投标法基本原则的违法行为,对其他投标人是不公平的。投标人以行贿手段谋取中标的法律后果是中标无效,有关责任人和单位应当承担相应的行政责任或刑事责任,给他人造成损失的,还应当承担民事赔偿责任。

(4) 以低于成本的报价竞标。

《招标投标法》规定:"投标人不得以低于成本的报价竞标"。这里所谓的"成本",应指投标人的个别成本,该成本一般根据投标人的企业定额测定。

(5) 以他人名义投标或以其他方式弄虚作假,骗取中标。

投标人不得以他人名义投标或者以其他方式弄虚作假,骗取中标。以他人名义投标指投标人挂靠其他施工单位,或从其他单位通过转让或租借的方式获取资格或资质证书,或者由其他单位及其法定代表人在自己编制的投标文件上加盖印章或签字等行为。

3. 投标人的法律责任

投标人的法律责任,是指投标人在投标过程中对其所实施的行为应当承担的法律后果。按照投标人承担责任的不同法律性质,其法律责任分为民事法律责任、行政法律责任和刑事法律责任。

1) 投标人的民事法律责任

投标人的民事法律责任是指投标人因不履行法定义务或违反合同而依法应当承担的民事法律后果。投标人需承担民事法律责任的违法行为主要可以分为导致招标无效、中标无效和其他违法行为包括:

(1) 投标人的下列违法行为将导致中标无效:

① 投标人相互串通投标或者与招标人串通投标的,投标人向招标人或者评标委员会成员行贿谋取中标的;

② 投标人以他人名义投标或者以其他方式弄虚作假骗取中标的。

(2) 投标人应承担民事法律责任的其他违法行为还包括:

① 中标人将中标项目转让给他人的,将中标项目肢解后分别转让给他人的,违反招标投标法规定将中标项目的部分主体、关键性工作分包给他人的,或者分包人再次分包的;

② 投标人或者其他利害关系人捏造事实、伪造材料或者以非法手段取得证明材料进行投诉的；

③ 法律法规规定的其他违法行为。

(3) 投标人承担民事责任的方式包括恢复现状、赔偿损失。

2) 投标人的行政法律责任

(1) 投标人需承担行政法律责任的、导致中标无效的违法行为包括：

① 投标人相互串通投标或者与招标人串通投标的，投标人以向招标人或者评标委员会成员行贿的手段谋取中标的；

② 依法必须进行招标的项目的投标人以他人名义投标或者以其他方式弄虚作假，骗取中标的。

(2) 投标人应承担行政法律责任的其他违法行为还包括：

① 投标者串通投标、抬高标价或者压低标价；投标者相互勾结，以排挤竞争对手的公平竞争的；

② 对依法必须进行招标的项目的中标人，中标人无正当理由不与招标人订立合同，在签订合同时向招标人提出附加条件，或者不按照招标文件要求提交履约保证金的；

③ 中标人将中标项目转让给他人的，将中标项目肢解后分别转让给他人的，违反招标投标法规定将中标项目的部分主体、关键性工作分包给他人的，或者分包人再次分包的；

④ 投标人出让或者出租资格、资质证书供他人投标的；

⑤ 中标人不按照与招标人订立的合同履行义务，情节严重的；

⑥ 法律法规规定的其他违法行为。

(3) 投标人承担行政法律责任的方式：警告；对单位责令停业整顿；有违法所得的并处没收违法所得；吊销营业执照；罚款，对违法行为的处罚采取双罚制，既处罚违法的单位，也处罚单位的直接负责管人；取消参与投标的资格；对其违法行为进行公告等。

3) 投标人的刑事法律责任

(1) 串通投标罪。

投标人相互串通投标报价，损害招标人或者其他投标人利益的，情节严重的，处 3 年以下有期徒刑或者拘役，并处或单处罚金。投标人与招标人串通投标，损害国家、集体、公民合法权益的，处 3 年以下有期徒刑或者拘役，并处或单处罚金。单位犯串通投标罪的，对单位判处罚金，并对其直接负责的主管人员和其他直接责任人员处 3 年以下有期徒刑或者拘役，并处或单处罚金。

(2) 合同诈骗罪。

投标人以非法占有为目的，在签订、履行合同过程中骗取对方当事人的财物，数额较大的处 3 年以下有期徒刑或者拘役，并处或者单处罚金；数额巨大或者有其他严重情节的，处 3 年以上 10 年以下有期徒刑，并处罚金；数额特别巨大或者有其他特别严重情节的，处 10 年以上有期徒刑或者无期徒刑，并处罚金或者没收财产。

(3) 行贿罪。

投标人向招标人或者评标委员会成员行贿构成犯罪的，处 3 年以下有期徒刑或者拘役。单位犯行贿罪的，对单位判处罚金，并对其直接负责的主管人员和其他直接责任人员，处 3 年以下有期徒刑或者拘役。

任务 4 公路工程建设市场的资质管理

公路工程建设活动的专业性及技术性都很强,而且建设工程投资大、周期长,一旦发生问题,将给社会和人民的生命财产造成极大损失。因此,为保证建设工程的质量和安全,对从事建设活动的单位和专业技术人员必须实行从业资格管理,即资质管理。

公路工程建设市场中的资质管理分为两类:一类是对从业企业的资质管理;另一类是对专业人士的资格管理。

一、从业企业资质管理

公路工程建设市场中,围绕工程建设活动的主体主要是业主方、承包方(包括供应商)、勘察设计单位和工程咨询机构。《中华人民共和国建筑法》规定,对从事建筑活动的施工企业、勘察单位、设计单位和工程咨询机构(含监理单位)实行资质管理。

1. 公路行业设计资质承担业务范围

(1)甲级工程设计单位承担的工程设计范围和地区不受限制。

(2)乙级工程设计单位可承担中、小型建设项目的工程设计任务,承担工程设计任务的地区不受限制。

(3)丙级工程设计单位可承担小型建设项目的工程设计任务,承担工程设计任务限定在省、自治区、直辖市所辖行政区范围内。

公路行业建设项目设计规模划分如表1-1所示。

表1-1 公路行业建设项目设计规模划分

序号	建设项目	计量单位	大型	中型	小型
1	公路	公路等级	高速公路、一级公路	二级公路	三、四级公路
		立交形式	全苜蓿叶形、双喇叭形、枢纽形等独立的互通式立体交叉		
2	特大桥梁	预应力混凝土连续结构、钢结构	总长大于1000米,水深大于15米,单孔跨径为250米以上的预应力混凝土连续结构		
		复杂结构	主跨250米以上的钢筋混凝土拱桥、400米以上的斜拉桥、800米以上的悬索桥等独立大桥		
3	特大隧道	长度	大于1000米的独立隧道及区域地质构造复杂的500~1000米的独立隧道		
4	交通工程	公路等级	高速公路、一级公路的交通安全设施、监控系统、通信系统、收费系统及管理、养护、服务设施	二级公路的交通安全设施、收费系统及管理养护服务设施	三、四级公路的交通安全设施、道班房

2. 工程勘察资质

（1）工程勘察资质范围包括建设工程项目的岩土工程、水文地质勘察和工程测量等专业，其中岩土工程是指岩土工程勘察，岩土工程设计，岩土工程测试、监测、检测，岩土工程咨询、监理，岩土工程治理。

（2）工程勘察资质分级标准是核定工程勘察单位工程勘察资质等级的依据。

（3）工程勘察资质分综合类、专业类和劳务类。综合类包括工程勘察所有专业；专业类是指岩土工程、水文地质勘察、工程测量等专业中的某一项，其中岩土工程专业类可以是岩土工程勘察、设计、测试监测检测、咨询监理中的一项或全部；劳务类是指岩土工程治理、工程钻探、凿井等。

（4）工程勘察综合类资质只设甲级；工程勘察专业类资质原则上设甲、乙两个级别，确有必要设置丙级勘察资质的地区经建设部批准后方可设置专业类丙级；工程勘察劳务类资质不分级别。

① 综合类工程勘察单位承担工程勘察业务范围和地区不受限制。

② 专业类甲级工程勘察单位承担本专业工程勘察业务范围和地区不受限制。

③ 专业类乙级工程勘察单位可承担本专业工程勘察中、小型工程项目，承担工程勘察业务的地区不受限制。

④ 专业类丙级工程勘察单位可承担本专业工程勘察小型工程项目（工程勘察小型工程项目见附表），承担工程勘察业务限定在省、自治区、直辖市所辖行政区范围内。

⑤ 劳务类工程勘察单位只能承担岩土工程治理、工程钻探、凿井等工程勘察劳务工作，承担工程勘察劳务工作的地区不受限制。

工程勘察甲、乙、丙级工程项目划分如表1-2至表1-4所示。

表1-2 工程勘察甲级工程项目划分

岩土工程	水文地质勘察	工程测量
1.具有重大意义或影响的国家重点项目	1.大、中型城市规划和大、中型企业供水水源可行性研究及水资源评价	1.50 km^2 以上大比例尺大、中型城乡规划测量；大型线路测量，大型水上测量
2.场地等级为一、二级，抗震设防烈度高于8度的强震区，存在其他复杂环境岩土工程问题的地区，以及岩土工程条件复杂的工程项目	2.国家重点工程、国外投资或中外合资水源勘察和评价	2.10 km^2 以上大比例尺大、中型工厂、矿山测量
3.按《地基基础设计规范》《岩土工程勘察规范》等有关规范规定的一级建筑物	3.供水量10 000 m^3/d 以上的水源工程勘察和评价	3.1 km^2 以上改扩建竣工图和现状图测量，地籍测量
4.需要采取特别处理措施的极软弱的或非均质地层，极不稳定的地基；建于不良的特殊性土上的大、中型项目	4.水文地质条件复杂的水资源勘察和评价	4.大型市政工程、线路、桥梁、隧道、交通、地铁、地下管网及建（构）筑物施工测量等工程测量
5.有强烈地下水运动干扰或有特殊要求的深基开挖工程，有特殊工艺要求的超精密设备基础工程；大型深埋过江（河）地下管线、涵洞、核废料等深埋处理、高度超过100 m的高耸构筑物基础，大于100 m的高边坡工程，特大桥、大桥、大型立交桥、大型竖井、巷道、平洞、隧道、地下铁道、地下洞室、地下储库工程，深埋工程，超重型设备，大型基础托换、基础补强工程	5.干旱地区、贫水地区、未开发地区水资源评价	5.国家级重点工程、大中型国外投资和中外合资项目工程测量。整体性的三等以上平面控制测量与二等以上的高程控制测量

续表

岩土工程	水文地质勘察	工程测量
6.大深沉井、沉箱,大于 30 m 的超长桩基、墩基,特大型、大型桥基、架空索道基础		6.一、二等建(构)筑物变形测量,其他精密与特殊工程测量
7.复杂程度按有关规范规程划分为中等或复杂的岩土工程设计		
8.其他行业设计规模为大型的建设项目工程勘察		

表 1-3 工程勘察乙级工程项目划分

岩土工程	水文地质勘察	工程测量
1.根据单位技术人员和设备的实际情况,仅限于岩土工程勘察、设计、测试监测(不含岩土工程咨询监理)	1.小城市规划和中型企业供水水源可行性研究及水资源评价	1.50 km² 以下的城乡规划测量、中型线路、水上测量
2.按《地基基础设计规范》《岩土工程勘察规范》等有关规范规定的二级及二级以下建筑物、中小型线路工程、岸边工程	2.供水量 10 000 m³/d 以下的企业与城镇供水水源勘察及评价	2.10 km² 以下大比例尺小型工厂、矿山测量
3.场地等级为三级,但抗震设防烈度不高于 8 度的地区,没有其他复杂环境岩土工程问题的场地	3.水文地质条件中等复杂的水资源勘察和评价	3.1 km² 以下工业企业改扩建竣工图及现状图测量、地籍测量
4.20 层以下的一般高层建筑,体型复杂的 14 层以下的高层建筑;单柱承受荷载 4000 kN 以下的建筑及高度低于 100 m 的高耸建筑物	4.其他行业设计规模为中型的建设项目的水文地质勘察	4.中型市政、线路、桥梁、隧道、地下管网及建(构)筑物施工测量与二、三级的建(构)筑物变形测量等工程测量
5.小于 30m 长的桩基、墩基、中小型竖井、巷道、平洞、隧道、桥基、架空索道、边坡及挡土墙工程		5.其他行业设计规模为中型的建设项目的工程测量
6.建筑工程勘察设计资质分级标准规定的二级及以下一般公共建筑		
7.岩土工程治理设计按有关规范规程划分复杂程度为简单的		
8.其他行业设计规模为中型的建设项目的岩土工程		

表 1-4 工程勘察丙级工程项目划分

岩土工程	水文地质勘察	工程测量
1.只限于承担岩土工程勘察,不含岩土工程设计、咨询监理	1.水文地质条件简单,供水量 2000 m³/d 以下的工业企业供水水源勘察	1.5 km² 以下小城镇规划测量,市政等工程测量
2.按《地基基础设计规范》《岩土工程勘察规范》等有关规范规定的三级建筑场地、七层以下的住宅建筑、小型公共建筑及小型工业厂房场地的勘察	2.其他行业设计规模为小型的建设项目的水文地质勘察	2.小面积控制测量与地形测量
3.岩土工程条件简单的场地勘察		3.小型建(构)筑物施工测量、地籍测量

续表

岩土工程	水文地质勘察	工程测量
4.抗震设防烈度7度及以下地区,无环境岩土工程问题的场地的勘察		4.其他行业设计规模为小型的建设项目的工程测量
5.其他行业设计规模为小型的建设项目的岩土工程勘察		

3. 公路工程施工企业资质

1) 公路工程施工企业资质类别划分

公路工程施工企业根据国家相关规定,结合公路工程的特点,共分为六大类,具体划分如下:

第一类:公路工程施工总承包企业。

第二类:公路路面工程专业承包企业。

第三类:公路路基工程专业承包企业。

第四类:桥梁工程专业承包企业。

第五类:隧道工程专业承包企业。

第六类:公路交通工程专业承包企业。

2) 公路工程施工企业资质等级划分

(1) 公路工程施工总承包企业资质分为特级、一级、二级、三级。

① 特级资质标准。

a. 企业注册资本金3亿元以上。

b. 企业净资产3.6亿元以上。

c. 企业近3年年平均公路工程结算收入15亿元以上。

d. 企业其他条件均达到一级资质标准。

② 一级资质标准。

a. 企业近10年承担过下列4项中的3项以上所列工程的施工,工程质量合格:累计修建一级以上公路路基100公里以上;累计修建高级路面400万平方米以上;累计修建单座桥长≥500米或单跨跨度≥100米的公路特大桥6座以上;完成过单项合同额1亿元以上的公路工程3个以上。

b. 企业经理具有10年以上从事工程管理工作经历或具有高级职称,总工程师具有15年以上从事公路工程施工技术管理工作经历并具有本专业高级职称,总会计师具有高级会计职称,总经济师具有高级职称。

企业有职称的工程技术和经济管理人员不少于300人,其中工程技术人员不少于200人。工程技术人员中,具有高级职称的人员不少于20人,其中具有公路工程系列高级职称的人员不少于15人;具有中级职称的人员不少于80人,其中具有公路工程系列中级职称的人员不少于50人。企业具有的本专业一级资质项目经理不少于15人。

c. 企业注册资本金6000万元以上,企业净资产8000万元以上。

d. 企业近3年最高年公路工程结算收入4亿元以上。

e. 企业具有与承包工程范围相适应的施工机械和质量检测设备,并至少具有:160吨/小时以上沥青混凝土拌和设备3台,120立方米/小时水泥混凝土拌和设备及60吨/小时以上水泥混凝土拌和设备各1台或60吨/小时以上水泥混凝土拌和设备3台,300吨/小时以上稳定土拌和设备4台;摊铺宽度12米的沥青混凝土摊铺设备2台,摊铺宽度8米以上的沥青混凝土摊铺设备4台;120千瓦以上平地机5台;1立方米以上挖掘机5台;100千瓦以上推土机5台;各型压路机20台(其中沥青混凝土压实设备10台,大型土方振动压实设备10台);扭矩200千牛·米以上的钻机2台;80吨以上自行式架桥机2套;50吨以上吊车3台;水泥混凝土泵车4台;隧道凿岩台车2台,水泥混凝土喷射泵4台,压浆设备2台。

③ 二级资质标准。

a. 企业近10年承担过下列4项中的3项以上所列工程的施工,工程质量合格:累计修建二级以上公路路基150公里以上;累计修建高级、次高级路面200万平方米以上;累计修建单座桥长≥100米或单跨跨度≥40米的公路大桥4座以上;完成过单项合同额5000万元以上的公路工程3项以上。

b. 企业经理具有8年以上从事工程管理工作经历或具有中级以上职称,技术负责人具有10年以上从事公路工程施工技术管理工作经历并具有本专业高级职称,财务负责人具有中级以上会计职称。

企业有职称的工程技术和经济管理人员不少于180人,其中工程技术人员不少于120人。工程技术人员中,具有公路工程系列高级职称的人员不少于10人,具有公路工程系列中级职称的人员不少于30人。企业具有的本专业二级资质以上项目经理不少于10人。

c. 企业注册资本金3000万元以上,企业净资产4000万元以上。

d. 企业近3年最高年公路工程结算收入2亿元以上。

e. 企业具有与承包工程范围相适应的施工机械和质量检测设备,并至少具有:120吨/小时以上沥青混凝土拌和设备1台,60立方米/小时以上水泥混凝土拌和设备1台,300吨/小时以上稳定土拌和设备2台;摊铺宽度8米以上的沥青混凝土摊铺设备2台;120千瓦以上平地机3台;1立方米以上挖掘机3台;100千瓦以上推土机3台;各型压路机10台(其中沥青混凝土压实设备4台,大型土方振动压实设备2台);扭矩200千牛·米以上的钻机1台;80吨以上自行式架桥机1套;50吨以上吊车1台;水泥混凝土泵车2台;隧道凿岩台车1台,水泥混凝土喷射泵2台,压浆设备1台。

④ 三级资质标准。

a. 企业近10年承担过下列4项中的3项以上所列工程的施工,工程质量合格:累计修建二级以上公路路基80公里以上;累计修建高级、次高级路面100万平方米以上;累计修建单座桥长≥30米或单跨跨度≥20米的公路中桥4座以上;完成过单项合同额500万元以上的公路工程。

b. 企业经理具有6年以上从事工程管理工作经历或具有中级以上职称,技术负责人具有6年以上从事公路工程施工技术管理工作经历并具有本专业中级以上职称,财务负责人具有中级以上会计职称。

企业有职称的工程技术和经济管理人员不少于60人,其中工程技术人员不少于40人。工程技术人员中,具有中级以上职称的人员不少于20人,其中具有公路工程系列中级以上职称的人员不少于15人。企业具有的本专业三级资质以上项目经理不少于10人。

c. 企业注册资本金1000万元以上,企业净资产1500万元以上。

d. 企业近3年最高年公路工程结算收入5000万元以上。

e. 企业具有与承包工程范围相适应的施工机械和质量检测设备,并至少具有:60吨/小时以上沥青混凝土拌和设备1台,40立方米/小时以上水泥混凝土拌和设备1台;摊铺宽度4.5米以上的沥青混凝土摊铺设备2台;120千瓦以上平地机2台;0.8立方米以上挖掘机2台;100千瓦以上推土机2台;各型压路机5台(其中沥青混凝土压实设备2台,大型土方振动压实设备1台);30吨以上吊车1台。

⑤ 公路施工总承包企业承包工程范围如表1-5所示。

表1-5 公路施工总承包企业承包工程范围

序号	资质等级	承包工程范围
1	特级企业	可承担各等级公路及其桥梁、隧道工程的施工
2	一级企业	可承担单项合同额不超过企业注册资本金5倍的各等级公路及其桥梁、长度3000米及以下的隧道工程的施工
3	二级企业	可承担单项合同额不超过企业注册资本金5倍的一级标准及以下公路、单跨跨度<100米的桥梁、长度<1000米的隧道工程的施工
4	三级企业	可承担单项合同额不超过企业注册资本金5倍的二级标准及以下公路、单座桥长<500米、单跨跨度<40米的桥梁工程的施工

(2) 桥梁工程专业承包企业资质分为一级、二级。

① 一级资质标准。

a. 企业近5年承担过下列桥梁工程施工,工程质量合格:累计修建单座桥长≥500米或单跨≥100米的特大型桥梁4座以上;累计完成桥梁工程合同额3亿元以上。

b. 企业经理具有10年以上从事工程管理工作经历或具有高级职称,总工程师具有10年以上从事桥梁工程施工管理工作经历并具有本专业高级职称,总会计师具有中级以上会计职称。

企业有职称的工程技术和经济管理人员不少于100人,其中工程技术人员不少于80人,工程技术人员中,具有中级以上职称的人员不少于30人。企业具有的本专业一级资质项目经理不少于8人。

c. 企业注册资本金3000万元以上,企业净资产3600万元以上。

d. 企业近3年最高年工程结算收入1亿元以上。

e. 企业具有相应的施工机械和质量检测设备,并至少具有:120立方米/小时以上水泥混凝土拌和设备1台,60立方米/小时以上水泥混凝土拌和设备2台;6立方米以上混凝土运输罐车6台;60立方米/小时以上混凝土泵车2台;60立方米/小时以上混凝土输送泵4台;30吨、40吨、50吨吊车各2台;200吨架桥机1台。

② 二级资质标准。

a. 企业近5年承担过下列桥梁工程施工,工程质量合格:累计修建单座桥长≥100米或单跨≥40米的桥梁4座以上;累计完成桥梁工程合同额1.5亿元以上。

b. 企业经理具有8年以上从事工程管理工作经历或具有中级以上职称,技术负责人具有8年以上从事桥梁工程施工管理工作经历并具有本专业中级以上职称,财务负责人具有初级以上会计职称。

企业有职称的工程技术和经济管理人员不少于60人,其中工程技术人员不少于40人。工程技术人员中,具有中级以上职称的人员不少于 15 人。企业具有的本专业二级资质以上项目经理不少于 5 人。

c. 企业注册资本金 1500 万元以上,企业净资产 2000 万元以上。

d. 企业近 3 年最高年工程结算收入 2000 万元以上。

e. 企业具有相应的施工机械和质量检测设备,并至少有:60 立方米/小时以上水泥混凝土拌和设备 1 台,40 立方米/小时以上水泥混凝土拌和设备 1 台;6 立方米以上混凝土运输罐车 4 台;60 立方米/小时以上混凝土泵车 1 台;60 立方米/小时以上混凝土输送泵 1 台;30 吨、40 吨吊车各 1 台;100 吨架桥机 1 台。

③ 桥梁工程专业承包企业承包工程范围如表 1-6 所示。

表 1-6 桥梁工程专业承包企业承包工程范围

序号	资质等级	承包工程范围
1	一级企业	可承担各类桥梁工程的施工
2	二级企业	可承担单跨 100 米及以下桥梁工程的施工

(3) 隧道工程专业承包企业资质分为一级、二级。

① 一级资质标准。

a. 企业近 10 年承担过下列 2 项隧道工程施工,工程质量合格:独立承担过单洞长 1000 米以上的铁路、公路或市政隧道工程施工;累计完成铁路、公路或市政隧道长度 20 公里以上。

b. 企业经理具有 10 年以上从事工程管理工作经历或具有高级职称,总工程师具有 10 年以上从事施工管理工作经历并具有本专业高级职称,总会计师具有中级以上会计职称。

企业有职称的工程技术和经济管理人员不少于 120 人,其中工程技术人员不少于 80 人。工程技术人员中,具有中级以上职称的人员不少于 30 人。企业具有的本专业一级资质项目经理不少于 5 人。

c. 企业注册资本金 3000 万元以上,企业净资产 3600 万元以上。

d. 企业近 3 年最高年工程结算收入 6000 万元以上。

e. 企业具有 2 台 3 臂以上的隧道凿岩台车,并具有相应的衬砌、运输与混凝土生产、泵送等施工机械设备和质量检验设备。

② 二级资质标准。

a. 企业近 10 年承担过下列 2 项隧道工程施工,工程质量合格:独立承担过单洞长 250 米以上的铁路、公路或市政隧道工程施工;累计完成铁路、公路或市政隧道长度 5 公里以上。

b. 企业经理具有 5 年以上从事工程管理工作经历,技术负责人具有 5 年以上从事施工技术管理工作经历并具有本专业中级以上职称,财务负责人具有初级以上会计职称。

企业有职称的工程技术和经济管理人员不少于 50 人,其中工程技术人员不少于 30 人。工程技术人员中,具有中级以上职称的人员不少于 10 人。企业具有的本专业二级资质以上项目经理不少于 5 人。

c. 企业注册资本金 1000 万元以上,企业净资产 1200 万元以上。

d. 企业近 3 年最高年工程结算收入 3000 万元以上。

e. 企业具有 1 台以上的隧道凿岩台车,并具有相应的衬砌、运输与混凝土生产、泵送等施工机械设备和质量检验测设备。

③ 隧道工程专业承包企业承包工程范围如表1-7所示。

表1-7 隧道工程专业承包企业承包工程范围

序号	资质等级	承包工程范围
1	一级企业	可承担各类隧道工程施工
2	二级企业	可承担断面20平方米及以下且长度1000米及以下的隧道工程施工

（4）公路路面工程专业承包企业资质分为一级、二级、三级。

① 一级资质标准。

a. 企业近10年承担过下列2项路面工程施工，工程质量合格：累计修建高级路面200万平方米以上；累计完成高级路面工程合同额3亿元以上。

b. 企业经理具有10年以上从事公路工程管理工作经历或具有高级职称，总工程师具有10年以上从事公路工程技术管理工作经历并具有本专业高级职称，总会计师具有中级以上会计职称。

企业有职称的工程技术和经济管理人员不少于80人，其中公路工程系列技术人员不少于40人。工程技术人员中，具有中级以上职称的人员不少于15人。

企业具有的本专业一级资质项目经理不少于5人。

c. 企业注册资本金3000万元以上，企业净资产3600万元以上。

d. 企业近3年最高年公路路面工程结算收入1亿元以上。

e. 企业具有相应的施工机械和质量检测设备，并至少具有：160吨/小时以上沥青混凝土拌和设备2台，120立方米/小时以上水泥混凝土拌和设备1台或60立方米/小时以上水泥混凝土拌和设备2台，300吨/小时以上稳定土拌和设备2台；摊铺宽度12米的沥青混凝土摊铺设备1台，摊铺宽度8米以上的沥青混凝土摊铺设备4台；120千瓦以上平地机5台；100千瓦以上推土机5台；各型压路机12台。

② 二级资质标准。

a. 企业近10年承担过下列2项路面工程施工，工程质量合格：累计修建高级路面100万平方米以上；累计完成高级、次高级路面工程合同额1亿元以上。

b. 企业经理具有8年以上从事公路工程管理工作经历或具有中级以上职称，技术负责人具有8年以上从事公路工程技术管理工作经历并具有本专业中级职称，财务负责人具有中级以上会计职称。

企业有职称的工程技术和经济管理人员不少于60人，其中公路工程系列技术人员不少于30人。工程技术人员中，具有中级以上职称的人员不少于10人。企业具有的本专业二级资质以上项目经理不少于5人。

c. 企业注册资本金1500万元以上，企业净资产2000万元以上。

d. 企业近3年最高年公路路面工程结算收入4000万元以上。

e. 企业具有相应的施工机械和质量检测设备，并至少具有：120吨/小时以上沥青混凝土拌和设备或60立方米/小时以上水泥混凝土拌和设备1台，300吨/小时以上稳定土拌和设备1台；摊铺宽度8米以上的沥青混凝土摊铺设备2台；120千瓦以上平地机3台；100千瓦以上推土机3台；各型压路机8台。

③ 三级资质标准。

a. 企业近10年承担过下列2项路面工程施工,工程质量合格:累计修建高级、次高级路面60万平方米以上;累计完成路面工程合同额3000万元以上。

b. 企业经理具有6年以上从事公路工程管理工作经历或具有中级以上职称,技术负责人具有6年以上从事公路工程技术管理工作经历并具有本专业中级以上职称,财务负责人具有初级以上会计职称。

企业有职称的工程技术和经济管理人员不少于30人,其中公路工程系列技术人员不少于15人。工程技术人员中,具有中级以上职称的人员不少于5人。企业具有的本专业三级资质以上项目经理不少于5人。

c. 企业注册资本金400万元以上,企业净资产500万元以上。

d. 企业近3年最高年公路路面工程结算收入800万元以上。

e. 企业具有相应的施工机械和质量检测设备,并至少具有:60吨/小时以上沥青混凝土拌和设备或40立方米/小时以上水泥混凝土拌和设备1台;摊铺宽度4.5米以上的沥青混凝土摊铺设备1台;120千瓦以上平地机1台;100千瓦以上推土机1台;各型压路机4台。

④ 公路路面工程专业承包企业承包工程范围如表1-8所示。

表1-8 公路路面工程专业承包企业承包工程范围

序号	资质等级	承包工程范围
1	一级企业	可承担各级公路的各类路面和钢桥面工程的施工
2	二级企业	可承担单项合同额不超过企业注册资本金5倍的一级标准及以下公路路面工程的施工
3	三级企业	可承担单项合同额不超过企业注册资本金5倍的二级标准及以下公路路面工程的施工

(5) 公路路基工程专业承包企业资质分为一级、二级、三级。

① 一级资质标准。

a. 企业近10年承担过下列2项路基工程的施工,工程质量合格:累计修建一级以上公路路基100公里以上;累计完成一级以上公路路基工程合同额3亿元以上。

b. 企业经理具有10年以上从事公路工程管理工作经历或具有高级职称,总工程师具有10年以上从事公路工程技术管理工作经历并具有本专业高级职称,总会计师具有中级以上会计职称。

企业有职称的工程技术和经济管理人员不少于100人,其中公路工程系列技术人员不少于50人。工程技术人员中,具有中级以上职称的人员不少于15人。企业具有的本专业一级资质项目经理不少于10人。

c. 企业注册资本金2000万元以上,企业净资产2500万元以上。

d. 企业近3年最高年公路路基工程结算收入5000万元以上。

e. 企业具有相应的施工机械和质量检测设备,并至少具有:1立方米以上挖掘机5台;120千瓦以上平地机3台;100千瓦以上推土机5台;各型压路机15台,其中大型土方振动压实设备5台;9立方米空压机3台;2立方米以上装载机5台;25立方米/小时以上水泥混凝土拌和设备2台。

② 二级资质标准。

a. 企业近10年承担过下列2项路基工程的施工,工程质量合格:累计修建二级以上公路路基100公里以上;累计完成二级以上公路路基工程合同额1亿元以上。

b. 企业经理具有8年以上从事公路工程管理工作经历或具有中级以上职称,技术负责人具有8年以上从事公路工程技术管理工作经历并具有本专业中级以上职称,财务负责人具有中级以上会计职称。

企业有职称的工程技术和经济管理人员不少于60人,其中公路工程系列技术人员不少于30人。工程技术人员中,具有中级以上职称的人员不少于8人。企业具有的本专业二级资质以上项目经理不少于10人。

c. 企业注册资本金1000万元以上,企业净资产1200万元以上。

d. 企业近3年最高年公路路基工程结算收入3000万元以上。

e. 企业具有相应的施工机械和质量检测设备,并至少具有:1立方米以上挖掘机2台;120千瓦以上平地机2台;100千瓦以上推土机3台;各型压路机8台,其中大型土方振动压实设备3台;9立方米空压机2台;2立方米以上装载机3台;25立方米/小时以上水泥混凝土拌和设备1台。

③ 三级资质标准。

a. 企业近10年承担过下列2项路基工程的施工,工程质量合格:累计修建二级以上公路路基50公里以上;累计完成公路路基工程合同额5000万元以上。

b. 企业经理具有6年以上从事公路工程管理工作经历或具有中级以上职称,技术负责人具有6年以上从事公路工程技术管理工作经历并具有本专业中级以上职称,财务负责人具有初级以上会计职称。

企业有职称的工程技术和经济管理人员不少于30人,其中公路工程系列技术人员不少于15人。工程技术人员中,具有中级以上职称的人员不少于5人。企业具有的本专业三级资质以上项目经理不少于5人。

c. 企业注册资本金300万元以上,企业净资产360万元以上。

d. 企业近3年最高年公路路基工程结算收入1500万元以上。

e. 企业具有相应的施工机械和质量检测设备,并至少具有:0.8立方米以上挖掘机2台;120千瓦以上平地机1台;100千瓦以上推土机2台;各型压路机4台,其中大型土方振动压实设备1台;2立方米以上装载机5台;水泥混凝土拌和设备1台。

④ 公路路基工程专业承包工程范围如表1-9所示。

表1-9 公路路基工程专业承包工程范围

序号	资质等级	承包工程范围
1	一级企业	可承担各级公路的土石方、单跨跨度小于100米、单座桥长小于500米桥梁、防护及排水、软基处理工程的施工
2	二级企业	可承担单项合同额不超过企业注册资本金5倍的一级标准及以下公路的土石方、中小桥涵、防护及排水、软基处理工程的施工
3	三级企业	可承担单项合同额不超过企业注册资本金5倍的二级标准及以下公路的土石方、中小桥涵、防护及排水、软基处理工程的施工

(6) 公路交通工程专业承包企业资质划分。

公路交通工程专业承包企业资质分为交通安全设施,通信系统工程,监控系统工程,收费系统工程和通信、监控、收费综合系统工程5个分项,不分等级。

公路交通工程专业承包企业承包工程范围如表1-10所示。

表1-10 公路交通工程专业承包企业承包工程范围

序号	资质分项	承包工程范围
1	交通安全设施分项	可承担各级公路标志、标线、护栏、隔离栅、防眩板等工程施工及安装
2	通信系统工程分项	可承担各级公路干线传输系统、程控交换系统、移动通信系统、光(电)缆敷设工程、紧急电话系统的施工及安装
3	监控系统工程分项	可承担各级公路交通信息采集系统、信息发布系统、中央控制系统、供电配套设施系统的施工及安装
4	收费系统工程分项	可承担收费公路收费车道及附属配套设备、收费管理系统及配套设备等的施工及安装
5	通信、监控、收费综合系统工程分项	可承担各级公路干线传输系统、程控交换系统、移动通信系统、光(电)缆敷设工程、紧急电话系统、交通信息采集系统、信息发布系统、中央控制系统、供电配套设施系统的施工及安装和收费公路收费车道及附属配套设备、收费管理系统及配套设备的施工及安装

4. 公路养护资质

公路养护工程从业单位的资质分为三个类别,共五个级别。

一类养护工程资质:可以承担大、特大型桥梁,长、特长隧道以及特殊复杂结构的桥隧构造物的中修和大修养护工程。

二类养护工程资质分为甲级、乙级。

甲级:可以承担一级公路和高速公路的路基、路面、中小桥、涵洞、中短隧道、绿化及沿线设施(不含监控、通信、收费管理系统)等的中修、大修养护工程。

乙级:可以承担二级及以下等级公路的路基、路面、中小桥、涵洞、中短隧道、绿化及沿线设施(不含监控、通信、收费管理系统)等中修、大修养护工程。

三类养护工程资质分为甲级、乙级。

甲级:可以承担高速公路、一级或二级公路的小修保养。

乙级:可以承担二级及以下等级公路的小修保养作业。

5. 公路工程监理

1) 公路监理单位的业务范围

(1) 获得公路工程专业甲级监理资质,可在全国范围内从事一、二、三类公路工程、桥梁工程、隧道工程项目的监理业务;

(2) 获得公路工程专业乙级监理资质,可在全国范围内从事二、三类公路工程、桥梁工程、隧道工程项目的监理业务;

(3) 获得公路工程专业丙级监理资质,可在企业所在地的省级行政区域内从事三类公路工程、桥梁工程、隧道工程项目的监理业务;

(4) 获得公路工程专业特殊独立大桥专项监理资质,可在全国范围内从事特殊独立大桥项

目的监理业务;

(5) 获得公路工程专业特殊独立隧道专项监理资质,可在全国范围内从事特殊独立隧道项目的监理业务;

(6) 获得公路工程专业公路机电工程专项监理资质,可在全国范围内从事各等级公路、桥梁、隧道工程通讯、监控、收费等机电工程项目的监理业务。

2) 公路行业监理工程等级划分

公路行业监理工程等级划分如表1-11所示。

表1-11 公路行业监理工程等级划分

工程类别	一类	二类	三类
公路工程	高速公路	高速公路路基工程及一级公路	一级公路路基工程及二级以下各级公路
桥梁工程	独立大桥工程、特大桥长度≥500m或单跨≥100m	100m≤大桥长度<500m或40m≤单跨<100m	中桥及以下桥梁工程总长<100m或单跨<40m
隧道工程	特长隧道长度>3000m	250m<长、中隧道长度≤3000m	短隧道长度≤250m

6. 劳务分包企业资质标准

建设工程行业劳务分包企业资质标准总共有13种分类:木工作业分包企业资质标准、砌筑作业分包企业资质标准、抹灰作业分包企业资质标准、石制作分包企业资质标准、油漆作业分包企业资质标准、钢筋作业分包企业资质标准、混凝土作业分包企业资质标准、脚手架作业分包企业资质标准、模板作业分包企业资质标准、焊接作业分包企业资质标准、水暖电安装作业分包企业资质标准、钣金作业分包企业资质标准、架线作业分包企业资质标准。下面以钢筋作业分包企业资质为例进行说明。

(1) 钢筋作业分包企业资质分为一级、二级。

① 一级资质标准。

a. 企业注册资本金30万元以上。

b. 企业具有相关专业助理工程师或技师以上职称的技术负责人。

c. 企业具有初级以上钢筋、焊接技术工人不少于20人,其中中、高级工不少于50%;企业作业人员持证上岗率100%。

d. 企业近3年最高年完成劳务分包合同额100万元以上。

e. 企业具有与作业分包范围相适应的机具。

② 二级资质标准。

a. 企业注册资本金10万元以上。

b. 企业具有专业技术员或高级工以上的技术负责人。

c. 企业具有初级以上钢筋、焊接技术工人不少于10人,其中中、高级工不少于30%;企业作业人员持证上岗率100%。

d. 企业近3年承担过2项以上钢筋绑扎、焊接作业分包,工程质量合格。

e. 企业具有与作业分包范围相适应的机具。

(2) 钢筋作业分包企业承包工程范围如表 1-12 所示。

表 1-12　钢筋作业分包企业承包工程范围

序号	资质等级	承包工程范围
1	一级企业	可承担各类工程钢筋绑扎、焊接作业分包业务,但单项业务合同额不超过企业注册资本金的 5 倍
2	二级企业	可承担各类工程钢筋绑扎、焊接作业分包业务,但单项业务合同额不超过企业注册资本金的 5 倍

二、从业人士的资格管理

执业资格制度是市场经济国家对专业技术人员进行管理的通行做法。按照分类管理原则,我国已经在建设行业中一些事关国家财产安全、公众利益和人民生命财产安全的专业技术关键岗位实行执业资格制度。将建设行业中现行的以企业资质与个人执业资格相结合的管理模式逐步发展为以个人执业资格为主的管理模式,是完善社会主义市场经济体制的必然要求,同时也是加入世贸组织后与国际接轨、达成国际互认、参与国际竞争的迫切需要,对促进我国建设事业持续健康发展具有十分重要的意义。目前,我国建设行业已建立了房地产估价师、监理工程师、注册建筑师、造价工程师、勘察设计注册工程师、注册城市规划师、房地产经纪人和建造师八类执业资格制度,基本形成了以教育评估、执业实践、资格考试、注册管理、继续教育和信用档案为主要内容的管理体系。

1. 我国建设行业建立执业资格制度的过程

执业资格是指政府对某些责任较大、社会通用性强、关系到国家和公众利益的专业(工种)实行准入控制,是专业技术人员从事某一特定专业(工种)的学识、技术和能力的必备标准。市场经济比较发达的国家或地区,实行执业资格制度已有 150 多年的历史,形成了一套完整的法律体系和管理体系。我国在建设行业建立执业资格制度的探索始于 20 世纪 80 年代末。当时,随着改革开放步伐的不断加快,为规范市场秩序,保证工程质量,也为了推动我国建设行业走向国际市场和引进外资项目,建设部决定按照国际惯例,在工程监理、建筑设计等领域建立工程师和建筑师执业资格注册制度,多次出国考察并进行调研论证。1992 年 6 月,建设部颁发了《监理工程师资格考试和注册试行办法》,此时建立注册建筑师和注册房地产估价师的筹备工作也已起步。

1993 年 11 月,党的十四届三中全会决定建立社会主义市场经济体制,会议通过的《中共中央关于建立社会主义市场经济体制若干问题的决定》中指出"要制订各种职业的资格标准和录用标准,实行学历文凭和职业资格两种证书制度"。根据这一要求,人事部按照国务院的部署,把建立和推行专业技术人员执业资格制度作为一项重点工作,并作为深化职称改革工作的一项重要内容,有计划、有步骤地组织实施了各类执业资格制度。在国家正式提出建立职业资格制度以后,建设行业执业资格制度建立工作进入了较快的发展时期:1994 年建立注册建筑师制度;1995 年建立房地产估价师执业资格制度;1996 年 8 月建设部、人事部印发《关于全国监理工程师执业资格考试工作的通知》,决定自 1997 年起,在全国举行监理工程师执业资格考试;1996 年建立造价工程师执业资格制度;1997 年 9 月,建设部、人事部联合下发《注册结构工程师执业资格制度暂行规定》,明确指出我国勘察设计行业将实行注册结构工程师执业资格制度;1999年建立注册城市规划师执业资格制度;2001年1月,人事部、建设部正式出台《勘察设计注册工程师制度总体框架及实施规划》(将勘察设计注册工程师划分为17个专业,包括已开考的注册结构工程师),计划到2010年全国实行勘察设计注册工程师执业注册制度;2002年4月,建设部、人事部联合下发《注册土木工程师(岩土)执业资格制度暂行规定》《注册土木工程师(岩土)执业资格考试实施办法》《注册土木工程师(岩土)执业资格考核认定办法》;2003年3月,人事部、建设部、交通部分别出台了注册电气工程师、注册化工工程师、注册公用设备工程师、注册土木工程师(港口与航道工程)执业资格制度的暂行规定;2001年建立房地产经纪人员职业资格制度;2002年12月,建设部、人事部联合下发《建造师执业资格制度暂行规定》,决定建立建造师执业资格制度。

我国在建设行业推行执业资格制度上坚持标准、严格执行、严格管理,从而赢得了社会的广泛好评,使执业资格制度已成为行业管理、人员资质管理的重要手段。

2. 执业资格许可制度

执业资格许可制度是指具备一定专业学历的从事建筑活动的专业技术人员,通过考试和注册确定其职业技术资格,获得相应建筑工程文件签字权的一种制度。包括注册建筑师、注册结构师、注册建造师、注册监理师、注册造价师、注册土木工程师等。

下面以注册建造师为例进行说明。

1) 建造师考试和注册的规定

注册建造师是指通过考核认定或考试合格取得中华人民共和国建造师执业资格证书,并按照规定注册,取得中华人民共和国建造师注册证书和执业印章,可以担任施工单位项目负责人及从事相关活动的专业技术人员。未取得注册证书和执业印章的,不得担任大中型建设工程项目的施工单位项目负责人,不得以注册建造师的名义从事相关活动。

2) 建造师的注册

(1) 注册管理机构。

建设部或其授权的机构为一级建造师执业资格的注册管理机构。省、自治区、直辖市建设行政主管部门或其授权的机构为二级建造师执业资格的注册管理机构。人事部和各级地方人事部门对建造师执业资格注册和使用情况有检查、监督的责任。

(2) 注册申请。

《注册建造师管理规定》中规定,取得一级建造师资格证书并受聘于一个建设工程勘察、设计、施工、监理、招标代理、造价咨询等单位的人员,应当通过聘用单位向单位工商注册所在地的省、自治区、直辖市人民政府建设主管部门提出注册申请。

申请初始注册时应当具备以下条件:①经考核认定或考试合格取得资格证书;②受聘于一个相关单位;③达到继续教育要求;④没有《注册建造师管理规定》中规定不予注册的情形。

初始注册者,可自资格证书签发之日起3年内提出申请。逾期申请初始注册者,须提供达到本专业继续教育要求的证明材料后方可申请初始注册。

申请初始注册需要提交下列材料:① 注册建造师初始注册申请表;② 资格证书、学历证书和身份证明复印件;③ 申请人与聘用单位签订的聘用劳动合同复印件或其他有效证明文件;④ 逾期申请初始注册的,应当提供达到继续教育要求的证明材料。

(3) 延续注册与增项注册。

建造师执业资格注册有效期一般为3年。《注册建造师管理规定》中规定,注册有效期满需继续执业的,应当在注册有效期届满30日前,按照规定申请延续注册。延续注册的,有效期为3年。

申请延续注册的,应当提交下列材料:① 注册建造师延续注册申请表;② 原注册证书;③ 申请人与聘用单位签订的聘用劳动合同复印件或其他有效证明文件;④ 申请人注册有效期内达到继续教育要求的证明材料。

(4) 不予注册和注册证书的失效、注销。

《注册建造师管理规定》中规定,申请人有下列情形之一的,不予注册:① 不具有完全民事行为能力的;② 申请在两个或者两个以上单位注册的;③ 未达到注册建造师继续教育要求的;④ 受到刑事处罚,刑事处罚尚未执行完毕的;⑤ 因执业活动受到刑事处罚,自刑事处罚执行完毕之日起至申请注册之日止不满5年的;⑥ 因前项规定以外的原因受到刑事处罚,自处罚决定之日起至申请注册之日止不满3年的;⑦ 被吊销注册证书,自处罚决定之日起至申请注册之日止不满2年的;⑧ 在申请注册之日前3年内担任项目经理期间,所负责项目发生过重大质量和安全事故的;⑨ 申请人的聘用单位不符合注册单位要求的;⑩ 年龄超过65周岁的,法律、法规规定不予注册的其他情形。

注册建造师有下列情形之一的,其注册证书和执业印章失效:① 聘用单位破产的;② 聘用单位被吊销营业执照的;③ 聘用单位被吊销或者撤回资质证书的;④ 已与聘用单位解除聘用合同关系的;⑤ 注册有效期满且未延续注册的;⑥ 年龄超过65周岁的;⑦ 死亡或不具有完全民事行为能力的;⑧ 其他导致注册失效的情形。

注册建造师有下列情形之一的,由注册机关办理注销手续,收回注册证书和执业印章或者公告其注册证书和执业印章作废:① 有以上规定的注册证书和执业印章失效情形发生的;② 依法被撤销注册的;③ 依法被吊销注册证书的;④ 受到刑事处罚的;⑤ 法律、法规规定应当注销注册的其他情形。

(5) 变更、续期、注销注册的申请办理。

在注册有效期内,注册建造师变更执业单位,应当与原聘用单位解除劳动关系,并按照规定办理变更注册手续,变更注册后仍延续原注册有效期。聘用企业与注册建造师解除劳动关系的,应当及时申请办理注销注册或变更注册。

申请变更注册的,应当提交下列材料:① 注册建造师变更注册申请表;② 注册证书和执业印章;③ 申请人与新聘用单位签订的聘用合同复印件或有效证明文件;④ 工作调动证明。

随着我国经济社会的不断发展,越来越多的专业领域建立了执业资格制度。执业资格考试作为执业制度的核心内容,有利于加快人才培养,促进和提高专业队伍素质和业务水平,促进专业技术人员队伍建设,建立合理的专业人才库;有利于统一专业人员的业务能力标准,公正地评价专业人员是否具备执业资格,从而合理使用专业技术人才;有利于同国际接轨,参与世界经济交流与合作,推进专业人才资格互认工作,参与国际竞争,开拓国际市场。土木工程行业涉及国民经济建设的方方面面,是我国最早和最广泛地推行执业资格制度的行业之一。注册结构工程师、注册监理工程师、注册建筑师等执业资格制度的实施,已在国家经济建设中发挥了重要作用。

任务 5 公路工程建设工程承发包方式

一、工程承发包的概念

承发包是一种商业交易行为,是指交易的一方负责为交易的另一方完成某项工作或供应一批货物,并按一定的价格取得相应报酬的一种交易行为。委托任务并负责支付报酬的一方称为发包人,接受任务并负责按时完成而取得报酬的一方称为承包人。承发包双方通过签订合同或协议来明确双方在经济上的权利与义务等关系,合同或协议具有法律效力。

工程承发包是指建筑企业(承包商)作为承包人(称乙方),建设单位(业主)作为发包人(称甲方),由甲方把建筑安装工程任务委托给乙方,双方在平等互利的基础上签订工程合同,明确各自的经济责任、权利和义务,以保证工程任务在合同造价内按期、按质、按量地全面完成。双方通过签订合同或协议来明确经济上的权利与义务等关系,并使其具有法律效力。

二、工程承发包的内容

工程项目承发包的内容,就是整个建设过程各个阶段的全部工作,可以分为工程项目的项目建议书、可行性研究、勘察设计、材料及设备的采购供应、建筑安装工程施工、生产准备和竣工验收以及工程监理等阶段的工作。对一个承包单位来说,承包内容可以是建设过程的全部工作,也可以是某一阶段的全部或一部分工作。

一个建设项目的全过程大体分为以下几个阶段:可行性研究、勘察设计、材料设备购置与供应、工程施工、生产职工培训、竣工验收和交付使用等。因此,建设工程承包范围包括可行性研究、勘察设计、材料设备购置与供应、工程施工、生产职工培训、建筑工程管理。

1. 可行性研究

可行性研究是指在项目投资决策前,对拟建项目的所有方面进行全面综合的调查,对备选方案从技术的先进性、生产的可能性、建设的可能性、经济的合理性等方面进行比较评价,从中选出最佳方案的研究方法,包括机会研究、初步可行性研究和可行性研究三个阶段。可行性研究通常由专业咨询机构或设计机构承包和进行,无论研究结论可行与否,是否被委托人采纳,均需按事先协议由委托人付酬。但是在研究结论与事实不符给委托人造成损失的情况下,委托人可依法向承担研究的机构索赔。

2. 勘察设计

勘察设计包括工程勘察和工程设计。

1)工程勘察

工程勘察的主要内容包括工程测量、水文地质勘察以及工程地质勘察。工程测量的任务是为建设项目的选址、设计和施工提供有关地形地貌的科学依据,水文地质勘察的任务是为建设项目的设计提供有关供水、地下水源的详细资料,工程地质勘察的任务是为建设项目的选址、设计和施工提供工程地质方面的详细资料。工程勘察通常由专门的勘察机构承包和进行。

2) 工程设计

工程设计是根据批准的可行性研究报告进行的。建设项目在技术上是否先进可行,经济上是否合理,工程设计将起着决定性作用。一般建设项目分初步设计和施工图设计两个阶段进行设计。建设项目的设计工作由专业设计机构承包。

3. 材料设备购置与供应

建设项目所需的设备以及建筑材料,其质量的好坏与价格的高低对项目的投资效益影响极大。业主可以自行采购,也可委托承包商或专门的供应商负责采购、运输、安装和测试。

4. 工程施工

工程施工的任务是按设计图纸的要求,把建筑材料与设备转化为建筑产品,使预期的生产能力或使用功能得以实现。工程施工包括施工现场准备工作、土建工程、设备安装工程以及环境绿化工程等。通常由土建施工企业总承包,再由各专业施工企业分包,各方通力协作,配合施工。

5. 生产职工培训

为了使新建项目建成后能及时交付使用或投入生产,在建设期间就必须进行各部门和技术人员的培训。这项工作由筹建单位负责组织,也可包括在承包单位的业务范围之内,并委托适当的专业机构完成培训任务。

6. 建筑工程管理

建筑工程管理是一项新兴的承包业务方式,服务对象可以是业主,也可以是承包商,其任务为有效利用有限的资金和资源,确保工程项目总目标的实现。就业主而言,主要是确定投资额、组织招标、安排合同并检查其执行的情况等;而对于承包商来说,主要是制订施工进度计划、施工组织设计、质量监控和成本管理以及合同索赔等工作。

三、我国建设市场中的承发包方式

由于承发包内容和具体环境的影响,我国建设市场中的工程承发包方式是多种多样的,如图 1-1 所示。

1. 按承包范围(内容)划分承包方式

1) 建设全过程承包

建设全过程承包也叫"统包"或"一揽子承包",即通常所说的"交钥匙"工程。采用这种承包方式,建设单位一般只要提出使用要求和竣工期限,承包单位即可从可行性研究、勘察设计、设备询价与选购、材料订货、工程施工、生产职工培训,直至竣工投产等实行全过程、全面的总承包,并负责对各项分包任务进行综合管理、协调和监督工作。这种承包方式主要适用于各种大中型建设项目。它的好处是可以积累建设经验和充分利用已有的经验,节约投资,缩短建设周期并保证建设的质量,提高经济效益。当然,这也要求承包单位必须具有雄厚的技术经济实力和丰富的组织管理经验。我国各部门和地方建立的建设工程总承包公司即属于这种性质的承包单位。

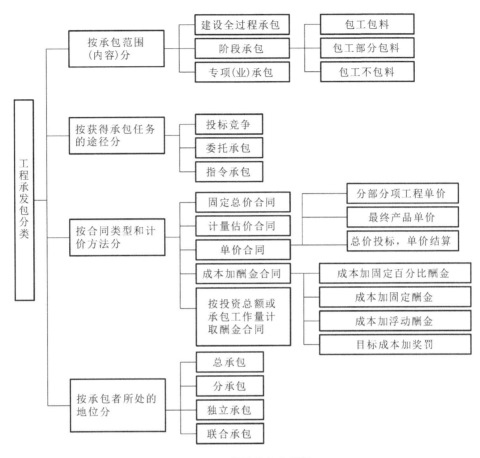

图 1-1 工程承发包分类图

2）阶段承包

阶段承包的内容是建设过程中某一阶段或某些阶段的工作,如可行性研究、勘察设计、建筑安装施工等。在施工阶段根据承包内容的不同,可细分为三种方式。

（1）包工包料,即承包人负责提供工程施工所用的全部人工和材料。这是国际上较为普遍采用的施工承包方式。

（2）包工部分包料,即承包人只负责提供施工的全部人工和一部分材料,其余部分则由建设单位或总包单位负责供应。我国在改革开放前曾实行多年的施工单位承包全部用工和地方材料,建设单位负责供应统配和部管材料以及某些特殊材料,就属于这种承包方式。改革开放后承包方式已逐步过渡到以包工包料方式为主。

（3）包工不包料,即承包人仅提供劳务而不承担供应任何材料的义务。在国内外的建筑工程中都存在着这种承包方式。

3）专项承包

专项承包的内容是某一建设阶段中的某一专门项目,由于专业性较强,多由相关的专业承包单位承包,故也称专业承包,如可行性研究中的辅助研究项目,勘察设计阶段的工程地质勘察、基础或结构工程设计、供电系统及防灾系统的设计,建设准备过程中的设备选购和生产技术人员培训、通风设备和电梯安装等。

2. 按承包者所处地位划分承包方式

在工程承包中,一个建设项目往往有不止一个承包单位,承包单位与建设单位之间,以及不同承包单位之间的关系不同、地位不同,形成了不同的承包方式,常见的有四种。

1) 总承包

一个建设项目建设全过程或其中某个阶段(如施工阶段)的全部工作,由一个承包单位负责组织实施,这个承包单位可以将若干专业性工作交给不同的专业承包单位去完成,并统一协调和监督它们的工作,在一般情况下,建设单位仅同这个承包单位发生直接关系,而不与各专业承包单位发生直接关系,这样的承包方式叫作总承包。承担这种任务的单位叫作总承包单位,或简称总包,通常有咨询设计机构、一般土建公司以及设计施工一体化的大建筑公司等。我国的工程总承包公司就是总包单位的一种组织形式。

2) 分承包

分承包简称分包,是相对总承包而言的,即承包者不与建设单位发生直接关系,而是从总承包单位分包某一分项工程(如土方、模板、钢筋等)或某种专业工程(如钢结构制作和安装、卫生设备安装、电梯安装等),在现场由总包统筹安排其活动,并对总包负责。分包单位通常为专业工程公司,如工业炉窑公司、设备安装公司、装饰工程公司等。国际上通行的分包方式主要有两种:一种是由建设单位指定分包单位,与总包单位签订分包合同;一种是由总包单位自行选择分包单位并签订分包合同。

3) 独立承包

独立承包是指承包单位依靠自身的力量完成承包任务,而不实行分包的承包方式。通常仅适用于规模较小、技术要求比较简单的工程以及修缮工程。

4) 联合承包

联合承包是相对于独立承包而言的承包方式,即由两个或两个以上的承包单位组成联合体承包一项工程任务,由参加联合的各单位推定代表统一与建设单位签订合同,共同对建设单位负责,并协调各单位之间的关系。参加联合的各单位仍是各自独立经营的企业,只是在共同承包的工程项目上,根据预先达成的协议,承担各自的义务并分享共同的收益,包括投入资金数额、工人和管理人员的派遣、机械设备和临时设施的费用分摊、利润的分享以及风险的分担等。

这种承包方式由于多家联合,资金雄厚,在技术和管理上可以取长补短,发挥各自的优势,有能力承包大规模的工程任务;同时由于多家共同协作,在报价及投标策略上可以互相交流经验,有助于提高竞争力,较易中标。在国际工程承包中,外国承包企业与工程所在国承包企业联合经营,也有利于对当地国情民俗、法规条例的了解和适应,便于工作的开展。

3. 按获得承包任务的途径划分承包方式

根据承包单位获得任务的不同途径,承包方式可划分为三种。

1) 投标竞争

通过投标竞争,优胜者获得工程任务,与建设单位签订承包合同,这是国际上通行的获得承包任务的方式。我国实行社会主义市场经济体制,建筑业和基本建设管理体制改革的主要内容之一,就是从以计划分配工程任务为主逐步过渡到以在政府宏观调控下实行投标竞争为主的承包方式。

2) 委托承包

委托承包也称协商承包,即不需经过投标竞争,而是由建设单位与承包单位进行协商,签订委托其承包某项工程任务的合同。

3) 指令承包

指令承包是指政府运用强制性的行政手段指定工程承包单位。这种承包方式仅适用于一小部分保密工作、特殊工种等。

4. 按合同类型和计价方法划分承包方式

随着工程项目的条件和承包内容的不同,往往要求使用不同类型的合同和报价计算方法。因此,在实践中,合同类型和计价方法成为划分承包方式的重要依据。

1) 固定总价合同

固定总价合同就是按商定的总价承包工程。它的特点是以图纸和工程说明书为依据,明确承包内容和计算报价,并一笔包死,在合同执行过程中,除非建设单位要求变更原定的承包内容,承包单位一般不得要求变更报价。这种方式对建设单位来说比较简便,因此受到一般建设单位的欢迎。对承包商来说,如果设计图纸和说明书相当详细,能据以比较精确地估算造价,签订合同时考虑得也比较周全,不致有太大的风险,固定总价也是一种比较简便的承包方式。如果图纸和说明书不够详细,未知数比较多,或者遇到材料突然涨价以及恶劣的气候等意外情况,承包单位就要承担应变风险,为此,承包单位往往会加大不可预见费用,因而不利于降低造价,最终会对承包单位不利。这种承包方式仅适用于规模较小、技术不太复杂的工程。

2) 单价合同

在没有施工图就需开工,或虽有施工图却对工程的某些条件尚不完全清楚的情况下,就不能比较精确地计算工程量,要避免建设单位和承包单位任何一方承担过大的风险,采用单价合同是比较适宜的。在实践中,这种承包方式可细分为三种。

(1) 按分部分项工程单价承包。

按分部分项工程单价承包即由建设单位开列分部分项工程名称和计量单位,如挖土方每立方米、混凝土每立方米、钢结构每吨等,再由承包单位逐项填报单价,也可以由建设单位先提出单价,再由承包单位认可或提出修订的意见后作为正式报价。双方磋商后确定承包单价,然后签订合同,最后根据实际完成的工程数量,按之前确定的单价结算工程价款。这种承包方式主要适用于没有施工图、工程量不明、急需开工的紧急工程。

(2) 按最终产品单价承包。

按最终产品单价承包就是按每一平方米住宅、每一平方米道路等最终产品的单价承包,其报价方式与按分部分项工程单价承包相同。这种承包方式通常适用于采用标准设计的住宅、中、小学校舍和通用厂房等工程。考虑到基础工程因条件不同而有较大的造价变化,我国按每一平方米单价承包某些房屋建筑工程时,一般仅指±0标高以上部分,基础工程则以按量计价承包或分部分项工程单价承包。单价可按预算定额或加调价系数一次包死,也可商定允许随工资和材料价格指数的变化而进行调整,具体的调整办法在合同中明确规定。

(3) 按总价投标和决标,按单价结算工程价款。

这种承包方式适用于设计已达到一定的深度,能据以估算出分部分项工程数量的近似值,但由于某些条件尚不完全清楚,在实际工作中可能出现较大变化的工程。例如,在铁路或水电建设中的隧洞开挖,就可能因反常的地质条件而使土石方数量产生较大的变化。为了使承发包双方都能避免由此而带来的风险,承包单位可以按估算的工程量和一定的单价提出总报价,建设单位也以总价和单价作为评标、决标的主要依据,并签订单价承包合同。最后,双方按实际完成的工程数量与合同单价结算工程价款。

3) 成本加酬金合同

成本加酬金合同又称成本补偿合同,是指按工程实际发生的成本结算外,发包人另加上商定好的一笔酬金(总管理费和利润)支付给承包人的一种承发包方式。工程实际发生的成本主要包括人工费、材料费、施工机械使用费、其他直接费和现场经费以及各项独立费等。这种承包方式的主要做法有成本加固定酬金、成本加固定百分比酬金、成本加浮动酬金、目标成本加奖罚。

(1) 成本加固定酬金。

这种承包方式要求工程成本实报实销,但酬金是事先商量好的一个固定数目,酬金不会因成本的变化而改变。它不能鼓励承包商降低成本,但可鼓励承包商为尽快取得酬金而缩短工期。

(2) 成本加固定百分比酬金。

这种承包方式要求工程成本实报实销,但酬金是事先商量好的以工程成本为计算基础的一个百分比。这种承包方式对发包人不利,因为花费的成本越大,承包商获得的酬金就越多,不能有效地鼓励承包商降低成本、缩短工期。现在这种承包方式已很少被采用。

(3) 成本加浮动酬金。

这种承包方式的做法,通常是由双方事先商定工程成本和酬金的预期水平,然后将实际发生的工程成本与预期水平进行比较,如果实际成本恰好等于预期成本,工程造价就是成本加固定酬金;如果实际成本低于预期成本,则增加酬金;如果实际成本高于预期成本,则减少酬金。这种承包方式的优点是对发包人、承包人双方都没有太大风险,同时能促使承包商降低成本和缩短工期;缺点是在实践中估算预期成本比较困难,要求承发包双方具有丰富的经验。

(4) 目标成本加奖罚。

这种承包方式是在初步设计结束后,工程迫切开工的情况下,根据粗略估算的工程量和适当的单价表编制概算作为目标成本,随着设计逐步具体化,目标成本可以调整。另外以目标成本为基础规定一个百分数作为酬金,最后结算时,如果实际成本高于目标成本并超过事先商定的界限(例如5%),则减少酬金,如果实际成本低于目标成本(也有一个界限),则增加酬金。此外,还可根据工期另加奖罚。这种承包方式的优点是可促使承包商降低成本和缩短工期,而且,由于目标成本是随设计的进展而加以调整才确定下来的,所以发包人、承包人双方都不会承担太大风险;缺点是目标成本的确定要求发包人、承包人都具有比较丰富的经验。

复 习 思 考

1. 什么是建筑市场的主体和客体?它们包括哪些具体内容?
2. 什么是建筑市场的资质管理?为什么要加强建筑市场的资质管理?
3. 我国在工程建设中所采取的经营方式有几种?
4. 我国工程承发包业务发展包括哪四个阶段?
5. 工程承发包的内容有哪些?
6. 什么是广义的建筑市场?
7. 我国建设工程招标投标活动应当遵循的基本原则主要有哪些?
8. 简述建设工程招标投标的分类。

学习情境 2
公路工程施工招标

学习要求

1. 知识目标
(1) 了解公路工程基本建设程序、公路工程招标范围和形式;
(2) 了解公路工程招标人的概念和应具备的条件;
(3) 掌握公路工程招标投标的特点、方式和作用;
(4) 掌握公路工程招标类型、范围及规模标准;
(5) 了解法律责任的种类;
(6) 了解招标投标当事人及相关当事人的法律责任。
2. 能力目标
(1) 能够正确描述公路工程招投标各环节的工作内容;

(2) 能够判别招标投标当事人的法律责任。

知识链接

某市越江隧道工程全部由政府投资。该项目已列入地方年度固定资产投资计划,概算已经主管部门批准,施工图及相关技术资料齐全。现决定对该项目进行施工招标。业主对投标单位就招标文件所提出的所有问题统一作了书面答复,并以备忘录的形式分发给各投标单位。

在书面答复了投标单位的提问后,业主组织各投标单位进行现场踏勘。在投标截止日期前10日,业主书面通知各投标单位,由于某种原因,决定将收费站工程从原招标范围内删除。

问题:

(1) 该项目的标底应采用什么方法编制?
(2) 业主对投标单位进行资格预审应包括哪些内容?
(3) 该项目施工招标在哪些方面存在问题或不当之处?请逐一说明。

任务 1 公路工程招标概述

一、公路工程招标的意义

公路工程建设项目招标投标是市场经济条件下进行工程建设项目的发包与承包所采用的一种交易方式,招标与投标是建设市场中一对相互依存的经济活动。工程建设招标是指发包人(即招标人)在发包建设项目之前通过公共媒介告示或直接邀请潜在的投标人,由投标人根据招标文件所设定的包括功能、质量、数量、期限及技术要求等主要内容的标的,提出实施方案及报价进行投标,经开标、评标、决标等环节,从众多投标人中择优选定承包人的一种经济活动。工程建设投标是指具有合法资格和能力的投标人根据招标文件要求,提出实施方案和报价,在拟定的期限内提交标书并参加开标,如果中标,则与招标人签订承包协议的一种经济活动。

招标投标实质上是一种市场竞争行为。招标人通过招标活动在众多投标人中选定报价合理、工期较短、信誉良好的承包商来完成工程建设任务。投标人则通过有选择的投标,竞争承接资信可靠的业主的工程建设项目,以取得较高的利润。

公路工程建设项目招标的意义包括以下方面。

(1) 有利于建设市场的法制化、规范化。

从法律意义上说,工程建设招标投标是招标、投标双方按照法定程序进行交易的法律行为,所以双方都受法律的约束。这就意味着建设市场在招标投标活动的推动下将更趋理性化、法制化和规范化。

中华人民共和国交通部令 2006 年第 6 号《公路建设监督管理办法》中明确规定,除国家另有规定外,公路建设应当按照下列程序进行:

① 根据规划,编制项目建议书;
② 根据批准的项目建议书,进行工程可行性研究,编制可行性研究报告;
③ 根据批准的可行性研究报告,编制初步设计文件;
④ 根据批准的初步设计文件,编制施工图设计文件;
⑤ 根据批准的施工图设计文件,组织项目招标;
⑥ 根据国家有关规定,进行征地拆迁等施工前准备工作,并向交通主管部门申报施工许可;
⑦ 根据批准的项目施工许可,组织项目实施;
⑧ 项目完工后,编制竣工图表、工程决算和竣工财务决算,办理项目验收;
⑨ 竣工验收合格后,组织项目后评价。

也就是说,招标单位只有具备招标条件,才允许进行招标活动,因此,建设单位必须按基本建设程序办事,认真做好项目的前期准备工作。

(2) 形成市场定价的价格机制,使工程造价更趋于合理。

招标投标活动最显著的特点表现为投标人之间的竞争,而其中最集中、最激烈的竞争表现为价格的竞争。价格的竞争最终导致工程造价趋于合理的水平。

(3) 促进建设活动中劳动消耗水平的降低,使工程造价得到有效的控制。

在建设市场中,不同投标人的个别劳动消耗水平是不一样的。但为了竞争招标项目,降低劳动消耗水平就成了市场取胜的重要途径。当这一途径为大家所重视时,各投标人必然会努力提高自身的劳动生产率,降低个别劳动消耗水平,进而导致整个工程建设领域劳动生产率提高、平均劳动消耗水平下降,使得工程造价得到控制。

(4) 有力地遏制建设领域的腐败行为,使工程造价趋向科学化。

工程建设领域在许多国家被认为是腐败行为多发区、重灾区。我国采取设立专门机构对招标投标活动进行监督管理,从专家人才库中选取专家进行评标的方法,使工程建设项目承发包活动变得公开、公平、公正,可有效地减少暗箱操作、营私舞弊行为,有力地遏制行贿受贿等腐败现象的产生,使工程造价的确定更趋科学化,更加符合其实际价值。

(5) 促进技术进步和管理水平的提高,有助于保证工程质量、缩短工期。

投标竞争中最激烈的表现虽然是价格的竞争,实质上却是人员素质、技术装备、技术水平、管理水平的全面竞争。投标人要在竞争中获胜,就必须在报价、技术、实力、业绩等方面展现优势。因此,竞争迫使投标人必须加大自己的投入,采用新材料、新技术、新工艺,加强企业和项目管理,这促进了全行业的技术进步和管理水平的提高,进而使得我国工程建设项目质量普遍得到提高,工期普遍得到合理缩短。

二、我国工程建设项目招标的范围

1. 必须招标的工程建设项目

依照《招标投标法》及有关规定,在我国境内建设的以下项目必须通过招标投标选择承包人。

(1) 关系社会公共利益、公众安全的基础设施项目。
① 煤炭、石油、天然气、电力、新能源等能源项目;

② 铁路、公路、管道、水运、航空以及其他交通运输业等交通运输项目；

③ 邮政、电信枢纽、通信、信息网络等邮电通信项目；

④ 防洪、灌溉、排涝、引（供）水、江河湖泊整治及滩涂治理、水土保持、水利枢纽、水资源保护等水利项目；

⑤ 道路、桥梁、地铁和轻轨交通、污水排放及处理、垃圾处理、地下管道、公共停车场等城市设施项目；

⑥ 生态环境保护项目；

⑦ 其他基础设施项目。

（2）关系社会公共利益、公众安全的公用事业项目。

① 供水、供电、供气、供热等市政工程项目；

② 科技、教育、文化等项目；

③ 体育、旅游等项目；

④ 卫生、社会福利等项目；

⑤ 商品住宅，包括经济适用住房；

⑥ 其他公用事业项目。

（3）全部或部分使用国有资金投资的项目。

① 使用各级财政预算资金的项目；

② 使用纳入财政管理的各种政府性专项建设资金（基金）的项目；

③ 使用国有企业事业单位自有资金，并且国有资产投资者实际拥有控制权的项目。

（4）全部或部分使用国家融资的项目。

① 使用国家发行债券所筹资金的项目；

② 使用国家对外借款或者担保所筹资金的项目；

③ 使用国家政策性贷款的项目；

④ 政府授权投资主体融资的项目；

⑤ 政府特许的融资项目。

（5）使用国际组织或者外国政府贷款、援助资金的项目。

① 使用世界银行、亚洲开发银行等国际金融组织贷款的项目；

② 使用外国政府及其机构贷款资金的项目；

③ 使用国际组织或者外国政府援助资金的项目。

以上规定范围内总投资超过 3000 万元人民币的各类工程建设项目，招标范围内的各类工程建设项目，包括项目的勘察、设计、施工、监理以及与工程建设有关的重要设备、材料等的采购，达到下列标准之一的，必须进行招标：施工单价合同估算价在 200 万元人民币以上；重要设备、材料等货物的采购，单项合同估算价在 100 万元人民币以上；勘察、设计、监理等服务的采购，单项合同估算价在 50 万元人民币以上；单项合同估算价低于前 3 项规定的规模标准，但项目总投资额在 3000 万元人民币以上。

2. 可以不进行招标的项目

依照《招标投标法》及有关规定，在我国境内建设的以下项目可以不通过招标投标来确定承包人：

（1）涉及国家安全、国家机密、抢险救灾或者属于利用扶贫资金实行以工代赈需要使用农民

工等特殊情况,不适宜进行招标的项目;

(2)建设项目的勘察设计,采用特定专利或者专有技术的,或者其建筑艺术造型有特殊要求的,经项目主管部门批准,可以不进行招标;

(3)施工企业自建自用的工程,且该施工企业资质等级符合工程要求;

(4)在建工程追加的附属小型工程或者主体加层工程,原中标人仍具备承包能力;

(5)法律、行政法规规定的其他情形。

3. 公路工程施工招标的范围和规模标准

《公路工程施工招标投标管理办法》规定,下列公路工程施工项目必须进行招标,但涉及国家安全、国家秘密、抢险救灾或者利用扶贫资金实行以工代赈等不适宜进行招标的项目除外:

(1)投资总额在3000万元人民币以上的公路工程施工项目;

(2)施工单项合同估算价在200万元人民币以上的公路工程施工项目;

(3)法律、行政法规规定应当招标的其他公路工程施工项目。

这里所称的公路工程包括公路、公路桥梁、公路隧道及与之相关的安全设施、防护设施、监控设施、通信设施、收费设施、绿化设施、服务设施和管理设施等公路附属设施的新建、改建与安装工程。

三、招标人与招标代理机构

《招标投标法》中规定,招标人可以自行招标,也可以委托招标代理机构办理招标事项。这两种方法并存是符合我国实际情况的,也适应招标人的实际需要,至于采用哪一种方法则由招标人依照法律要求自行决定。招标人有自主抉择的权利,但并不是无条件地进行抉择。法律明确规定,只有招标人具有编制招标文件和组织评标能力的,才可以自行办理招标事宜。在立法中还考虑到应当防止自行招标中可能有的弊病,保证招标质量,因此规定,依法必须进行招标的项目,招标人自行办理招标事宜的,应当向有关行政监督部门备案。

1. 招标人

招标人是依照《招标投标法》规定提出招标项目、进行招标的法人或者其他组织。

1)招标人的权利

(1)招标人有权自行选择招标代理机构,委托其办理招标事宜。招标人具有编制招标文件和组织评标能力的,可以自行办理招标事宜。

(2)自由选定招标代理机构并核验其资质条件。

(3)招标人可以根据招标项目本身的要求,在招标公告或者投标邀请书中,要求潜在投标人提供有关资质证明文件和业绩情况,并对潜在投标人进行资格审查;国家对投标人资格条件有规定的,按照其规定。

(4)在招标文件要求提交投标文件截止时间至少十五日前,招标人可以对已发出的招标文件进行必要的澄清或者修改,以书面形式通知所有招标文件收受人。该澄清或者修改的内容是招标文件的组成部分。

(5)招标人有权也应当拒收在招标文件要求提交的截止时间后送达的投标文件。

(6)开标由招标人主持。

(7)招标人根据评标委员会提出的书面评估报告和推荐的中标候选人确定中标人。招标人也可以授权评标委员会直接确定中标人。

2)招标人的义务

(1)招标人委托招标代理机构时,应当向其提供招标所需要的有关资料并支付委托费。

(2)招标人不得以不合理条件限制或者排斥潜在投标人,不得对潜在投标人实行歧视待遇。

(3)招标文件不得要求或者标明特定的生产供应者,以及含有倾向或者排斥潜在投标人的其他内容。

(4)招标人不得向他人透露已获取招标文件的潜在投标人的名称、数量,以及可能影响公平竞争的有关招标投标的其他情况。招标人设有标底的,标底必须保密。

(5)招标人应当确定投标人编制投标文件所需要的合理时间,但是,依法必须进行招标的项目,自招标文件开始发出之日起至提交投标文件截止之日止,最短不得少于二十日。

(6)招标人在招标文件要求提交投标文件的截止时间前收到的所有投标文件,开标时都应当众予以拆封、宣读。

(7)招标人应当采取必要的措施,保证评标在严格保密的情况下进行。

(8)中标人确定后,招标人应当向中标人发出中标通知书,并同时将中标结果通知所有未中标的中标人。

(9)招标人和中标人应当自中标通知书发出之日起三十日内,按照招标文件和中标人的投标文件订立书面合同。

2. 招标代理机构

《招标投标法》第十三条规定:"招标代理机构是依法设立、从事招标代理业务并提供相关服务的社会中介组织。"依法设立是指招标代理机构设立的目的和宗旨符合国家和社会公共利益的要求,其组织机构、设立方式、经营范围、经营方式符合法律的要求,依照法律规定的审核和登记程序办理有关成立手续。招标代理机构作为社会中介组织,其服务宗旨是为招标人提供代理服务,招标代理机构应当在招标人委托的范围内办理招标事宜。招标代理机构与行政机关和其他国家机关不得存在隶属关系或其他利益关系,否则,就会形成政企不分,会对其他代理机构构成不公平待遇。

1)招标代理机构的性质

(1)招标代理机构是以自己的知识、智力为招标人提供服务的独立于任何行政机关的组织。不能是自然人,可以是有限责任公司、合伙企业等组织形式。

(2)依法登记设立,资格需有关行政机关审查认定。

(3)招标代理机构的业务范围:从事招标代理业务,即接收招标人委托,组织招标活动。具体包括帮助招标人拟定招标文件,依据招标文件的规定,审查投标人的资质,组织评标、定标等,提供与招标代理业务相关的服务即提供与招标活动有关的咨询、代书及其他服务性工作。

2)招标代理机构应当具备的基本条件

(1)依法设立的中介组织,具有独立法人资格;

(2)与行政机关和其他国家机关没有行政隶属关系或者其他利益关系;

(3)有固定的营业场所和开展工程招标代理业务所需设施及办公条件;

（4）有健全的组织机构和内部管理的规章制度；

（5）具备编制招标文件和组织评标的相应专业力量；

（6）具有可以作为评标委员会成员人选的技术、经济等方面的专家库；

（7）法律、行政法规规定的其他条件。

3）申请工程招标代理资格应当具备的条件

（1）申请甲级工程招标代理资格的机构，除具备基本条件外，还应当具备下列条件：

① 取得乙级工程招标代理资格满3年；

② 近3年内累计工程招标代理中标金额在16亿元人民币以上（以中标通知书为依据，下同）；

③ 具有中级以上职称的工程招标代理机构专职人员不少于20人，其中具有工程建设类注册执业资格人员不少于10人（其中注册造价工程师不少于5人），从事工程招标代理业务3年以上的人员不少于10人；

④ 技术经济负责人为本机构专职人员，具有10年以上从事工程管理的经验，具有高级技术经济职称和工程建设类注册执业资格；

⑤ 注册资本金不少于200万元。

（2）申请乙级工程招标代理资格的机构，除具备基本条件外，还应当具备下列条件：

① 取得暂定级工程招标代理资格满1年；

② 近3年内累计工程招标代理中标金额在8亿元人民币以上；

③ 具有中级以上职称的工程招标代理机构专职人员不少于12人，其中具有工程建设类注册执业资格人员不少于6人（其中注册造价工程师不少于3人），从事工程招标代理业务3年以上的人员不少于6人；

④ 技术经济负责人为本机构专职人员，具有8年以上从事工程管理的经历，具有高级技术经济职称和工程建设类注册执业资格；

⑤ 注册资本金不少于100万元。

（3）新设立的工程招标代理机构具备基础条件和以下条件的，可以申请暂定级工程招标代理资格。

① 具有中级以上职称的工程招标代理机构专职人员不少于12人，其中具有工程建设类注册执业资格人员不少于6人（其中注册造价工程师不少于3人），从事工程招标代理业务3年以上的人员不少于6人；

② 技术经济负责人为本机构专职人员，具有8年以上从事工程管理的经历，具有高级技术经济职称和工程建设类注册执业资格；

③ 注册资本金不少于100万元。

《工程建设项目招标代理机构资格认定办法》规定，甲级工程招标代理机构可承担各类工程的招标代理业务，乙级工程招标代理机构只能承担工程总投资1亿元人民币以下的工程招标代理业务，暂定级工程招标代理机构，只能承担工程总投资6000万元人民币以下的工程招标代理业务。

任务 2 公路工程施工招标的程序

公路工程施工招标一般要经历招标准备、招标邀请、发售招标文件、现场勘察、召开标前会议、投标、开标、评标、定标、签订合同等过程,如图 2-1 所示。与邀请招标相比,公开招标程序仅在招标准备阶段多了发布招标公告、进行资格审查的内容。

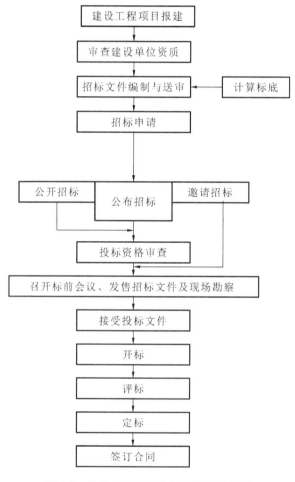

图 2-1 公路工程项目施工招标程序框图

一、招标准备

招标准备包括三个方面,即招标组织的准备、招标条件的准备和招标文件的准备。

1. 招标组织的准备

招标活动必须由一个机构来组织，这个机构就是招标组织。如果招标人具有编制招标文件和组织评标的能力，则可以自行组织招标，并报建设行政监督部门备案；否则应先选择招标代理机构，与其签订招标委托合同，委托其代为办理招标事宜。

无论是自行办理招标事宜还是委托招标代理机构办理，招标人都要组织招标领导班子，如招标委员会、招标领导小组等，以便能够对招标活动中的诸如确定投标人、中标人等重大问题进行决策。

2. 招标条件的准备

招标项目按照国家有关规定需要履行项目审批手续的，应当先履行审批手续，取得批准。同时，项目的现场条件、基础资料及资金等也要能满足相应阶段招标的要求。

1) 招标人招标应具备的条件

（1）招标人是法人或依法成立的其他组织；

（2）有与招标工程相适应的经济、技术、管理人员；

（3）有组织编制招标文件的能力；

（4）有审查投标人（承包商）资质的能力；

（5）有组织开标、评标、定标的能力。

《公路建设四项制度实施办法》中规定：凡列入国家和地方基本建设计划的公路建设项目必须实行项目法人责任制度，由项目法人对建设项目负总责。项目法人如委托中介机构对项目进行建设管理，必须按项目管理权限报交通主管部门核备。地方人民政府或政府交通主管部门可以成立项目建设协调机构（指挥部），负责协调征地拆迁和建设环境等方面的工作，履行政府监督管理职能。可行性研究报告批准后，应正式成立或明确项目法人，在初步设计批准前，按项目管理权限报交通主管部门审批。新组建的项目法人应依法办理公司注册或事业法人登记手续。项目法人机构设置和技术、管理人员素质，必须满足工程建设管理的需要，符合公路建设市场准入条件。

2) 经营性公路建设项目法人按照基建程序应履行的职责

（1）筹措建设资金；

（2）编制项目实施计划和年度计划；

（3）依法选择勘察设计、施工、监理单位和设备、材料供应单位；

（4）向交通运输主管部门办理开工报告；

（5）按照合同约定，对工程质量、进度、投资、安全生产和环境保护进行监督管理，审查施工组织设计、重要施工工艺和标准试验以及工程分包等事项，保证工程处于受控状态；

（6）接受交通运输主管部门和公路工程质量监督机构的监督检查，按时报送项目建设的有关信息资料；

（7）执行国家档案管理规定，建立健全建设项目的所有档案；

（8）及时组织交工验收，做好竣工验收的准备工作；

（9）组织项目后评价，提出项目后评价报告；

（10）按照有关技术标准和规范的要求，做好公路养护管理工作。负责收费管理，按期偿还贷款。

公益性公路建设项目法人,根据交通运输主管部门授权,履行以上相应职责。

3) 工程项目施工招标应具备的条件

(1) 工程报建;

(2) 建设项目已正式列入国家、部门或地方的年度固定资产投资计划;

(3) 建设用地的征用工作已经完成;

(4) 有能够满足施工需要的施工图纸及技术资料;

(5) 建设资金和主要建筑材料、设备的来源已经落实;

(6) 招标备案;

(7) 已经建设项目所在地规划部门批准,施工现场的"三通一平"已经完成或一并列入施工招标范围。

上述规定,促使招标人严格按建设程序办事,保证工程项目招标工作的顺利进行。

4) 确定合同数量、招标方式及合同形式

(1) 合同数量。

公路工程施工招标,可以对整个建设项目一次招标,也可以根据不同专业、不同实施阶段,分标段、分阶段进行招标,但不得将招标工程化整为零或者以其他任何方式规避招标。分标段招标的,招标人合理划分标段,合理确定工期。施工标段的确定应有利于施工单位的合理投入和机械化施工。高速公路标段路基工程一般应不小于 10 km,路面工程一般应不少于 15 km,其他等级公路标段工作量一般应不少于 5000 万元,边远地区和特殊地段可视实际情况调整。施工工期应依据初步设计批复的建设期限,结合项目实际情况合理确定。

(2) 招标方式。

公路工程施工招标分为公开招标和邀请招标。

公开招标是指招标人以发布招标公告的方式邀请不特定的法人或者其他组织投标。即招标人按照法定程序,通过国内外公开出版的报刊或广播、电视、网络等公共媒体发布招标公告,凡有兴趣并符合公告要求的承包商,不受地域、行业和数量的限制均可申请投标。《招标投标法》规定,国家重点项目和地方重点项目应当进行公开招标。

国家重点项目是指从国家大中型基本建设项目中确定的对国民经济和社会发展有重大影响的骨干项目,由国务院计划部门或主管部门确定。这类项目大多属于基础设施、基础产业和支柱产业中的大型项目,或者是高科技并能带动行业技术进步的项目。地方重点项目是指从地方大中型基本建设项目中确定的对本地区经济和社会发展有重大影响的骨干项目,由省、自治区、直辖市政府确定。为加强重点建设项目的管理,保证质量和按期竣工,必须采用公开招标方式。

依法必须进行招标的项目的招标公告,应当通过国家指定的报刊、信息网络或者其他媒介发布。在我国,《经济日报》《人民日报》《中国日报》《中国交通报》等都是刊登招标公告较多的报刊。其他项目公开招标的也必须发布招标公告,但招标人可以自由选择发布渠道。

邀请招标是指招标人以投标邀请书的方式邀请特定的法人或者其他组织投标。招标人向预先确定的若干家承包单位发出投标邀请函,就招标工程的内容、工作范围和实施条件等做出简要的说明,请他们参加投标竞争。招标的邀请对象以 5~10 家为宜,但不应少于 3 家,否则就失去了竞争的意义。有些项目专业性强,有资格承接的潜在投标人较少,或者需要在短时间内完成投标任务等,就不宜采用公开招标的方式。邀请招标在一定程度上弥补了公开招标的缺陷,同时能充分发挥投标人的优势。

国务院发展计划部门确定的国家重点项目和省、自治区、直辖市人民政府确定的地方重点项目不适宜公开招标的,经国务院发展计划部门或省、自治区、直辖市人民政府批准,可以进行邀请招标。在某些特定的情况下,如由于项目技术复杂或有特殊要求,涉及专利权,受自然资源或环境限制,技术规格难以确定等原因,可以采用邀请招标。招标人采用邀请招标方式的,应当向三个以上具备承担招标项目能力、资信良好的特定法人或者其他组织发出投标邀请书。投标邀请书的内容同招标公告。

《公路工程施工招标投标管理办法》规定,符合下列条件之一,不适宜公开招标的其他公路建设项目,按项目管理权限经交通运输部或者省级人民政府交通运输主管部门批准,可以进行邀请招标:

①项目技术复杂或有特殊技术要求,且符合条件的潜在投标人数量有限的;
②受自然地域环境限制的;
③公开招标的费用与工程费用相比,所占比例过大的。

(3) 合同形式。

合同,又称契约,是当事人双方或数方设立、变更和终止相互权利和义务关系的协议。招标人通过招标投标活动确定中标企业后,业主和施工企业双方应在招标文件明确的时间内签订工程承发包施工合同。

3. 招标文件的准备

不同的招标方式和不同的招标内容,招标用的文件是不一样的。公开招标的文件准备包括招标公告、资格预审、投标邀请、招标文件乃至中标通知书等在内的全部文件的准备。而邀请招标的文件准备中就不含招标公告、资格预审等内容。

(1) 确定招标范围。可以选择工程建设总承包招标、设计招标、工程施工招标、工程建设监理招标、设备材料供应招标。

(2) 编制资格预审文件。采用资格预审的建设工程项目,招标人应编制资格预审文件。资格预审文件的主要内容有资格预审申请人须知、资格预审申请书格式、资格预审评审标准或方法。

招标文件的核心是发售给投标人作为投标依据。招标文件编制的好坏攸关招标的成败,要特别予以重视,最好由具备丰富招投标经验的工程技术专家、经济专家及法律专家合作编制。

二、向公路工程施工招标管理部门备案

公路工程施工招标是一项很复杂的工作,交通运输部依法负责全国公路工程施工招标投标活动的监督管理,省级人民政府交通运输主管部门依法负责本行政区域内公路工程施工招标投标活动的监督管理。政府在建设工程招投标活动中将开展下述监督工作。

1. 监督工程施工是否经过招投标程序签订合同

按照招投标相关法规的要求,工程施工应通过招投标程序选择承包人并签订工程承发包合同。属于下列情形之一,经县级以上地方人民政府建设行政主管部门或者受其委托的工程招投标监督管理机构批准,可以不进行招标:

(1) 涉及国家安全、国家机密的工程；

(2) 抢险救灾工程；

(3) 利用扶贫资金实行以工代赈或使用农民工的特殊情况；

(4) 停建或缓建后恢复建设,且承包人未发生变更的单位工程；

(5) 施工企业自建自用的工程,且该施工企业资质等级符合工程要求；

(6) 在建工程追加的附属小型工程或者主体加层工程,且承包人未发生变更；

(7) 法律、法规、规章规定的其他情形。

2. 招标前的监督

1) 是否具备自行招标的条件

招标项目除应当满足《招标投标法》规定的外部条件,还要对招标人的招标能力进行监督。《招标投标法》规定,依法必须进行招标的工程,建设单位如果有编制招标文件和组织评标的能力,可以自行招标。若不具备招标条件,建设单位应委托具有相应资格的建设工程招标代理机构代理招标。

2) 招标前的备案

根据有关规定,建设单位自行办理招标事宜的,应在发布招标公告或者发出投标邀请书5日前,向工程所在地的县级以上地方人民政府建设行政主管部门或受其委托的建设工程招投标监督管理机构备案,并报送相应资料。

3. 公开招标应当在有形建筑市场中进行

依法必须进行公开招标的建设工程,应当进入建设工程交易中心进行招投标活动。

公开招标的工程项目,招标公告须在国家和省、直辖市、自治区规定的报刊或信息网络等媒介上公开发布,同时在中国工程建设和建筑信息网上公开发布。

邀请招标的工程项目,招标人可向3个以上符合资质条件的投标人发出邀请书。

4. 招标文件备案

依法必须招标的工程,招标人应在发出招标文件的同时,将招标文件报工程所在地县级以上地方人民政府建设行政主管部门备案。如果发现招标文件有违反法律、法规内容时,政府主管部门有权责令改正。

对发出的招标文件,招标人可以依法进行必要的澄清或修改,澄清或修改的内容成为招标文件的组成部分,但应在招标文件要求提交投标文件截止日期前(不能少于15日),以书面形式通知所有投标人,并同时报建设工程所在地建设行政主管部门备案,使其成为招标文件的有效内容。

5. 招标结果备案

依法必须进行招标的工程,招标人应自中标人确定之日起15日内,向建设工程所在地县级以上地方人民政府建设行政主管部门提交招投标情况的书面报告,报告以下内容。

1) 建设工程招投标的基本情况

建设工程招投标基本情况的主要内容：招标范围、招标方式、资格审查、开标和评标过程、确定中标人的方式及其理由等。

2) 相关文件资料

相关文件资料主要包括招标公告或投标邀请书、投标报名表、资格预审文件、招标文件、评标委员会的评标报告(设有标底的,应附标底)、中标人的投标文件。委托代理招标的,应附建设工程招标代理委托书。已按招标管理规定办理了备案的文件资料,不需重复提交。

县级以上地方人民政府建设行政主管部门或建设工程招投标监督管理机构自收到招投标情况的书面报告之日起5个工作日未提出异议,招标人可以向中标人发出中标通知书,并将中标结果通知所有未中标的投标人。

6. 对重新进行建设工程招标的审查备案

当发生以下情况时,招标人可以宣布本次招标无效,依法重新招标:

(1) 提交投标文件的投标人少于3个。

(2) 评标委员会经过评审,认为所有投标文件都不符合招标文件要求而否决所有的投标书。

三、编制招标文件和标底,并呈报审批

根据有关规定,凡是已确定招标的工程项目,必须是列入本年度计划的工程项目,设计文件齐备,建设用地、建设资金、建筑材料、主要设备和协作配套条件等准备工作,均已分别落实,才能据此编制工程招标文件,同时计算拟建工程标底,并报建设主管部门审批备案。

标底的计算与确定是编制招标文件的关键环节。由业主(建设单位)或委托招标咨询单位根据设计图纸和有关规定计算,并经招标办公室审定的发包标价,称为标底。标底的内容除合理造价外,还包括与造价相对应的质量、施工方案,以及缩短工期所需的措施费等。标底是进行评标和定标工作的主要依据之一。标底在开标前要严格保密,如有泄漏,对责任者要严肃处理,直至法律制裁。目前,标底的计算多数按现行计价定额为计算基础,按建设工程工程量清单计价的方法计算,也有的以平方米造价包干为计算基础上下浮动。总之,标底的确定既应控制在概算或修正概算以内,又要体现建筑产品的合理价格;既要努力降低造价,又要考虑承包企业基本的权益,以调动双方的积极性。

1. 标底的性质、地位与作用

标底是业主确定的招标项目的底价,标底编制的过程是对招标项目所需工程费用的自我测算过程。标底编制工作可以促进业主(或招标单位)事先加强工程项目的成本调查和成本预测,做到各项费用心中有数,为评标工作和施工过程的投资控制打好基础。在编制标底的过程中,应注意以下原则和要求:

(1) 标底的价格应反映建筑产品的价值(即在标底编制过程中遵循价值规律);

(2) 标底的价格应反映建筑市场的供求状况对建筑产品价格的影响(即服从供求规律);

(3) 标底的价格应反映出一种平均先进的社会劳动生产力水平(以达到促使社会劳动生产力水平提高的目的)。

标底的编制原则决定了标底不同于工程的概预算,而标底的编制又离不开工程的概预算。一方面,根据有关规定,标底必须控制在批准的概预算或投资包干的限额之内,如果标底突破批准的概预算,必须先经原概预算批准机关批准;另一方面,由于技术、经验和所掌握的资料的限制,标底编制单位不得不以概预算定额及相应的编制办法为基础来进行成本预测,并以此作为标底编制的依据。

标底和概预算的主要区别在于:标底要按工程量清单的项目和数量进行编制,概预算则按定额项目和图纸计算工程量套用相应定额;标底可根据现场具体情况考虑必要的工程特殊措施费,如边通车边施工路段具体的维持通车的措施费,概预算除在其他直接费中计算行车干扰工

程施工增加费外,一般不再计其他费用;标底可根据具体工程和不同的承包方式考虑不同的包干系数,概预算则按不可预见费率计算;标底中的其他直接费、现场经费、间接费、利润、税金的费率按定额规定编制;标底只计算工程量清单的费用(主要是建筑安装工程费用),概预算则计算建设项目全部投资的预计数额,除工程施工费外,还包括设备购置、征地拆迁、勘察设计、贷款利息和建设单位管理费等其他费用;标底应根据具体工期要求和施工组织计划编制,概预算则难以考虑工期等具体情况。

标底的作用主要体现在以下三个方面:

(1) 标底是评标中衡量投标报价是否合理的尺度,是确定投标单位能否中标的重要依据。

根据交通运输部颁布的有关规定,投标单位的报价(评标价)最高不应超出标底的10%,最低不应低于标底的20%。按照这一规定,在评标过程中,一般要求投标单位的报价在无特殊理由的情况下,均不能超出上述范围,否则业主有权作为不合理报价处理。《公路工程标准施工招标文件(2018年版)》中还提出,应选择其评标价在上述范围内最低的单位为中标单位。所以投标单位是否能取得中标资格,其报价与标底差距的大小是重要的影响因素。

(2) 标底是招标中防止盲目报价、抑制低价抢标现象的重要手段。

低价抢标现象是公路建设市场不成熟、法律法规不健全、招标管理不规范的产物,可以预见这种现象会随着我国社会主义市场经济体制改革的深入和法律法规的完善而逐步消失。低价抢标者不顾客观实际,盲目压低标价,在施工过程中采取种种不正常手段来避免自己的损失,或偷工减料,或拖延施工进度,或无理索赔,所以如果不采取切实有效的措施来抑制这种现象,工程的质量和施工进度就无法得到保障,业主的合法权益将受到损害。如何防止这种现象呢?一种有效的措施就是在评标过程中以标底为武器,坚决剔除那些低价抢标的标书,使招标投标制真正达到既能降低投标报价,又能保证施工质量和施工进度,从而提高投资效益的目的。所以,标底在招标中具有防止不正当竞争的作用。

(3) 标底是控制投资额、核实建设规模的文件。

招标工程的标底,可以由业主自行编制或委托设计单位、造价咨询公司代为编制。根据有关规定,在实际工作中如果按规定的程序和方法编制的标底造价超过批准的概算或修正概算时(指扣除该项工程的建设单位管理费、征地拆迁费、勘察设计费和所有不属于招标范围内的各项费用的余额),应首先进行详细复核并认真分析,及时剔除或调整其中的不合理部分。如果经过复核和分析,仍超过批准的概算或修正概算,应会同设计单位一起寻找原因,必要时由设计单位调整原来的概算或修正概算,并报原批准机关审核批准后,才能进行招标工作。从这方面看,标底又是核实建设规模的文件。

标底的性质、地位和作用要求在实际工作中严肃认真地对待标底编制工作,科学合理地组织标底编制工作,最大限度地做好标底保密工作,以保证招标工作的健康开展。

2. 标底编制的依据

标底的编制与投标人的投标报价书及概预算相比较,既有相同的地方,又有不同的地方,标底编制的依据主要有以下六个方面。

(1) 招标文件。

标底作为衡量评审投标价的尺度,必须要将招标文件的投标须知、合同条款、工程量清单、图纸及参考资料作为编制标底必须遵守的主要依据,而且对于招标期间业主发出的修改书和标前会的问题解答等与标底编制有关的方面,编制标底时也要考虑进去。修改书和问题解答是招标文件的一部分,同样是编制标底的依据。

(2) 概预算定额。

概预算定额是国家各专业主管部门或各地区根据专业和地区的特点,对本专业或本地区的建设安装工程按照合理的施工组织和一般正常的施工条件所编制的专业或地区统一定额,是一种具有法定性的指标。标底要控制投资额和作为招标工程确定的预期价格,就应该按国家颁布的现行的概、预算定额来编制。标底和投标报价书编制的不同点之一,就是投标人可根据自己的技术措施、管理水平、企业定额或以往工作的经验来编制报价书,不受国家规定的计价依据的约束,而标底必须根据国家规定的计价依据,如概预算定额进行编制。

(3) 费用定额。

费用定额也是编制标底的依据,费用定额中与编制标底有关的取费标准有其他直接费、现场经费、间接费、利润(包括施工技术装备费)、税金、施工图预算包干费。编制标底时,费用定额项目和费率的取定可根据招标工程规模、招标方式、招标文件的有关规定及参加投标的各施工企业的情况而定,但基本费率的取费依据是费用定额。

(4) 工、料、机价格。

工人工资应按国家规定的计价依据和当地规定的有关工资标准(如工资性津贴)计算,材料应按编制概、预算时调查材料预算价格的原则进行实地调查,特别要核实路基土石方的取土坑、废土堆场和运输条件,砂、石料的料场(包括储量、开采量、质量、运输条件和料场价格等),而电力、汽油、柴油、煤等价格按交通运输部颁布的《公路工程机械台班费用定额》计算。

(5) 初步设计文件(或施工图设计文件)。

经上级主管部门(或有关方面)审查批准的初步设计和概预算文件(或施工图设计和预算文件)也是标底编制的主要依据,标底不能超过批准的投资额。

(6) 施工组织方案。

合理的施工组织方案或施工组织设计是编制较好标底的基础,标底的许多方面要按施工组织方案进行编制,如临时工程的数量、路基、路面采用的施工机械、钻孔桩的钻机型号、架梁方案等。

3. 标底编制的方法

标底可以由招标人自行组织编制,也可以委托具有相应资格的造价工程师或咨询工程师编制。编制标底时首先进行工程分项,然后比较准确地计算或估算工程量。对于构造物,工程分项和工程量预估容易达到要求的精确度。而对于受自然条件影响比较大的土石方工程,特别是对于隐蔽工程(地下、水下),就比较难以准确预估。此类工程的性质和数量有时会有明显差异,使工程难以按原计划进行,造成工程造价的巨大差额,以至于投资失去控制,从而给建设单位和承包人都带来很大的困难,造成被动的局面。

为了尽可能精确反映工程性质和数量,也为了减少结算时的价差,应把工作性质、工作内容基本相同的归为一类,科学地细分项目,然后计算出各细目的单价,从而得出总价作为标底。目前可按照交通运输部颁发的《公路工程标准施工招标文件(2018年版)》中的工程量清单的细目编制标底。下面列出编制标底的各种方法及其利弊。

(1) 标准的概预算编制法(简称定额单价法)。

目前编制标底采用的方法大都是在中华人民共和国交通运输部颁发的各类概算预算编制办法的基础上加以调整的,采用的定额和有关费用标准基本上也是部颁的或部门规定的。这种方法,对于以往计划经济体制下执行指令性计划委托项目的施工,对于一切靠国家扶持、按国家规定进行管理和核算的我国施工企业,有一定适应性。但在建设市场开放,各企业独立经营、自负盈亏,资金来源、市场情况、工程要求都发生了实质性的变化的今天,就显得很不适应,特别是对于工程条件多变的公路行业更是如此,主要表现在以下两个方面。

① 在深化改革、企业自主经营的条件下,无论是经营方式、生产管理,还是利益分配,都不可能按一个固定模式进行,施工企业的工程费用构成与统一规定的也有许多不同。作为建设单位,选择一种可接受的经营管理方式,然后进行建设费用预估,当然是无可非议的,但这种经营管理方式必须具有现实性。首先,要适应项目所在地区的特定情况和项目特定的实施时间及市场情况。其次,要适应实际存在的施工企业(可以是比较先进的企业)的管理模式。由于我国目前各地区市场、环境差异甚大,因而在编制管理费用时采用各种统一的费率就容易脱离实际。对于某个特定项目,应当采取根据实际调查进行分析,然后做出预估的方法。

② 公路工程和其他土木工程一样,土石方工程,天然砂石料开采、加工、运输等工作量很大。采用机械化施工时,需要配备的土石方工程机械较多,加上路面施工时多采用专门施工机械,所以机械使用费占整个工程费的份额可达30%~40%。而且由于工序多,各工序所用机械截然不同,各种机械的使用周期都比较短,机械利用率比较低,如不合理安排,其停驶费将会很高。因此,采用规范化的施工组织和设备以及规定的定额和预算往往难以切合实际。何况,随着公路建设的跨越式发展,公路工程施工工艺有很大改进,施工机械化水平大大提高,施工技术不断更新,使得施工组织和施工直接费用都与统一定额所代表的条件相差甚大。因此,统一定额的适用性就更值得探讨了。

(2) 据实计算工程总价的方法(简称总价计算法)。

本方法是根据项目具体施工条件、技术要求、采用的施工工艺和施工组织,并参照现场情况确定合理的费用和取费标准计算工程总造价,其计算程序如下:

① 按照工期、工程细目及其工程量和技术要求,编制施工组织设计,确定施工程序及各工序持续时间,并选配各工序适用的机械和人员。

② 根据各工序持续时间和所配机械效率确定所需机械、人工的数量及进退场计划,从而计算应当发生的机械和人工费用。机械的效率以主导机械为控制。可以参照实测资料,如厂家、科研单位提供的或施工单位测定的机械作业周期和产量推算。辅助机械和人员则根据工序需要随主机配备。机械、人员的进退场计划不但要考虑某个工序本身的需要,而且要考虑整个工程的需要和安排的实际可能性。这样,就要把不可避免的施工机械使用的间断性而造成的停驶、待工的费用也考虑进去。

③ 计算耗用材料及其费用,即据实计算所需材料,包括可能发生的场地、场外损耗、仓储等费用。

④ 逐项计算各种待摊费用,即工程数量表中没有计列的、但必然发生的间接费用,包括工地管理费、为保证或加快进度必须采取的组织及技术措施费,以及工地以外发生的各种间接费,如上级管理费、营业税收、贷款利息(未计入直接费部分)、预留养护费,以及计划利润等。

⑤ 把上述所有费用加在一起,即得工程总价。用这种方法算出的总价,不但与工程实际情况紧密联系,而且与一个典型可靠的承包人根据自己的装备情况为实施工程所投入的物力、资金和将要发生的费用基本接近,可以作为工程预算的控制数。

至于各分项工程的单价,则可采取不同的方法进行估算。对于那些对工程造价起主要作用的工序,可采用工序法进行估算,即按各分项工序的工程性质、数量和因该分项工期要求配备必要的机械、人力,计算需要耗费的直接费,然后除以该分项工程数量求得;对于其他分项工程则可采用定额法或经验比照法加以确定。当然,所得各分项工程直接费,还应控制在总价计算的直接费总额之内,否则应加以适当调整。

待摊费则按上述实际计算结果,摊入各分项费用之中(一般采用系数分摊法),然后进行综合调整,务必使各分项费用总和基本符合按总价计算的结果。

(3) 经验单价比照法。

经验单价比照法即以同一地区、同样性质的分项工程(或中标项目)的近期实际发生单价为基础,通过分析施工条件的差异,适当调整,确定单价,然后按照预定工程量计算出总价。此种方法适用于工程项目较多、实际经验较丰富的投标人。

4. 标底编制时机

由于标底是评标的重要依据,因而必须十分重视其保密工作,为了避免泄密,往往采取以下措施。

(1) 在投标截止后编制标底。

这种做法时间很紧迫,因为投标截止后评标立即开始,必须很快编出标底以便在评标时比较使用。由于招标项目往往分为多个标段,编制各标段标底的工作量就比较大,为此必须事先做好一切准备。可在计算机上采用相应程序编制标底,或者只从工程概算中分出相应的工程造价总额作为标底。如果采用复合标底,还要将招标人编制的标底与投标价平均值进行二次平均值计算,必要时还要引入调整系数进行调整。此种做法相当匆忙,如果规定在开标会上公布标底以表示评标透明度,实际上不可能实现。

(2) 在投标截止前编制标底。

为避免泄密,采取封闭式编制法,即由少数人在与外界隔绝的条件下编制标底。为此,必须事先研究好编制的原则和方法,编制人员应少而精,并且采取有效的隔离措施和严格的纪律。在此种情况下,标底可以编得细致些,不但有总价,也有细目单价,评标时除了比较总价之外,还可比较细目单价是否合理。

招标人或者投标代理机构根据招标项目的要求编制招标文件,招标文件一般应当载明下列事项:

① 投标人须知;
② 招标项目的性质、数量;
③ 技术规格,投标报价的要求及其计算方式;
④ 评标标准和方法;
⑤ 竣工交付使用或提供服务的时间;
⑥ 投标人应当提供的有关资格和资信证明文件;
⑦ 投标保证金的数额或其他形式的担保;
⑧ 投标文件的编制要求;
⑨ 提交投标文件的方式、地点和截止日期;
⑩ 开标、评标、定标的日程安排;
⑪ 合同格式及主要合同条款;
⑫ 需要载明的其他事项。

四、发布招标公告或发出投标邀请书,发售资格预审文件

1. 招标公告和投标邀请书

公开招标的招标公告应严格执行《招标公告发布暂行办法》的有关规定,在国家发展计划委员会的指定媒体上发布招标公告。采用邀请招标的,招标人可直接发出投标邀请书,发售招标文件。

招标公告、投标邀请书应当载明下列内容:

(1) 招标人的名称和地址;

(2) 招标项目的名称、技术标准、规模、投资情况、工期、实施地点和时间;

(3) 获取投标资格预审文件、招标文件的办法、时间和地点;

(4) 对投标人的资质要求;

(5) 招标人认为应当公告或者告知的其他事项,招标公告不得含有限制具备条件的潜在投标人购买投标资格预审文件的内容;

(6) 招标人应当合理确定资格预审申请文件和投标文件的编制时间。

2. 资格审查

资格审查是指招标人对资格预审申请人或投标人的经营资格、专业资质、财务状况、技术能力、管理能力、业绩、信誉等方面进行评估审查,以判定其是否具有参与项目投标和履行合同的资格及能力的活动。资格审查既是招标人的权利,也是招标项目的必要程序,它对于保障招标人和投标人的利益具有重要作用。资格审查在遵循招标投标的"公开、公平、公正和诚实信用"外,还应遵循科学、合格和适用原则。

资格审查分为资格预审和资格后审两种办法。

1) 资格预审

资格预审是招标人通过发布资格预审公告,向不特定的潜在投标人发出投标邀请,由招标人或者由其依法组建的资格审查委员会按照资格预审文件确定的审查方法、资格条件以及审查标准,对资格预审申请人的经营资格、专业资质、财务状况、类似项目业绩、履约信誉等条件进行评审,以确定通过资格预审的申请人。未通过资格预审的申请人,不具有投标的资格。资格预审的方法包括合格制和有限数量制。一般情况下应采用合格制,潜在投标人过多的,可采用有限数量制。资格预审的目的:确保参加投标的单位均有承包能力而且有一定信誉,同时谢绝一批不合格的投标人;加快评标进程,减小评标工作量;避免一些不合格的投标人在投标的人力、物力和财力上的浪费。

(1) 资格审查的内容。

① 营业执照;

② 资质等级证书;

③ 法人证书或法定代表人授权书及公证书;

④ 主要施工经历;

⑤ 技术力量;

⑥ 资金或财务状况;

⑦ 在建项目情况(可通过现场调查予以核实)。

(2) 资格预审程序。

① 招标人编制资格预审文件;

② 发布资格预审公告;

③ 出售资格预审文件;

④ 潜在投标人编制并递交资格预审申请文件;

⑤ 对资格预审申请文件进行评审;

⑥ 编写资格评审报告;

⑦ 发出资格预审结果通知。

(3) 资格预审文件的内容。

资格预审文件包括资格预审通告,资格预审须知,有关附件、表格。

① 资格预审通告,包括资金的来源、资金投向的投资项目名称和合同名称;对申请预审人的要求,主要写明投标人应具备类似的经验和设备、人员、资金等方面的完成本工作的能力要求;业主的名称和邀请投标人完成的工作;获取进一步信息和资料预审文件的办公室名称和地址、负责人姓名、购买资格预审文件的时间和价格;资格预审申请递交的截止日期、地址和负责人姓名;向所有参加资格预审的投标人公布入选名单的时间。

② 资格预审须知,包括工程概述、主要工程一览表、强制性标准一览表、资格预审时间表。

③ 有关附件、表格,包括申请人表、申请合同表、组织机构表、组织机构框架图、财务状况表、公司人员表、施工机械设备表、分包商表、业绩、在建项目表、介入诉讼条件表。

(4) 资格预审基本要求。

招标人应当按照资格预审公告规定的时间、地点出售资格预审文件。自资格预审文件出售之日起至停止出售之日止,最短不得少于5日。招标人应当合理确定资格预审申请文件的编制时间。潜在投标人递交资格预审申请文件的时间,自资格预审文件停止发售之日起不得少于5日。

公路工程招投标中编制资格预审申请文件的时间,自开始发售资格预审文件之日起至潜在投标人提交资格预审申请文件截止之日止,不得少于14日。编制投标文件的时间,自招标文件开始发出之日起至投标人提交投标文件截止之日止,高速公路、一级公路、技术复杂的特大桥梁、特长隧道不得少于28日,其他公路工程不得少于20日。

2) 资格后审

资格后审是在开标后由评标委员会对投标人进行的资格审查。采用资格后审时,应当在开标后由评标委员会按照招标文件规定的标准和方法对投标人的资格进行审查。资格后审是评标工作的一个重要内容。对资格后审不合格的投标人,评标委员会应否决其投标。

五、投标单位申请投标

投标单位通过各种途径了解到招标信息,结合自身实际情况,做出是否投标的决定。决定投标,则向招标单位提出投标申请。

六、审查投标人资质，告知审查结果

招标领导小组或招标人对投标人（承包商）进行工程投标资格审查是一项很重要的工作，按照《招标投标法》规定，只有通过投标资格审查后，才具有参加该项工程投标的资格。投标资格审查主要是对投标人是否是取得法人资格的建筑承包企业、企业等级（以承包工程能力划分）是否与工程项目要求相适应进行审查，不允许越级承包工程项目，同时还应对投标人（承包商）的施工能力、企业信誉、队伍素质、施工装备、财务状况和过去完成类似工程的情况等进行全面的审查。审查方法一般是由投标人（承包商）填报资格审查表，由招标领导小组、招标人（业主）共同进行审查。

资格预审的评审标准必须考虑到评标的标准，一般凡属评标时考虑的因素，资格预审评审时可不必考虑。反之，也不应该把已包括在资格预审中的标准再列入评标标准（对合同实施至关重要的技术性服务、工作人员的技术能力除外）。

资格预审的评审方法一般采用评分法，即将预审时应该考虑的各种因素分类，确定它们在评审中应占的比分。一般申请人所得总分在 70 分以下，或其中有一类得分不足最高分的 50%，应视为不合格。各类因素的权重应根据项目性质以及它们在项目实施中的重要性而定。

七、向合格投标人发售招标文件及有关技术资料

招标文件是招标单位单方面阐述自己招标条件和具体要求的意思表示，是招标单位确定、修改和解释有关招标事项的书面表达形式的统称，是招投标活动中最重要的法律文件之一。它不仅规定了完整的招标程序，而且提出了各项技术标准和交易条件，拟订了合同的主要条款。招标文件不仅是评标委员会评审和投标人编制投标文件的重要依据，也是将来招标人与中标人签订合同的基础。

招标人应向合格的投标人发放招标文件。投标人收到招标文件、图纸和有关资料后，应认真核对，核对无误后应以书面形式予以确认。对于发出的招标文件，招标人可以酌收工本费，但不得以此牟利。对于其中的设计文件，招标人可以采取酌收押金的方式，在确定中标人后，对于将设计文件予以退还的，招标人应当同时将其押金退还。

招标文件、图纸和有关技术资料发售给通过资格预审获得投标资格的投标单位。不进行资格预审的，发售给愿意参加投标的单位。发售期不得少于 5 日，编制时间自发出之日起不得少于 20 日。招标单位对招标文件所做的任何修改或补充，须报招标管理机构审查同意后，在投标截止时间至少 15 日之前，同时以书面形式通知所有获得招标文件的投标单位，投标单位应以书面形式予以确认。修改或补充文件作为招标文件的组成部分。

八、组织投标人踏勘现场并对招标文件进行答疑

投标人收到招标文件后，若有疑问或不清楚的问题需澄清解释，应在收到招标文件后 7 日内以书面形式向招标人提出，招标人应以书面形式或投标预备会的形式予以解答。进行答疑的

目的在于澄清招标文件中的疑问,解答投标人对招标文件和勘察现场中所提出的疑问。答疑可安排在发出招标文件7日后、28日以内举行,由招标人对招标文件和现场情况做介绍或解释,并解答投标人提出的疑问,包括书面提出的和口头提出的疑问。答疑会结束后,招标人以书面形式将所有问题及解答向投标人发放。会议记录作为招标文件的组成部分,若会议记录与已发放的招标文件不一致,以会议记录为准。

1. 现场考察

当投标单位阅读、熟悉和基本掌握招标文件之后,招标单位应统一组织一次现场考察。考察的目的在于使投标单位进一步了解工程现场及有关因素(如水、电、路、料等),并可视需要采集样品。现场考察的时间、地点和缴纳的费额,一般在投标邀请书中明确。现场考察一般安排在投标预备会的前1~2天。投标单位在勘察现场中如有疑问,应在投标预备会前以书面形式向招标单位提出,但应给招标单位留有解答时间。

现场考察的主要内容有两方面,即重点工程的考察和地方材料(砂、石、土)及料场的考察。考察之前招标单位应做好安排,制定具体的考察顺序和考察路线,编制考察文件并发放给投标单位,而计划考察的重点工程和料场,均应由设计单位协助招标单位事先设置明显标志。

招标单位还要为参加现场考察的投标者提供食宿与交通工具,费用由投标单位自理。招标单位将向参加考察的投标者介绍工程项目,目的是使投标单位能充分了解和利用现有资料,但招标单位对投标单位由此得出的推论、解释和结论不应承担任何责任。

2. 标前会议

标前会议是指在投标截止日期以前,按招标文件中规定的时间和地点所召开的解答投标人质疑的会议,又称交底会。标前会议主要是由招标单位以正式会议的形式,口头解答投标单位在考察前和考察后以书面形式提出的各种问题。会议结束后,招标单位按其口头解答的内容,以书面形式(招标文件补遗书)正式通知各投标单位。这一通知同样是招标文件的组成部分,必要时还会录制音像资料。

九、建立评标组织,制定评标、定标办法

招标人或者招标投标中介机构负责组建评标委员会。评标委员会由招标人的代表及其聘请的技术、经济、法律等方面的专家组成,总人数一般为5人以上的单数,其中受聘的专家不得少于总人数的三分之二。与投标人有利害关系的人员不得进入评标委员会。评标委员会负责评标,对所有投标文件进行审查,对与招标文件规定有实质性不符的投标文件,应当决定其无效。评标委员会可以要求投标人对投标文件中含义不明确的地方进行必要的澄清,但澄清不得超过投标文件记载的范围或改变投标文件的实质性内容。评标委员会应当按照招标文件的规定对投标文件进行评审和比较,并向招标人推荐一至三个中标候选人。招标人应当从评标委员会推荐的中标候选人中确定中标人。

十、接受投标书

投标人(承包商)根据招标文件的要求,编制投标文件并进行密封,在投标截止时间前,将投

标文件在规定的地点交给招标人。招标人接收投标文件后将其封存,按规定的时间、地点及要求开标。

十一、召开开标会议,审查投标书

开标是指招标人按招标文件规定的时间、地点在有投标人、建设项目主管部门或法定公证人的参与下,由工作人员当众拆封,宣读投标人名称、投标价格和投标文件的主要内容的活动。招标人在招标文件要求提交的截止时间前收到的所有投标文件,开标时都应当众予以拆封、宣读。现将开标的具体方式分述如下。

1. 公开开标,当场确定中标人

这种方式是在召开的开标会上,由招标领导小组负责当众启封各投标人报送的标函,并宣布各标函的报价等内容,经招标领导小组成员短时间评标磋商后,当场定标并宣布中标人。

2. 公开开标,当场预定中标人

这种方式是在召开的开标会上,当众启封标函,在有若干投标人的标函报价和内容各具特色、各有长处,难以当场确定中标人的情况下,可当众宣布其中 2~3 个投标人作为预选中标人进行第二次报价,经评标后再定标,确定最后中标人。

3. 公开开标,当场不定中标人

开标启封标函后,当各投标人的标函报价与标底等要求相差甚远,难以从现有投标人中确定中标人时,需要另行招标,或会后从现有投标人中选择若干投标人进行协商议标,最后确定中标人。

按我国现行办法规定,凡标函出现下列情况之一的,按废标处理:标函未密封;标函未按要求填写,或填写字迹模糊、辨认不清;标函未加盖本企业和法人印鉴;标函寄出(交付)时间超过投标截止日期(以邮戳为准)等。

开标时,由招标单位及有关各方检查各份标书的完整性,招标单位宣布评、定标办法,并宣读各份投标书的主要内容。按照惯例,开标程序一般如下:

(1) 主持人在招标文件确定的时间停止接收投标文件,开始开标;
(2) 宣布开标人员名单;
(3) 确认投标人法定代表人或授权代表人是否在场;
(4) 宣布投标文件开启顺序;
(5) 依开标顺序,先检查投标文件密封是否完好,再启封投标文件;
(6) 宣布投标要素并做记录,同时由投标人代表签字确认;
(7) 对上述工作进行记录,存档备查。

十二、组织评标,确定中标人

评标是招标领导小组或招标人对投标人所报送的标函进行审查、评比和分析的过程,是整个招标投标活动的重要环节。评标人在评标时应贯彻公正平等、经济合理、技术先进的原则,并按规定的评标标准进行评标。

1. 评标

评标工作一般按以下程序进行：

(1) 成立评标委员会，做好评标前的准备工作；
(2) 初步评审与算术性修正；
(3) 商务和技术评审（详细评审）；
(4) 澄清；
(5) 确定评标价；
(6) 根据评标方法进行评审，提出评标意见；
(7) 编写评标报告。

综合打分后，即可按照得分高低的顺序排列名次，推荐得分最高者或前2～3名作为中标候选人。

2. 编写评标报告，确定中标人

评标结果经评标委员会审定后，由建设单位编制评标报告，按照项目管理权限，报上级交通运输主管部门核备，并按招标文件规定的时限，向中标人发出中标通知书，向落标人发出落标通知书，同时退还投标保函或投标保证金。评标报告一般包括以下内容：

(1) 项目概况（包括招标项目基本情况和数据）；
(2) 招标过程（包括资格预审和开标记录）；
(3) 评标工作（包括评标委员会组成、评标标准与办法、初步评审、详细评审，以及废标说明）；
(4) 评标结果；
(5) 评标附表及有关澄清记录。

十三、向中标人发出中标通知书

中标人确定后，招标人将招投标情况的书面报告提交给建设行政主管部门备案。建设行政主管部门无异议后，招标人应当向中标人发出中标通知书，同时将中标结果通知所有未中标的投标人。中标通知书对招标人和投标人具有法律效力。中标通知书发出后，招标人改变中标结果的，或者中标人放弃中标项目的，应当依法承担法律责任。

十四、建设单位与中标人签订承发包合同

建设单位与中标人应当自中标通知书发出之日起30日内，按照招标文件和中标人的投标文件订立书面的建设工程承发包合同。招标人和投标人不得订立违背合同实质性内容的其他协议。

1. 合同文件的准备

招标人向中标人发出中标通知书后，立即进行合同文件的准备。

(1) 招标人按照招标文件规定的合同文件组成和份数准备全部合同文件，其中包括招标人全部补遗书和按照招标人要求经投标人修正、补充的投标文件。

(2) 这些文件应当打印清晰无误,并经双方授权人员检查、草签后备用。

(3) 中标人提交符合招标文件要求的履约保函。

2. 签订合同协议书

签订合同有以下两种形式。

(1) 双方同时签字。

双方法人或法人授权代表互验证书之后,合同正式签字生效,必要时可请公证员出席公证,如需审批,可事前办理或事后办理。这种方式适用于由项目法人自主经营的项目。

(2) 双方分别签字。

合同文件准备好之后先由承包人签字,然后由业主签字后送有关主管部门分别签字批准,经最后批准部门签字后生效。此种方式是签订合同与批准程序的结合,适用于以政府部门投资为主并由政府作为业主的项目。

3. 发布开工令

合同签字生效后,在招标文件规定的时限内由总监理工程师发布项目开工令。投标人在接到开工令之后,应在开工令规定的时限内开工,工期按开工令到达承包人时起计或按招标文件规定时间计。

任务 3 公路工程施工招标的资格预审文件

《公路工程施工招标投标管理办法》中规定,投标资格预审文件应当载明下列内容:招标项目的性质、规模和技术要求;资格标准和审查办法;提交资格审查申请书的时间、地点。投标资格预审文件不得针对不同地区、不同行业的潜在投标人及其他潜在投标人设定不同的审查标准。资格预审文件由五部分组成:资格预审通告、申请人须知、资格审查办法、资格预审申请文件格式和项目建设概况。

一、资格预审通告

资格预审通告内容包括:工程项目名称、规模、资金来源;对申请资格预审施工单位的要求;招标人和招标代理机构(如果有的话)名称、工程承包的方式、工程招标的范围、工程计划开工和竣工的时间;获取进一步信息和资格预审文件的办公室名称和地址;购买资格预审文件的时间和价格;资格预审申请文件递交的截止日期、地址和负责人姓名;向所有参加资格预审的投标人发出资格预审通知书的时间。

二、申请人须知

申请人须知包括以下几部分内容。

1. 总则

总则主要强调资格预审的工程内容、资格预审申请文件的递交时间、递交方式、填表说明等。此部分内容是投标人正确完成资格预审申请文件的指导，投标人应仔细阅读，并最终按要求完成申请工作。

1) 项目概况
(1) 本招标项目招标人；
(2) 本标段招标代理机构；
(3) 本招标项目名称；
(4) 本标段建设地点。

2) 资金来源和落实情况
(1) 本招标项目的资金来源；
(2) 本招标项目的出资比例；
(3) 本招标项目的资金落实情况。

3) 招标范围、计划工期和质量要求
(1) 本次招标范围；
(2) 本标段的计划工期；
(3) 本标段的质量要求。

4) 申请人资格要求
(1) 申请人应具备承担本标段施工的资质条件、能力和信誉，包括资质条件、财务要求、业绩要求、信誉要求、项目经理资格和其他要求。
(2) 申请人须知前附表规定接受联合体申请资格预审的，联合体申请人除应符合第(1)项和申请人须知前附表的要求外，还应遵守以下规定：
① 联合体各方必须按资格预审文件提供的格式签订联合体协议书，明确联合体牵头人和各方的权利义务；
② 由同一专业的单位组成的联合体，按照资质等级较低的单位确定资质等级；
③ 通过资格预审的联合体，其各方组成结构或职责，以及财务能力、信誉情况等资格条件不得改变；
④ 联合体各方不得再以自己名义单独或加入其他联合体在同一标段中参加资格预审；
⑤ 联合体所有成员数量不得超过申请人须知前附表规定的数量；
⑥ 联合体牵头人所承担的工程量必须超过总工程量的50%；
⑦ 联合体各方应分别按照本资格预审文件的要求，填写资格预审申请文件中的相应表格，并由联合体牵头人负责对联合体各成员的资料进行统一汇总后一并提交给招标人，联合体牵头人所提交的资格预审申请文件应认为已代表了联合体各成员的真实情况；
⑧ 尽管委任了联合体牵头人，但联合体各成员在资格预审、投标、签约与履行合同过程中，仍负有连带的和各自的法律责任。
(3) 申请人不得存在下列情形之一：
① 为招标人不具有独立法人资格的附属机构(单位)；
② 为本标段前期准备提供设计或咨询服务的，但设计施工总承包的除外；
③ 为本标段的监理人；

④ 为本标段的代建人;
⑤ 为本标段提供招标代理服务的;
⑥ 与本标段的监理人或代建人或招标代理机构同为一个法定代表人的;
⑦ 与本标段的监理人或代建人或招标代理机构相互控股或参股的;
⑧ 与本标段的监理人或代建人或招标代理机构相互任职或工作的;
⑨ 被责令停业的;
⑩ 被暂停或取消投标资格的,财产被接管或冻结的,在最近三年内有骗取中标或严重违约或重大工程质量问题的,涉及正在诉讼的案件的,被省级及以上交通运输主管部门取消项目所在地的投标资格或禁止进入该区域公路建设市场且处于有效期内的;
⑪ 为投资参股本项目的法人单位。

5) 语言文字

除专用术语外,来往文件均使用中文。必要时专用术语应附有中文注释。

6) 费用承担

申请人准备和参加资格预审发生的费用自理。

2. 资格预审文件

1) 资格预审文件的组成

(1) 本次资格预审文件包括资格预审公告、申请人须知、资格审查办法、资格预审申请文件格式、项目建设概况,以及对资格预审文件的澄清和对资格预审文件的修改。

(2) 当资格预审文件、资格预审文件的澄清或修改等在同一内容的表述上不一致时,以最后发出的书面文件为准。

2) 资格预审文件的澄清

(1) 申请人应仔细阅读和检查资格预审文件的全部内容。如有疑问,应在申请人须知前附表规定的时间前以书面形式(包括信函、电报、传真等可以有形表现所载内容的形式,下同),要求招标人对资格预审文件进行澄清。

(2) 招标人应在申请人须知前附表规定的时间前,以书面形式将澄清内容发给所有购买资格预审文件的申请人,但不指明澄清问题的来源。

(3) 申请人收到澄清后,应在申请人须知前附表规定的时间内以书面形式通知招标人,确认已收到该澄清。

3) 资格预审文件的修改

(1) 在申请人须知前附表规定的时间前,招标人可以书面形式通知申请人修改资格预审文件。在申请人须知前附表规定的时间后修改资格预审文件的,招标人应相应顺延申请截止时间。

(2) 申请人收到修改的内容后,应在申请人须知前附表规定的时间内以书面形式通知招标人,确认已收到该修改。

3. 资格预审申请文件的编制

1) 资格预审申请文件的组成

(1) 资格预审申请文件应包括下列内容:① 资格预审申请函;② 法定代表人身份证明或附有法定代表人身份证明的授权委托书;③ 联合体协议书;④ 申请人基本情况表;⑤ 近年财务状

况表;⑥ 近年完成的类似项目情况表;⑦ 正在施工和新承接的项目情况表;⑧ 近年发生的诉讼及仲裁情况;⑨ 初步施工组织计划;⑩ 其他材料。

(2) 申请人须知前附表规定不接受联合体资格预审申请的或申请人没有组成联合体的,资格预审申请文件不包括联合体协议书。

2) 资格预审申请文件的编制要求

(1) 资格预审申请文件应按"资格预审申请文件格式"进行编写,如有必要,可以增加附页,并作为资格预审申请文件的组成部分。申请人须知前附表规定接受联合体资格预审申请的,表格和资料应包括联合体各方相关情况。

(2) 法定代表人授权委托书必须由法定代表人签署。

① 如果资格预审申请文件由委托代理人签署,则申请人需要提交附有法定代表人身份证明的授权委托书,授权委托书应按规定的书面方式出具,并由法定代表人和委托代理人亲笔签名,不得使用印章、签名章或其他电子制版签名。

② 如果由申请人的法定代表人亲自签署资格预审申请文件,则不需提交授权委托书。

③ 以联合体形式申请资格预审的,法定代表人授权委托书(如有)须由联合体牵头人按第①项的规定出具并公证。

(3) "申请人基本情况表"应附企业法人营业执照副本(全本)的复印件(并加盖单位章)、施工资质证书副本(全本)的复印件(并加盖单位章)、安全生产许可证副本(全本)的复印件(并加盖单位章)、基本账户开户许可证的复印件(并加盖单位章)。"拟委任的项目经理和项目总工资历表"应附项目经理(以及备选人)和项目总工(以及备选人)的身份证、职称资格证书以及资格预审条件所要求的其他相关证书(如建造师注册证书、安全生产考核合格证书等)的复印件,并应提供其担任类似项目的项目经理和项目总工的相关业绩证明材料复印件,还应附申请人所属社保机构出具的拟委任的项目经理(以及备选人)和项目总工(以及备选人)的社保缴费证明(并加盖缴费证明专用章)或其他能够证明拟委任的项目经理(以及备选人)和项目总工(以及备选人)参加社保的有效证明材料(并加盖社保机构单位章)。

(4) "近年财务状况表"应附经会计师事务所或审计机构审计的财务会计报表,包括资产负债表、现金流量表、利润表和财务情况说明书的复印件。

(5) "近年完成的类似项目情况表"应附中标通知书和(或)合同协议书、工程接收证书(工程竣工验收证书)的复印件。每张表格只填写一个项目,并标明序号。工程接收证书(工程竣工验收证明)可以是发包人出具的公路工程(标段)交工验收证书或竣工验收委员会出具的公路工程竣工验收鉴定书或质量监督机构对各参建单位签发的工作综合评价等级证书。

(6) "正在施工和新承接的项目情况表"应附中标通知书和(或)合同协议书复印件。每张表格只填写一个项目,并标明序号。

(7) "近年发生的诉讼及仲裁情况"应说明相关情况,并附法院或仲裁机构做出的判决、裁决等有关法律文书复印件。

3) 资格预审申请文件的装订、签字

(1) 申请人应按资格预审申请文件的组成要求和资格预审申请文件的编制要求,编制完整的资格预审申请文件,用不褪色的材料书写或打印,并由申请人的法定代表人或其委托代理人逐页亲笔签署姓名(封面、扉页、目录和本页正文内容已由申请人的法定代表人或其委托代理人签署姓名的可不签署),不得使用印章、签名章或其他电子制版签名。以联合体形式申请资格预审的,资格预审申请文件由联合体牵头人的法定代表人或其委托代理人按上述规定签署。

对于采用有限数量制进行资格审查的技术特别复杂的特大桥梁和长大隧道工程,还应要求申请人按照"资格预审申请文件格式"中的"申请人基本情况表"的格式和要求填写相关表格并提交相关证明材料。资格预审申请文件中的任何改动之处都应加盖单位章或由申请人的法定代表人或其委托代理人签字确认。

(2)资格预审申请文件正本一份,副本份数按申请人须知前附表的要求。正本和副本的封面上应清楚地标记"正本"或"副本"字样。当正本和副本不一致时,以正本为准。

(3)资格预审申请文件正本与副本应分别装订成册(A4纸幅)并编制目录,且逐页标注连续页码。资格预审申请文件不得采用活页夹装订,否则,招标人对由于资格预审申请文件装订松散而造成的丢失或其他后果不承担任何责任。

4. 资格预审申请文件的递交

(1)资格预审申请文件的正本与副本应分开包装,加贴封条,并在封套的封口处加盖申请人单位章。

(2)在资格预审申请文件的封套上应清楚地标记"正本"或"副本"字样,封套还应写明的其他内容按申请人须知前附表要求。

(3)未按要求密封和加写标记的资格预审申请文件,招标人不予受理。

应在申请截止时间前,在规定的地点递交资格预审申请文件,申请人所递交的资格预审申请文件不予退还,逾期送达或者未送达指定地点的资格预审申请文件,招标人不予受理。

5. 资格预审申请文件的审查

资格预审申请文件由招标人组建的审查委员会负责审查。审查委员会参照《招标投标法》第三十七条规定组建。审查委员会根据"资格审查办法"中规定的审查标准,对所有已受理的资格预审申请文件进行审查。没有规定的方法和标准不得作为审查依据。

6. 通知和确认

招标人在申请人须知前附表规定的时间内以书面形式将资格预审结果通知申请人,并向通过资格预审的申请人发出投标邀请书。应申请人书面要求,招标人应对资格预审结果做出解释,但不保证申请人对解释内容满意。通过资格预审的申请人收到投标邀请书后,应在申请人须知前附表规定的时间内以书面形式明确表示是否参加投标。在申请人须知前附表规定时间内未表示是否参加投标或明确表示不参加投标的,不得再参加投标。因此造成潜在投标人数量不足3个的,招标人重新组织资格预审或不再组织资格预审而直接招标。

7. 申请人的资格改变

通过资格预审的申请人组织机构、财务能力、信誉情况等资格条件发生变化,使其不再实质上满足"资格审查办法"规定标准的,其投标不被接受。

8. 纪律与监督

严禁申请人向招标人、审查委员会成员和与审查活动有关的其他工作人员行贿。在资格预审期间,不得邀请招标人、审查委员会成员以及与审查活动有关的其他工作人员到申请人单位参观考察,或出席申请人主办、赞助的任何活动。申请人不得以任何方式干扰、影响资格预审的审查工作,否则将导致其不能通过资格预审。招标人、审查委员会成员,以及与审查活动有关的其他工作人员应对资格预审申请文件的审查、比较进行保密,不得在资格预审结果公布前透露资格预审结果,不得向他人透露可能影响公平竞争的有关情况。申请人和其他利害关系人认为本次资格预审活动违反法律、法规和规章规定的,有权向有关行政监督部门投诉。

9. 需要补充的其他内容

1) 申请规定

每个申请人可提出资格预审申请和允许中标的标段数应符合申请人须知前附表的规定。

申请人提交的资格预审申请文件(初步施工组织计划除外)将作为施工合同文件的组成部分。除招标文件另有规定外,申请人在资格预审申请文件中填报的项目经理(以及备选人)和项目总工(以及备选人)不允许更换。

自购买资格预审文件之日起,申请人应保证其提供的联系方式(电话、传真、电子邮件)一直有效,以保证往来函件(资格预审文件的澄清、修改等)能及时通知申请人,并能及时反馈信息,否则招标人不承担由此引起的一切后果。

2) 资格预审申请文件的修改

资格预审申请文件按要求送达后,在规定的递交截止时间前,申请人可以撤回申请文件或修改申请文件。如需修改申请文件,应当以正式函件提出并做出说明。

修改资格预审申请文件的正式函件是资格预审申请文件的组成部分,其形式要求、密封方式、送达时间,应符合资格预审文件的要求。

3) 招标人的权力

招标人有对资格预审申请文件进行核实和澄清的权力,若招标人在资格审查时或在必要的调查过程中发现申请人有弄虚作假行为,将取消其资格预审资格,并将其弄虚作假行为上报省级交通运输主管部门,作为不良记录纳入公路建设市场信用信息管理系统。

三、资格审查办法

资格审查办法一般有合格制和有限数量制。下面以有限数量制为例进行介绍。

1. 审查方法

本次资格预审采用有限数量制。审查委员会依据规定的审查标准和程序,对通过初步审查和详细审查的资格预审申请文件进行量化打分,按得分由高到低的顺序确定通过资格预审的申请人。通过资格预审的申请人不超过资格审查办法前附表规定的数量。

2. 审查标准

1) 初步审查标准

(1) 申请人名称与营业执照、资质证书、安全生产许可证一致;

(2) 资格预审申请函有法定代表人或其委托代理人签字并加盖单位章;

(3) 资格预审申请文件按照资格预审文件规定的格式、内容填写,字迹清晰可辨;

(4) 提交资格预审申请文件的标段必须与购买资格预审文件的标段一致;

(5) 申请人的法定代表人身份证明或授权委托书以及所附公证书符合"申请人须知"规定;

(6) 资格预审申请文件逐页签署情况符合"申请人须知"的规定;

(7) 资格预审申请文件正、副本份数符合"申请人须知"的规定;

(8) 资格预审申请人如果以联合体形式申请,符合"申请人须知"的规定;

(9) 资格预审申请文件没有对招标人的权利提出削弱性或限制性要求,没有对申请人的责任和义务提出实质性修改。

2) 详细审查标准

(1) 申请人具备有效的营业执照、资质证书、安全生产许可证和基本账户开户许可证;
(2) 申请人的资质等级符合"申请人须知"的规定;
(3) 申请人的财务状况符合"申请人须知"的规定;
(4) 申请人的类似项目业绩符合"申请人须知"的规定;
(5) 申请人的信誉符合"申请人须知"的规定;
(6) 申请人的项目经理(包括备选人)和项目总工(包括备选人)资格符合"申请人须知"的规定;
(7) 申请人的其他要求符合"申请人须知"的规定;
(8) 申请人在初步施工组织计划中承诺的质量目标、工期目标(包括总工期、节点工期)、安全目标均满足本标段的施工要求;
(9) 申请人不存在"申请人须知"规定的任何一种情形。

3) 评分标准

评分标准见资格审查办法前表(见表2-1)。

3. 审查程序

1) 初步审查

(1) 审查委员会依据初步审查标准的规定,对资格预审申请文件进行初步审查。有一项因素不符合审查标准的,不能通过资格预审。
(2) 审查委员会可以要求申请人提交"申请人须知"规定的有关证明和证件的原件,以便核验。

2) 详细审查

(1) 审查委员会依据规定的标准,对通过初步审查的资格预审申请文件进行详细审查。有一项因素不符合审查标准的,不能通过资格预审。
(2) 通过详细审查的申请人,除应满足规定的审查标准外,还不得存在下列任何一种情形。
① 不按审查委员会要求澄清或说明的;
② "申请人须知"规定的任何一种情形的。
(3) 在资格预审过程中弄虚作假、行贿或有其他违法违规行为的。

3) 资格预审申请文件的澄清

在审查过程中,审查委员会可以书面形式,要求申请人对所提交的资格预审申请文件中不明确的内容进行必要的澄清或说明。申请人的澄清或说明采用书面形式,并不得改变资格预审申请文件的实质性内容。申请人的澄清和说明内容属于资格预审申请文件的组成部分。招标人和审查委员会不接受申请人主动提出的澄清或说明。

4) 评分

(1) 资格预审评审程序。
① 对资格预审申请人递交的申请书进行符合性审查,选出有效的资格预审文件。招标人对所有递交的申请书进行审查,有一项不符合,则不进入下一程序。符合要求,在相应位置打"√",如不符合要求,则打"×",申请文件中有一项"×",结论即为"×"。将不再进行下一环节。

表 2-1　资格审查办法前表

条款号	条款名称				编列内容
评分标准	评分因素与权重分值				评分标准
	评分因素	权重分值	各评分因素细分项	分值	
	拟投入本标段的项目经理(包括备选人)/项目总工(不包括备选人)资历	15	最低要求	8	满足强制性标准(最低要求)
			人员加分	12	1. 注册建造师具有工程师资格加 3 分； 2. 总工程师类似工程经验在 10 年以上的加 3 分，以上两项若有备选人员，按主选人和备选人较低者计算加分。 3. 其他主要人员具有工程师以上职称的，每增加一个加 1 分，最高加 3 分
	类似工程施工经验	25	最低要求	10	满足强制性标准(最低要求)
			业绩加分	15	满足强制性标准(最低要求)基础上，每增加完成二级公路工程施工加 1 分，累计加分不超过 15 分
	履约信誉	20	最低要求	10	满足强制性标准(最低要求)
			履约信誉加分	10	1. 通过 ISO 9001 系列认证且在复核有效期内的，加 3 分； 2. 具有开户银行评审的 3A 证书的加 3 分； 3. 信誉良好，没有拖欠农民工工资和工程款，所承担的项目没有发生质量安全事故，能较好地履行合同，得到业主好评并能提供 3 个项目以上的履约证明材料的加 6 分。 4. 连续三年获得工商主管部门颁发的"守合同重信用"荣誉称号的，加 1 分
	财务能力	20	最低要求	10	满足强制性标准(最低要求)
			财务能力加分	10	1. 运营资本(流动资产减去流动负债加上拟投入本项目的资金)在满足最低要求的基础上，每超过 50 万元的加 2 分，累计加分不超过 6 分； 2. 以经审计的财务审计报告中反映出的数据为准，最近三年连续盈利的，加 4 分
	初步施工组织计划	15	初步施工组织方案	5	对项目建设特性了解透彻，施工组织设计内容全面，方案先进，经济合理，对施工工具有高度指导性，得 5 分； 对项目特性了解较好，施工组织设计方案基本可行，得 4 分； 施工组织方案一般但不被评定为不响应的，得 3 分
			质量保证体系	3	质量目标明确，预控和动态控制措施完整，管理体系和组织措施功能完善、管理幅度适宜，有关措施针对性强，得 3 分； 质量目标基本明确，控制措施基本全面，得 2 分； 质量控制部分一般但不被评定为不响应的，得 1 分
			工期保证措施	3	工期保证措施得当，对本项目的工期重要性理解特别透彻，按时完工可靠性高，得 3 分； 工期保证措施基本可行，内容较为充实、全面的，得 2 分，工期保证措施一般但不被评定为不响应的，得 1 分
			安全管理措施	2	本项目安全生产的组织机构、人员安排、技术措施、制度完善的，得 2 分；基本完善的，得 1 分
			施工环保措施	2	本项目施工环境等保护的组织机构、人员安排、技术措施、制度完善的，得 2 分； 以上措施一般的但不被评定为不响应的，得起评分 1 分
	业主考评分	10	最低要求	2	满足强制性标准(最低要求)
			业主考评加分	8	业主视具体情况评分

② 参照强制性标准,对资格预审文件进行评审。符合要求,在相应位置打"√",如不符合要求,则打"×",申请文件中有一项"×",结论即为"×"。将不再进行下一环节。并将结论转入表2-2中的强制性履约标准要求项。

表2-2 资格预审符合性审查表

序号	申请人/主办人名称	资审文件审查			申请人资格				资审表格、资审材料										结论
		规定时间递交	密缄	份数	是否逐页签署	资质证书	交通部资信登记	企业营业执照	法人委托授权书	进入××施工许可证	表格1 资审申请表	表格2 企业概况表	表格3 财务状况表	表格4 施工经验表	表格5 工程设备表	表格6 工程人员表	表格7 主体队伍表	表格8 分包人	表格9 现场组织表	强制性履约标准要求	财务审计报告	

③ 对申请人提供的基础数据和条件进行分析和评分,填写资格预审项目评分汇总表。按照评审细则,对每项打分,各项均超过单项合格分,且总分超过70分的结论为"√",否则为"×",结论为"√"的即通过预审。

④ 对资格预审文件中的有关文件,要求申请者作必要的澄清。

⑤ 对文件复审,编制评审报告。

(2) 通过详细审查的申请人不少于3个且没有超过规定数量的,均通过资格预审,不再进行评分。

(3) 通过详细审查的申请人数量超过规定数量的,审查委员会依据评分标准进行评分,按得分由高到低的顺序进行排序。

(4) 资格预审评审委员会对评审结果出具书面报告,评审报告的内容包括工程概述、资格预审工作简介、评审标准、资格预审评审程序、评审结果、评审委员会名单、评审小组名单、附表(资格预审申请人一览表、资格预审文件符合性审查表、强制性履约标准审查表、资格预审项目评分汇总表、通过资格预审申请人一览表和资格预审评审细则等)。

(5) 资格预审报告应上报招标管理部门审查。国道主干线、国家重点公路建设项目的工程施工招标的招标人应当将资格预审结果报省级交通运输主管部门审批,报交通运输部核备;其他公路建设项目的工程施工的招标人应当将资格预审结果报省级交通运输主管部门规定的部门审批。

(6) 使用国际金融组织或者外国政府贷款、援助资金的公路建设项目,其工程施工招标资格预审结果经省级交通运输主管部门初审后,报交通部审批。

资格预审结果应在资格预审文件规定的期限内通知所有投标人,同时向通过资格预审的投标申请人发出投标邀请书。

4. 审查结果

1) 提交审查报告

审查委员会按照规定的程序对资格预审申请文件完成审查后,确定通过资格预审的申请人名单,并向招标人提交书面审查报告。

2) 重新进行资格预审或招标

通过详细审查申请人的数量不足3个的,招标人重新组织资格预审或不再组织资格预审而直接招标。

① 招标人应根据项目具体情况确定各评分因素及评分因素权重分值,并对各评分因素进行细分(如有),确定各评分因素细分项的分值,各评分因素权重分值合计应为100分。各评分因素得分均不应低于其权重分值的60%,且各评分因素得分应以审查委员会各成员的打分平均值确定,该平均值以去掉一个最高分和一个最低分后计算。

② 对于采用有限数量制进行资格审查的技术特别复杂的特大桥梁和长大隧道工程,还应对其他主要管理人员和技术人员以及主要机械设备和试验检测设备进行详细审查。

③ 招标人应列明各评分因素或各评分因素细分项(如有)的评分标准并作为审查委员会进行评分的依据。

④ 招标人可结合招标项目所在地省级交通运输主管部门对申请人的信用评级对其履约信用进行评分,但不得任意设置歧视性条款并不得任意设立行政许可。

四、资格预审申请文件格式要求

1. 资格预审申请函

申请人首先应递交资格预审申请函。

2. 法定代表人身份证明及授权委托书

(1) 法定代表人的签字必须是亲笔签名,不得使用印章、签名章等代替。

(2) 法定代表人和委托代理人必须在授权书上亲笔签名,不得使用印章、签名章或其他电子制版签名。

(3) 以联合体形式投标的,授权委托书应由联合体牵头人的法定代表人按上述规定签署并公证。

申请人基本情况表如表2-3所示,拟委任的项目经理和项目总工资历表如表2-4所示。

表2-3 申请人基本情况表

申请人名称					
注册地址			邮政编码		
联系方式	联系人		电话		
	传真		电子邮件		
法定代表人	姓名		技术职称	电话	
技术负责人	姓名		技术职称	电话	
成立时间			员工总人数:		
企业资质等级		其中	项目经理		
营业执照号			高级职称人员		
注册资金			中级职称人员		
基本账户开户银行			初级职称人员		
基本账户账号			技工		

续表

申请人名称	
经营范围	
资产构成情况及投资参股的关联企业情况	
备注	

注:1. 本表后应附企业法人营业执照副本(全本)的复印件(并加盖单位章)、施工资质证书副本(全本)的复印件(并加盖单位章)、安全生产许可证副本(全本)的复印件(并加盖单位章)、基本账户开户许可证的复印件(并加盖单位章)。

2. 以联合体形式申请资格预审的,联合体各成员应分别填写。

表2-4 拟委任的项目经理和项目总工资历表

姓名		年龄		专业	
职称		公司单位职务		拟在本标段工程担任职务	
毕业学校	____年____月毕业于_____学校_____专业,学制____年					
经历					
____年至____年	参加过的工程项目名称			担任职务	发包人及联系电话
目前任职项目状况	获奖情况				
	项目名称				
	担任职位				
	可以调离日期				
	备注				

注:1. 本表后应附项目经理(以及备选人)和项目总工(以及备选人)的身份证、职称资格证书以及资格预审条件所要求的其他相关证书(如建造师注册证书、安全生产考核合格证书等)的复印件,并应提供其担任类似项目的项目经理和项目总工的相关业绩证明材料复印件。

2. 本表后应附申请人所属社保机构出具的拟委任的项目经理(以及备选人)和项目总工(以及备选人)的社保缴费证明(并加盖缴费证明专用章)或其他能够证明拟委任的项目经理(以及备选人)和项目总工(以及备选人)参加社保的有效证明材料(并加盖社保机构单位章)。

3. 目前未在具体项目上任职的,请在备注栏说明现在负责的工作内容。

3. 财务状况表与银行信贷证明

财务状况表如表2-5所示。

招标人要求申请人提供银行信贷证明是为了避免申请人中标后因流动资金不足影响工程施工的情况发生,招标人可根据招标项目具体特点和实际情况选择是否要求申请人提供银行信贷证明。如采用银行信贷证明,招标人应在此规定开具银行信贷证明的银行的级别。

(1)允许申请人实际开具的银行信贷证明的格式与《公路工程标准施工招标资格预审文件》提供的格式有所不同,但不得更改《公路工程标准施工招标资格预审文件》提供的银行信贷证明格式中的实质性内容。

(2)银行主要负责人应亲笔签名,不得使用印章、签名章或其他电子制版签名,否则,视为无效。

表 2-5 财务状况表

项目或指标	单位	___年	___年	___年
一、注册资金	万元			
二、净资产	万元			
三、总资产	万元			
四、固定资产	万元			
五、流动资产	万元			
六、流动负债	万元			
七、负债合计	万元			
八、营业收入	万元			
九、净利润	万元			
十、现金流量净额	万元			
十一、主要财务指标				
1.净资产收益率	%			
2.总资产报酬率	%			
3.主营业务利润率	%			
4.资产负债率	%			
5.流动比率	%			
6.速动比率	%			

注：1.本表后应附近三年经会计事务所或审计机构审计的财务会计报表，包括资产负债表、现金流量表、利润表和财务情况说明书的复印件。
2.本表所列数据必须与本表各附件中的数据相一致。
3.以联合体形式申请资格预审的，联合体各成员应分别填写。

近年完成的类似项目情况表如表 2-6 所示。

表 2-6 近年完成的类似项目情况表

项目名称	
项目所在地	
发包人名称	
发包人地址	
发包人电话	
合同价格	
开工日期	

续表

项目名称	
交工日期	
承担的工作	
工程质量	
项目经理	
项目总工	
总监理工程师及电话	
项目描述	
备注	

注：1. 每张表格只填写一个项目，并标明序号。
    2. 本表后须附中标通知书和(或)合同协议书、由发包人出具的公路工程(标段)交工验收证书或竣工验收委员会出具的公路工程竣工验收鉴定书或质量监督机构对各参建单位签发的工作综合评价等级证书的复印件。
    3. 如近年来，申请人法人机构发生合法变更或重组或法人名称变更，应提供相关部门的合法批件或其他相关证明材料来证明其所办业绩的继承性。
    4. 以联合体形式申请资格预审的，联合体各成员应分别填写。

五、项目建设概况

1. 项目说明

（1）项目位置：公路的起讫地点、里程、等级、技术标准、主要控制点，或独立大桥的桥型、荷载、跨径、桥长、桥宽、基础、水深、引道长度等，或独立隧道的长度、宽度，防水排水、衬砌和设施等。

（2）主要工程内容。

2. 建设条件

建设条件包括地形与地貌简况，地质与地震简况，水文与气象简况，交通、电力、通信及其他条件。

3. 建设要求

建设要求包括主要技术指标，工程建设规模，工期、质量、安全等要求。

4. 其他需要说明的情况

（1）招标范围及标段划分；

（2）标段主要工程量一览表。

六、某高速公路路面工程施工招标资格预审评审案例

1. 工程概况

（1）施工合同估计金额_____亿元。

(2) 工程内容:高速公路路面工程,包括路面、路缘石、泄水槽和伸缩缝等,工程三个合同段,全长_____公里。

2. 评分权重

(1) 财务状况,满分 20 分,单项合格 12 分;
(2) 技术能力,满分 30 分,单项合格 18 分;
(3) 施工经验,满分 50 分,单项合格 30 分。

上述三项有一项不合格,或上述三项都合格但总分未达到 70 分以上,将不能通过资格预审。

3. 评分标准

资格预审评审标准是依据国家有关规定,工程项目的性质、规模、工期等因素制定的。对资格预审申请人提供的申请书采用定量和定性的方法,公正、公平、客观、准确地进行评价。资格预审评审标准分为三个大项:财务状况、技术能力和施工经验。其中三个专项的具体评分办法如下。

(1) 财务状况 20 分。

以近 3 年的平均财务收入为计算依据,以该合同段的共同估价和该合同段的工期为基准,对财务能力、投标能力、可获得的信贷三项进行审核(见表 2-7)。

表 2-7 财务状况表

承包商情况		评分标准	最高分	备注
财务能力	$W<V/T$	0	8	
	W 在 $V/T\sim 2V/T$ 区间	4		
	W 在 $2V/T\sim 3V/T$ 区间	6		
	W 在 $3V/T\sim 4V/T$ 区间	7		
	$W>4V/T$	8		
投标能力	$N<0.2V$	0	6	W——近 3 年的年平均财务收入,万元; V——所投标段合同估算值,万元; T——合同预计完成工期; N——能力系数=净资产×5－正在执行合同剩余价值×30%; M——可获得的信贷
	N 在 $0.2V\sim 0.4V$ 区间	2		
	N 在 $0.4V\sim 0.6V$ 区间	3		
	N 在 $0.6V\sim 0.8V$ 区间	4		
	N 在 $0.8V\sim V$ 区间	5		
	$N>V$	6		
可获得的信贷	$M<0.1V$	0	6	
	M 在 $0.1V\sim 0.15V$ 区间	2		
	M 在 $0.15V\sim 0.2V$ 区间	4		
	M 在 $0.2V\sim 0.25V$ 区间	5		
	$M>0.25V$	6		
合计			20	

(2) 技术能力 30 分(见表 2-8)。

(3) 施工经验 50 分(见表 2-9)。

表 2-8 技术能力表

承包商情况		评分标准		最高分
现场管理	组织机构	不满意	0	6
		满意	2	
		非常满意	3	
	管理人员能力	不满意	0	
		满意	2	
	授权代表	不满意	0	
		满意	1	
现场主要人员	项目人员分配	不充分	0	12
		充分	3	
		非常充分	6	
	专业技术人员配备	不满意	0	
		满意	3	
		非常满意	6	
工程设备	提供的主要设备数量	不够充分	0	12
		修改后充分	2	
		充分	4	
	设备主要来源(自有或租赁)	自有 50%	0	
		自有 50%~70%	1	
		自有 75%以上	3	
	设备平均使用年限	大于 10 年	0	
		5~10 年	2	
		小于 5 年	4	
	机动车平均使用年限	大于 3 年	0	
		小于 3 年	1	
合计				30

表 2-9 施工经验表

承包商情况		评分标准	最高分
类似工程施工经验	没有	0	20
	1～3 个合同	1～5	
	4～6 个合同	6～10	
	7～9 个合同	11～15	
	10 个合同及以上	20	
在类似现场条件下的工作经验	没有	0	10
	1～2 个合同	1～2	
	3～4 个合同	3～4	
	5～6 个合同	5～6	
	7～9 个合同	7～9	
	10 个合同及以上	10	
主承包人的结构工程经验	1 个合同	0	6
	2～3 个合同	1～3	
	4～5 个合同	4～5	
	5 个合同以上	6	
以往工程业绩的参考资料	无参考资料	0	7
	有一项满意参考资料	1	
	有二项满意参考资料	3	
	有三项满意参考资料	5	
	有四项或多项满意参考资料	7	
工程质量	省级合格品或没有获奖	2	7
	省级优良品或获得省部奖	4	
	国家级优良品或获得国家奖	7	
合计			50

任务 4 公路工程施工招标文件的编制

招标人在招标以前,必须把拟建的公路工程的技术经济条件编写成文件,供投标单位阅读和了解,这些成册的资料统称为招标文件。招标文件的编制是招标准备工作中极为重要的一环。招标文件是组织招标的纲领性文件,是投标者编制投标文件的基本依据。因此招标文件必须编写得系统、完整、准确、明了,使投标人能够充分了解自己应尽的职责和享有的权益。

招标文件的内容应包括投标者编制投标书所需的全部资料和要求。招标文件也是业主与投标商签订合同文件的主要组成部分。为加强对公路工程招标投标的管理,规范招标文件的编制和评标工作,中华人民共和国交通运输部依照《中华人民共和国招标投标法》《中华人民共和国招标投标法实施条例》等法律法规,按照《公路工程建设项目招标投标管理办法》(交通运输部令2015年第24号),在国家发展改革委牵头编制的《标准施工招标文件》及《标准施工招标资格预审文件》的基础上,结合公路工程施工招标特点和管理需要,组织制定了《公路工程标准施工招标文件(2018年版)》。《公路工程标准施工招标文件(2018年版)》自2018年3月1日起施行,标志着我国公路建设的招投标工作进一步走上科学化、制度化、规范化的轨道。

一、招标文件的组成

招标采购单位应当根据招标项目的特点和需求编制招标文件,招标文件包括以下内容:
(1)招标公告或投标邀请书;
(2)投标人须知(包括密封、签署、盖章要求等);
(3)投标人应当提交的资格、资信证明文件;
(4)投标报价要求、投标文件编制要求和投标保证金缴纳方式;
(5)招标项目需求:招标项目的技术规格、要求和数量,包括附件、图纸等;
(6)合同格式:合同主要条款及合同签订方式,一般包含两部分,第一部分为通用合同条款,第二部分为专用合同条款;
(7)交货和提供服务的时间;
(8)评审因素和评审标准:评标方法、评标标准和废标条款;
(9)投标文件的组成和格式,投标截止时间、开标时间及地点;
(10)省级以上财政部门规定的其他事项。

招标文件的组成除包括表2-10所列卷册外,还包括为修改招标文件或在标前会议上澄清有关问题,而正式由业主或其代理人书面提出的有编号的补遗书及其他有关招标文件的正式函件。此外,还有一份称为"参考资料"的附件,内容为本工程的地质、水文、地震、气象、地方材料的料场分布及有关测量资料等。业主提供这份资料供投标人编制投标书及组织施工时参考,业主对其准确性负责,但承包人应对自己的理解负责。

招标文件按用途可分为四类:
第一类是投标人必须遵照办理的要求、规定、条件等,包括投标人须知、合同条件、对工程要求的说明及技术规范、图纸等;
第二类是投标人在报投标价时必须按此填写的内容,如投标书、投标保函、工程量清单以及投标时应填的其他格式;
第三类是投标人在中标后使用的一些格式,如合同协议书格式等;
第四类是业主向投标人提供的编标价需要参考的一些技术资料,如地质水文资料、地方材料料场资料等。

投标者应仔细阅读、理解招标文件,凡不满足招标文件要求的投标书将被业主拒绝。

表 2-10　招标文件的组成

卷次	章次	内容
第一卷	第一章	招标公告/投标邀请书
	第二章	投标人须知
	第三章	评标办法
	第四章	合同条款及格式
	第五章	工程量清单
第二卷	第六章	图纸
第三卷	第七章	技术规范
	第八章	工程量清单计量规则
第四卷	第九章	投标文件格式

二、招标文件编制的准备

招标文件编制之前必须明确合同形式和招标方式,现以常用的单价合同形式和公开招标方式为例,说明需要做好的几项工作。

1)确定合同有关事宜

明确总工期和开工起止时间;确定招标实施计划安排,确定各项工作完成的时限;研究确定合同专用条款需要填写的条款和对合同通用条件的更换、修改、补充条款,如是否允许调价及调价方法,是否要求做选择性报价或允许提出选择性方案,是否鼓励提前工期;确定异常恶劣气候的界定和延长工期的评定条件和程序;确定拖期损失罚金费率、投标保证金和履约保证金金额、评标标准和方法等。

2)完成施工总体安排

施工总体安排包括标段的划分,在总工期期限内确定各标段施工期限和起止时间,确定施工现场管理体制和机构设置,界定各级机构的职责范围。

3)研究施工特点和难点

研究施工特点和难点,并提出本项目和各标段的特殊要求,包括特殊技术措施和施工安排,例如在特殊地质条件(如软土路基施工膨胀土处理等)和不利气候条件(如多雨季节、台风季节、高寒气候)下的施工措施等。

(1)做好文件编制的分工和协调管理。

招标文件和自编文件等既有衔接又有交叉。为做好衔接,并使前后一致,避免出现矛盾,在进行编制之前必须认真研读招标文件范本,然后根据范本要求以及项目具体情况和需要着手编制。此外,应有总负责人负责协调管理,各部分编写人员应加强联系和交流,特别是在部分文件委托外单位编制时更应注意。

(2) 工程的分标。

《公路工程施工招标投标管理办法》第十二条规定:"公路工程施工招标,可以对整个建设项目分标段一次招标,也可以根据不同专业、不同实施阶段,分标段、分阶段进行招标(见表 2-11),但不得将招标工程化整为零或者以其他任何方式规避招标。"依此项规定,工程是可以进行分标的。当一个工程项目投资额很高、技术复杂、工程量也很大时,一个施工单位往往难以完成,为了加快工程进度,发挥各承包人的优势,降低工程造价,对一个建设项目进行合理分标是非常必要的。根据分标应保证工程的整体性和专业性的原则,在分标时要考虑以下因素。

表 2-11 一般建设项目的工程划分表

单位工程	分部工程	分项工程
路基工程 (每 10km 或每标段)	路基土石方工程(1~3 km 路段)	土方路基、石方路基、软土地基、土工合成材料处治层等
	排水工程(1~3 km 路段)	管节预制、管道基础及管节安装、检查(雨水)井砌筑、土沟、浆砌排水沟、盲沟、跌水、急流槽、水簸箕、排水泵站等
	小桥及符合小桥标准的通道、人行天桥、渡槽(每座)	基础及下部构造,上部构造预制、安装或浇筑,桥面,栏杆,人行道等
	涵洞、通道(1~3 km 路段)	基础及下部构造,主要构件预制、安装或浇筑,填土,总体等
	砌筑防护工程(1~3 km 路段)	挡土墙,墙背填土,抗滑桩,锚喷防护,锥、护坡,导流工程,石笼防护等
	大型挡土墙,组合式挡土墙(每处)	基础、墙身、墙背填土、构件预制、构件安装、筋带、锚杆、拉杆、总体等
路面工程 (每 10 km 或每标段)	路面工程(1~3 km 路段)	底基层、基层、面层、垫层、联结层、路缘石、人行道、路肩、路面边缘排水系统等
桥梁工程 (特大、大、 中桥)	基础及下部构造(每桥或每墩、台)	扩大基础、桩基、地下连续墙、承台、沉井、桩的制作、钢筋加工及安装、墩台身(砌体)浇筑、墩台身安装、墩台帽、组合桥台、台背填土、支座垫石和挡块等
	上部构造预制和安装	主要构件预制,其他构件预制,钢筋加工及安装,预应力筋的加工和张拉,梁板安装,悬臂拼装,顶推施工梁,拱圈节段预制,拱的安装,转体施工拱,劲性骨架拱肋安装,钢管拱肋制作,钢管拱肋安装,吊杆制作和安装,钢梁制作,钢梁安装,钢梁防护等
	上部构造现场浇筑	钢筋加工及安装,预应力筋的加工和张拉,主要构件浇筑,其他构件浇筑,悬臂浇筑,劲性骨架混凝土拱,钢管混凝土拱等
	总体、桥面系和附属工程	桥梁总体,桥面防水层施工,桥面铺装,钢桥面铺装,支座安装,搭板,伸缩缝安装,大型伸缩缝安装,栏杆安装,混凝土护栏,人行道铺设,灯柱安装等
	防护工程	护坡、护岸、导流工程、石笼防护、砌石工程等
	引道工程	路基、路面、挡土墙、小桥、涵洞、护栏等

续表

单位工程	分部工程	分项工程
互通立交工程	桥梁工程(每座)	桥梁总体,基础及下部构造,上部构造预制、安装或浇筑,支座安装,支座垫石,桥面铺装,护栏,人行道等
	主线路基路面工程(1~3 km路段)	见路基、路面等分项工程
	匝道工程(每条)	路基,路面,通道,护坡,挡土墙,护栏等
隧道工程	总体	隧道总体等
	明洞	明洞浇筑,明洞防水层,明洞回填等
	洞口工程	洞口开挖,洞口边仰坡防护,洞门和翼墙的浇(砌)筑,截水沟,洞口排水沟等
	洞身开挖	洞身开挖(分段)等
	洞身衬砌	(钢纤维)喷射混凝土支护,锚杆支护,钢筋网支护,仰拱,混凝土衬砌、钢支撑,衬砌钢筋等
	防排水	防水层、止水带、排水沟等
	隧道路面	基层、面层等
	装饰	装饰工程
	辅助施工措施	超前锚杆、超前钢管等
环保工程	声屏障(每处)	声屏障
	绿化工程(1~3 km路段或每处)	中央分隔带绿化,路侧绿化,互通立交绿化,服务区绿化,取弃土场绿化等
交通安全设施(每20 km或每标段)	标志(5~10 km路段)	标志
	标线、突起路标(5~10 km路段)	标线、突起路标等
	护栏、轮廓标(5~10 km路段)	波形梁护栏、缆索护栏、混凝土护栏、轮廓标等
	防眩设施(5~10 km路段)	防眩板、网等
	隔离栅、防落网(5~10 km路段)	隔离栅、防落网等

① 工程特点。

对于工程场地集中、工程量不大、技术上不复杂的工程可不分标,由一家承包单位总包,便于管理。但对于场地面积大、工程量大、有特殊技术要求的工程,应考虑分标。如高速公路施工战线长,而且工程量很大,应根据沿线地形、河流、城镇、居民情况、桥梁、隧洞和地基情况,对土建工程进行分段招标,而对道路的监控系统,则不宜分标。

② 工程造价的影响。

对于大型、复杂的工程项目(如大型水电站),要求承包人有很强的施工能力和施工经验,以及解决施工中的技术难题的能力。对于施工工期长、投资巨大的工程项目,如果不分标,会使有资格参加投标的单位数量大大减少,缺乏竞争必然会导致投标报价提高,得不到比较合理的报价,而分标就会避免这种情况的出现,且能发挥承包人的特长,吸引更多的竞争对手参加投标。

③ 资金筹措的安排。

根据资金筹措情况和工程建设的次序进行分标,可以按资金情况在不同时间分段招标。

④ 工地现场的管理和工程各部分的衔接。

分标应考虑对施工现场的管理,尽力避免各承包人之间的相互干扰,特别要对承包人的施工场地,包括各承包人的现场分配、生活营地、附属厂房、材料堆放场地、交通运输、充渣场地进行细致而周密的安排。工程进度的衔接也很重要,特别是关键线路上的项目,一定要选择施工水平高、能力强、信誉好的承包人,以防止因工期、质量的问题影响其他承包人的工作。

总之,分标是正式编制招标文件前的一项很重要的工作,必须对上述因素进行综合考察和分析比较,确定最好的分标方案,然后按分标的特点编写招标文件。

三、招标公告、投标邀请书

招标公告作为招标文件的第一章,一般与发布在媒体上的内容一致,用以邀请经资格预审合格的承包商按业主规定的条件和时间前来投标。投标邀请书一般应说明以下几点。

(1) 业主单位、招标性质。如系国际贷款组织贷款,则应说明有资格参加投标的承包商的范围。如京沈高速公路锦州至沈阳段为亚洲开发银行(ADB)的贷款项目,其土建项目为国际竞争性招标,在其招标文件的第五章列出了亚洲开发银行合格成员国国家/地区名单,其投标邀请书中明确写明"所有列于第五章的资格合格的投标人均可参加投标"。

(2) 资金来源。

(3) 工程概况、分标情况、主要工程量和工期要求。

(4) 承包商为完成本工种所需提供的服务内容,如施工、设备和材料采购、劳务等。

(5) 发售招标文件的时间、地点和售价。

(6) 标书送交的地点、份数和截止时间。

(7) 提交招标保证金的规定额度。

(8) 开标的日期、时间和地点。

(9) 现场考察和召开标前会议的日期、时间和地点。

四、投标人须知

投标人须知即投标指南,其发布目的是使投标人了解招标性质、项目概况和投标条件并提供必要的资料信息,如投标人在整个投标活动中所必须遵守的各项规定及投标时应考虑并注意的事项,有关投标文件编制与送交、开标、评标直至签订合同的信息都应列出。交通运输部颁发的《公路工程标准施工招标文件(2018年版)》在"投标人须知"中增加了很多条款内容,包括信用核查、投标保证金、投标保证金利息计算、细微偏差(明确投标文件页码不连续、采用活页夹装订、个别文字有遗漏错误等不影响投标文件实质性内容的偏差为细微偏差)等内容。

五、评标

1. 评标委员会

评标委员会依法组建,负责评标活动,向招标人推荐中标候选人或者根据招标人的授权直接确定中标人。

1)评标委员会的组建

评标委员会由招标人负责组建。评标委员会应在招标过程中尽早建立,最好一招标就建立,而且不管在任何情况下都应在开标之前建立,使委员会成员能熟悉招标的性质并为完成后的评标任务做一些基础工作。当要对投标人进行资格预审时,招标人应考虑在发出资格预审邀请书之前建立评标委员会的适宜性,从而使该委员会能协助招标人处理资格预审工作。评标委员会成员名单在中标结果确定前应保密。

评标委员会由招标人或其委托的招标代理机构熟悉相关业务的代表,以及技术、经济等方面的专家组成,成员人数为 5 以上的单数,其中技术、经济等方面的专家不得少于成员总数的 2/3。评标委员会设负责人的,评标委员会负责人由评标委员会成员推举产生或者由招标人确定。评标委员会负责人与评标委员会的其他成员有同等的表决权。

国道主干线和国家重点公路建设项目,评标委员会专家从交通运输部设立的评标专家库中抽取,或者根据交通运输部授权从省级人民政府交通运输主管部门设立的评标专家库中抽取。其他公路建设项目的评标委员会专家从省级人民政府交通运输主管部门设立的评标专家库中抽取。可以采取随机抽取或者直接确定的方式。一般项目可以采取随机抽取的方式;技术特别复杂、专业性要求特别高或者国家有特殊要求的招标项目,采取随机抽取方式确定的专家难以胜任的,可以由招标人直接确定。

2)评标专家的有关规定

评标专家应符合下列条件:

(1) 从事相关专业领域工作满 8 年并具有高级职称或者同等专业水平;

(2) 熟悉有关招标投标的法律法规,并具有与招标项目相关的实践经验;

(3) 能够认真、公正、诚实、廉洁地履行职责。

3)评标委员会成员的有关规定

有下列情形之一的,不得担任评标委员会成员:

(1) 投标人或者投标人主要负责人的近亲属;

(2) 项目主管部门或者行政监督部门的人员;

(3) 与投标人有经济利益关系,可能影响对投标公正评审的;

(4) 曾因在招标、评标以及其他与招标投标有关活动中从事违法行为而受过行政处罚或刑事处罚的。

评标委员会成员有上述情形之一的,应当主动提出回避。

4)其他有关规定

评标委员会成员不得与任何投标或者与招标结果有利害关系的人进行私下接触,不得收受投标人、中介人、其他利害关系人的财物或者其他好处。评标委员会成员和与评标活动有关的工作人员不得透露对投标文件的评审和比较、中标候选人的推荐情况以及与评标有关的其他情况。在招标人与评标委员会成员之间应缔结一个有约束力的协议。协议应规定每个成员的职责,其中应包括而不限于下列内容:

(1) 保守作为委员会服务的结果而接触的关于投标书细节、评标情况以及其他关于招标和投标过程信息的秘密,维护招标人或招标代理机构的利益;

(2) 利用一切信息纯粹是为了执行评标的职责;

(3) 在招标过程中不和与招标结果有直接或间接利益的人有任何接触;

(4) 避免任何会妨碍公正履行评标职责的财务或其他利益冲突;

(5) 在接受招标结果所产生的合同后至少两年内,应拒绝接受中标的投标人任何工作安排或合同,并拒绝与其就将来的任何工作安排或合同进行讨论。

评标委员会成员应当客观、公正地履行职责,遵守职业道德,对所提出的评审意见承担个人责任。评标委员会的评标工作受有关行政监督部门的监督。

2. 评标程序

评标工作应按照严肃认真、公平公正、科学合理、客观全面、竞争择优、严格保密的原则进行,保证所有投标人的合法权益。评标程序主要为:投标文件的初步评审—对符合文件的算术性复核—详细评审—澄清问题—评议标书—编写评标报告。

1) 投标文件的初步评审

评标委员会首先对投标文件进行初步评审,只有通过初步评审的投标文件,才能进入详细评审。

2) 算术性复核

评标委员会对算术性差错的修正,应取得投标人的同意,并由投标人确认修正后的最终投标价。如果投标人拒绝确认,则其投标文件将不予评审,并没收其投标保证金。

招标人将只对实质上符合招标文件规定的投标文件进行评价和比较。对经招标人核实的(含算术性差错修正)最终报价高于复合标底5%以上的投标,将视为无竞争性而不进入评比,低于复合标底15%以下的投标,将视为低于成本价也不进入评比。

3) 评议标书

商务和技术评审是依据招标文件的规定,从商务条款、财务能力、技术能力、管理水平、投标报价及信誉等方面,对通过符合性审查的投标文件进行评审。

(1) 通过商务评审的主要条件:

① 单价构成和水平合理,无严重不平衡报价;

② 未提出与招标文件中的合同条款相悖的要求,如重新划分风险,增加业主责任范围,减少投标人义务,提出不同的验收、计量办法和纠纷、事故处理办法,或对合同条款有重要保留等;

③ 投标人的资格条件仍能满足资格预审文件的要求;

④ 良好的信誉。

(2) 通过技术评审的主要条件:

① 工期合理,能满足招标文件要求;

② 机械设备齐全,配置合理;

③ 组织机构和专业技术力量能满足施工需要;

④ 施工组织设计合理可行;

⑤ 工程质量保证措施可靠。

4) 澄清问题

评标过程中,评标委员会可分别请投标者就投标书的有关问题提供补充说明和有关资料,投标者应做出书面答复。补充说明和有关资料应作为投标书的组成部分。通常的做法是由招标单位向投标单位发出需要澄清问题的书面通知,约定参加澄清的人员、时间、地点,然后被澄清单位再将双方谈妥的内容整理成正式文件递交。澄清活动一般应分别进行,不能所有的投标单位一起澄清。

六、评标办法

《公路工程标准施工招标文件(2018年版)》实施以后,为进一步完善评标办法,交通运输部提出以下四种评标办法。

1. 合理低价法

合理低价法是评标委员会对满足招标文件实质性要求的投标文件,按照规定的评分标准进行打分,并按得分由高到低顺序推荐中标候选人,或根据招标人授权直接确定中标人,但投标报价低于其成本的除外。综合评分相等时,评标委员会应按照评标办法前附表规定的优先次序推荐中标候选人或确定中标人。

1) 评标程序

(1) 第一个信封初步评审。

评标委员会可以要求投标人提交"投标人须知"规定的有关证明和证件的原件,以便核验。评标委员会依据规定的标准对投标文件第一个信封(商务及技术文件)进行初步评审。有一项不符合评审标准的,评标委员会应否决其投标。(适用于未进行资格预审的)

评标委员会依据规定的评审标准对投标文件第一个信封(商务及技术文件)进行初步评审。有一项不符合评审标准的,评标委员会应否决其投标。当投标人资格预审申请文件的内容发生重大变化时,评标委员会依据规定的标准对其更新资料进行评审。(适用于已进行资格预审的)

(2) 第二个信封开标。

第一个信封(商务及技术文件)评审结束后,招标人将按照"投标人须知"规定的时间和地点对通过投标文件第一个信封(商务及技术文件)评审的投标文件第二个信封(报价文件)进行开标。

(3) 第二个信封初步评审。

① 评标委员会依据规定的评审标准对投标文件第二个信封(报价文件)进行初步评审。有一项不符合评审标准的,评标委员会应否决其投标。投标报价有算术错误的,评标委员会按以下原则对投标报价进行修正,修正的价格经投标人书面确认后具有约束力。投标人不接受修正价格的,评标委员会应否决其投标。

a. 投标文件中的大写金额与小写金额不一致的,以大写金额为准;

b. 总价金额与依据单价计算出的结果不一致的,以单价金额为准修正总价,但单价金额小数点有明显错误的除外;

c. 当单价与数量相乘不等于合价时,以单价计算为准,如果单价有明显的小数点位置差错,应以标出的合价为准,同时对单价予以修正;

d. 当各子目的合价累计不等于总价时,应以各子目合价累计数为准,修正总价。

② 工程量清单中的投标报价有其他错误的,评标委员会按以下原则对投标报价进行修正,修正的价格经投标人书面确认后具有约束力。投标人不接受修正价格的,评标委员会应否决其投标。

a. 在招标人给定的工程量清单中漏报了某个工程子目的单价、合价或总额价,或所报单价、合价或总额价减少了报价范围,则漏报的工程子目单价、合价和总额价或单价、合价和总额价中减少的报价内容视为已含入其他工程子目的单价、合价和总额价之中。

b. 在招标人给定的工程量清单中多报了某个工程子目的单价、合价或总额价,或所报单价、合价或总额价增加了报价范围,则从投标报价中扣除多报的工程子目报价或工程子目报价中增加了报价范围的部分报价。

c. 当单价与数量的乘积与合价(金额)虽然一致,但投标人修改了该子目的工程数量,则其合价按招标人给定的工程数量乘以投标人所报单价予以修正。

③ 修正后的最终投标报价若超过最高投标限价(如有),评标委员会应否决其投标。

④ 修正后的最终投标报价仅作为签订合同的一个依据,不参与评标价得分的计算。

(4) 第二个信封详细评审。

评标委员会按规定的量化因素和分值进行打分,并计算出综合评估得分(即评标价得分)。

投标人得分分值计算保留小数点后两位,小数点后第三位"四舍五入"。

评标委员会发现投标人的报价明显低于其他投标报价,使得其投标报价可能低于其个别成本的,应要求该投标人作出书面说明并提供相应的证明材料。投标人不能合理说明或不能提供相应证明材料的,评标委员会应认定该投标人以低于成本报价竞标,并否决其投标。

(5) 投标文件相关信息的核查。

在评标过程中,评标委员会应查询交通运输主管部门"公路建设市场信用信息管理系统",对投标人的资质、业绩、主要人员资历和目前在岗情况、信用等级等信息进行核实。若投标文件载明的信息与交通运输主管部门"公路建设市场信用信息管理系统"发布的信息不符,使得投标人的资格条件不符合招标文件规定的,评标委员会应否决其投标。

评标委员会应对在评标过程中发现的投标人与投标人之间、投标人与招标人之间存在的串通投标的情形进行评审和认定。投标人存在串通投标、弄虚作假、行贿等违法行为的,评标委员会应否决其投标。

① 有下列情形之一的,属于投标人相互串通投标:

a. 投标人之间协商投标报价等投标文件的实质性内容;

b. 投标人之间约定中标人;

c. 投标人之间约定部分投标人放弃投标或中标;

d. 属于同一集团、协会、商会等组织成员的投标人按照该组织要求协同投标;

e. 投标人之间为谋取中标或排斥特定投标人而采取的其他联合行动。

② 有下列情形之一的,视为投标人相互串通投标:

a. 不同投标人的投标文件由同一单位或个人编制;

b. 不同投标人委托同一单位或个人办理投标事宜;

c. 不同投标人的投标文件载明的项目管理成员为同一人;

d. 不同投标人的投标文件异常一致或投标报价呈规律性差异;

e. 不同投标人的投标文件相互混装;

f. 不同投标人的投标保证金从同一单位或个人的账户转出。

③ 有下列情形之一的,属于招标人与投标人串通投标:

a. 招标人在开标前开启投标文件并将有关信息泄露给其他投标人;

b. 招标人直接或间接向投标人泄露标底、评标委员会成员等信息;

c. 招标人明示或暗示投标人压低或抬高投标报价;

d. 招标人授意投标人撤换、修改投标文件;

e. 招标人明示或暗示投标人为特定投标人中标提供方便;

f. 招标人与投标人为谋求特定投标人中标而采取的其他串通行为。

④ 投标人有下列情形之一的,属于弄虚作假的行为:

a. 使用通过受让或租借等方式获取的资格、资质证书投标;

b. 使用伪造、变造的许可证件;

c. 提供虚假的财务状况或业绩;

d. 提供虚假的项目负责人或主要技术人员简历、劳动关系证明;

e. 提供虚假的信用状况;

f. 其他弄虚作假的行为。

(6) 投标文件的澄清和说明。

在评标过程中,评标委员会可以书面形式要求投标人对投标文件中含义不明确的内容、明显文字或计算错误进行书面澄清或说明。评标委员会不接受投标人主动提出的澄清、说明。投标人不按评标委员会要求澄清或说明的,评标委员会应否决其投标。

澄清和说明不得超出投标文件的范围或改变投标文件的实质性内容(算术性错误的修正除外)。投标人的书面澄清、说明属于投标文件的组成部分。

评标委员会不得暗示或诱导投标人作出澄清、说明,对投标人提交的澄清、说明有疑问的,可以要求投标人进一步澄清或说明,直至满足评标委员会的要求。

凡超出招标文件规定的或给发包人带来未曾要求的利益的变化、偏差或其他因素在评标时不予考虑。

(7) 评标结果。

除"投标人须知"前附表授权直接确定中标人外,评标委员会按照得分由高到低的顺序推荐中标候选人,并标明排序。

评标委员会完成评标后,应向招标人提交书面评标报告。

2) 评审标准

(1) 初步评审标准。

① 第一个信封(商务及技术文件)评审标准。

a. 投标文件按照招标文件规定的格式、内容填写,字迹清晰可辨。

投标函按招标文件规定填报了项目名称、标段号、补遗书编号(如有)、工期、工程质量要求及安全目标;投标函附录的所有数据均符合招标文件规定;投标文件组成齐全完整,内容均按规定填写。

b. 投标文件上法定代表人或其委托代理人的签字、投标人的单位章盖章齐全,符合招标文件规定。

c. 与申请资格预审时比较,投标人发生合并、分立、破产等重大变化的,仍具备资格预审文件规定的相应资格条件且其投标未影响招标公正性;投标人应提供相关部门的合法批件及企业法人营业执照和资质证书等证件的副本变更记录复印件;投标人仍然满足资格预审文件中规定的资格预审条件最低要求(资质、业绩、人员、信誉、财务等);与所投标段的其他投标人不存在控股、管理关系或单位负责人为同一人的情况;与招标人也不存在利害关系并可能影响招标公正性。

d. 投标人按照招标文件的规定提供了投标保证金:

投标保证金金额符合招标文件规定的金额,且投标保证金有效期不少于投标有效期;若投标保证金采用现金或支票形式提交,投标人应在递交投标文件截止时间之前,将投标保证金由投标人的基本账户转入招标人指定账户;若投标保证金采用银行保函形式提交,银行保函的格式、开具保函的银行均满足招标文件要求,且在递交投标文件截止时间之前向招标人提交了银行保函原件。

e. 投标人法定代表人授权委托代理人签署投标文件的,须提交授权委托书,且授权人和被授权人均在授权委托书上签名,未使用印章、签名章或其他电子制版签名代替。

f. 投标人法定代表人亲自签署投标文件的,提供了法定代表人身份证明,且法定代表人在法定代表人身份证明上签名,未使用印章、签名章或其他电子制版签名代替。

g. 投标人以联合体形式投标时,联合体满足招标文件的要求:

未进行资格预审的,投标人按照招标文件提供的格式签订了联合体协议书,明确各方承担连带责任,并明确了联合体牵头人;已进行资格预审的,投标人提供了资格预审申请文件中所附的联合体协议书复印件,且通过资格预审后的联合体无成员增减或更换的情况。

h. 投标人如有分包计划,符合招标文件"投标人须知"规定,且按招标文件"投标文件格式"的要求填写了"拟分包项目情况表"。

i. 同一投标人未提交两个以上不同的投标文件,但招标文件要求提交备选投标的除外。

j. 投标文件中未出现有关投标报价的内容。

k. 投标文件载明的招标项目完成期限未超过招标文件规定的时限。投标文件对招标文件的实质性要求和条件作出响应。

② 第二个信封(报价文件)评审标准。

a. 投标文件按照招标文件规定的格式、内容填写,字迹清晰可辨。

投标函按招标文件规定填报了项目名称、标段号、补遗书编号(如有)、投标价(包括大写金额和小写金额);已标价工程量清单说明文字与招标文件规定一致,未进行实质性修改和删减;投标文件组成齐全完整,内容均按规定填写。

b. 投标文件上法定代表人或其委托代理人的签字、投标人的单位章盖章齐全,符合招标文件规定。

c. 投标报价或调价函中的报价未超过招标文件设定的最高投标限价(如有)。

d. 投标报价或调价函中报价的大写金额能够确定具体数值。

e. 同一投标人未提交两个以上不同的投标报价,但招标文件要求提交备选投标的除外。

f. 投标人若提交调价函,调价函符合招标文件"投标人须知"要求。

g. 投标人若填写工程量固化清单,填写完毕的工程量固化清单未对工程量固化清单电子文件中的数据、格式和运算定义进行修改;工程量固化清单中的投标报价和投标函大写金额报价一致。

h. 投标文件正、副本份数符合招标文件"投标人须知"规定。

③ 资格评审标准。

a. 投标人具备有效的营业执照、组织机构代码证、资质证书、安全生产许可证和基本账户开户许可证。

b. 投标人的资质等级符合招标文件规定。

c. 投标人的财务状况符合招标文件规定。

d. 投标人的类似项目业绩符合招标文件规定。

e. 投标人的信誉符合招标文件规定。

f. 投标人的项目经理和项目总工资格、在岗情况符合招标文件规定。

g. 投标人的其他要求符合招标文件规定。

h. 以联合体形式参与投标的,联合体各方均未再以自己名义单独或参加其他联合体在同一标段中投标;独立参与投标的,投标人未同时参加联合体在同一标段中投标。

(2) 分值构成与评分标准。

① 分值构成,评标价的总分为 100 分。

② 评标基准价的计算:在开标现场,招标人将当场计算并宣布评标基准价。

a. 评标价的确定:

方法一:评标价＝投标函文字报价;

方法二:评标价＝投标函文字报价－暂估价－暂列金额(不含计日工总额)。

b. 评标价平均值的计算:

除按"投标人须知"规定开标现场被宣布为不进入评标基准价计算的投标报价之外,所有投标人的评标价去掉一个最高值和一个最低值后的算术平均值即为评标价平均值(如果参与评标价平均值计算的有效投标人少于 5 家时,则计算评标价平均值时不去掉最高值和最低值)。

c. 评标基准价的确定:

方法一:将评标价平均值直接作为评标基准价。

方法二:将评标价平均值下浮＿＿％,作为评标基准价。

方法三:招标人设置评标基准价系数,由投标人代表现场抽取,评标价平均值乘以现场抽取的评标基准价系数作为评标基准价。

在评标过程中,评标委员会应对招标人计算的评标基准价进行复核,存在计算错误的应予以修正并在评标报告中作出说明。除此之外,评标基准价在整个评标期间保持不变,不随任何因素发生变化。

③ 评标价的偏差率计算。

偏差率＝100％×(投标人评标价－评标基准价)/评标基准价,偏差率保留＿＿位小数。

④ 评分标准。

a. 如果投标人的评标价＞评标基准价,则评标价得分＝100－偏差率×100×E_1;

b. 如果投标人的评标价≤评标基准价,则评标价得分＝100＋偏差率×100×E_2。

其中:E_1 是评标价每高于评标基准价 1 个百分点的扣分值,E_2 是评标价每低于评标基准价 1 个百分点的扣分值,招标人可依据招标项目具体特点和实际需要设置 E_1、E_2,但 E_1 应大于 E_2。

2. 技术评分最低标价法

技术评分最低标价法是评标委员会对满足招标文件实质性要求的投标文件的施工组织设计、主要人员、技术能力等因素进行评分,按照得分由高到低排序,对排名在招标文件规定数量以内的投标人的报价文件进行评审,按照评标价由低到高的顺序推荐中标候选人,或根据招标人授权直接确定中标人,但投标报价低于其成本的除外。评标价相等时,评标委员会应按照评标办法前附表规定的优先次序推荐中标候选人或确定中标人。

1) 评标程序

(1) 第一个信封初步评审。

评标委员会可以要求投标人提交有关证明和证件的原件,以便核验。评标委员会依据规定的标准对投标文件第一个信封(商务及技术文件)进行初步评审。有一项不符合评审标准的,评标委员会应否决其投标。(适用于未进行资格预审的)

评标委员会依据规定的评审标准对投标文件第一个信封(商务及技术文件)进行初步评审。有一项不符合评审标准的,评标委员会应否决其投标。当投标人资格预审申请文件的内容发生重大变化时,评标委员会依据规定的标准对其更新资料进行评审。(适用于已进行资格预审的)

(2) 第一个信封详细评审。

a. 评标委员会按规定的量化因素和分值进行打分,并计算出各投标人的商务和技术得分:按规定的评审因素和分值对施工组织设计部分计算出得分 A;按规定的评审因素和分值对主要人员部分计算出得分 B;按规定的评审因素和分值对其他部分计算出得分 C。

b. 投标人的商务和技术得分分值计算保留小数点后两位,小数点后第三位"四舍五入"。

c. 投标人的商务和技术得分 $=A+B+C$。

d. 评标委员会按照投标人的商务和技术得分由高到低排序,排名在评标办法前附表规定数量以内的投标人,其投标文件第一个信封(商务及技术文件)通过详细评审。

e. 通过投标文件第一个信封(商务及技术文件)初步评审的投标人不少于 3 个且未超过评标办法前附表规定数量的,均通过投标文件第一个信封(商务及技术文件)详细评审,不再对投标人的商务和技术文件进行评分。

(3) 第二个信封开标。

第一个信封(商务及技术文件)评审结束后,招标人将按照"投标人须知"规定的时间和地点对通过投标文件第一个信封(商务及技术文件)评审的投标文件第二个信封(报价文件)进行开标。

(4) 第二个信封初步评审。

评标委员会依据规定的评审标准对投标文件第二个信封(报价文件)进行初步评审。有一项不符合评审标准的,评标委员会应否决其投标。

投标报价有算术错误的,评标委员会按规定的原则对投标报价进行修正,修正的价格经投标人书面确认后具有约束力。投标人不接受修正价格的,评标委员会应否决其投标。

工程量清单中的投标报价有其他错误的,评标委员会按规定的原则对投标报价进行修正,修正的价格经投标人书面确认后具有约束力。投标人不接受修正价格的,评标委员会应否决其投标。

(5) 第二个信封详细评审。

评标委员会按规定的量化因素和标准进行价格折算,计算出评标价,并编制价格比较一览表。

评标委员会发现投标人的报价明显低于其他投标报价,使得其投标报价可能低于其个别成本的,应要求该投标人作出书面说明并提供相应的证明材料。投标人不能合理说明或不能提供相应证明材料的,由评标委员会认定该投标人以低于成本报价竞标,并否决其投标。

(6) 投标文件相关信息的核查(同合理低价法)。

(7) 投标文件的澄清和说明(同合理低价法)。

(8) 不得否决投标的情形(同合理低价法)。
(9) 评标结果(同合理低价法)。
2) 评审标准
(1) 初步评审标准(同合理低价法)。
(2) 分值构成与评分标准。
① 第一个信封评分分值构成如表 2-12 所示。
② 第一个信封评分评分标准包括施工组织设计评分标准、主要人员评分标准、其他因素评分标准。
③ 第二个信封详细评审标准如表 2-13 所示。

表 2-12　评标办法附表 1

条款号	条款内容	编列内容
2.2.1	第一个信封评分分值构成（总分 100 分）	施工组织设计：＿＿＿＿分 主要人员：＿＿＿分 技术能力：＿＿＿分 履约信誉：＿＿＿分
2.2.3	第二个信封详细评审标准	评标价计算公式： 评标价＝修正后的投标报价－暂估价－暂列金额(不含计日工总额)
3.2.4	通过第一个信封详细评审的投标人数量	按照投标人的商务和技术得分由高到低排序,选择前＿＿＿＿名通过详细评审

表 2-13　评标办法附表 2

条款号	评分因素		评分因素权重分值	各评分因素细分项	分值	评分标准
2.2.2(1)	施工组织设计		＿＿＿分	关键工程的施工方案与技术措施	＿＿＿分	
					＿＿＿分	
2.2.2(2)	主要人员		＿＿＿分	项目经理任职资格与业绩	＿＿＿分	
				项目总工任职资格与业绩	＿＿＿分	
2.2.2(3)	其他因素	技术能力	＿＿＿分		＿＿＿分	
					＿＿＿分	
		履约信誉	＿＿＿分		＿＿＿分	
					＿＿＿分	
需要补充的其他内容：						

3. 综合评分法

综合评分法是评标委员会对满足招标文件实质性要求的投标文件,按照规定的评分标准进行打分,并按得分由高到低顺序推荐中标候选人,或根据招标人授权直接确定中标人,但投标报价低于其成本的除外。综合评分相等时,评标委员会应按照评标办法前附表规定的优先次序推荐中标候选人或确定中标人。

1) 评标程序

(1) 第一个信封初步评审(同之前的评标方法)。

(2) 第一个信封详细评审。

① 评标委员会按规定的量化因素和分值进行打分,并计算出各投标人的商务和技术得分:按规定的评审因素和分值对施工组织设计部分计算出得分 A;按规定的评审因素和分值对主要人员部分计算出得分 B;按规定的评审因素和分值对其他部分计算出得分 D。

② 投标人的商务和技术得分分值计算保留小数点后两位,小数点后第三位"四舍五入"。

③ 投标人的商务和技术得分 $=A+B+D$。

(3) 第二个信封开标。

(4) 第二个信封初步评审。

(5) 第二个信封详细评审。

评标委员会按规定的评审因素和分值对评标价计算出得分 C。评标价得分分值计算保留小数点后两位,小数点后第三位"四舍五入"。

投标人综合得分 = 投标人的商务和技术得分 + C。

评标委员会发现投标人的报价明显低于其他投标报价,使得其投标报价可能低于其个别成本的,应要求该投标人作出书面说明并提供相应的证明材料。投标人不能合理说明或不能提供相应证明材料的,评标委员会应认定该投标人以低于成本报价竞标,并否决其投标。

(6) 投标文件相关信息的核查。

(7) 投标文件的澄清和说明。

(8) 不得否决投标的情形。

(9) 评标结果。

2) 评审标准

(1) 初步评审标准。

(2) 分值构成与评分标准。

① 分值构成如表 2-14 所示。

表 2-14 评分因素表

条款号	条款内容	编列内容
2.2.1	分值构成 (总分 100 分)	第一个信封(商务及技术文件)评分分值构成: 施工组织设计:____分 主要人员:____分 技术能力:____分 财务能力:____分 业绩:____分 履约信誉:____分 第二个信封(报价文件)评分分值构成: 评标价:____分

② 评标基准价计算(同合理低价法)。

③ 评标价的偏差率计算(同合理低价法)。

④ 评分标准包括:施工组织设计评分标准、主要人员评分标准、评标价评分标准、其他因素

评分标准,如表 2-15 所示。

表 2-15 评分因素与权重分值表

条款号	评分因素	评分因素权重分值	各评分因素细分项	分值	评分标准
2.2.4(1)	施工组织设计	___分	总体施工组织布置及规划	___分	
			主要工程项目的施工方案、方法与技术措施	___分	
			工期保证体系及保证措施	___分	
			工程质量管理体系及保证措施	___分	
			安全生产管理体系及保证措施	___分	
			环境保护、水土保持保证体系及保证措施	___分	
			文明施工、文物保护保证体系及保证措施	___分	
			项目风险预测与防范,事故应急预案	___分	
2.2.4(2)	主要人员	___分	项目经理任职资格与业绩	___分	
			项目总工任职资格与业绩	___分	
2.2.4(3)	评标价	___分	评标价得分计算公式示例: 如果投标人的评标价>评标基准价,则评标价得分=$F-$偏差率$\times 100 \times E_1$; 如果投标人的评标价≤评标基准价,则评标价得分=$F+$偏差率$\times 100 \times E_2$; 其中 F 是评标价所占的权重分值,E_1 是评标价每高于评标基准价一个百分点的扣分值,E_2 是评标价每低于评标基准价一个百分点的扣分值;招标人可依据招标项目具体特点和实际需要设置 E_1、E_2,但 E_1 应大于 E_2		
2.2.4(4)	其他因素	技术能力 ___分		___分	
				___分	
		财务能力 ___分		___分	
				___分	
		业绩 ___分		___分	
				___分	
		履约信誉 ___分		___分	
				___分	

需要补充的其他内容:

4. 经评审的最低投标价法

经评审的最低投标价法是评标委员会对满足招标文件实质性要求的投标文件,根据规定的量化因素及量化标准进行价格折算,按照经评审的投标价由低到高的顺序推荐中标候选人,或根据招标人授权直接确定中标人,但投标报价低于其成本的除外。经评审的投标价相等时,评标委员会应按照评标办法前附表规定的优先次序推荐中标候选人或确定中标人。

评标程序如下。

(1) 第一个信封初步评审(同之前的评标方法)。
(2) 第二个信封开标(同之前的评标方法)。
(3) 第二个信封初步评审(同之前的评标方法)。
(4) 第二个信封详细评审。

评标委员会按规定的量化因素和标准进行价格折算,计算出经评审的投标价(即评标价),并编制价格比较一览表。

评标委员会发现投标人的报价明显低于其他投标报价,使得其投标报价可能低于其个别成本的,应要求该投标人作出书面说明并提供相应的证明材料。投标人不能合理说明或不能提供相应证明材料的,评标委员会应认定该投标人以低于成本报价竞标,并否决其投标。

(5) 投标文件相关信息的核查。
(6) 投标文件的澄清和说明。
(7) 不得否决投标的情形。
(8) 评标结果。

七、合同条款

合同条款即合同条件,是招标文件与合同文件中重要的、实质性的文件。合同条款主要是论述在合同执行过程中,当事人双方的职责范围、权利和义务,监理工程师的职责和授权范围,遇到各类问题(诸如工程、进度、质量、检验、支付、索赔、争议、仲裁等)时,各方应遵循的原则及采取的措施等。合同条款包括通用合同条款和专用合同条款,通用条款最好直接采用相应的招标文件范本,其优点在于能保证合同的公平性和严肃性。专用条款是针对某一具体工程的需要,对通用条款的具体化、修改和补充,以使整个合同条款更加完整、具体和适用。《公路工程标准施工招标文件(2018年版)》的通用合同条款是根据我国现行法律、法规的有关规定,结合我国公路工程建设的具体情况和实践经验编写而成的。在使用通用合同条款时,不允许直接对其增删或修改,招标人可在专用合同条款(含数据表)和投标书附录中对其进行增删、修改或具体化。因此,可以看出我国公路工程项目招标文件中采用的通用合同条款是相同的,即采用范本中的通用合同条款,这样既可节省编制招标文件的时间,又能较好地保证合同的公平性和严密性,也便于投标单位节省阅读招标文件的时间,使招投标工作更加规范化。

公路工程招标文件专用合同条款包括24个部分:① 一般约定;② 发包人义务;③ 监理人;④ 承包人;⑤ 材料和工程设备;⑥ 施工设备和临时设施;⑦ 交通运输;⑧ 测量放线;⑨ 施工安全、治安保卫和环境保护;⑩ 进度计划;⑪ 开工和交工;⑫ 暂停施工;⑬ 工程质量;⑭ 试验和检验;⑮ 变更;⑯ 价格调整;⑰ 计量与支付;⑱ 交工验收;⑲ 缺陷责任与保修责任;⑳ 保险;㉑ 不可抗力;㉒ 违约;㉓ 索赔;㉔ 争议的解决。

合同附件包括合同协议书、廉政合同、安全生产合同、其他管理和技术人员最低要求、主要机械设备和试验检测设备最低要求、项目经理委任书、履约保证金格式、工程资金监管协议格式。

八、工程量清单

工程量清单是将合同规定要实施的工程全部项目和内容按工程部位、性质等列在一系列表内。每个表中既有工程部位需实施的各个分项,又有每个分项的工程量和计价要求(单价与合价或包干价),以及每个表的合计等。

工程量清单的用途之一是供投标人报价用,投标人根据施工图纸和技术规范的要求以及拟定的施工方法,通过单价分析并参照公司以往的经验,对表中各栏目进行报价,并逐项汇总为各部位及整个工程的投标报价;用途之二是工程实施过程中,在每月结算时可按照表中已实施的项目的单价和价格来计算应付给承包人的款项;用途之三是在工程变更增加新项目或索赔时,可以选用或参照工程量清单中的单价来确定新项目或索赔项目的单价和价格。

工程量清单和招标文件中的图纸一样,随着设计深度的不同而有精细程度的不同,可以利用施工图将工程量清单编得比较细致。

工程量清单中的计价办法一般分为两类:一类按"单价"计价,如模板每平方米多少元,土方开挖每立方米多少元等,投标文件中此栏一般按实际数量计算。另一类按"项"包干计价,如竣工场地清理费。也有将某一项设备的安装作为一"项"计价的,如闸门采购与安装(包括闸门、预埋件、启闭设备、电器操作设备及仪表等的采购、安装和调试),编写这类项目时要在括号内把有关项目写全,最好注明所采用的图纸号,方便承包人报价。

工程量清单一般包括说明、工程细目表、专项暂定金额汇总表、计日工表和投标报价汇总表5个部分。

(1)说明。

阅读工程量清单时,应结合投标人须知、合同条款及格式、技术规范、图纸等文件一起理解。

(2)工程细目表。

编制工程细目表时要注意将不同等级要求的工程区分开,将同一性质但不属于同一部位的工作区分开,将情况不同、可能要进行不同报价的项目区分开。

编制工程细目表划分项目时要做到简单、明了,使表中所列的项目既具有高度的概括性,又不漏掉工程中应该计价的内容。例如,港口工程中的沉箱预制是一个混凝土方量很大的项目,在沉箱预制中有一些小的预埋件,如小块铁板、塑料管等,在编工程量清单时不应单列,而应包含在一个项目内,即沉箱混凝土浇筑。一份概括性很好的工程量清单可以反映招标人的编标水平。按上述原则编制的工程量清单既不影响报价和结算,又大大减少了编制工程量清单、计算标底、投标报价、复核报价书的工作量,特别是减少了工程实施过程中每月结算和最终工程结算时的工作量。

工程细目工程量清单示例如表 2-16、表 2-17、表 2-18、表 2-19、表 2-20 所示。

表 2-16 工程量清单(总则)

子目号	子目名称	单位	数量	单价	合价
101	通则				
101-1	保险费				
-a	按合同条款规定,提供建筑工程一切险	总额			
-b	按合同条款规定,提供第三者责任险	总额			
102	工程管理				
102-1	竣工文件	总额			

续表

子目号	子目名称	单位	数量	单价	合价
102-2	施工环保费	总额			
102-3	安全生产费	总额			
102-4	信息化系统（暂估价）	总额			
103	临时工程与设施				
103-1	临时道路修建、养护与拆除（包括原道路的养护）	总额			
103-2	临时占地	总额			
103-3	临时供电设施架设、维护与拆除	总额			
103-4	电信设施的提供、维修与拆除	总额			
103-5	临时供水与排污设施	总额			
104	承包人驻地建设				
104-1	承包人驻地建设	总额			
105	施工标准化				
105-1	施工驻地	总额			
105-2	工地试验室	总额			
105-3	拌和站	总额			
105-4	钢筋加工场	总额			
105-5	预制场	总额			
105-6	仓储存放地	总额			
105-7	各场（厂）区、作业区连接道路及施工主便道	总额			

清单合计　　人民币_____

表 2-17　工程量清单（路基）

子目号	子目名称	单位	数量	单价	合价
202	场地清理				
202-1	清理与掘除				
-a	清理现场	m^2			
-b	砍伐树木	棵			
-c	挖除树根	棵			
202-2	挖除旧路面				
-a	水泥混凝土路面	m^3			
-b	沥青混凝土路面	m^3			
-c	碎石路面	m^3			

续表

子目号	子目名称	单位	数量	单价	合价
202-3	拆除结构物				
-a	钢筋混凝土结构	m³			
-b	混凝土结构	m³			
-c	砖、石及其他砌体结构	m³			
-d	金属结构	kg			
202-4	植物移栽				
-a	移栽乔（灌）木	棵			
-b	移栽草皮	m²			
203	挖方路基				
203-1	路基挖方				
-a	挖土方	m³			
-b	挖石方	m³			
-c	挖除非适用材料(不含淤泥、岩盐、冻土)	m³			
-d	挖淤泥	m³			
-e	挖岩盐	m³			
-f	挖冻土	m³			
203-2	改河、改渠、改路挖方				
-a	挖土方	m³			
-b	挖石方	m³			
-c	挖除非适用材料(不含淤泥、岩盐、冻土)	m³			
-d	挖淤泥	m³			
-e	挖岩盐	m³			
-f	挖冻土	m³			
204	填方路基				
204-1	路基填筑(包括填前压实)				
-a	利用土方	m³			
-b	利用石方	m³			
-c	利用土石混填	m³			
-d	借土填方	m³			
-e	粉煤灰及矿渣路堤	m³			
-f	吹填砂路堤	m³			

续表

子目号	子目名称	单位	数量	单价	合价
-g	EPS 路堤	m³			
-h	结构物台背回填	m³			
-i	锥坡及台前溜坡填土	m³			
204-2	改河、改渠、改路填筑				
-a	利用土方	m³			
-b	利用石方	m³			
-c	利用土石混填	m³			
-d	借土填方	m³			
205	特殊地区路基处理				
205-1	软土路基处理				
-a	抛石挤淤	m³			
-b	爆炸挤淤	m³			
-c	垫层				
-c-1	砂垫层	m³			
-c-2	砂砾垫层	m³			
-c-3	碎石垫层	m³			
-c-4	碎石土垫层	m³			
-c-5	灰土垫层	m³			
-d	土工合成材料				
-d-1	反滤土工布	m²			
-d-2	防渗土工膜	m²			
-d-3	土工格栅	m²			
-d-4	土工格室	m²			
-e	预压与超载预压				
-e-1	真空预压	m²			
-e-2	超载预压	m³			
-f	袋装砂井	m			
-g	塑料排水板	m			
-h	粒料桩				
-h-1	砂桩	m			
-h-2	碎石桩	m			

续表

子目号	子目名称	单位	数量	单价	合价
-i	加固土桩				
-i-1	粉喷桩	m			
-i-2	浆喷桩	m			
-j	CFG桩	m			
-k	Y形沉管灌注桩	m			
-l	薄壁筒型沉管灌注桩	m			
-m	静压管桩	m			
-n	强夯及强夯置换				
-n-1	强夯	m^2			
-n-2	强夯置换	m^3			
205-2	红黏土及膨胀土路基处理				
-a	石灰改良土	m^3			
-b	水泥改良土	m^3			
205-3	滑坡处理				
-a	清除滑坡体	m^3			
205-4	岩溶洞处理				
-a	回填	m^3			
205-5	湿陷性黄土路基处理				
-a	陷穴处理				
-a-1	灌砂	m^3			
-a-2	灌水泥砂浆	m^3			
-b	强夯及强夯置换				
-b-1	强夯	m^2			
-b-2	强夯置换	m^3			
-c	石灰改良土	m^3			
-d	灰土桩	m			
205-6	盐渍土路基处理				
-a	垫层				
-a-1	砂垫层	m^3			
-a-2	砂砾垫层	m^3			
-b	土工合成材料				

续表

子目号	子目名称	单位	数量	单价	合价
-b-1	防渗土工膜	m²			
-b-2	土工格栅	m²			
205-7	风积沙路基处理				
-a	土工合成材料				
-a-1	土工格栅	m²			
-a-2	土工格室	m²			
-a-3	蜂窝式塑料网	m²			
205-8	冻土路基处理				
-a	隔热层				
-a-1	XPS保温板	m²			
-b	通风管	m			
-c	热棒	根			
207	坡面排水				
207-1	边沟				
-a	浆砌片石	m³			
-b	浆砌块石	m³			
-c	现浇混凝土	m³			
-d	预制安装混凝土	m³			
-e	预制安装混凝土盖板	m³			
-f	干砌片石	m³			
207-2	排水沟				
-a	浆砌片石	m³			
-b	浆砌块石	m³			
-c	现浇混凝土	m³			
-d	预制安装混凝土	m³			
-e	预制安装混凝土盖板	m³			
-f	干砌片石	m³			
207-3	截水沟				
-a	浆砌片石	m³			
-b	浆砌块石	m³			
-c	现浇混凝土	m³			

续表

子目号	子目名称	单位	数量	单价	合价
-d	预制安装混凝土	m³			
-e	干砌片石	m³			
207-4	跌水与急流槽				
-a	干砌片石	m³			
-b	浆砌片石	m³			
-c	现浇混凝土	m³			
-d	预制安装混凝土	m³			
207-5	渗沟	m			
207-6	蒸发池				
-a	挖土(石)方	m³			
-b	圬工	m³			
207-7	涵洞上下游改沟、改渠铺砌				
-a	浆砌片石铺砌	m³			
-b	现浇混凝土铺砌	m³			
-c	预制混凝土铺砌	m³			
207-8	现浇混凝土坡面排水结构物	m³			
207-9	预制混凝土坡面排水结构物	m³			
207-10	仰斜式排水孔				
-a	钻孔	m			
-b	排水管	m			
-c	软式透水管	m			
208	护坡、护面墙				
208-1	护坡垫层	m³			
208-2	干砌片石护坡	m³			
208-3	浆砌片石护坡				
-a	满铺浆砌片石护坡	m³			
-b	浆砌骨架护坡	m³			
-c	现浇混凝土	m³			
208-4	混凝土护坡				
-a	现浇混凝土满铺护坡	m³			
-b	混凝土预制件满铺护坡	m³			

续表

子目号	子目名称	单位	数量	单价	合价
-c	现浇混凝土骨架护坡	m³			
-d	混凝土预制件骨架护坡	m³			
-e	浆砌片石	m³			
208-5	护面墙				
-a	浆砌片(块)石护面墙	m³			
-b	现浇混凝土护面墙	m³			
-c	预制安装混凝土护面墙	m³			
208-6	封面				
-a	封面	m²			
208-7	捶面				
-a	捶面	m²			
208-8	坡面柔性防护				
-a	主动防护系统	m²			
-b	被动防护系统	m²			
209	挡土墙				
209-1	垫层	m³			
209-2	基础				
-a	浆砌片(块)石基础	m³			
-b	混凝土基础	m³			
209-3	砌体挡土墙				
-a	浆砌片(块)石	m³			
209-4	干砌挡土墙	m³			
209-5	混凝土挡土墙				
-a	混凝土	m³			
-b	钢筋	kg			
210	锚杆、锚定板挡土墙				
210-1	锚杆挡土墙				
-a	现浇混凝土立柱	m³			
-b	预制安装混凝土立柱	m³			
-c	预制安装混凝土挡板	m³			
210-2	锚定板挡土墙				

续表

子目号	子目名称	单位	数量	单价	合价
-a	现浇混凝土肋柱	m³			
-b	预制安装混凝土肋柱	m³			
-c	预制安装混凝土锚定板	m³			
210-3	现浇墙身混凝土、附属部位混凝土				
-a	现浇混凝土墙身	m³			
-b	现浇附属部位混凝土	m³			
210-4	现浇桩基混凝土	m³			
210-5	锚杆及拉杆				
-a	锚杆	kg			
-b	拉杆	kg			
210-6	钢筋	kg			
211	加筋土挡土墙				
211-1	基础				
-a	浆砌片石基础	m³			
-b	混凝土基础	m³			
211-2	混凝土帽石				
-a	现浇帽石混凝土	m³			
211-3	预制安装混凝土墙面板	m³			
211-4	加筋带				
-a	扁钢带	kg			
-b	钢筋混凝土带	m³			
-c	塑钢复合带	kg			
-d	塑料土工格栅	m²			
-e	聚丙烯土工带	kg			
211-5	钢筋	kg			
212	喷射混凝土和喷浆边坡防护				
212-1	挂网土工格栅喷浆防护边坡				
-a	喷浆防护边坡	m²			
-b	铁丝网	kg			
-c	土工格栅	m²			
-d	锚杆	kg			

续表

子目号	子目名称	单位	数量	单价	合价
212-2	挂网锚喷混凝土防护边坡(全坡面)				
-a	喷射混凝土防护边坡	m²			
-b	钢筋网	kg			
-c	铁丝网	kg			
-d	土工格栅	m²			
-e	锚杆	kg			
212-3	坡面防护				
-a	喷浆边坡防护	m²			
-b	喷射混凝土边坡防护	m²			
212-4	土钉支护				
-a	钻孔注浆钉	m			
-b	击入钉	kg			
-c	喷射混凝土	m²			
-d	钢筋	kg			
-e	钢筋网	kg			
-f	网格梁、立柱、挡土板	m³			
-g	土工格栅	m²			
213	预应力锚索边坡加固				
213-1	预应力钢绞线	m			
213-2	无黏结预应力钢绞线	m			
213-3	锚杆				
-a	钢筋锚杆	kg			
-b	预应力钢筋锚杆	kg			
213-4	混凝土框格梁	m³			
213-5	混凝土锚固板	m³			
213-6	钢筋	kg			
214	抗滑桩				
214-1	现浇混凝土桩				
-a	混凝土	m³			
214-2	桩板式抗滑挡墙				
-a	挡土板	m³			

续表

子目号	子目名称	单位	数量	单价	合价
214-3	钢筋	kg			
215	河道防护				
215-1	河床铺砌				
-a	浆砌片石铺砌	m³			
-b	混凝土铺砌	m³			
215-2	导流设施（护岸墙、顺坝、丁坝、调水坝、锥坡）				
-a	浆砌片石	m³			
-b	混凝土	m³			
-c	石笼	m³			
215-3	抛石防护	m³			

清单合计　人民币 _____

表 2-18　工程量清单（路面）

子目号	子目名称	单位	数量	单价	合价
302	垫层				
302-1	碎石垫层	m²			
302-2	砂砾垫层	m²			
302-3	水泥稳定土垫层	m²			
302-4	石灰稳定土垫层	m²			
303	石灰稳定土底基层、基层				
303-1	石灰稳定土底基层	m²			
303-2	搭板、埋板下石灰稳定土底基层	m³			
303-3	石灰稳定土基层	m²			
304	水泥稳定土底基层、基层				
304-1	水泥稳定土底基层	m²			
304-2	搭板、埋板下水泥稳定土底基层	m³			
304-3	水泥稳定土基层	m²			
305	石灰粉煤灰稳定土底基层、基层				
305-1	石灰粉煤灰稳定土底基层	m²			
305-2	搭板、埋板下石灰粉煤灰稳定土底基层	m³			
305-3	石灰粉煤灰稳定土基层	m²			
305-4	石灰煤渣稳定土基层	m²			

续表

子目号	子目名称	单位	数量	单价	合价
306	级配碎(砾)石底基层、基层				
306-1	级配碎石底基层	m²			
306-2	搭板、埋板下级配碎石底基层	m³			
306-3	级配碎石基层	m²			
306-4	级配砾石底基层	m²			
306-5	搭板、埋板下级配砾石底基层	m³			
306-6	级配砾石基层	m²			
307	沥青稳定碎石基层(ATB)				
307-1	沥青稳定碎石基层(ATB)	m²			
308	透层和黏层	m²			
308-1	透层	m²			
308-2	黏层	m²			
309	热拌沥青混合料面层				
309-1	细粒式沥青混凝土	m²			
309-2	中粒式沥青混凝土	m²			
309-3	粗粒式沥青混凝土	m²			
310	沥青表面处置与封层				
310-1	沥青表面处置	m²			
310-2	封层	m²			
311	改性沥青及改性沥青混合料				
311-1	细粒式改性沥青混合料路面	m²			
311-2	中粒式改性沥青混合料路面	m²			
311-3	SMA路面	m²			
312	水泥混凝土面板				
312-1	水泥混凝土面板	m²			
312-2	钢筋				
-a	光圆钢筋(HPB235、HPB300)	kg			
-b	带肋钢筋(HRB335、HRB400)	kg			
313	路肩培土、中央分隔带回填土、土路肩加固及路缘石				
313-1	路肩培土	m³			
313-2	中央分隔带回填土	m³			

续表

子目号	子目名称	单位	数量	单价	合价
313-3	现浇混凝土加固土路肩	m³			
313-4	混凝土预制块加固土路肩	m³			
313-5	混凝土预制块路缘石	m³			
314	路面及中央分隔带排水				
314-1	排水管	m			
314-2	纵向雨水沟(管)	m			
314-3	集水井	座			
314-4	中央分隔带渗沟	m			
314-5	沥青油毡防水层	m²			
314-6	路肩排水沟	m			
314-7	拦水带				
-a	沥青混凝土拦水带	m			
-b	水泥混凝土拦水带	m			

清单合计　人民币＿＿＿＿＿＿＿

表2-19　工程量清单(桥梁、涵洞)

子目号	子目名称	单位	数量	单价	合价
401	通则				
401-1	桥梁荷载试验(暂估价)	总额			
401-2	桥梁施工监控(暂估价)	总额			
401-3	地质钻探及取样试验(暂定工程量)				
-a	Φ70mm	m			
-b	Φ110mm	m			
403	钢筋				
403-1	基础钢筋(含灌注桩、承台、桩系梁、沉桩、沉井等)				
-a	光圆钢筋(HPB235、HPB300)	kg			
-b	带肋钢筋(HRB335、HRB400)	kg			
403-2	下部结构钢筋				
-a	光圆钢筋(HPB235、HPB300)	kg			
-b	带肋钢筋(HRB335、HRB400)	kg			
403-3	上部结构钢筋				
-a	光圆钢筋(HPB235、HPB300)	kg			

续表

子目号	子目名称	单位	数量	单价	合价
-b	带肋钢筋（HRB335、HRB400）	kg			
403-4	附属结构钢筋				
-a	光圆钢筋（HPB235、HPB300）	kg			
-b	带肋钢筋（HRB335、HRB400）	kg			
404	基坑开挖及回填				
404-1	干处挖土方	m³			
404-2	水下挖土方	m³			
404-3	干处挖石方	m³			
404-4	水下挖石方	m³			
405	钻孔灌注桩				
405-1	钻孔灌注桩				
-a	陆上钻孔灌注桩	m			
-b	水中钻孔灌注桩	m			
405-2	钻取混凝土芯样检测（暂定工程量）	m			
405-3	破坏荷载试验用桩（暂定工程量）	m			
406	沉桩				
406-1	钢筋混凝土沉桩	m			
406-2	预应力混凝土沉桩	m			
406-3	试桩（暂定工程量）	m			
407	挖孔灌注桩				
407-1	挖孔灌注桩	m			
407-2	钻取混凝土芯样检测（暂定工程量）	m			
407-3	破坏荷载试验用桩（暂定工程量）	m			
408	桩的垂直静荷载试验				
408-1	桩的检验荷载试验（暂定工程量）	每一试桩			
408-2	桩的破坏荷载试验（暂定工程量）	每一试桩			
409	沉井				
409-1	钢筋混凝土沉井				
-a	井壁混凝土	m³			
-b	封底混凝土	m³			
-c	填芯混凝土	m³			

续表

子目号	子目名称	单位	数量	单价	合价
-d	顶板混凝土	m³			
410	结构混凝土工程				
410-1	混凝土基础(包括支撑梁、桩基承台、桩系梁,但不包括桩基)	m³			
410-2	混凝土下部结构				
-a	桥台混凝土	m³			
-b	桥墩混凝土	m³			
-c	盖梁混凝土	m³			
-d	台帽混凝土	m³			
410-3	现浇混凝土上部结构	m³			
410-4	预制混凝土上部结构	m³			
410-5	桥梁上部结构现浇整体化混凝土	m³			
410-6	现浇混凝土附属结构	m³			
410-7	预制混凝土附属结构	m³			
411	预应力混凝土工程				
411-1	先张法预应力钢丝	kg			
411-2	先张法预应力钢绞线	kg			
411-3	先张法预应力钢筋	kg			
411-4	后张法预应力钢丝	kg			
411-5	后张法预应力钢绞线	kg			
411-6	后张法预应力钢筋	kg			
411-7	现浇预应力混凝土上部结构	m³			
411-8	预制预应力混凝土上部结构	m³			
413	砌石工程				
413-1	浆砌片石	m³			
413-2	浆砌块石	m³			
413-3	浆砌料石	m³			
413-4	浆砌预制混凝土块	m³			
415	桥面铺装				
415-1	沥青混凝土桥面铺装	m³			
415-2	水泥混凝土桥面铺装	m³			
415-3	防水层				
-a	桥面混凝土表面处理	m²			
-b	铺设防水层	m²			
415-4	桥面排水				
-a	竖、横向集中排水管				

续表

子目号	子目名称	单位	数量	单价	合价
-a-1	铸铁管	kg			
-a-2	钢管	kg			
-a-3	PVC 管	m			
-b	桥面边部碎石盲沟	m³			
416	桥梁支座				
416-1	板式橡胶支座	dm³			
416-2	盆式支座	个			
416-3	隔震橡胶支座	个			
416-4	球形支座	个			
417	桥梁接缝和伸缩装置				
417-1	橡胶伸缩装置	m			
417-2	模数式伸缩装置	m			
417-3	梳齿板式伸缩装置	m			
417-4	填充式材料伸缩装置	m			
419	圆管涵及倒虹吸管涵				
419-1	单孔钢筋混凝土圆管涵	m			
419-2	双孔钢筋混凝土圆管涵	m			
419-3	钢筋混凝土圆管倒虹吸管涵	m			
420	盖板涵、箱涵				
420-1	钢筋混凝土盖板涵	m			
420-2	钢筋混凝土箱涵	m			
420-3	钢筋混凝土盖板通道涵	m			
420-4	钢筋混凝土箱形通道涵	m			
421	拱涵				
421-1	拱涵				
-a	石拱涵	m			
-b	混凝土拱涵	m			
421-2	拱形通道涵				
-a	石拱通道涵	m			
-b	混凝土拱通道涵	m			

清单合计　人民币　_____

表 2-20 工程量清单表(隧道)

子目号	子目名称	单位	数量	单价	合价
502	洞口与明洞工程				
502-1	洞口、明洞开挖				
-a	土方	m³			
-b	石方	m³			
502-2	防水与排水				
-a	石砌截水沟、排水沟	m³			
-b	现浇混凝土沟槽	m³			
-c	预制安装混凝土沟槽	m³			
-d	预制安装混凝土沟槽盖板	m³			
-e	土工合成材料	m²			
-f	渗沟	m³			
-g	钢筋	kg			
502-3	洞口坡面防护				
-a	浆砌片石护坡	m³			
-b	现浇混凝土护坡	m³			
-c	预制安装混凝土护坡	m³			
-d	喷射混凝土护坡	m³			
-e	浆砌护面墙	m³			
-f	现浇混凝土护面墙	m³			
-g	混凝土挡土墙	m³			
-h	地表注浆	m³			
-i	钢筋	kg			
-j	锚杆	m			
-k	主动防护系统	m²			
-l	被动防护系统	m²			
502-4	洞门建筑				
-a	现浇混凝土	m³			
-b	预制安装混凝土块	m³			
-c	浆砌片粗料石(块石)	m³			
-d	洞门墙装修	m²			
-e	钢筋	kg			
-f	隧道铭牌	处			

续表

子目号	子目名称	单位	数量	单价	合价
502-5	明洞衬砌				
-a	现浇混凝土	m³			
-b	钢筋	kg			
502-6	遮光棚（板）	m²			
502-7	洞顶回填				
-a	防水层				
-a-1	黏土防水层	m³			
-a-2	土工合成材料	m²			
-b	回填	m³			
503	洞身开挖				
503-1	洞身开挖				
-a	洞身开挖（不含竖井、斜井）	m³			
-b	竖井洞身开挖	m³			
-c	斜井洞身开挖	m³			
503-2	洞身支护				
-a	管棚支护				
-a-1	基础钢管桩	m			
-a-2	套拱混凝土	m³			
-a-3	孔口管	m			
-a-4	套拱钢架	kg			
-a-5	钢筋	kg			
-a-6	管棚	m			
-b	注浆小导管	m			
-c	锚杆支护				
-c-1	砂浆锚杆	m			
-c-2	药包锚杆	m			
-c-3	中空注浆锚杆	m			
-c-4	自进式锚杆	m			
-c-5	预应力锚杆	m			
-d	喷射混凝土支护				
-d-1	钢筋网	kg			
-d-2	喷射混凝土	m³			

续表

子目号	子目名称	单位	数量	单价	合价
-e	钢支架支护				
-e-1	型钢支架	kg			
-e-2	钢筋格栅	kg			
504	洞身衬砌				
504-1	洞身衬砌				
-a	钢筋	kg			
-b	现浇混凝土	m³			
504-2	仰拱、铺底混凝土				
-a	现浇混凝土仰拱	m³			
-b	现浇混凝土仰拱回填	m³			
504-3	边沟、电缆沟混凝土				
-a	现浇混凝土沟槽	m³			
-b	预制安装混凝土沟槽	m³			
-c	预制安装混凝土沟槽盖板	m³			
-d	钢筋	kg			
-e	铸铁盖板	kg			
504-4	洞室门	个			
504-5	洞内路面				
-a	钢筋	kg			
-b	现浇混凝土	m²			
505	防水与排水				
505-1	防水与排水				
-a	金属材料	kg			
-b	排水管				
-b-1	钢筋混凝土排水管	m			
-b-2	PVC排水管	m			
-b-3	U形排水管	m			
-b-4	Ω形排水管	m			
-c	防水板	m²			
-d	止水带	m			
-e	止水条	m			
-f	涂料防水层	m²			

续表

子目号	子目名称	单位	数量	单价	合价
-g	注浆				
-g-1	水泥	t			
-g-2	水玻璃原液	m³			
505-2	保温				
-a	保温层	m²			
-b	洞口排水保温				
-b-1	洞口排水沟保温层	m²			
-b-2	保温出水口暗管	m			
-b-3	保温出水口	处			
506	洞内防火涂料和装饰工程				
506-1	洞内防火涂料	m²			
506-2	洞内装饰工程				
-a	墙面装饰	m²			
-b	喷涂混凝土专用漆	m²			
-c	吊顶	m²			
508	监控量测				
508-1	监控量测				
-a	必测项目	总额			
-b	选测项目	总额			
509	特殊地质地段的施工与地质预报				
509-1	地质预报	总额			
510	洞内机电设施预埋件和消防设施				
510-1	预埋件				
-a	通风设施预埋件	kg			
-b	通信设施预埋件	kg			
-c	照明设施预埋件	kg			
-d	监控设施预埋件	kg			
-e	供配电设施预埋件	kg			
510-2	消防设施				
-a	供水钢管	m			
-b	消防洞室防火门	套			
-c	集水池	座			
-d	蓄水池	座			
-e	泵房	座			

清单合计　人民币 _____

(3) 专项暂定金额汇总表。

在"工程细目"工程量清单相关章、目中以专项暂定金额名义列出,并转入工程量清单汇总表中的内容,仅在此表中摘出予以汇总。

(4) 计日工表。

计日工(也称散工或按日计工)是指在工程实施过程中,招标人有一些临时性的或新增加的项目需要使用人工、材料和施工机械时,应按承包投标时在计日工表中填写的费率计价。招标文件中一般有劳务、材料和施工机械三方面的计日工表。未经监理工程师书面指令,任何工程不得按计日工施工计价。

在编制计日工表时,需对每个表中的工作费用应该包含哪些内容,以及如何计算时间做出说明和规定。计日工劳务的工时是从工人到达工作地点并开始从事指定的工作算起,到返回原出发地点为止,扣去用餐和工间休息时间。

承包人可以得到用于计日工劳务的全部工时的支付,此支付应按"计日工劳务单价表"中所填报的基本单价计算,加上一定百分比的管理费、税金、利润等附加费。

计日工材料费的支付,应按"计日工材料单价表"中所列的基本单价计算,加上一定百分比的管理费、税金、利润等附加费。

按计日工作业的施工机械费用的支付,应按"计日工施工机械单价表"中所列的单价计算,该单价应包括施工机械的折旧、维修、保养、零部件、保险、燃料和其他辅助材料的费用,加上相关的管理费、税金和利润等附加费用。有的计日工表中不单列管理费、税金和利润等附加费,而将其统一包含在上述单价中。

(5) 投标报价汇总表。

将各合同段各个分部工程中的各类施工项目的报价汇总就是整个工程项目的标价。投标报价汇总表如表 2-21 所示。

表 2-21　(项目名称)_____标段投标报价汇总表

序号	章次	科目名称	金额/元
1	100	总则	
2	200	路基	
3	300	路面	
4	400	桥梁、涵洞	
5	500	隧道	
6	600	安全设施及预埋管线	
7	700	绿化及环境保护设施	
8	第 100 章～700 章清单合计		
9	已包含在清单合计中的材料、工程设备、专业工程暂估价合计		
10	清单合计减去材料、工程设备、专业工程暂估价合计(即 8-9=10)		
11	计日工合计		
12	暂列金额(不含计日工总额)		
13	投标报价(即 8+11+12=13)		

复习思考

1. 招标单位应具备哪些条件？公路工程项目应符合哪些条件？
2. 施工招标工作有哪些程序？
3. 评标委员会如何组成？
4. 资格评审按哪些程序进行？
5. 招标文件编制前有哪些准备工作？
6. 工程分标时应考虑哪些主要因素？
7. 试说明通用合同条款与专用合同条款使用时的区别。
8. 技术规范包括哪些内容？
9. 编制工程量清单有哪些作用？
10. 在编制标底过程中应注意哪些原则和要求？
11. 标底的主要作用是什么？
12. 标底编制的依据是什么？
13. 简述标底编制的方法及其利弊。
14. 开标的一般程序有哪些？
15. 评标的一般程序有哪些？
16. 评标中采用综合评分法的内容和方法有哪些？
17. 评标报告包括哪些内容？

学习情境 3

公路工程施工投标

> **学习要求**

1. 知识目标
(1) 了解施工投标的准备工作；
(2) 了解施工投标的程序与过程；
(3) 熟悉投标决策及投标技巧；
(4) 掌握投标文件的编制。
2. 能力目标
(1) 了解施工投标的程序与过程；
(2) 熟悉投标决策及投标技巧；
(3) 掌握投标文件的编制。

知识链接

背景：某工程设计已完成，施工图纸齐备，施工现场已完成"三通一平"工作，已具备开工条件。在招投标过程中，发生了如下事项。

招标阶段：招标代理机构采用公开招标方式代理招标，编制了标底（800万元）和招标文件。招标文件中要求工作总工期为365天。按国家工期定额规定，该工程工期应为400天。通过资格预审参加投标的共有A、B、C、D、E 5家施工单位。开标结果是这5家投标单位的报价均高出标底近300万元，这一异常引起了招标人的注意。为了避免招标失败，业主提出由代理机构重新复核标底。复核标底后，代理机构确认是由于工作失误，漏算了部分工程项目，致使标底偏低。在修正错误后，代理机构重新确定了新的标底。A、B、C 3家单位认为新的标底不合理，向招标人提出要求撤回投标文件。由于上述问题导致定标工作在原定的投标有效期内一直没有完成。为早日开工，业主更改了原定工期和工程结算方式等条件，指定了其中一家施工单位中标。

投标阶段：A单位为不影响中标，又能在中标后取得较好收益，在不改变总报价的基础上对工程内部各项目报价进行了调整，提出了正式报价，增加了所得工程款的现值；D单位在对招标文件进行估算后，认为工程价款按季度支付不利于资金周转，决定在按招标文件要求报价之外，另建议业主将付款条件改为预付款降到5%，工程款按月支付；E单位首先对原招标文件进行了报价，又在认真分析原招标文件的设计和施工方案的基础上提出了一种新方案（缩短了工期，且可操作性好），并进行了相应报价。

问题：
(1) A、B、C 3家投标单位要求撤回投标文件的做法是否正确？为什么？
(2) 在投标期间，A、D、E 3家投标单位各采用了哪些报价技巧？

任务 1 公路工程投标的概念与准备

一、公路工程投标的概念

公路工程投标是指投标人（或承包人）根据所掌握的信息，按照招标人的要求，参与投标竞争，以获得建设工程承包权的法律活动。

公路工程投标行为实质上是参与建筑市场竞争的行为，是众多投标人综合实力的较量，投标人通过竞争取得建设工程承包权。

1. 投标人

《招标投标法》中规定："投标人是响应招标、参加投标竞争的法人或者其他组织。"所谓响应招标，主要是指投标人对招标人在招标文件中提出的实质性要求和条件做出的响应。《招标投标法》还规定:"依法招标的科研项目允许个人参加投标,投标的个人适用本法有关投标人的规定。"因此,投标人的范围除了包括法人、其他组织,还应当包括自然人。随着我国招标事业的不断发展,自然人作为投标人的情形也会经常出现。

2. 投标人的资格条件

按照《招标投标法》的规定,投标人应具备下列条件。

(1) 投标人应具备承担招标项目的能力,国家有关规定或者招标文件对投标人资格条件有规定的,投标人应当具备规定的资格条件。

(2) 投标人应当按照招标文件的要求编制投标文件,投标文件应当对招标文件提出的要求和条件做出实质性响应。投标文件的内容应当包括拟派出的项目负责人与主要技术人员的简历、业绩和拟用于完成招标项目的机械设备等。

(3) 投标人应当在招标文件要求提交投标文件的截止时间前,将投标文件送达投标地点。招标人收到投标文件后,应当签收保存,不得开启。在招标文件要求提交投标文件的截止时间后收到的投标文件,招标人应当原样退还,不得开启。

(4) 投标人在招标文件要求提交投标文件的截止时间前,可以补充、修改或者撤回已提交的投标文件,并书面通知招标人。补充、修改的内容为投标文件的组成部分。

(5) 投标人根据招标文件载明的项目实际情况,拟在中标后将中标项目的部分非主体、非关键性工作交由他人完成的,应当在投标文件中载明。

(6) 两个以上法人或者其他组织可以组成一个联合体,以一个投标人的身份共同投标。联合体各方均应当具备承担招标项目的相应能力及相应资格条件。联合体各方应当签订共同投标协议,明确约定各方拟承担的工作和相应的责任,并将共同投标协议连同投标文件一并提交招标人。联合体中标的,联合体各方应当共同与招标人签订合同,就中标项目向招标人承担连带责任。招标人不得强制投标人组成联合体共同投标,也不得限制投标人之间的竞争。

(7) 投标人不得相互串通投标报价,不得排挤其他投标人的公平竞争,损害招标人或者他人的合法权益。

(8) 投标人不得以低于合理预算成本的报价竞标,也不得以他人名义投标或者以其他方式弄虚作假,骗取中标。所谓合理预算成本,即按照国家有关成本核算的规定计所算的成本。

二、公路工程投标的准备

1. 投标的组织

投标是企业业务开发的一项重要的、经常性的工作,因而必须有一个部门专门负责管理,由于投标涉及施工组织、人员派遣、物资和设备供应、成本计划以及资金投入,所以需要各有关部门合作完成。同时投标又需要领导层及时做出决策,因此要形成一个相对固定的常设机构。参加投标的人员应对投标业务比较熟悉,并掌握市场及本单位的资料和情况,且能根据拟投标项目具体情况迅速提供有关资料或编制投标文件的相应部分。

为迎接技术和管理方面的挑战,在激烈的投标竞争中取胜,组建投标机构和配备各类人员是极其重要的。投标机构可由以下几种类型的人员组成:

1) 经营管理类人员

经营管理类人员是指专门从事工程承包经营管理、制定和贯彻经营方针与规划,负责投标工作的全面筹划和具有决策能力的人员。这类人员应具备以下基本条件：

(1) 知识渊博、视野广阔，能全面、系统地观察和分析问题。

(2) 具备一定的法律知识和实际工作经验，了解我国乃至国际上有关的法律和国际惯例，并对开展投标业务所应遵循的各项规章制度有充分的了解。

(3) 勇于开拓，具有较强的思维能力和社会活动能力，积极参加有关的社会活动，扩大信息交流，不断地吸收投标业务工作所必需的新知识和情报。

(4) 掌握一套科学的研究方法和手段，诸如科学的调查、统计、分析、预测方法等。

2) 专业技术类人员

专业技术类人员主要是指工程施工中的各类技术人员，诸如建筑师、土木工程师、电气工程师、机械工程师等各类专业技术人员。他们应拥有本学科最新的专业知识，具备较强的实际操作能力，以便在投标时能从本公司的实际技术水平出发，制定各项专业实施方案。如果是国际工程（包含境内涉外工程）投标，则应配备懂得专业和合同管理的外语翻译人员。

3) 商务金融类人员

商务金融类人员主要是指具有金融、贸易、税法、保险、采购、保函、索赔等专业知识的人员。财务人员要懂税收、保险、涉外财会、外汇管理和结算等方面的知识。

以上是对投标班子三类人员个体素质的基本要求。一个投标班子仅仅做到个体素质良好是不够的，还需要各方人员共同协作，充分发挥群众的力量，并要保持成员的相对稳定，不断提高其整体素质和水平。同时，应逐步采用和开发投标报价的软件，使投标报价工作更加快速、准确。

2. 收集投标信息

1) 本企业的信息资料

要在竞争中获得胜利，就必须有充分准备，争取主动，因此必须了解和收集本企业的各方面的资料，包括历年的和当年的，例如去年已做过哪些工程、工程的质量、等级评价，以及企业的固定资产（包括现有的机械设备，特别是先进的机械设备情况）、财务状况、技术力量情况、施工经验等。总之，凡是招标人所要求提供的资料都应收集齐全，并且要有量化的数据和具体的证据。

2) 建设市场的信息资料

要充分发挥企业的能力，争取更多的中标机会，就必须广泛收集市场的工程信息，可以了解和收集国家、省、地区公路规划和计划的信息资料，并考虑如何制定决策。例如，若有几个工程项目在某一时期同时建设，可以思考以下问题，它们各有什么要求？在什么地点？客观条件如何？与企业的相关关系怎样？以便选择一个或几个项目作为自己的竞争项目。另外，还应收集相关工程所在省(市)或地区的有关公路工程建设的一些地方性法规及相关资料。

3) 同行业其他单位的信息资料

同行业的施工单位很多，竞争也非常激烈，所以必须尽可能多地收集其他施工企业的有关信息和资料，例如法人资格和企业资质、主要施工经历、技术能力、财务情况、社会信誉等，做到知己知彼。

3. 投标阶段的市场调查

投标阶段的市场调查主要是为了了解当地承包市场的动态，为投标报价收集资料。

1) 当地承包市场动态调查

当地承包市场动态调查是为了分析本次投标的竞争形势，以便做出投标决策。调查内容主要包括以下方面。

(1) 了解和分析有多少家公司将参加本次投标。了解有多少家公司获得投标资格,有多少家公司购买了标书,有多少家公司参加了现场考察,从而分析可能参与投标的公司,特别是参与本公司拟投标段投标的公司。

(2) 调查潜在的竞争对手的经营情况,了解其实力、资信,其在建项目的分布及任务是否饱满。任务不饱满,特别是在招标项目附近有即将完工项目的承包公司可能是最有实力的竞争对手,此外,经常以低价投标,而经营状况尚好的公司也是主要竞争对手。濒临倒闭的公司为了求生存往往以低价争夺项目,新进入市场的公司也往往以低价竞标以求立足,还有的公司采取某种合作形式以增强其竞争力,这些都是值得注意的。此外,对当地专业性比较强的承包商进行调查,可以为本公司寻求分包对象。

(3) 收集以往的报价资料,预估市场价格水平,是投标决策的一项重要工作。通过向有合作意向的当地承包商和分包商了解类似工程的价格资料,查阅有关报刊资料,也可获得以往工程的总造价,推算当地价格水平。

2) 商业市场调查

(1) 工程所需建筑材料、机械配件、用具、油料等工程物资和生活物资的供应条件,是影响工程成本的重要因素。因此应在当地或附近地区调查这类物资的供应条件,即有无货源、质量、价格等,特别是大宗材料(如符合质量要求的石料、石灰、水泥等),必须保证按时、按质、按量供货,以免发生停工待料,或因质量不合格而返工。

(2) 对于进口物资,要了解购货手续和是否有数量限制,了解海关税率及其征收办法,了解港口费用,了解发货时间、运输周期,以及清关所需时间,从而预估物资到达场地时间,以便做出恰当的施工计划。

(3) 公路工程施工所需机械类型繁多,但有些机械使用周期不长、利用率不高,全部自备并不划算。例如安装拌和站的大型吊车、集中供料时的运输车辆,以及各工序施工高峰期需要增加的各种机械,都需要临时租用。为此,调查工程机械租赁市场情况很有必要,调查内容主要有提供租赁的机械类型、功率、机况、租金报价、租赁条件(如是否带驾驶员、提供维修服务)等。

3) 劳务市场调查

随着劳务市场的发展和规范化,工程施工所需劳动力必然更多地在当地劳务市场解决。因此,进入一个地方开展业务,就要注意了解当地劳务市场可能提供的劳务工种,可供选择的工人的素质、数量及雇佣的手续、基本工资和各种补贴、社会福利、社会保险等规定。在劳力充裕的地区或边远地区,劳务市场价格和雇佣条件往往会有所降低。因此,还要了解可能发生的实际费用。

4) 其他有关业务

在国内,要注意调查各地的地方法规,例如有关招标投标实施条例、管理办法,有关商业注册、税收和劳务市场管理的规定等。在国外,要特别注意各种税收、保险、商业注册的规定,以及外籍人员居留手续。在这些方面,各国的规定差异很大,如漏报有关税收费用,或者违反有关法规,就会造成投标的重大失误。各种税收涉及各个主管部门,有中央的,也有地方的,往往要多方联系才能弄清端倪,因此不可草率从事。从事各种保险业务的保险公司,其保险条件各不相同,要多方询价,才能得到比较合理的报价。

任务 2 公路工程施工投标的程序与过程

已经具备投标资格并愿意投标的投标人，可以进行投标，公路工程项目施工投标程序如图3-1所示。投标过程是指从填写资格预审调查表开始，到将正式投标文件送交业主为止所进行的全部工作。

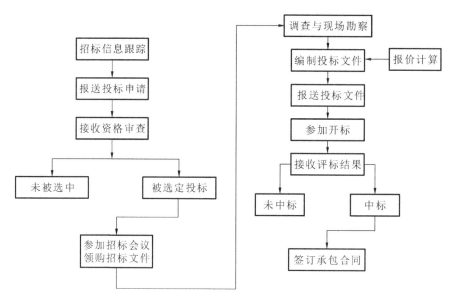

图 3-1 公路工程项目施工投标程序

1. 公路工程投标的一般程序

（1）投标人了解招标信息，申请投标。

施工企业根据招标公告或投标邀请书，分析招标工程的条件，依据自身的实力，选择投标工程。向招标人提出投标申请，并提交有关资料。

（2）接受招标人的资质审查。

（3）购买招标文件及有关技术资料。

（4）参加现场踏勘，并对有关疑问提出质询。

（5）编制投标书及报价。投标书是投标人的投标文件，是对招标文件提出的要求和条件做出的实质性响应。

（6）参加开标会议。

（7）接受中标通知书，与招标人签订合同。

2. 公路工程投标的过程

施工企业实施投标行为，一般要完成以下工作：

① 填写资格预审表；② 通过资格预审后，购买招标文件；③ 组建投标班子；④ 选择咨询机

构或委托代理人;⑤ 进行标前调查、现场考察;⑥ 参加招标答疑会;⑦ 分析招标文件,核对工程量,编制施工组织设计方案;⑧ 确定投标策略、利润方针,计算投标价格;⑨ 编制投标书中的其他文件;⑩ 办理投标保函;⑪ 投递投标书;⑫ 参与开标;⑬ 中标后签订合同。

上述工作可归纳为投标决策、投标准备、投标报价、签约等几个阶段。

一、研究招标文件,接受资格预审

1. 研究招标文件

对投标人来说,精读、分析招标文件是关键的一环,是投标人决定是否投标、决定投标策略、投标决策及编制投标文件的基础,其目的和应注意的要点如下:

(1) 全面细致地了解招标文件中的规定,弄清投标者在合同中的权利和义务;

(2) 深入细致地分析施工承包中的具体要求和可能面临的需要承担的风险;

(3) 缜密研究招标文件中的漏洞、问题和疏忽,为制定投标策略和投标决策寻找依据,创造条件;

(4) 注意投标中的时间安排、招标书投标须知中对投标所做的规定和有关事项的要求,以及招标文件中的"合同通用条款""合同专用条款""技术规范"等的规定;

(5) 注意不要轻易提请澄清,因为招标文件中可能有对投标者有利的或含糊不清的条款,这些可能成为投标者制定报价手法的突破点,对此投标者应仔细分析研究;

(6) 高度保密,特别是不要轻易让竞争对手从自己的谈话或提出的问题中探究出自己的设想、施工方案等,而对竞争对手的谈话或透露出的情况也不要轻信,善辨真伪,以免被假情况所迷惑而导致判断错误;

(7) 对含糊不清的重要合同条款,如工程范围不清楚、招标文件和图纸相互矛盾、技术规范明显不合理等问题,可要求业主或招标人澄清解释,并以书面文件为准,不可以口头答复为依据来制定投标报价。

在施工招标过程中,投标时间是紧张的,有时甚至比较仓促。投标要做的工作很多,但绝不能因时间仓促而削弱对招标文件的分析与研究。投标人员可能是参加过多个项目投标的有经验的专家,靠经验办事是他们的优势和传统,但绝不能以经验代替对招标文件的分析与研究,否则容易造成投标失误甚至无法弥补的损失。下面介绍一个投标失误的例子。

某施工单位参加一高速公路的投标,招标文件中规定了"挖方"项目的单价应包含 3 km 运距的运输费用,但未引起承包商注意,承包商在报价中按过去的经验只计算了 1 km 运距的土方运输费用,结果造成报价失误。

应该在投标中警惕和抵制经验主义错误。作为一名有经验的专家,施工投标时要注意将招标文件中的各项规定和过去承担过的项目合同逐一进行比较,发现其规定上的差异,并逐条做好记录,如技术规范中的质量标准和过去合同中的规定相比有没有提高(质量标准越高,施工成本越高),合同条款中关于各种风险的规定与过去相比有什么差异(物价上涨、法规变更后是否允许调整费用),不具备施工条件造成承包商损失时是否已规定由业主赔偿,不可抗力、不可预见及承包商施工中不能克服的风险所造成的损失是否规定由业主承担。

2. 接受资格预审

能否通过资格预审是承包商投标过程中的第一关。有关资格预审文件的要求、内容以及资格预审评定的内容在前文已有详细介绍。这里仅就投标人申报资格预审时注意的事项做简单介绍。

(1) 平时应注意积累一般资格审查的有关资料,并将其储存在计算机内,到针对某个项目填写资格审查表时,再将有关资料调出来,并加以补充完善。如果平时不积累资料,完全靠临时填写,往往会达不到业主要求而失去机会。

(2) 加强填表时的分析,既要针对工程特点填好重点栏目,又要全面反映出本公司的施工经验、施工水平和施工组织能力。这往往是业主考虑的重点。

(3) 在研究并确定今后公司发展的地区和项目时,注意收集信息,如果有合适的项目,应尽早动手作资格预审的申请准备。可以参照亚洲开发银行的评分办法给公司评分,这样可以及早发现问题。如果发现某个方面的缺陷(如资金、技术水平、经验年限等)不是公司自身可以解决的,则应考虑寻找适宜的伙伴,组成联合体来参加资格预审。

(4) 做好递交资格审查表后的跟踪工作,以便及时发现问题、补充资料。如果是国外工程,可通过当地分公司或代理人进行有关查询工作。

二、现场考察和标前会议

投标人应参加由业主安排的正式现场考察,未参加正式考察者,可能会被拒绝投标。投标人提出的报价单一般被认为是在现场勘察的基础上编制出的,一旦标书交出并在投标截止日期之后,投标人就无法因现场勘察不周、情况了解不细或考虑不全面而提出调整报价或给予补偿等要求。另外,编制标书需要的许多数据也要从现场勘察中提出,因此投标人在报价前必须认真地进行施工现场勘察,全面、细致地了解工地及周围的经济、地理等情况。

现场考察之前,投标人一定要仔细研究招标文件,特别是工作范围、特殊条款及设计图纸和说明,把疑点记录下来,然后拟定调研提纲,做到有准备、有计划地进行调查。投标前的调查和现场考察除了解决招标文件中发现的问题外,还要对以下几方面进行系统的调查、了解。

1. 地理环境方面

(1) 项目所在地及其附近的地形、地貌、土壤等情况;
(2) 项目所在地及其附近的江河、湖泊、地下水的深度及水质等;
(3) 项目所在地的气象情况,如最高气温,最低气温,冻土层深度,主导风向、风速,年降雨量和降雪量;
(4) 自然地理条件对物资运输及施工的可能影响。

2. 工程施工条件

(1) 工程所需当地建材的料源储量和分布地;
(2) 场内、外交通运输条件,现场周围道路桥梁的通行能力;
(3) 施工供电、供水条件;
(4) 生产和生活用房的场地及租赁情况;
(5) 当地劳动力的来源及技术水平;
(6) 当地施工机械的供应、租赁和修配能力。

3. 经济方面

（1）工程所需各种材料,特别是大宗材料的市场价格、规格、性能,有无专业供应商；
（2）施工场地租用价格；
（3）当地可供应的施工机械的价格、性能和厂家资料,租赁施工机械的价格及情况；
（4）当地其他类似工程的竣工成本、工程单价和定额；
（5）当地生活必需品的供应情况和市场价格；
（6）当地近三年物价指数变化情况。

4. 现场考察应注意的问题

（1）现场考察人员的任务应各有侧重；
（2）现场考察时口头提问要避免暴露本企业的真实意图,以免给其他投标人分析本企业报价水平和施工方案留下依据；
（3）现场考察之前一定要理清需要搞明白的问题,做到心中有数,有重点地进行勘察。

投标人完成投标前调查和现场勘察工作后,可根据调查和考察的结果对是否参加此项工程的投标做出最终决策,此时还可以因为某些不利于投标人因素的存在而不参加投标,一旦标书递交后,在投标截止日期与标书规定的投标有效期终止这段时间内,投标人不能撤回标书,否则没收投标保证金。

标前会议是由招标单位以正式会议的形式,口头解答投标单位在考察前、考察后以书面形式提出的各种问题,并在会议结束后以"会议纪要"的文字形式通知投标人。

三、核实工程量

招标项目的工程量在招标文件的工程量清单中有详细说明,但由于种种原因,工程量清单中的工程数量有时会和图纸中的数量不一致。因此,无论是总价合同还是单价合同,投标人都应依据工程招标图纸和技术规范,对招标文件的工程量清单中的各项工程量逐项进行核对。这项工作是必需的,也是十分重要的。如果投标时间紧迫,来不及核定所有项目的工程量,也应对工程量大的和造价高的主要项目进行核算。一般情况下,招标文件都规定工程量清单中的各项工程量是投标时的参考工程量,既不能更改,也不能作为合同实施时工程价款支付的依据。如果经投标人核算某项工程量相差较大,且将在工期上给投标人带来较大风险时,应通知招标人改正,然后按改正后的工程量报价。如果招标人坚持不改,则可按有条件报价或将其风险费用摊入投标报价中。一般当工程量有偏差时只能按原工程量报价。建议当工程量清单中某项工程量偏小时,投标人可适当提高单价。合同实施时,如果该项目实际工程量增加则可以获得较多利润。当项目工程量偏大时,可以适当降低单价,这样可以降低总报价,增加中标机会。当然这样做会使该项目将来的工程价款结算额减少,所以应把此减少的价款摊入同期施工的其他项目中。

1. 核实工程量的主要作用

核实工程量的主要作用有：
（1）全面掌握本项目需发生的各分项工程的数量,便于投标中准确地进行报价；
（2）及时发现工程量清单中关于工程量的错误和漏洞,为制定投标策略提供依据(可以使用

不平衡报价法,工程量偏高的项目报低价,工程量偏低的项目报高价);

(3) 有利于促使投标人对技术规范中的计量支付规定做进一步的研究,便于精确地编写各工程细目的单价。

2. 核实工程量时应注意的事项

核实工程量时,应注意以下事项:

(1) 全面核实设计图纸中各分项工程的工程量;

(2) 计算受施工方案(施工方法)影响而需额外发生(设计图纸中未能计算进支的)和消耗的工程量;

(3) 根据技术规范中计量与支付的规定对以上数量进行折算以后的新的工程量(在折算过程中有时需要对设计图纸中的工程量进行分解或合并)。

3. 编制施工规划

该工作对投标报价影响很大。在投标过程中,必须编制施工规划,其深度和广度都比不上施工组织设计。如果中标,再编制施工组织设计。施工规划的内容一般包括施工方案和施工方法、施工进度计划、施工机械计划、材料设备计划和劳动力计划,以及临时生产、生活设施。编制施工规划的依据是设计图纸,执行的规范,经复核的工程量,招标文件要求的开工、竣工日期以及对市场材料、设备、劳动力价格的调查。编制的原则是在保证工期和工程质量的前提下,使成本最低、利润最大。

(1) 选择和确定施工方法。根据工程类型,研究可以采用的施工方法。对于一般的土石方工程、混凝土工程、房建工程等比较简单的工程,可结合已有施工机械及工人技术水平来选定施工方法,努力做到节省开支、加快进度。对于大型复杂工程则要考虑几种施工方案,进行综合比较。如水利工程中的施工导流方式,对工程造价及工期均有很大影响,投标人应结合施工进度计划及能力进行研究确定。又如地下工程(开挖隧洞或洞室),要进行地质资料分析,确定开挖方法(用掘进机还是钻孔爆破等),确定支洞、斜井、竖井数量和位置,以及出渣方法、通风方式等。

(2) 选择施工机械和施工设施。此工作一般与研究施工方法同时进行。在工程估价过程中还要不断进行施工机械和施工设施的比较,如考虑利用旧机械设备还是采购新机械设备,在国内采购还是在国外采购,并对机械设备的型号、配套、数量(包括使用数量和备用数量)进行比较。还应研究哪些类型的机械可以采用租赁办法,对特殊的、专用的机械设备折旧率需单独进行考虑。如新购设备,订货清单中应考虑辅助和修配机械以及备用零件,尤其从国外订购机械设施时应特别注意这一点。

(3) 编制施工进度计划。编制施工进度计划应紧密结合施工方法和施工设备。施工进度计划中应提出各时段应完成的工程量及限定日期。施工进度计划是采用网络进度计划还是线条进度计划,应根据招标文件的要求而定。在投标阶段,一般用线条进度计划即可满足要求。

4. 投标报价的计算

投标报价的计算包括定额分析、单价分析、计算工程成本、确定利润方针,最后确定标价。

5. 编制投标文件

编制投标文件也称填写投标书,或称编制报价书。

投标文件应完全按照招标文件的各项要求编制。一般不能带任何附加条件,否则将导致投标作废。

6. 准备备忘录提要

招标文件中一般都有明确规定,不允许投标人对招标文件的各项要求进行随意取舍、修改或提出保留。但是在投标过程中,投标人对招标文件反复深入地进行研究后,往往会发现很多问题,这些问题归纳如下:

(1) 发现的问题对投标人有利。可以在投标时加以利用或在以后提出索赔要求的,这类问题投标人一般在投标时是不提的。

(2) 发现的问题明显对投标人不利。如总价包干合同工程项目漏项或是工程量偏少,这类问题投标人应及时向业主提出质疑,要求业主更正。

(3) 投标人企图通过修改某些招标文件和条款或是希望补充某些规定,以使自己在合同实施时能处于主动地位的问题。

如发现上述问题,在准备投标文件时应单独准备一份备忘录提要,但这份备忘录提要不能附在投标文件中一并提交,只能自己保存。第(3)类问题可留待合同谈判时使用,也就是说,当该投标使招标人感兴趣,邀请投标人谈判时,投标人再根据当时情况,把这些问题一个一个地拿出来进行谈判,并将谈判结果写入合同协议书的备忘录中。

四、投标文件的签署、包装和递交

1. 投标文件的签署

招标投标活动是一种交易过程。按照《合同法》规定,当事人订立合同,采取要约、承诺的方式。业主发出的招标文件是一种"要约邀请",投标人接受"要约邀请",按照招标文件的要求编制的投标文件即为"要约",投标人即为"要约人"。投标文件送达招标人(业主、受要约人)并为业主所接受,业主发出的中标通知书即为"承诺",中标通知书送达投标人时,"承诺"生效,合同成立,具有法律效力。所以,招标文件和投标文件都应视为潜在的合同文件。投标人在送出投标文件之前应认真审阅并签署确认。投标人不能将对投标文件的签署、盖章视为事务性工作,而应当意识到这是赋予投标文件以法律效力的行动。为此,"投标人须知"中专门规定了"投标文件的签署",要求投标文件正本的任何一页都要有授权的投标文件签字人"小签"(即只签姓氏)或盖章(签字章或私章),但在招标文件提供的格式中,标有单位(盖章)之处应当加盖公章。国外有些招标文件对此有详细说明,应注意照办。

2. 投标文件的包装、密封和标记

投标文件一般采取双信封(双封套)的包装法:正本、副本分别包装,并加"正本""副本"标志;如有技术性选择报价,应与基本报价分别包装,并在每一份投标书的封套上标明"基本报价"或"技术性选择报价"以示区别。投标书的外层封套(即外包装)上只写收件人(招标人)的名称、地址、项目及合同段号等(按照投标人须知要求格式),不能写明投标人,以免泄露;内层封套则以投标人作为收件人,写明投标人全称和详细地址,以便一旦由于某种原因不能接受投标时原封退回。内外两层封套的封口都要贴紧并加封条(或火漆)和加盖公章。

3. 投标文件的递交

准备好的投标文件应在"投标人须知"规定的截止时间前送达规定的地址,交到招标人指定的部门签收。投标人通常在投标截止日期的上午送交投标文件。如果在送交文件的路上出现意外事件,就有可能耽误标书的投送。为了保险起见,应尽可能早地编好标书,提前送交标书。有人担心投标前出现新的情况,需要对标书进行更改,因此不愿提前送交标书。其实,标书送交之后,在投标截止时间之前,如有更改,投标人仍可以向招标人递交更改书以补救,但应注意更改书的编制、密封、标记和发送均应符合投标文件的要求,而且更改必须在投标截止时间之前送达才有效。通过邮局寄送投标文件,在邮政快递有保证的情况下也是可行的。

任务 3 公路工程施工投标文件的编制

一、投标文件的组成

投标文件的组成,也就是投标文件的内容。根据招标项目的不同,投标文件的组成也会存在一定的区别。《招标投标法》中规定:"招标项目属于建设施工的,投标文件的内容应当包括拟派出的项目负责人与主要技术人员的简历、业绩和拟用于完成招标项目的机械设备等。"投标人编写的投标文件主要包括以下内容。

1. 证明文件及有关资料

证明文件包括营业证书、委托书、银行资信证明、注册证书及交税证明等。有关资料包括投标人(业主)章程与简介、管理人员名单、资产负债表等。投标人应当按照规定提交上述证明文件与资料。

2. 投标函及投标函附录

投标函是需要填写的投标文件。投标人应当按照招标人的要求填写投标项目的名称、投标人名称、投标人地址、投标总价等内容,并由投标人签名、盖章。另外,投标人还应按照要求对投标函附录(见表 3-1)进行填写。

3. 投标保证金

投标保证金一般采用银行保函的形式。保函应写明委托人(被担保人)名称、担保人名称、债权人名称、担保金额、担保期限及担保责任的范围等内容,并由担保人、被担保人共同签字、盖章。

4. 履约保证金

履约保证金一般也采用银行保函的形式。保函同样应写明委托人名称、担保人名称、债权人名称、担保金额、担保期限及担保的责任范围等内容,并由担保人、被担保人共同签字、盖章。

5. 报价单与工程量清单

投标人需要在报价单中填写工程名称、工程量、单价、成本价、总报价等,报价须有投标人签字单位公章。报价单(含工程量清单)随合同类型的不同而有差异,在单价合同中,一般将各项单价列在工程量清单表上,并按照业主的要求在全部单价中都附上单价分析表。

6. 施工规划

施工规划是投标文件的一项重要内容,也是投标人中标后履行合同时的工作计划。其内容包括施工方案、施工技术措施和施工进度计划,同时包括有关的工程机械设备清单、技术说明书和投标附件。

施工方案中主要说明工程项目概况,准备采用的施工技术与施工方法。施工进度计划主要说明开竣工时间及整个工程的工期等。工程机械设备清单应详细列出工程拟采用的机械设备名称、规格或型号、数量、制造厂家名称等,投标人提供上述内容的目的是说明这些机械设备能够满足工程的需要。投标人还可通过技术说明书对有关机械和设备的性能及使用特点进行文字说明,以增强招标人的信任。投标附件是指投标人在投标文件外仍需申明的问题而对招标人的致函,包括施工进度计划的修改、工程的付款方式及汇率等。

施工规划基本上由投标人自行确定格式编写,没有统一的规定及要求。

7. 资格审查表和辅助资料表

资格审查表是投标人填报和提交的文件资料,便于招标人对投标人的资格进行全面审查。已经资格预审过的可不再填报。辅助资料表是投标人进一步说明参加工程的施工人员、机械设备和各项工作的安排情况,以便在评标时进行比较。

表3-1 投标函附录

序号	条款名称	合同条目号	约定内容	备注
1	缺陷责任期	1.1.4.5	自实际交工日期起计算____年	
2	逾期交工违约金	11.5(3)	_____元/天	
3	逾期交工违约金限额	11.5(3)	_____%签约合同价	
4	提前交工的奖金	11.6	_____元/天	
5	提前交工的奖金限额	11.6	_____%签约合同价	
6	价格调整的差额计算	16.1.1	见价格指数和权重表	
7	开工预付款金额	17.2.1(1)	_____%签约合同价	
8	材料、设备预付款比例	17.2.1(2)	等主要材料、设备单据所列费用的 %	
9	进度付款证书最低限额	17.3.3(1)	_____%签约合同价或 万元	
10	逾期付款违约金的利率	17.3.3(2)	_____‰/天	
11	质量保证金金额	17.4.1	_____%合同价格,若交工验收时承包人具备被招标项目所在地省级交通运输主管部门评定的最高信用等级,发包人给予____%合同价格质量保证金的优惠	
12	保修期	19.7(1)	自实际交工日期起计算____年	

8. 施工组织设计

施工组织设计 1
（适用于合理低价法和经评审的最低投标价法）

投标人应按以下要点编制施工组织设计（文字宜精炼、内容具有针对性）：
(1) 总体施工组织布置及规划；
(2) 重点、关键和难点工程的施工方案；
(3) 工期关键线路图及保证措施；
(4) 关键工程质量保证措施；
(5) 安全保证措施；
(6) 环境保护、水土保持、文明施工、文物保护保证措施；
(7) 项目风险预测与防范，事故应急预案；
(8) 其他应说明的事项。

施工组织设计 2
（适用于技术评分最低标价法和综合评分法）

1. 投标人应按以下要点编制施工组织设计（文字宜精炼、内容具有针对性）：
(1) 总体施工组织布置及规划；
(2) 主要工程项目的施工方案、方法与技术措施（尤其对重点、关键和难点工程的施工方案、方法及措施）；
(3) 工期保证体系及保证措施；
(4) 工程质量管理体系及保证措施；
(5) 安全生产管理体系及保证措施；
(6) 环境保护、水土保持保证体系及保证措施；
(7) 文明施工、文物保护保证体系及保证措施；
(8) 项目风险预测与防范，事故应急预案；
(9) 其他应说明的事项。
2. 施工组织设计除采用文字表述外可附下列图表，图表及格式要求附后。
附表一　施工总体计划表；
附表二　分项工程进度率计划（斜率图）；
附表三　工程管理曲线；
附表四　分项工程生产率和施工周期表；
附表五　施工总平面图；
附表六　劳动力计划表；
附表七　临时占地计划表；
附表八　外供电力需求计划表。

二、投标文件的编制

编制投标文件是一项比较复杂的工作过程,投标人在编制投标文件时,应切实做好下列工作。

1. 投标文件编制的准备工作

投标人在编制投标文件前应认真做好以下准备工作:

(1) 组建投标班子,确定该工程项目投标文件的编制人员。

(2) 收集有关文件和资料。投标人应收集现行的预算定额、费用定额、政策性调价文件,以及各类标准图等。上述文件和资料是编制投标报价书的重要依据。

(3) 认真阅读和仔细研究招标文件的规定与要求。投标人应认真阅读投标须知、投标书及投标书附件等各项内容,尤其要对合同条款、技术规范、质量要求和价格条件等内容进行仔细研究,以明确其规定和要求,从而增强投标文件编制内容的针对性、合理性和完整性。

(4) 工程量清单的审核。投标人应根据施工图纸、设计说明、技术规范和计算规则,审核工程量清单表中各分部、分项工程的内容和数量,若发现"内容""数量"有误时,应在收到招标文件之日起7日内以书面形式向招标人提出,以利于工程量的调整和报价的计算。

(5) 对工程现场的实际考察与询价,对招标工程量的实际核算,工程分包的询价及安排,施工组织管理的安排,施工进度和施工技术方案的制定等。

(6) 考察工程承包市场行情,竞争对手的实力,市场上人工、机械及材料供应的费用。

(7) 结合企业的自身经验和习惯,包括施工企业的管理水平、工程经验与信誉,设备与技术能力、财务应变能力、抵御风险的能力、降低工程成本以增加经济效益的能力等,利用熟悉的投标报价程序和方法,编制合理的报价,争取中标。

2. 投标文件的编制步骤

投标人应重点做好施工规划、投标报价书等投标文件的编制与填写工作,现分述如下:

(1) 根据招标文件、工程技术规范等要求,结合工程项目现场施工条件编制施工规划,包括施工方法、技术措施、施工进度计划和各项物资、劳动力需用量计划等。

(2) 根据现行的预算定额、费用定额、政策性调价文件、施工图纸及标准图、技术规范、工程量清单、分项工程单价等资料编制投标报价书,确定总报价。

(3) 根据招标文件的规定和要求,认真做好投标书、投标书附件、投标辅助资料表等投标文件的填写制作工作,并与有关机构联系,办理投标保函。

(4) 投标人在投标文件全部编制完成后,应认真进行核对、整理并装订成册,再按照招标文件的要求进行密封和标志,并在招标文件所规定的提交投标文件的截止时间以前递交给招标人。

3. 投标报价的编制依据

1) 招标文件

招标文件(合同条件、技术范围、设计图纸及工程量清单)中提供的工程量清单是编制报价的主要依据。编制报价时要认真进行校核,若有不符之处,按招标文件的有关规定请业主澄清,切勿自行修改工程量清单的内容和数量,以免造成废标。

报价时招标文件各部分的次序为:合同专用条款及数据表(含招标文件补遗书中与此有关的部分)优先于合同通用条款;工程量清单中的工程数量(含招标文件补遗书中与此有关的部分)优先于图纸中的工程数量;工程量清单中项目划分、计量与技术规范相结合。

2) 工料机消耗量水平

预算定额是国家或国家授权制定单位规定消耗在某一单位工程基本构造要素上的工料机数量标准和最高限额,投标单位在编制报价时应参考对应工程的最新预算定额。为了提高报价竞争力和保证能完成施工合同,可结合本施工企业的施工技术管理水平,同时必须根据工程所在地的实际情况对各项定额做适当调整,或按照国家(或行业主管部门)统一规定的工程项目划分、计量单位和工程量计算规则,由企业自行编制的计算直接费的企业定额,编制出既具有竞争力,又能保证完成施工合同的报价。

3) 工料机价格水平

工料机价格是影响报价的关键因素,目前一般采用"指导价或市场价"原则,即人工工日单价执行地区或行业规定的人工工日单价的指导价格,机械台班执行地区或行业统一工程机械台班费定额的机械台班分析价或租赁价(标底一般用前者),材料价格采用业主规定的供应价或由市场调查供应价分析出来的到工地的材料价格。

4) 综合取费标准

综合取费标准是指其他直接费、现场经费、间接费、计划利润、税金的取费标准,除税金采用国家规定的法定税率外,各项费用都是根据工程特点、企业经营管理水平和市场竞争状况综合取定的,即采用"竞争费"原则。建设、交通、铁道、水利水电等行业的概预算编制办法都规定了各工程项目的各项费用的取费办法和最高取费标准,投标单位在编制报价时要参考这些取费标准,并结合本企业的情况和工程所在地的实际情况作适当调整,确定其他直接费、现场经费、计划利润和国家法定的价内税税率,采用固定价格所测算的风险费的取费及费率,确保既要中标又要获得一定利润。

5) 施工组织设计及施工方案(包括临时工程数量)

先进合理的施工方案或切实可行的工程进度计划是编制合理报价的重要因素,不同的施工方案具有不同的技术条件和不同的经济效果。先进合理的施工方案具有在技术上先进且在经济上合理的特点,必然导致合理的报价。针对具体工程,技术先进的施工工艺未必经济合理,比如一座中桥,行车道板是13m先张预制空心板,用双导梁和汽车式起重机都能满足施工需要,但双导梁方案造价偏高,因为架梁数量太少,使得分摊的"金属吊装设备"等费用偏高,如果施工对象是大桥且下面有障碍物,那么导梁方案就可能是最佳方案。同样道理,不同的进度计划具有不同的工期和不同的工程成本,因而切实可行的工程进度计划也是编制合理报价的重要因素。

6) 投标工程相关内容的研究与评估

(1) 对投标对手的调查与研究。要收集掌握竞争对手参加投标的一些资料,如企业资质、施工能力、是否急于中标、以往报价价位的高低及与业主的关系。

(2) 对有关报价参考资料的研究。要对当地近几年来已完成的同类工程的造价进行分析和评估。

(3) 对投标工程有关情况的分析。要了解工程所在地的地理、自然条件、周边料厂分布及运价情况。

(4) 对招标单位倾向性和投标困难的评估。

(5) 了解评、定标办法。

此外,建设期内工程造价增长因素、难以预料的工程和费用以及保险费、供电补贴、技术复杂程度、地形地质条件、工程质量要求等都是编制报价的依据。

根据《招标投标法》,规定了两种中标条件:

一种是最低评标价中标,这也是世界银行推荐的定标方法。最低评标价中标的前提条件是该投标符合招标文件的实质性要求,并且投标价不能低于自己的个别成本。目前,这种方法适应于设备、材料采购等项目的招标。

第二种是获得最佳综合评价的投标中标。综合评价就是按照价格标准(报价)和非价格标准(施工能力、管理水平等)对投标文件进行总体评估和比较,采用综合评价法时,一般将价格以外的有关因素折成货币或给予相应的加权计算,以确定最低评标价或最佳的投标。一旦被评为最低评标价或最佳的投标,即可认定该投标获得最佳综合评价。这种定标方法又分为"最低评标价法"和"打分法"两种。

对报价的评定有以业主标底为基础的,也有以复合标底为基础的。业主标底和在业主标底一定范围内"入围"的承包商的报价各占复合标底的一定比例,承包商报价接近复合标底时为最优。

采用复合标底主要有两方面的原因,一是考虑承包商的报价要求,二是防止泄露标底,后者一般是主要原因。复合标底的通常模式为,承包商的报价在业主标底的－20%到＋5%范围内有效,可以参与复合标底。如业主的标底占50%,承包商在有效范围内的报价的平均值占50%,两者相加形成复合标底,复合标底的－15%到＋3%范围内的报价为最后的中标候选报价,一般报价接近复合标底－10%或－15%的为最优标。

《公路工程国内招标文件范本》规定了三种评标方式:

一是对技术含量高的工程,采用综合评价法,即对评标价和施工能力、施工组织管理、质量保证措施、业绩与信誉赋予不同的权重,以打分方式评出最佳的投标;

二是对于一般公路工程,采用最低评标价法;

三是对于独立特大型桥梁、长大隧道等技术难度较大的公路工程,可采用双信封评标法。

投标单位只有在了解拟投标工程项目将采用何种办法定标的基础上,才能进行相应的投标决策。

4. 报价费用的组成

报价费用是以招标文件合同条件、技术规范、设计图纸及工程造价计算资料为基础,按招标文件中工程量清单形式所列的、完成该标段全部工程所需的各种费用。

一个项目的投标报价应由三个部分组成。

1) 施工成本

包括直接费(即概预算建设工程费用中的工料机等直接费、其他直接费、现场经费)、间接费(包括企业管理费、规费)等各项费用。

2) 利润和税金

税金是由国家统一征用的费用,利润是根据本项目的具体情况和公司的利润目标制定的。

3) 风险费用

风险费用是在各种风险发生后由承包人承担的风险损失。

对于以单价为结算依据的合同(通常称为单价合同),投标人报出的各工程细目的单价和总报价的费用内容大体相当,也应包括施工成本、利润和税金、风险费用三部分。"工程量清单说明"第三条规定:"除非合同另有规定,工程量清单中有标价的单价和总额价均已包括了为实施和完成合同工程所需的劳务、材料、质检(自检)、安装、缺陷修复、管理、保险(工程一切险和第三方责任险除外)、税费、利润等费用,以及合同明示或暗示的所有责任、义务和一般风险。"因此,报价计算时计价细目单价中应包含建安工程全部费用,即现行公路概算中的直接工程费、间接费、施工技术装备费、计划利润、税金及建设期间的物价上涨费,另外,如果合同中要求承包人办理保险,则单价还应包含保险费。

建设工程项目费用构成如图 3-2 所示。

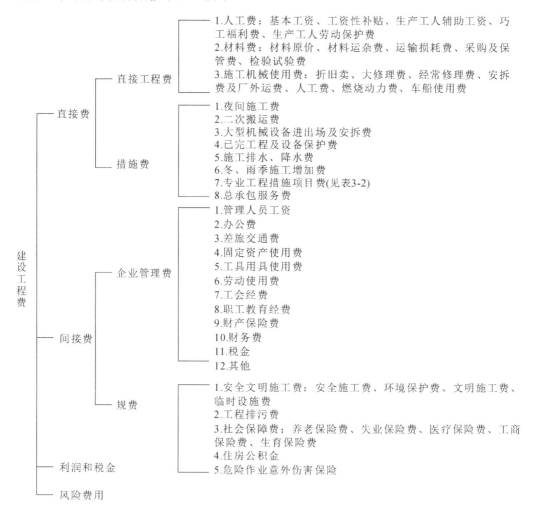

图 3-2 建设工程项目费用构成

表 3-2 专业工程措施项目费一览表

序号	项目名称
1	建筑、装饰工程
1.1	混凝土、钢筋混凝土模板及支架费

续表

序号	项目名称
1.2	脚手架费
1.3	垂直运输机械费
1.4	构件吊装机械费
2	安装工程
2.1	脚手架费
2.2	组装平台费
2.3	设备、管道施工安全、防冻和焊接保护措施费
2.4	压力容器和高压管道的检验费
2.5	焦炉施工大棚费
2.6	焦炉烘炉、热态工程费
2.7	管道安装后的充气保护措施费
2.8	隧道内施工的通风、供水、供气、供电、照明及通信设施费
2.9	格架式抱杆费
3	市政工程
3.1	场地清理费
3.2	中小型机械及生产工具使用费
3.3	施工因素增加费
3.4	混凝土、钢筋混凝土模板及支架费
3.5	脚手架费
3.6	隧道内施工的通风、供水、供气、供电、照明及通信设施费
4	园林绿化工程
4.1	混凝土、钢筋混凝土模板及支架费
4.2	脚手架费

当前,公路工程标价一般是依据交通运输部颁布的《公路工程建设项目概算预算编制办法》和《公路工程预算定额》(见表3-3),以及招标文件提供的工程量清单和有关规定,结合工程项目所在地的人工、材料、机械设备等市场行情及有关物价指数进行计算的。

总报价与各工程细目综合单价的关系式为

总报价=包干价+总和(工程细目工程量×工程细目综合单价)+(不可预见费)暂定金额

工程细目综合单价=工程细目预算单价+工程细目摊入单价

式中，包干价是无法以单位计量的细目，如驻地建设、监理设施、临时道路、桥梁养护等，它是依次或分期按百分比的方式予以计量支付的。

摊入单价考虑的因素包括临时工程费、保险费、供电补贴费、工程造价增长费，以及技术复杂程度和地形条件造成的施工难度增加因素、工期质量要求因素。

表3-3 定额计价计算程序表

序号	费用项目名称	计算方法
一	直接费	（一）+（二）
	（一）直接工程费	Σ{工程量×Σ[(定额工日消耗数量×人工单价)+(定额材料消耗数量×材料单价)+(定额机械台班消耗数量×机械台班单价)]}
	计费基础JF1	按规定计算
	（二）措施费	1.1+1.2+1.3+1.4
	1.1 参照定额规定计取的措施费	按定额规定计算
	1.2 参照省发布费率计取的措施费	计费基础JF1×相应费率
	1.3 按施工组织设计计取的措施费	按施工组织设计（方案）计取
	1.4 总承包服务费	专业分包工程费（不包括设备费）×费率
	计费基础JF2	按规定计算
二	企业管理费	(JF1+JF2)×管理费费率
三	利润	(JF1+JF2)×利润率
四	规费	4.1+4.2+4.3+4.4+4.5
	4.1 安全文明施工费	（一+二+三）×费率
	4.2 工程排污费	按工程所在地设区市相关规定计算
	4.3 社会保障费	（一+二+三）×费率
	4.4 住房公积金	按工程所在地设区市相关规定计算
	4.5 危险作业意外伤害保险	按工程所在地设区市相关规定计算
五	税金	（一+二+三+四）×税率
六	工程费用合计	一+二+三+四+五

5. 投标报价的主要阶段

根据当前中国建筑业的现状，国内工程报价编制主要采用施工图预算的编制方法和工程量清单的格式，大致可分为以下三个阶段。

1）工程量的拆分

在充分理解招标文件和进行现场考察的基础上，根据工程量清单、招标图纸、计量与支付条款、预先拟定的初步施工组织方案、工料机消耗量标准（预算定额或企业定额）。对业主提供的工程量进行拆分，以达到能够套用工料机消耗量标准和取定综合费率的程度。

2）计算初步投标价并测算标价"上限"与"下限"

根据工程量拆分的结果调查工料机资源的市场价格，结合本公司施工管理水平测算的综合取费水平，并参照本公司以往的经验进行单价分析，确定表中每个工程细目的综合单价或包干价，再将业主提供的工程细目工程量与经分析确定的工程细目综合单价相乘，加上包干价、暂定金额等汇总为各工程细目的"合价"及整个工程的投标报价。计算工程细目合价时的步骤与施工图预算相似，只是施工图预算的目的在于得到工程总价，而投标报价的重点是分析工程细目单价或包干价。

根据各行业或地区工程造价计价办法，以及通过市场询价确定的工程所在地工料机价格水平和综合费水平，确定出反映社会平均水平的工程预算价格（包括各项预算费用和分摊费用）作为"模拟标底"，从而确定出标价的"上限"；根据本企业技术装备和管理水平，以及成本降低措施，测算本企业完成该工程的最低保本点，即标价的"下限"。

3）报价决策，确定最终总标价

在前面测算的标价"下限"与标价"上限"的决策区间中，根据所掌握的业主及其他投标单位的信息，适当调整其他直接费、间接费、利润等取费，使总标价更有竞争力。要充分利用报价技巧，进行"单价重分配（或不平衡报价）"。当投标人的总标价水平确定后，还要采用"单价重分配"的方法来调整单价，以便在工程结算时取得最佳经济效益，报价主要流程如图3-3所示。

6.投标报价的计算步骤

1）计算依据

招标文件的工程量清单中的数量是业主根据图纸计算得出的，仅作为各投标人投标报价的共同基础，在实际施工中，以合同单价及监理工程师确认的工程数量进行结算。招标文件（含补遗书）中的工程量不得随意更改，编制投标报价

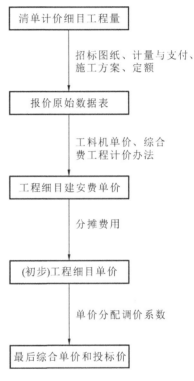

图3-3 报价主要流程

时，可参考最新公路工程概预算定额，但为了提高报价的竞争力和保证能完成施工合同，可结合本企业的施工技术管理水平，同时根据工程所在地的实际情况对各项定额及费率做适当的调整。

2）计算原则

工程量清单中有标价的单价和总额价均已包括了为实施和完成合同工程所需的劳务、材料、机械、质检（自检）、安装、缺陷、修复、管理、保险、税费、利润等费用，以及合同明示或暗示的所有责任、义务和一般风险，符合合同条款规定的全部费用应认为已被计入有标价的工程量清单所列各细目之中，未列细目的不予计量。因此，在标书编制前，应详细阅读招标文件及施工图纸，做到胸中有数，不漏计，不重列。比如工程量清单中的浆砌片石挡墙以立方米为单位进行支付，而实际报价中应摊入为施工浆砌片石，根据图纸确定的挖基、基础处理、回填、勾缝、抹面等工程内容；再如钻孔灌注桩，工程量清单按不同孔径以延米为单位支付，而实际报价中应摊入钻孔灌注桩成孔、砼浇注、护筒埋设等工程费用。

因此，投标报价必须建立在熟悉图纸、熟悉每个分项工程的施工工艺之上。

3) 计算步骤

(1) "吃透"标书；

(2) 复核图纸工程量；

(3) 编制初步的施工方案；

(4) 根据标书格式及填写要求进行标价计算。

4) 标价计算应注意的问题

计算标价的指导思想：认真细致、科学严谨，既不要有侥幸心理，也不要搞层层加码。

(1) 首先要按照合同的类别并结合本单位的经验和习惯，确定算标的方法、程序和报价策略。

(2) 工程量计算的准确与否是整个算标工作的基础。计算和核定工程量一般可从两方面入手，一方面要认真研究招标文件，复核工程量，吃透设计技术要求，改正错误，检查疏漏；另一方面要通过实际勘测取得第一手资料，掌握一切与工程量有关的因素。

(3) 不能漏项、漏章、漏页。

(4) 计算与打印时，必须注意数字的准确性，一是注意单价与数量相乘一定要等于总额，二是注意小数点位置，三是注意各分项之和一定要等于总额价。

5) 最终报价的确定

投标单位在认真计算的基础上，有策略地确定了最低的预算成本和适度的计划利润率以后，得到招标工程项目的初步估价（最初投标报价）。然而，这个报价是否适当呢？也就是说，这个报价是否既具有竞争力，又能在中标后取得理想的经济效益呢？这仍然是投标小组成员需要研究的重要问题。因此，在初步估价的基础上依据报价策略进行报价平衡，是十分必要的。

报价策略是投标策略的一部分，当对某一具体工程做出投标决策之后，为了争取中标，应有一个明确的策略来指导报价。通常的投标策略有以下几种。

(1) 研究招标文件的特点，按照工程的类别、施工条件等制定的"五高、五低"策略。

五低策略：

① 当本企业任务不足，招标单位讲信誉时，工程报价要低；

② 对工程技术不复杂的项目报价要低，如大量的土方工程；

③ 对工程量大，与本企业的综合力相适应的工程报价要低；

④ 当竞争对手多，力量又相当时，报价要低；

⑤ 对感兴趣的，又能给企业创新的项目报价要低。

五高策略：

① 边远工程项目，竞争对手少、工期要求紧的工程，报价要高；

② 工期长而一次包死报价的工程，报价要高；

③ 国外工程要求严，费用高，工期短，报价要高；

④ 码头工程、深水作业、受潮湿期等不利因素影响的工程，报价要高。

(2) 单价重分配策略（不平衡报价法）。

单价重分配策略是指在保持总标价不变的前提下，通过增加工程量清单中一些项目的单价，同时降低另外一些项目的单价，使所需资金达到最小的方法。

单价重分配的目的：

① 赚取由于工程量改变而引起的额外收入；

② 改善工程的资金流动。

单价重分配的原则：

① 能够早日结账的项目，如土方费、开办费，单价可提高；后期（设备安装）工程项目可适当降低单价。

② 经过核算工程量，预计可能增加工程量的项目，单价可提高；预计可能减少工程量的项目，单价可降低。

③ 设计图纸不明确，图纸修改后估计要增加工程量的，单价可提高；内容不清楚的，单价可降低。

④ 暂定项目要具体分析，因为这类项目要开工后再与业主研究是否实施，确定要实施的单价可提高，不一定实施的单价应降低。

⑤ 没有工程量，只填单价的要报高。

⑥ 计日工和零星用工的工资单价可报高些，发生实报实销时可多获利。

需要说明的是，在采用"单价重分配"策略时，要把调整幅度控制在合理范围内，必须避免显而易见的畸高或畸低，以免被业主认为"该报价没有科学依据"，而视为废标或降低中标机会。

(3) 对手分析策略。

在竞争分析领域，普遍强调收集和分析有关竞争对手的财务、制造、市场方面的定量数据，尽管这些信息对揭示竞争对手的能力是重要的，但它们通常并不能说明竞争对手将如何利用这些信息。因此，企业投标人员应该重视对竞争对手个性和文化的分析，这不仅有助于了解其思维方式，而且有助于更好地预测其将来的动向和根据企业所支持的不同战略所做出的反应。例如，通过对竞争对手的目标进行分析，可以了解其个性和可能坚持的战略，一个承诺不解雇人员的企业在需求下降的市场上将难以实现低成本战略，一个追求高增长目标的企业在价格上很可能比强调利润的企业更富有进攻性。分析竞争对手的投资历史可以帮助企业了解其基本原则和习惯。通过对竞争对手在其他行业的战略的研究，可以估计它在有兴趣的行业的战略。

对竞争对手个性和文化的分析还包括对其组织结构和管理人员的分析，如它的所有权、理事会的组成和主要管理者的个人情况等。一般说来，个人持股的竞争对手常常有较低的利润目标，这往往使企业难以和他们竞争。董事会的组成有时能够说明其管理方式，例如，以内部董事（在企业中有管理职位）为主的董事会倾向于注重生产，而外部董事则可能更多地强调财务收益。主要管理者个人的经历对竞争对手的行为也有重要的影响，他们往往倾向于采用自己在其他企业和业务活动中所采用过的成功战略和方法。概括来说，对竞争对手的分析包括两个方面，其一是它的行为，其二是它的个性和文化。有关前者的事实和数据告诉企业竞争对手是否能够开展竞争，后者则说明竞争者的竞争方式，是企业努力分析对手的最终目标。

依据报价策略分析初步报价的合理性和竞争性，首先由报价编制人员对报价计算过程按成本项目进行详细的复核，然后根据招标项目的大小和重要程度，由投标单位领导人主持召开有关业务部门和少数骨干参加的投标前分析会，对计算依据、计算范围、综合费率等报价计算的合理性进行内部"模拟"评价，挖掘潜力，降低报价。同时根据主要竞争对手的实力、优势和以往类似工程投标中的报价水平，以及对招标单位标底的推测，分析本企业报价的竞争力，商定一个降价系数，提出必要的措施和对策。

6) 标价计算注意事项

以上计算步骤综合了施工图预算估价与成本预算估价，在实际报价工作中，要用公路工程电算软件进行多次计算,分析各种情况的报价费用。投标报价实质上可归纳为"模拟标底"的施工图预算报价和企业结合实际采取成本降低措施后的成本分析预算报价,前者反映行业平均水平,后者反映企业个别成本水平。当根据工程量清单、计量与支付条款确定的工程细目和图纸计列的工程量合计值(该细目包含若干定额子目)与工程量清单中的数量不符(相差不大)且确认分项列算正确无误时,一般应以图纸中各组成部分的工程量计算综合单价,工程量清单中的工程量不能擅自改动,以免造成废标。如某合同段的钢筋包括除钻孔桩、混凝土栏杆、护栏、人行道以外桥梁上、下部结构的所有钢筋,根据图纸统计,各部钢筋数量汇总的正确值为5388.25吨,那么就应以5388.25吨这个总量来分析钢筋工程的综合单价,然后用综合单价乘以5388.25就可得到该工程细目的合计值。如果工程细目仅包含一个定额子目,则不存在这种问题。

(1) 报价水平的确定。

报价水平是投标工作中最关键、最难确定的问题。一般来说,投标报价至少要做三个报价数。

① 根据招标文件和过去的工作经验,做一个初步的估计(或根据公布的概算),用以指导现场勘察。

② 现场勘察以后,做出正式报价。

③ 分析报价,找出成本最低限额(盈亏临界点)。

以上是仅根据工程情况和施工单位的情况提出的报价方案,不能作为最后方案。确定最终报价时还要考虑以下两个方面:一是业主的标底,主要通过编制工程的施工图预算估计得到;二是对竞争对手可能的报价水平进行分析,找出主要竞争对手,分析能否胜过该公司的报价。在实行"复合标底"评标时,更要关注竞争对手的情况,而不要盲目依赖业主标底。

(2) 关于投标报价中价几种费用的说明。

① 保险费。

工程投标报价中究竟要购买哪几种保险,这要按照招标文件的规定及项目外部条件、工程性质和业主与承包人对风险的评价来确定。其中,合同条件的规定是主要因素,凡是合同条件要求保险的项目一般都要求强制性投保,而对于其他风险(如爆发战争风险),承包人可自主决定是否投保。招标文件中一般要求投保工程一切险和第三方责任险,工程一切险和第三方责任险由承包人与业主联名投保,保险费由业主承担,投保范围、条件和保险费率由招标人与承包人在投保协议中确定,并在招标文件中写明。上述保险费在工程量清单第100章中列有一个单独的支付项,由投标人按招标文件中的规定填写总额价,中标后业主将按承包人实际支付保险费的收据支付给承包人。另外,还有承包人装备险、人身意外险、货物运输险、其他特殊保险等。承包人装备险和承包人职工的(人身)事故险由承包人自行投保,保险费由承包商支付并包含在所报的单价或总额价中,不得单独报价。

② 税金。

承包人承包本合同工程缴纳的一切税费均由承包人承担。如果在工程量清单第100章中列有一个单独的支付项,则由投标人按招标文件中的规定填写总额价,否则分摊在各个工程细目综合单价中。

③ 施工临时工程供电补贴费。

一般按概预算编制办法和当地供电贴费的计算规定,计算施工临时工程用电贴费中实际由施工单位缴纳的部分,然后分摊到工程用电单价中。

④ 涨价预备费（风险费）估算。

首先分析招标文件中合同条件是否允许调价，如不允许调价，则报价中包死。利用统计局公布的建筑业产值价格指数得到上一年价格指数，结合合同工期（工期内不同阶段材料使用旺季、淡季）、国家投资政策、地区拟开项目时序来预测合同执行期的费用上涨情况。

任务 4 投标决策及技巧

一、投标决策

1. 投标决策的概念

投标人想要在激烈的投标竞争中获胜，即中标取得承包工程，并且从承包工程中赢利，就必须研究投标决策的问题。所谓投标决策，就是指投标人对是否参加投标、投什么样的标和采用什么投标策略所做出的决定。投标决策的正确与否，关系到能否中标及中标后所取得的效益，关系到企业的发展和职工的经济利益。因此，投标人及其决策班子必须充分认识投标决策的重要意义，并将投标决策列入企业的重要议事日程。

2. 投标决策的划分

投标决策可分两个阶段进行，即投标的前期决策和投标的后期决策。

1）投标的前期决策

投标的前期决策，主要是投标人及其决策班子对是否参加投标进行研究、论证并做出决策。这一阶段的决策必须在投标人参加投标资格预审前后完成。这一阶段决策的主要依据和应放弃投标的项目分述如下。

（1）决策依据。

① 招标人发布的招标广告；

② 对招标工程项目的跟踪调查情况；

③ 对招标人情况的研究及了解程度；

④ 若是国际招标工程，其决策依据还必须包括对工程所在国和所在地的调查研究及了解程度。

（2）应放弃投标的招标项目。

① 本承包企业主管和兼营能力以外的招标项目；

② 工程规模、技术要求超过本企业技术等级的招标项目；

③ 领导本承包企业施工生产任务饱满而无力承担的招标项目；

④ 工程盈利水平较低或风险较大的招标项目；

⑤ 本承包企业等级、信誉、施工技术、施工管理水平明显不如竞争对手的招标项目。

2）投标的后期决策

通过前期论证并决定参加投标后，便进入投标的后期决策阶段，该阶段是指从申报投标资格预审资料至投标报价(报送投标文件)期间的决策研究阶段,主要研究投什么样的标及采用什么样的投标策略的问题。投标的后期决策一般有以下分类。

(1)按性质分类。

按性质的不同,投标决策可分为投风险标和投保险标。

① 投风险标。

投标人通过前期的调查研究,知道该招标工程难度大、风险多,且存在技术、设备、资金等问题尚未完全解决。但由于企业任务不足,处于窝工状态,或者工程盈利丰厚,或者为了开拓市场而决定参加投标。投标后,若上述问题解决得好,企业可取得较好的经济效益,同时可锻炼出一支好的施工队伍。若上述问题解决得不好,企业就会在经济上遭受损失,信誉上受到损害,严重的甚至会导致企业破产。因此,这种情况下的投标具有很大的风险性,投标人投风险标必须审慎决策。

② 投保险标。

投标人对可以预见的技术、设备、资金等重大问题都有了解决对策后再进行投标,称为投保险标。若企业经济实力较弱,经不起失误或风险的打击,投标人往往会投保险标,尤其是在国际工程承包市场上,承包商大多愿意投保险标。

(2)按效益分类。

投标决策按取得效益的不同,可分为投盈利标和投保本标。

① 投盈利标。

投标人如果认为招标工程是本企业的强项,又是竞争对手的弱项,或招标人的意向明确,或本企业虽任务饱满,但工程利润丰厚,企业愿意超负荷运转等都可以投盈利标。

② 投保本标。

投标人在无后继工程,或已出现部分停工时,必须争取中标,但本企业在招标工程上没有优势,竞争对手又多。此时,投标人就可投保本标或投薄利标。

需要强调的是,在考虑和做出决策的同时必须牢记招标投标活动应当遵循公开、公平、公正和诚实信用的原则。按照《招标投标法》规定,投标人相互串通投标报价、排挤其他投标人的公平竞争,损害招标人、其他投标人的合法权益的或者投标人与招标人串通投标,损害国家利益、社会公共利益或者他人合法权益的,中标无效,处中标项目金额5%以上10%以下的罚款,对单位直接负责的主管人员和其他直接责任人员处单位罚款数额5%以上10%以下的罚款;有违法所得的,没收违法所得;情况严重的,取消其一年至二年内参加必须依法进行招标项目的投标资格,并予以公告,直至由工商行政管理机关吊销营业执照;构成犯罪的,依法追究刑事责任;给他人造成损失的,依法承担赔偿责任。投标人以低于合理预算成本的报价竞标的,责令改正;有违法所得的,没收违法所得;已中标的,中标无效。投标人以他人的名义投标或者以其他方式弄虚作假,骗取中标的,中标无效,并处中标项目金额5%以上10%以下的罚款,对单位直接负责的主要人员和其他直接责任人员处单位罚款数额5%以上10%以下的罚款;有违法所得的,没收违法所得;情况严重的,取消其一年至三年内参加必须依法进行招标项目的投标资格,并予以公告,直至由工商行政管理机关吊销营业执照;构成犯罪的,依法追究刑事责任。

3. 投标决策的主观条件

投标人决定参加投标或放弃投标,首先取决于投标人的实力,即投标人自身的主观条件。"知己知彼,百战百胜。"对于工程投标决策来说,"彼"是影响投标决策的客观因素,"己"就是影响投标决策的主观因素。投标单位的实力表现在如下几个方面。

1) **技术实力方面**

(1) 有精通本专业的建筑师、工程师、造价师、会计师和管理专家等所组成的投标组织机构。

(2) 有一支技术精良、操作熟练、经验丰富、责任心强的施工队伍。

(3) 有工程项目施工专业特长,特别是有解决工程项目施工技术难题的能力。

(4) 有与招标工程项目同类工程的施工及管理经验。

(5) 有一定技术实力的合作伙伴、分包商和代理人。

2) **经济实力方面**

(1) 具有垫付资金的能力。应注意有的业主要求"带资承包工程"或"实物支付工程",根本没有预付款。所谓"带资承包工程",是指工程由承包商筹资兴建,从建设中期或建成后某时期开始,业主分批偿还承包商的投资及利息,但有时这种利息低于银行贷款利息。承包这种工程时,承包商需投入大部分工程项目建设资金,而不是一般承包所需的少量流动资金。所谓"实物支付工程",是指有的发包方用滞销的农产品、矿产品折价支付工程款,而承包商销售上述物资谋求利润存在一定难度。因此,遇上这种项目时要慎重对待。

(2) 具有一定的固定资产和机具设备及投入所需的资金。大型施工机械的投入,不可能一次摊销,新增施工机械将会占用一定资金。另外,完成项目需要有一批周转材料,如模板、脚手板、脚手架等,这也会占用部分资金。

(3) 具有一定的资金周转能力来支付施工费用。因为,已完成的工程量需要经过监理工程师确认,并经过一定手续、一定时间后才能将工程款拨入。

(4) 承担国际工程须筹集承包工程所需的外资。

(5) 具有支付各项担保的能力。承包国内工程和国际工程都需要担保,担保的形式多种多样,费用也较高,诸如投标保函(或担保)、履约保函(或担保)、预付款保函(或担保)、缺陷责任期保函(或担保)等。

(6) 具有支付各项纳税和保险的能力。尤其在国际工程中,税种繁多,税率也高,如关税、进口调节税、营业税、印花税、所得税、建筑税、排污税及临时进入机械押金等。

(7) 能承担不可抗力带来的风险,即使是属于业主的风险,承包商也会有损失;如果不是属于业主的风险,则承包商损失更大。因此,承包商要有财力承担不可抗力带来的风险。

(8) 承担国际工程时,往往需要重金聘请有丰富经验或有较高地位的代理人,承包商也需要具有这方面的支付能力。

3) **管理实力方面**

投标人为取得好的经济效益,必须在成本控制上下功夫,向管理要经济效益。因此,要加强企业管理,建立健全企业管理制度,制定切实可行的措施,比如实行工人一专多能,管理人员精干,采用先进技术,进行定额管理,缩短施工工期,减少各种消耗,降低工程成本,提高经济效益,努力实现企业管理的科学化和现代化。在管理方面具有上述的优势,投标人就能在激烈的投标竞争中战胜对手,从而获得胜利。

4) **信誉实力方面**

投标人具有良好的信誉是中标的一项重要条件。因此投标人必须具有"重质量、重合同、守信用"的意识。要建立良好的信誉,就必须遵守法律和行政法规,按国际惯例办事,保证工程施工的安全、工期和质量。

4. 投标决策的客观因素

1) 业主和监理工程师的情况

业主的合法地位、支付能力、履约能力,监理工程师处理问题的公正性、合理性等,是影响投标决策的客观因素。

2) 竞争对手和竞争形势的分析

决定是否投标时,应考虑竞争对手的能力、优势及投标环境的优劣情况。另外,竞争对手的在建工程情况也十分重要,如果对手的在建工程即将完工,就可能因急于获得新的承包项目,而使投标报价不会很高,如果对手的在建工程规模大、时间长,却仍然参加投标,则标价可能会很高。从总的竞争形势来看,大型工程承包公司的技术水平高,善于管理大型复杂工程,其适应性强,可以承包大型工程;中小型工程由中小型工程公司或当地的工程公司承包的可能性大,因为当地中小型公司在当地有自己熟悉的材料、劳动力供应渠道,且管理人员相对较少,有惯用的特殊施工方法等优势。

3) 法律、法规的情况

国内工程承包自然适用本国的法律和法规,而且其法制环境基本相同,因为我国的法律、法规具有统一或基本统一的特点。如果是国际工程承包,则有法律适用的问题。法律适用的原则有五条:

(1) 强制适用工程所在地的法律、法规原则;

(2) 意思自治原则;

(3) 最密切联系原则;

(4) 适用国际惯例原则;

(5) 国际法效力优于国内法效力原则。

其中,最密切联系原则是指以与投标或合同有最密切联系的因素作为客观标志。至于最密切联系因素,在国际上主要有投标或合同签订地法、合同履行地法、法人国籍所属国的法律、债务人所住地法律、标的物所在地法律、管理合同争议的法院或仲裁机构所在地的法律等。事实上,大多数国家是以诸多因素中的一种为主,结合其他因素进行综合判断的。如很多国家规定,外国承包商或公司在本国承包工程必须同当地的公司结成联营体才能承包该国的工程。因此,对合作伙伴需要作必要的分析,具体来说要对合作者的信誉、资历、技术水平、资金、债权与债务等方面进行全面的分析,然后再决定投标还是弃标。又如外汇管制情况,外汇管制关系到承包公司能否将在当地所获外汇收益转回国的问题。目前各国管制法规不一,有的规定可以自由兑换、汇出,基本无任何管制;有的则有一定的限制,必须履行一定的审批手续;有的规定外国公司不能将全部利润汇出,而是在缴纳所得税后可将剩余部分的50%兑换成自由外汇汇出,其余50%只能在当地用作扩大再生产或再投资,在该类国家承包工程时必须注意"亏汇"问题。

4) 风险问题

在国内承包工程风险要小一些,在国际上承包工程风险要大得多。

投标与否,要考虑的因素很多,需要投标人广泛、深入地调查研究,系统地积累资料,并做出全面的分析,才能做出正确决策。投标人应对承包工程的成本、利润进行预测和分析,以供投标决策之用。

二、投标前的报价调整因素

报价是确定中标人的条件之一,但不是唯一的条件。一般来说,在工期、质量、社会信誉相同的条件下,招标人才会选择最低标。因此投标人不应追求报价最低,而应当在评价标准的各种因素上多下功夫。例如,企业若拥有流动资金量大、施工组织水平高等优势,就可以自身的优势去战胜竞争对手。报价过高或过低,不但不能中标,而且会严重损害企业的信誉和效益。

对投标前报价的减价和加价因素做简单介绍。

1) 减价因素

(1) 对于大批量工程或有后续分期建设的工程,可适当减计临时设施费用。

(2) 对施工图设计详细无误、不可预见因素小的工程,可减计不可预见包干费。

(3) 对无冬雨季施工的工程,可以免计冬雨季施工增加费。

(4) 对工期要求不紧或无须赶工的工程,可减免计夜间施工增加费。

(5) 技术装备水平较高的建筑企业,可减计技术装备费。

(6) 大量使用当地民工的,可适当减计远征工程费和机构调迁费。

(7) 采用先进技术、先进施工工艺或廉价材料等,也可削减其有关费用。

2) 加价因素

(1) 合同签订后的设计变更,可另行结算。

(2) 签订合同后的材料差价变更,可另行结算或估算列入报价。

(3) 材料代用增加的费用,可另行结算或列入报价。

(4) 大量压缩工期而增加的赶工措施费用,可增加报价。

(5) 为了防止天灾人祸等意外费用发生,可在允许范围内增加报价。

(6) 无预付款的工程,因贷款所增加的流动资金贷款利息应列入报价。

(7) 要求垫付资金或材料的,可增加有关费用。

一般来说,承包合同签订后所增加的费用,应另行结算,不列入报价。上述减价、加价因素,应视招标办法和合同条款而定,不能随便套用。

三、投标技巧的研究及应用

投标技巧研究,其实是在保证工程质量与工期的条件下,寻求一个好的报价的技巧问题。如果以投标程序中的开标为界限,可将投标技巧研究分为两个阶段,即开标前的投标技巧研究和开标后的投标技巧研究。

1. 开标前的投标技巧研究

1) 不平衡报价

不平衡报价是指在总价基本确定的前提下调整各个子项的报价,以期既不影响总报价,又可以在中标后尽早收回垫支于工程中的资金,并获取较好的经济效益,但要避免畸高畸低现象,以免失去中标机会。通常采用的不平衡报价有下列几种情况:

(1) 对能早期结账收回工程款的项目(如土方、基础等)可报较高价,以便资金周转;对后期项目(如装饰、电气设备安装等)的报价可适当降低些。

(2) 对今后可能增加工程量的项目,其报价可提高;而可能减少工程量的项目,其报价可降低。

(3) 对图纸内容不明确或有错误,估计修改后工程量要增加的,其报价可提高;而工程内容不明确的,其报价可降低。

(4) 对没有工程量,只填报单价的项目(如软基工程中的开挖淤泥等),其单价宜高。

(5) 对于暂定的、实施可能性大的项目,可报高价;估计不一定实施的工程,可报低价。

(6) 零星用工(计日工)一般可稍高于工程单价表中的工资单价,这是因为零星用工不属于承包有效合同的总价范围,发生实报实销时可多获利。

2) 多方案报价法

多方案报价法是利用工程说明书或合同条款不够明确之处,以争取达到修改工程说明书和合同的目的的一种报价方法。当工程说明书或合同条款有不够明确之处时,投标人往往会承担较大风险。为了减少风险,就必须提高工程的报价,增加"不可预见费",但这样做又会因报价过高而增加被淘汰的可能性。多方案报价法就是为应付这种两难局面而提出的,其具体做法是在标书上报两个价目的单价,一是按原工程说明书或合同条款报一个价;二是加以注解,如果工程说明书或合同条款可做某些改变时,则可降低费用,使报价成为最低,以吸引业主修改说明书和合同条款。

还有一种方法是对工程中一部分没有把握的工作,注明按成本加若干酬金结算。但是如果规定政府工程合同的方案是不容改动的,这个方法就不能使用。

2. 开标后的投标技巧研究

投标人通过公开开标这一程序可以得知众多投标人的报价,但低价并不一定中标,需要综合各方面的因素反复审阅,经过议标谈判,才能确定中标人。若投标人利用议标谈判施展竞争手段,就可以把自己投标书的不利因素变为有利因素,大大提高获胜机会。

从招标的原则来看,投标人在标书有效期内是不能修改其报价的,但有些议标谈判可以例外。议标谈判中的投标技巧主要有以下两种。

1) 降低投标价格

价格不是决定能否中标的唯一因素,却是影响中标的关键因素。在议标中,投标者适时提出降价是议标的主要手段。需要注意的是,一方面要摸清招标人的意图,在得到其希望降低报价的暗示后再提出降价。因为,有些国家关于招标的法规中规定,已投出的投标书不得改动任何文字,若有改动,投标宣告无效。另一方面要适当降低投标价,不得损害投标人自己的利益。

降低投标价格可从三方面入手,即降低投标利润、降低管理费和设定降价系数。投标利润的确定,既要围绕争取最大未来收益这个目标,又要考虑中标率和竞争人数因素的影响。通常投标人准备两个价格,既准备应付一般情况的适中价格,又同时准备应付特殊竞争环境需要的替代价格,它是通过调整报价利润得出的总报价。两个价格中,后者可以低于前者,也可以高于前者。如果需要降低投标报价,可采用低于适中价格,使利润减少,从而降低投标报价。

经营管理费应作为间接成本进行计算,为了竞争也可以降低这部分费用。

降价系数是指投标人在投标报价时,预先考虑一个未来可能降价的系数。如果开标后需要降价竞争,就可以根据这个系数进行降价;如果竞争局面对投标人有利,则不必降价。

2）补充投标优惠条件

在议标谈判时,除考虑中标的关键因素——价格外,还可以考虑其他重要因素,如缩短工期、提高工程质量、降低支付条件要求、提出新技术和新设计方案,以及提供补充物资和设备等,以各种优惠条件来得到招标人的认可,争取中标。

复 习 思 考

1. 什么是投标人？投标人应具备什么资格条件？
2. 投标的组织工作有何重要作用？怎样才能做好投标的组织工作？
3. 工程项目施工投标工作的主要步骤是什么？
4. 工程项目投标文件的组成内容有哪些？它的编制重点是什么？
5. 什么叫投标决策？投标决策是怎样划分的？它们各自对什么问题进行研究、论证和决策？
6. 工程项目施工投标按性质、效益的不同是如何分类的？它们各自有何特点？
7. 确定投标决策的主观条件是什么？决定投标或弃标的客观因素有哪些？
8. 投标应注意哪些事项？
9. 投标人编写投标文件应包括哪些内容？
10. 投标报价编写的依据是什么？
11. 投标报价费用由哪些部分组成？
12. 投标报价经过哪几个步骤？
13. 标价计算应注意哪些事项？

学习情境 4 公路工程勘察设计招标与投标

学习要求

1. 知识目标
(1) 了解公路工程勘察设计工作内容及特点；
(2) 了解公路工程勘察设计招标投标的流程；
(3) 掌握勘察设计招标文件及投标文件编制。
2. 能力目标
(1) 能够掌握公路工程勘察设计招投标的特点；
(2) 掌握公路工程勘察设计招投标资格审查、评标的主要原则和方法。

知识链接

鄞州区公路管理段 2017~2019 年度公路工程勘察设计招标公告如下。

1. 招标条件

项目业主:宁波市鄞州区公路管理段;招标人:宁波市鄞州区公路管理段;招标代理人:浙江凯翔工程咨询管理有限公司;项目名称:鄞州区公路管理段2017～2019年度公路工程勘察设计。

2. 项目概况与招标范围

项目总投资:约20 000万;工程造价(暂估):设计费约566.8万元。资金来源及出资比例:自筹。招标范围:工程勘察(初测、定测)、初步设计(概算编制)、施工图设计(预算编制)及后续服务等全部工作。项目包括鄞州区公路管理段拟实施的大中修及相关配套工程。本次招标有效期为2年,即2017年11月1日—2019年10月31日。

允许投标的标段数:1个;质量要求:按国家技术规范、标准及规程,达到勘察设计任务书要求的勘察设计深度;工期要求:满足招标人需求。

3. 投标人资格要求

投标人资质等级:本次招标要求投标人必须同时具备以下资质或由以下资质组成的联合体,并在人员、设备、资金等方面具有相应的勘察设计能力。具备公路行业(公路)乙级及以上设计资质(或工程设计综合甲级资质),工程勘察专业类[岩土工程(勘察)]乙级资质及以上(或工程勘察综合类甲级资质)。投标人拟派主设计师资格要求:具备道桥相关专业中级及以上职称。提供投标人所属社保机构出具的拟派项目负责人参加社保(2017年6月、2017年7月、2017年8月3个月)的有效证明材料(并加盖缴费证明专用章)。

问题:

(1)公路工程勘察设计招投标的工作程序是怎样的?

(2)公路工程勘察设计招投标的评标是怎样的?

任务 1 公路工程勘察设计招标与投标概述

公路建设工程实施阶段的第一项工作就是工程勘察设计。所谓建设工程勘察,是指根据建设工程的要求,查明、分析、评价建设场地的地质、地理环境特征和岩土工程条件,编制建设工程勘察文件的活动。所谓建设工程设计,是指根据建设工程的要求,对建设工程所需的技术、经济、资源、环境等条件进行综合分析、论证,编制建设工程设计文件的活动。自2002年1月1日开展公路工程勘察设计招标投标活动以来,各级交通运输主管部门积极开展公路工程勘察设计招标投标活动的实践,取得了明显的社会效益和经济效益,截至2003年底,全国所有的省都开展了公路工程勘察设计招标投标活动。

一、公路工程勘察设计招标投标存在的主要问题

1. 认识不到位,管理效率不高

(1) 一些交通运输主管部门认为勘察设计招标投标增加了工作程序,延长了工作时间,无法

满足加快进程的要求。

（2）不清楚公路工程勘察设计招标投标的指导思想，特别是对突出投标人对项目的理解，择优选择队伍和方案为主，勘察设计收费为辅的指导思想理解不深。

2. 尚未形成有效的市场竞争

（1）市场主体的数量不能满足市场竞争的需求。截至2017年底，全国具有公路工程设计甲级资质的单位只有76家。

（2）设计院自身参与市场竞争的意识不强。

（3）投标主体竞争地位不平等。

（4）追求形式主义，投标文件越来越厚，越来越精美，造成了资源浪费，增加了投标成本。

3. 招标投标中存在一些不规范的行为

1）招标人方面

（1）投标资格要求过高；

（2）在确定中标人前，与中标候选人进行合同谈判时，以降低勘察设计费、增加工作量作为中标条件；

（3）无法保证合理的设计周期。

2）投标人方面

（1）陪标；

（2）以他人名义投标；

（3）低价中标。

4. 设计质量不高，设计理念有待提高

不能恰当地采用技术标准进行工程设计，套标准图的多，考虑项目所处的特殊地理环境和地质条件的少。有的项目为了保证开工需要，采取拿来主义，将一个项目的设计图纸直接照搬到另一个项目之中。设计粗糙的问题，只能通过在施工中变更设计来解决。

二、公路工程勘察设计

1. 公路工程勘察设计的内容

公路工程勘察与公路工程设计统称为公路工程勘察设计。

1）公路工程勘察

公路工程勘察包括公路工程地质勘察和公路勘测。

（1）公路工程地质勘察。

公路工程地质勘察是公路建设工程质量保证的基础工作，包括公路、桥位、隧道工程地质勘察，它是公路工程设计与施工方案的制订和公路工程地质灾害整治的可靠依据。高速公路、一般新建公路和改建公路项目建设，均应进行工程地质勘察。

公路工程地质勘察分为三个阶段：可行性研究勘察阶段、初步工程地质勘察（简称初勘）和详细工程地质勘察（简称详勘）。对于工程地质条件简单，工程方案明确的中、小型项目，可以进行一阶段详细工程地质勘察。

① 可行性研究勘察阶段。

应对所收集的地质资料和有关路线控制点、走向和大型结构物进行初步研究,并到现场实地核对验证,适当地利用简易勘探方法和物探,必要时可布置钻探,以了解沿线地质概况。目的:为优选路线方案提供地质依据。

② 初步工程地质勘察阶段。

应配合路线、桥梁、隧道、路基、路面和其他结构物的设计方案及其比较方案的制订,提供工程地质资料,以供技术经济论证,达到满足优选方案和初步设计的需要。对不良地质和特殊性岩土地段,应作出初步分析及评价,还应提出处理办法。目的:为编制初步设计文件提供必需的工程地质资料。

③ 详细工程地质勘察阶段。

应在批准的初步设计方案的基础上,进行详细的工程地质勘察,以保证施工图设计的需要。对不良地质和特殊性岩土地段,应做出详细分析、评价和具体的处理方案。目的:为编制施工图设计提供完整的地质资料。

对工程地质条件复杂、工程规模大,且缺乏经验的建设项目,应根据初步设计审批意见,在技术设计阶段,根据需要有针对性地进行工程地质勘察工作。对工程地质条件特别复杂的项目,为进一步查明地质情况,必要时宜在施工期间安排有针对性的工程地质勘察工作。

(2) 公路勘测。

公路勘测根据专业特点可分为路线勘测、桥位勘测、隧道勘测。根据勘测内容及详细程度可分为控制测量、地形测量、初测、定测和一次定测。

① 控制测量:控制测量由平面控制测量和高程控制测量组成。

② 地形测量:对公路沿线带状区域或桥梁、隧道等工程所在区域的地形、地貌、地物等进行测绘,确定拟建工程与原地形、地物的关系。

③ 初测:公路项目初测包括现场踏勘,路线平面图控制测量,路线高程控制测量,路线地形图测量,路线定线,路基、路面及排水勘测与调查,小桥涵勘察,大(中)桥梁勘察,隧道勘测,路线交叉勘察与调查,沿线设施勘察与调查,环境保护勘察与调查,其他调查,内业工作等。

④ 定测:根据批准的初步设计文件及确定的修建原则和工程方案,结合自然条件与环境,通过优化设计后进行实地定桩放线,准确测定路线线位和构造物位置。定测包括进行路线中线、高程、横断面、桥涵、隧道、路线交叉、沿线设施、环境保护等测量和资料调查,为施工图设计提供资料。

2) 公路工程设计

我国的公路工程设计主要分为初步设计、技术设计、施工图设计三个阶段。初步设计是施工图设计的基础,由总包设计单位编制,可以作为工程施工的招标文件使用。

(1) 初步设计。

初步设计是根据可行性研究报告的要求所做的具体实施方案。目的是阐明在指定的地点、时间和投资控制数额内,拟建项目在技术上的可能性和经济上的合理性,并通过对工程项目做出的基本技术经济规定来编制项目总概算。

公路工程项目初步设计包括:拟定修建原则,选定路线方案,计算工程数量及主要材料数量,提出施工方案的意见,编制设计概算,提供文字说明及图表资料。初步设计文件经审查批准后,成为订购主要材料、机具、设备,安排重大科研试验项目,联系征用土地、拆迁,进行施工准备,编制施工图设计文件和控制建设项目投资等的依据。采用三阶段设计时,经审查批准的初步设计也成为编制技术设计文件的依据。公路项目初步设计在选定方案时,应对路线的走向、控制点和方案进行现场核查,征求沿线地方政府和建设单位的意见,基本落实路线布置方案。一般应进行纸上定线,赴实地核对,落实并放必要的控制线位桩等程序。对复杂或困难地段的路线、互通式立体交叉、隧道、特大桥、大桥的位置等,一般应选择两个或两个以上的方案,进行同深度、同精度的测设工作和方案比选,提出推荐方案。

(2) 技术设计。

技术设计是根据初步设计和更详细的调查研究资料编制的,用来进一步解决初步设计中的重大技术问题,如工艺流程、建筑结构、设备选型及数量确定等,以使建设项目的设计更具体,更完善。

(3) 施工图设计。

施工图设计应完整地表现建筑物外形、结构体系、构造状况以及建筑物和周围环境的配合,具有详细的构造尺寸。它还包括各种运输、通信、管道系统、建筑设备的设计。在工艺方面,应确定各种设备的具体型号、规格及各种非标准设备的制造加工图。在施工图设计阶段应编制施工图预算。

公路项目施工图设计是根据初步设计(或技术设计)批复意见、测设合同,进一步对所审定的修建原则、设计方案、技术决定加以具体和深化,最终确定各项工程数量,提出文字说明和适应施工需要的图表资料以及施工组织计划,并编制施工图预算。一阶段施工图设计,应根据可行性研究报告批复意见和测设合同的要求,拟定修建原则,确定设计方案和工程数量,提出文字说明和图表资料以及施工组织计划,编制施工图预算,满足审批的要求,适应施工的需要。

2. 公路勘察设计招标

1) 公路勘察设计招标的概念

公路工程勘察设计招标是指招标人按照国家基本建设程序,依据批准的可行性研究报告,对公路工程初步设计、施工图设计通过招标活动选定勘察设计单位。

2) 公路勘察设计招标的特点

(1) 公路勘察设计招标的标的物是勘察设计成果资料,这种资料凝聚着高技术劳动成果。

(2) 公路勘察设计招标的评标标准是勘察成果的完备性、准确性、正确性,工程设计方案的先进性、合理性,设计质量的好坏,设计进度的控制措施,以及工程项目投资效益等。

(3) 公路勘察设计招标方式具有多样性,包括公开招标、邀请招标、一次性招标、分阶段招标、方案竞赛招标。

3) 公路勘察设计招标的范围

(1) 依据《公路工程勘察设计招标投标管理办法》,公路建设项目的勘察、设计单项合同估算价在 50 万元人民币以上,或者建设项目总投资额在 3000 万元人民币以上的,必须进行勘察设计招标。

(2) 公路建设项目符合下列情形之一的,可以不进行勘察设计招标:

①涉及国家安全、国家秘密、抢险救灾或者属于利用扶贫资金实行以工代赈、需要使用农民工等特殊情况;

②需要采用不可替代的专利或者专有技术;

③采购人自身具有工程施工或者提供服务的资格和能力,且符合法定要求;

④已通过招标方式选定的特许经营项目投资人依法能够自行施工或者提供服务;

⑤需要向原中标人采购工程或者服务,否则将影响施工或者功能配套要求;

⑥国家规定的其他特殊情形。

公路工程勘察设计招标投标活动应当遵循公开、公平、公正、诚实信用的原则。公路工程勘察设计招标投标活动不受地区或者部门的限制,任何单位和个人不得以任何方式干预正当的招标投标活动;不得将必须进行招标的项目化整为零或者以其他任何方式规避招标。

公路工程勘察设计招标投标活动的监督管理实行统一领导、分级管理。交通运输部负责全国公路建设项目勘察设计招标投标活动的监督管理工作。省级人民政府交通运输主管部门负责本行政区域内公路建设项目勘察设计招标投标活动的监督管理工作。县级以上人民政府交通运输主管部门按照项目管理权限,依法查处公路建设项目勘察设计招标投标活动中的违法行为。

4)公路工程勘察设计招标方式

公路工程勘察设计招标是指招标人按照国家基本建设程序,依据批准的可行性研究报告,对公路工程初步设计、施工图设计通过招标活动选定勘察设计单位。

公路工程勘察设计招标可以实行一次性招标、分阶段招标,有特殊要求的关键工程可以进行方案招标。公路工程勘察任务可以单独发包给具有相应资质的勘察设计单位实施,也可以将勘察任务包括在设计招标任务中发包。

(1)一次性招标。

工程勘察设计通常可分为初步设计勘察设计阶段、技术设计勘察设计阶段(如需要)、施工图设计勘察设计阶段三个阶段。初步设计勘察设计阶段包括地质初勘、路线、桥梁、隧道初测、初步设计等工作,施工图设计勘察设计阶段包括地质详勘、路线、桥梁、隧道定测、施工图设计等工作。可实行一次性招标确定勘察设计单位。这种招标方式可有效利用设计单位对勘察设计工作的统筹安排,节省设计工期,同时有利于降低勘察设计成本,使业主能得到较分阶段招标更优惠的合同价。该招标方式对设计单位综合素质的要求高。

(2)分阶段招标。

分阶段招标指对工程勘察设计不同阶段,即初步设计勘察设计阶段、技术设计勘察设计阶段(如需要)、施工图设计勘察设计阶段三个阶段分别进行招标。

分阶段招标可使各阶段的勘察设计任务更加明确,能提高勘察设计的针对性,也有利于提高勘察设计的质量。

(3)方案竞赛招标。

对于具有城市景观的特大桥、互通立交、城市规划、大型民用建筑等,习惯上常采取设计方案竞赛的方式招标。方案竞赛招标是建设单位为获得某项规划或设计方案的使用权或所有权而组织竞赛,对参赛者提交的方案进行比较,并与优胜者签订合同的一种特殊的招标形式。

方案竞赛招标通常的做法:建设单位(或委托咨询机构代办)发布竞赛通告,使对竞赛感兴趣的单位都可以参加,也可以邀请若干家设计单位参加竞赛。设计竞赛通告或邀请函应提出竞赛的具体要求和评选条件,提供方案设计所需的技术、经济资料。

参赛单位(投标人)在规定期限内向方案竞赛招标主办单位提交设计方案。主办单位聘请专家组成评审委员会,根据事先确定的评选标准进行评价。评价指标一般包括:

① 设计方案满足使用功能的程度;
② 建筑美学、城市景观、地方文化特色建筑要素;
③ 是否符合规划管理部门的有关规定;
④ 技术上的先进性与可行性;

⑤ 工程造价的经济合理性。

评委就上述方面提出评价意见和候选者排序名单。建设单位做出评选决定,并与入选方案的设计单位进行谈判,就工程勘察设计工作的具体内容、进度要求、设计费用等问题进行谈判,达成一致后签订勘察设计合同。

5) 招标人有关规定

招标人具有与招标项目规模相适应的工程技术、管理人员,具备组织编制勘察设计招标文件和组织评标能力的,可以自行办理招标事宜。招标人不具备前款规定条件的,应当委托符合公路建设市场准入条件、具有相应资格的招标代理机构办理招标事宜。招标代理机构应当在招标人委托的代理范围内办理招标事宜。任何单位和个人不得以任何方式为招标人指定招标代理机构。

招标人自行办理招标事宜的,应当在发布招标公告或者发出投标邀请书十五日前,按项目管理权限报交通运输部或者省级人民政府交通运输主管部门核备;招标人委托招标代理机构办理招标事宜的,应当在委托合同签订后十五日内,按项目管理权限报交通运输部或者省级人民政府交通运输主管部门核备。

6) 公开招标和邀请招标

公开招标是招标人通过国家指定的报刊、信息网络或者其他媒体发布招标公告,邀请不特定的法人或者组织投标。

邀请招标是招标人以投标邀请书的方式,邀请三个以上具有相应资质、具备承担招标项目勘察设计能力的、资信良好的特定法人或者组织投标。

招标公告或者投标邀请书应当载明招标人的名称和地址、招标项目的基本概况、投标人的资质要求以及获取资格预审文件、招标文件的办法等事项。

公路工程勘察设计招标应当实行公开招标。国务院发展改革部门确定的国家重点项目和省级人民政府确定的地方重点项目不适宜公开招标的,经国务院发展改革部门或者省级人民政府批准,可以进行邀请招标。其他公路建设项目符合下列条件之一的,可以邀请招标:

①技术复杂、有特殊要求或者受自然环境限制,只有少量潜在投标人可供选择;

②采用公开招标方式的费用占项目合同金额的比例过大。

7) 设计招标与施工招标的主要区别

(1) 招标文件的内容不同。

设计招标仅提出设计依据、工程项目应达到的技术经济指标、项目限定的工作范围、项目所在地的基本资料、要求完成的时间等内容,没有具体的工作量要求。

(2) 对投标书的编制要求不同。

设计招标的投标报价不是按具体的工程量清单填报单价后算出总价,而是首先提出设计构思和初步方案,阐述该方案的优点和实施计划,在此基础上再进一步提出报价。

(3) 开标方式不同。

设计招标中,开标时不是由招标人按各投标书的报价高低去排定标价次序,而是由各投标人说明自己设计方案的基本构思和意图,以及其他实质性的内容,不排定标价次序。

(4) 评标的原则不同。

设计招标中,评标时不过分追求工程项目的报价高低,而是更多地关注设计方案的技术先进性、合理性、所达到的技术经济指标,以及对工程项目投资效益的影响。

在一般情况下，招标人可以依法将某一阶段的设计任务或几个阶段的设计任务通过招标方式发包，委托选定的设计企业实施。勘察任务可以单独发包给具有相应资质条件的勘察单位实施，也可以将其工作内容包括在设计招标任务中。

任务 2　公路工程勘察设计招标的程序

为规范公路工程建设项目招标投标活动，完善公路工程建设市场管理体系，根据《中华人民共和国公路法》《中华人民共和国招标投标法》《中华人民共和国招标投标法实施条例》等法律、行政法规，制定了公路工程勘察设计招投标程序。

一、公路工程勘察设计招标程序

公路工程勘察设计招标程序如图 4-1、图 4-2 所示。

公路工程勘察设计招标实行邀请招标的，在编制招标文件后，按图 4-1 所示程序的 4 至 9 项的要求进行。

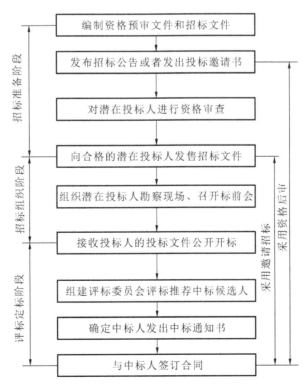

图 4-1　勘察设计的招标程序

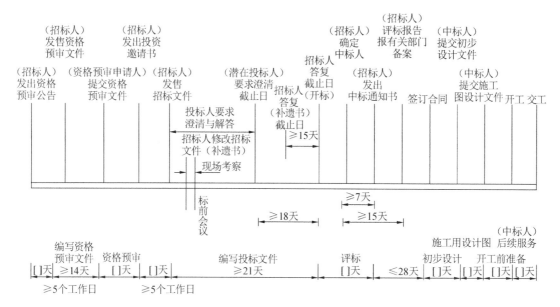

图 4-2 公路工程勘察设计招标与合同管理实施流程图

二、发布招标公告

《国家计委关于指定发布依法必须招标项目招标公告的媒介的通知》中规定:为了规范招标公告发布行为,根据《招标投标法》和《国务院办公厅印发国务院有关部门实施招标投标活动行政监督的职责分工的意见的通知》(国办发[2000]34号)的有关规定,国家计委指定《中国日报》《中国经济导报》《中国建设报》和《中国采购与招标网》(http//www.Chinabidding.com.cn)为发布依法必须招标项目的招标公告的媒介。其中,国际招标项目的招标公告应在《中国日报》发布。自2001年7月起,依法必须招标项目的招标公告,应按照《招标公告发布暂行办法》(国家计委2000年第4号令)的规定在上述指定媒介发布。任何单位和个人应严格遵守《招标公告发布暂行办法》的有关规定,自觉规范招标公告发布行为。

招标公告的要求:

(1) 招标人可根据招标项目所在地省级交通运输主管部门的有关规定,对信用等级高的投标人,给予增加参与投标标段数量的优惠。

(2) 招标文件(未进行资格预审)的发售时间不得少于5日。

(3) 招标文件中提到的货币单位除有特别说明外,均指人民币元。每套招标文件售价只计工本费,最高不超过1000元。

(4) 依法必须进行招标的公路工程,自招标文件开始发售之日起至投标人递交投标文件截止之日止,不得少于20日。

三、资格预审

资格预审是公开招标的重要工作。一方面,招标人通过发布资格预审公告,向社会发布招标信息;另一方面,对参与报名的投标人进行第一轮审查——投标人资格的审查。勘察设计招标资格预审主要对投标人的勘察设计经验、人员资历、技术能力、社会信誉等方面进行审查。公路工程勘察设计招标实行资格审查制度。公开招标的,实行资格预审;邀请招标的,实行资格后审。

资格预审是招标人在发布招标公告后,发出投标邀请书前对潜在投标人的资质、信誉、业绩和能力进行审查。招标人只向资格预审合格的潜在投标人发出投标邀请书,发售招标文件。资格后审是招标人在收到被邀请投标人的投标文件后,对投标人的资质、信誉、业绩和能力进行审查。

1. 资格预审公告

资格预审公告包括招标条件、项目概况与招标范围、申请人资格要求、技术成果经济补偿、资格预审方法、资格预审文件的获取、资格预审申请文件的递交、发布公告的媒介、联系方式。

资格预审公告的要求:

(1) 招标人可根据招标项目所在地省级交通运输主管部门的有关规定,对信用等级高的申请人给予一定的奖励,例如,增加参与投标的标段数量,减免投标保证金,减少履约保证金、质量保证金等优惠措施。

(2) 资格预审文件的发售时间不得少于 5 日。

(3) 资格预审文件中提到的货币单位除有特别说明外,均指人民币元。

(4) 每套资格预审文件售价只计工本费,最高不超过 1000 元。

(5) 依法必须进行招标的公路工程,自资格预审文件停止发售之日起至申请人递交资格预审申请文件截止之日止,不得少于 5 日。

2. 申请人须知

对于通过符合性审查的投标申请人,招标人将对投标申请人类似公路工程勘察设计经验、拟安排参与本工程的勘察设计主要人员资格等方面进行强制性资格条件评审。投标申请人提供的相关证明材料应符合招标人的要求,否则,招标人将不予考虑该证明材料。只有符合强制性资格条件要求的投标申请人,才能通过资格预审。在资格预审评审过程中,招标人有权要求投标申请人对资格预审申请书中不明确的和重要的内容进行必要的澄清和核实。如内容失实,则不能通过资格预审。

申请人在资格预审申请文件中填报的资质、业绩、主要人员资历和目前在岗情况、信用等级等信息,应与其在交通运输主管部门"公路建设市场信用信息管理系统"上填报并发布的相关信息一致。申请人应根据本单位实际情况及时完成相关信息的申报、录入和动态更新,并对相关信息的真实性、完整性和准确性负责。

3. 资格预审申请文件的编制

1) 资格预审申请文件的组成

资格预审申请文件应包括下列内容。

(1) 资格预审申请函。

(2) 授权委托书或法定代表人身份证明。

(3) 联合体协议书。

(4) 申请人基本情况:① 申请人基本情况表(见表 4-1);② 申请人企业组织机构框图。

表 4-1　申请人基本情况表

申请人名称						
注册地址				邮政编码		
联系方式	联系人			电话		
	传真			电子邮件		
法定代表人	姓名		技术职称		电话	
技术负责人	姓名		技术职称		电话	
企业勘察资质证书	类型：		等级：	证书号：		
企业设计资质证书	类型：		等级：	证书号：		
营业执照号				员工总人数：		
注册资本			其中	高级职称人员		
成立日期				中级职称人员		
基本账户开户银行				技术人员数量		
基本账户银行账号				各类注册人员		
经营范围						
申请人关联企业情况	申请人应提供关联企业情况，包括： 申请人的所有股东名称及相应股权(出资额)比例；如申请人为上市公司，申请人应提供股权占公司股份总数_____%以上的所有股东名称及相应股权比例； 申请人投资(控股)或管理的下属企业名称、持有股权(出资额)比例； 与申请人单位负责人(即法定代表人)为同一人的其他单位名称					
备注						

（5）近年完成的类似项目情况表。

"近年完成的类似项目情况表"应附在交通运输部"全国公路建设市场信用信息管理系统"（http://glxy.mot.gov.cn/BM/）中查询到的企业"业绩信息"相关项目网页截图复印件，即包括"工程名称""项目类型""合同价""技术等级""主要设计内容""人员履约信息"等栏目在内的项目详细信息网页截图复印件。在交通运输部"全国公路建设市场信用信息管理系统"中无法查询，但可在省级交通运输主管部门"公路建设市场信用信息管理系统"中查询的，应附省级交通运输主管部门"公路建设市场信用信息管理系统"中查询到的网页截图复印件并注明查询路径。除网页截图复印件外，申请人无须再提供任何业绩证明材料。

（6）申请人的信誉情况表。

"申请人的信誉情况表"应附申请人在"国家企业信用信息公示系统"中未被列入严重违法失信企业名单、在"信用中国"网站中未被列入失信被执行人名单的网页截图复印件，以及由项目所在地或申请人住所地检察机关职务犯罪预防部门出具的近三年内申请人及其法定代表人、拟委任的项目负责人均无行贿犯罪行为的查询记录证明原件。

（7）拟委任的项目负责人资历表。

"拟委任的项目负责人资历表"应附项目负责人（以及备选人）的身份证、职称资格证书和资格预审条件所要求的其他相关证书的复印件,以及申请人所属社保机构出具的拟委任的项目负责人(以及备选人)的社保缴费证明或其他能够证明拟委任的项目负责人(以及备选人)参加社保的有效证明材料复印件。

(8) 拟委任的分项负责人情况表。

(9) 其他资料。

2) 资格预审申请文件的装订、签字

申请人应按要求,编制完整的资格预审申请文件,用不褪色的材料书写或打印。资格预审申请文件格式中明确要求申请人法定代表人或其委托代理人签字之处,必须由相关人员亲笔签名,不得使用印章、签名章或其他电子制版签名代替;明确要求申请人加盖单位章之处,必须加盖单位章。其中资格预审申请函及对资格预审申请文件的澄清和说明应加盖申请人单位章,或由申请人的法定代表人或其委托代理人签字。

资格预审申请文件正本一份,副本份数见申请人须知前附表。正本和副本的封面右上角上应清楚地标记"正本"或"副本"字样。申请人应根据申请人须知前附表要求提供电子版文件。当副本和正本不一致或电子版文件和纸质正本文件不一致时,以纸质正本文件为准。

资格预审申请文件的正本与副本应分别装订成册(A4纸幅),编制目录并逐页标注连续页码。资格预审申请文件不得采用活页夹装订,否则,招标人对由于资格预审申请文件装订松散而造成的丢失或其他后果不承担任何责任。

4. 资格预审申请文件的递交

1) 资格预审申请文件的密封和标识

(1) 资格预审申请文件的正本、副本及其电子版文件(如需要)应统一密封在一个封套中。封套应加贴封条,并在封套的封口处加盖申请人单位章或由申请人的法定代表人或其委托代理人签字。

(2) 资格预审申请文件封套上应写明的内容见申请人须知前附表。

(3) 未按要求密封的资格预审申请文件,招标人将予以拒收。

2) 资格预审申请文件的递交

递求资格预审审请文件时,应注意如下要求。

(1) 申请截止时间;

(2) 申请人递交资格预审申请文件的地点;

(3) 除申请人须知前附表另有规定外,申请人所递交的资格预审申请文件不予退还;

(4) 逾期送达或未送达指定地点的资格预审申请文件,招标人将予以拒收。

5. 资格预审申请文件的审查

1) 审查委员会

资格预审申请文件由招标人组建的审查委员会负责审查。国有资金占控股或主导地位的依法必须进行招标的项目,审查委员会按照《中华人民共和国招标投标法》第三十七条规定组建。

2) 资格审查方法

资格评审工作应成立资格预审委员会,由资格预审委员会进行评审。资格委员会应由招标单位,本专业技术、经济方面的专家组成,人数应为五人以上的单数。

(1) 资格审查办法(合格制)。

资格预审采用合格制时,凡符合初步审查标准和详细规定审查标准的申请人均通过资格预审。

(2) 资格审查办法(有限数量制)。

资格预审采用有限数量制时,审查委员会依据规定的审查标准和程序,对通过初步审查和详细审查的资格预审申请文件进行量化打分,按得分由高到低的顺序确定通过资格预审的申请人。通过资格预审的申请人不超过资格审查办法前附表规定的数量。

① 初步审查标准同公路施工招投标内容。

② 详细审查标准同公路施工招投标内容。

③ 评分标准如表4-2所示。

表4-2 评分标准

条款号	评分因素与权重分值				评分标准
	评分因素	评分因素权重分值	各评分因素细分项	分值	
2.3 评分标准	拟投入本标段的项目负责人(包括备选人)资历、信誉				
	类似工程勘察设计经验				
	履约信誉				
	技术能力				

招标人应根据项目具体情况确定各评分因素及评分因素权重分值,并对各评分因素进行细分(如有),确定各评分因素细分项的分值,各评分因素权重分值合计应为100分。各评分因素得分应以审查委员会各成员的打分平均值确定,审查委员会成员总数为7人以上时,该平均值应以去掉一个最高分和一个最低分后计算。

各评分因素权重分值范围如下:拟投入本标段的项目负责人(包括备选人)资历、信誉25~40分;类似工程勘察设计经验40~50分;履约信誉15~25分;技术能力0~5分。

3) 审查结果

(1) 提交审查报告。

审查委员会按照规定的程序对资格预审申请文件完成审查后,确定通过资格预审的申请人名单,并向招标人提交书面审查报告。

(2) 重新进行资格预审或招标。

通过资格预审申请人的数量不足3个的,招标人重新组织资格预审或不再组织资格预审而直接招标。

6. 通知和确认

1) 通知

招标人在申请人须知前附表规定的时间内,以书面形式将资格预审结果通知申请人,并向通过资格预审的申请人发出投标邀请书。

2）资格预审结果的异议

申请人或利害关系人对资格预审审查结果有异议的,应在收到资格预审结果通知书后3日内提出。招标人将在收到异议之日起3日内作出答复;作出答复前,将暂停招标投标活动。

3）确认

通过资格预审的申请人收到投标邀请书后,应在申请人须知前附表规定的时间内以书面形式明确表示是否参加投标。

7. 申请人的资格改变

通过资格预审的申请人组织机构、财务能力、信誉情况等资格条件发生变化,使其不再实质上满足"资格审查办法"规定标准的,其投标不被接受。

8. 纪律与监督

1）严禁贿赂

严禁申请人向招标人、审查委员会成员和与审查活动有关的其他工作人员行贿。

2）不得干扰资格审查工作

申请人不得以任何方式干扰、影响资格预审的审查工作,否则将导致其不能通过资格预审。

3）保密

招标人、审查委员会成员,以及与审查活动有关的其他工作人员应对资格预审申请文件的审查、比较进行保密,不得在资格预审结果公布前透露资格预审结果,不得向他人透露可能影响公平竞争的有关情况。

4）投诉

（1）申请人或其他利害关系人认为本次资格预审活动不符合法律、行政法规规定的,可以自知道或应当知道之日起10日内向有关行政监督部门投诉。投诉应有明确的请求和必要的证明材料。

（2）申请人或其他利害关系人对资格预审文件和资格预审审查结果提出投诉的,应按照规定先向招标人提出异议。异议答复期间不计算在规定的期限内。

9. 是否采用电子招标投标

关于资格审查是否采用电子招标投标方式,见申请人须知前附表中的规定。

10. 需要补充的其他内容

1）申请规定

申请人在资格预审申请文件中作出的有关人员投入的承诺将作为勘察设计合同文件的组成部分。除招标文件另有规定外,申请人在资格预审申请文件中填报的项目负责人（以及备选人）不允许更换。

自购买资格预审文件之日起,申请人应保证其提供的联系方式（电话、传真、电子邮件）一直有效,以便及时收到招标人发出的函件（资格预审文件的澄清、修改等）,并应及时向招标人反馈信息,否则招标人不承担由此引起的一切后果。

2）资格预审申请文件的修改

资格预审申请文件按要求送达后,在规定的递交截止时间前,申请人可以撤回申请文件或修改申请文件。如需修改申请文件,应以正式函件提出并作出说明。修改资格预审申请文件的正式函件是资格预审申请文件的组成部分,其形式要求、密封方式、送达时间,应符合资格预审文件的要求。

3)招标人的权力

招标人有对资格预审申请文件进行核实和要求申请人进行澄清的权力,若招标人在资格审查时或必要的调查过程中发现申请人有弄虚作假行为,将取消其投标资格,并将其弄虚作假行为上报省级交通运输主管部门,作为不良记录纳入公路建设市场信用信息管理系统。

四、组织现场考察,召开标前会

在投标人对招标文件进行研究后,业主组织投标人对现场进行考察。使投标人充分了解工程现场条件和环境,尤其是城市道路、桥梁、大型立交等设计,一般都要求拟建项目与地区文化、环境、景观相协调,现场考察对投标人拟定设计方案具有重要意义。

1. 公路工程勘察设计招标现场考察

招标人发售招标文件后,应当按照招标文件载明的地址和时间,统一组织潜在投标人对现场及其周围环境进行考察。招标人组织投标人进行现场调查和踏勘,是招标投标活动的一项极其重要的准备工作。通过对招标项目的现场考察,可以使潜在投标人了解工程项目实施场地和周围环境的情况,以获得必要的信息并据此作出投标策略和投标报价等有关决定。招标人不得单独或者分别组织任何一个潜在投标人进行现场踏勘。

潜在投标人在决定投标前,要全面、详细地调查了解拟招标项目及其周边地区的政治、经济、地理等情况以及公路路网的布局和规划。按照国际惯例,投标人递交的投标文件一般认为是在现场考察、踏勘的基础上编制的。投标人现场考察前,应当细致地研究招标文件中有关概念的含义和各项要求,特别是招标文件中的工作范围、专用条款以及有关强制性规定,然后有针对性地拟订现场考察提纲,确定工作重点以及需要澄清和解答的问题,做到心中有数,还可以针对招标文件中的有关规定和数据,通过现场考察自行查明或核实编制投标文件和签订合同所必需的有关资料,以便编制的投标文件更加符合招标文件的要求。

现场考察期间的交通和食宿由潜在投标人自行安排,费用自理;潜在投标人依据招标人介绍情况做出的判断和决策,由其自行负责;在现场考察过程中,潜在投标人如果发生意外人身伤亡、财物或其他损失,除国家法律、法规有规定的之外,招标人均不负责。

2. 公路工程勘察设计招标标前会议

标前会议的目的是澄清并解答潜在投标人在查阅招标文件和进行现场考察后,可能提出的涉及投标和合同的任何方面的问题。潜在投标人在编制投标文件的过程中,应当按照招标文件载明的时间和地点,派代表出席招标人主持的标前会议。潜在投标人应当在标前会议召开以前,将要求答复的问题以书面或传真的方式提交招标人。

对于潜在投标人提出的问题,招标人应当在标前会上做出澄清和解答(不说明问题的来源),会后将解答和澄清的内容以补遗书(应当进行正式编号)的方式发给所有已购买招标文件的潜在投标人,潜在投标人在收到书面答复后,应当在 24 小时内以书面或传真的方式通知招标人,确认收悉。

由于标前会议期间潜在投标人所提出问题而产生的对招标文件的修改,由招标人按照投标须知规定,以补遗书(应当进行正式编号)的方式提供给所有购买招标文件的潜在投标人。潜在投标人在收到书面答复(补遗书)后,应当在 24 小时内以书面或传真的方式通知招标人,确认收悉。

3. 对现场考察和标前会议的特殊规定

当招标文件有特殊规定允许潜在投标人不到现场的,招标人组织潜在投标人现场勘察或召开标前会议时,招标人应当安排现场摄像,录制现场勘察及标前会议的全部过程,并将现场解答的所有问题制成书面文件,与摄像资料一起用特快专递邮寄给未到现场的潜在投标人。

五、开标、评标与中标

1. 开标

1) 开标的要求

开标应当在招标文件确定的提交投标文件截止日期的同一时间公开进行。开标地点应当为招标文件预先确定的地点。

(1) 开标主持人。

招标人或招标代理机构主持开标。主持人按照规定的程序负责开标的全过程,其他开标工作人员办理开标作业及制作纪录等事项。

(2) 开标参与人。

开标既然是公开进行的,就应当有一定的相关人员参加,这样才符合公开性,使投标人的投标能为各投标人及有关方面所共知。应邀请所有的投标人或其代表参加开标,被邀请的投标人的法定代表人或授权代理人应当准时出席,并在签到簿上签名。

(3) 开标的监督。

开标情况由投标人(或投标人的代表)和监督机关共同监督。一般在开标时都邀请纪检监察部门代表和项目相关单位的代表,如招标项目主管部门的人员、评标委员会成员等。

必要时,招标人还可以委托公证部门的公证人员对整个开标过程依法进行公证。

2) 开标的程序

(1) 检查投标文件的密封情况。

(2) 当众拆封确认无误的投标文件。

(3) 唱标宣读投标文件的主要内容。

投标人应当当众拆封投标文件第一个信封(商务文件、技术文件),大声宣读投标人名称、投标文件签署情况、投标文件标前页的全部内容,即唱标。若招标人唱标的内容与投标文件不符时,投标人有权在开标现场提出异议,经监督机关当场核查确认后,招标人可重新宣读其投标文件。若投标人现场未提出异议,则认为投标人已确认招标人唱标的结果。投标人法定代表人或其授权的代理人应当在开标记录上签字。

(4) 开标过程记录存档。

在开标前,主持开标的招标人应当安排人员,将开标的整个过程和重要事项进行记录,并经主持人、监督机关和其他工作人员签字后存档备查。开标记录一般应记载下列事项:

① 招标项目案号;

② 招标项目的名称及必要的摘要;

③ 开标的时间、地点;
④ 参加开标的人员;
⑤ 检查投标文件密封的情况;
⑥ 投标人的名称;
⑦ 项目负责人;
⑧ 投标人的优惠条件;
⑨ 其他必要的事项等。

开标记录存档备查,是保证开标过程透明和公正,维护投标人权益的必要措施。

2. 评标

1) 评标组织

勘察设计评标按法定程序组成评标委员会,评标工作由评标委员会主持完成。评标委员会通常由项目业主、该领域的工程技术专家、建筑经济专家等组成,且专家人数为5人以上的单数。交通运输部和省级人民政府交通运输主管部门应当分别设立评标专家库。国道主干线和国家、部重点公路建设项目——从交通运输部设立的评标专家库中确定,或者由交通运输部授权从省级人民政府交通运输主管部门设立的评标专家库中确定。其他公路建设项目——从省级人民政府交通运输主管部门设立的评标专家库中确定。评标委员会成员名单在中标结果确定前应当保密。

2) 评标程序

公路工程勘察设计评标程序如图4-3所示。

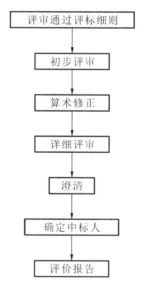

图4-3 公路工程勘察设计招标评标程序

3) 评标细则

业主制订评标细则,评标委员会审定。评标细则包括评标程序、评标方法、评标打分细则、推荐(确定)中标单位的原则等。工程勘察设计招标属于技术招标,工程勘察设计费占工程总投资额比例小(1%~3%),而勘察设计方案和勘察设计的质量对工程总造价影响较大。

因此,在进行勘察设计招标评标时,重点是对勘察设计的技术方案和勘察设计单位能力所决定的勘察设计质量进行评审,只有通过了技术和商务的评审后,才考虑投标的标价。

在进行评标的综合打分时,勘察设计费用报价占综合评分的比例较小,这是技术招标的特性决定的。在公路工程勘察设计招标评标中,勘察设计报价仅占综合评分的0%～10%,均值为5%。

公路工程勘察设计招标评标采用综合评价法。

公路工程勘察设计投标评标采用双信封制:第一个信封封装技术与商务方面的投标文件的资料,第二个信封封装投标标价。综合评价指标及分值分配参照《公路工程勘察设计招标评标办法》中的规定。

投标文件的第一个信封:

(1) 投标人的信誉和与本项目相关的具体经验,分值范围5～15,均值为10;

(2) 拟从事本项目人员的资格和能力,分值范围25～35,均值为30;

(3) 对本项目的理解和技术建议,分值范围25～35,均值为30;

(4) 工作计划和质量管理措施,分值范围5～15,均值为10;

(5) 技术设备投入,分值范围0～10,均值为5;

(6) 后续服务,分值范围5～15,均值为10;

投标文件的第二个信封:

报价,分值范围0～10,均值为5。

4) 评审

(1) 初步评审(符合性审查)。

判断投标文件的实质性内容是否翔实可靠,是否满足招标文件的要求,是否响应招标文件的实质性要求。只有通过初步评审(符合性审查)的投标文件,才能参加详细评审。

① 招标文件第一个信封(商务文件和技术文件)通过初步评审(符合性审查)的主要条件:

a. 投标文件按照招标文件规定的格式、内容填写齐全,字迹和各种证件(复印件)清晰可辨;

b. 投标文件中法定代表人或法定代表人授权代理人的签字齐全;

c. 投标文件中标明的投标人与通过资格预审的投标申请人未发生实质性改变,联合体组成未发生变化;

d. 按照招标文件的规定提供了授权代理人授权书,并附有合格的公证机构公证书;

e. 以联合体形式投标的,提交了联合体协议,并附有联合体各方的资质证明材料,如有工作分包的,应提交工作分包计划,并附有对分包单位的资质要求;

f. 按招标文件规定提供了合格的投标担保。

② 投标文件第二个信封(报价清单)通过初步评审(符合性审查)的主要条件:

a. 勘察设计取费符合现行公路工程勘察设计取费标准规定;

b. 勘察设计取费计算方法正确;

c. 勘察设计取费计算清单明晰。

③ 如果投标文件第一个信封或第二个信封按照评标程序经过澄清后未通过初步评审、符合性审查的,招标人认为其投标无效,并且不允许投标人通过修正和撤销其不符合要求的差异而使之成为符合要求的投标文件。

(2) 算术性修正。

① 招标人将只对投标文件第一个信封和第二个信封均通过初步评审(符合性审查)的投标

人的投标报价进行校核,并对其中的算术性错误予以修正。

② 招标人将按上述算术性修正原则,调整投标人勘察设计费用报价,并书面通知投标人确认。在投标人确认后,调整后的报价对投标人起约束作用。如果投标人不接受修正后的报价,则其投标将被拒绝,招标人有权没收其投标担保。

(3) 详细评审。

① 详细评审工作由招标人依法设立的评标委员会负责。

② 评标委员会应采用招标文件附录确定的评标标准和方法。勘察设计招标评标采用综合评价方法,综合评价投标人的业绩、信誉、拟投入项目的勘察设计人员的能力、对项目的理解以及勘察设计方案的优劣。

③ 在详细评审时,招标人可要求各投标人陈述关于招标项目的勘察设计思路和设计理念。陈述时间通常安排在评标委员会详细评审各投标人投标文件第一个信封之后。

④ 投标人在接到招标人要求陈述的通知之后,应派拟从事本招标项目勘察设计的项目负责人,携带本人身份证到招标人指定的地点,在规定的时间内进行陈述(如项目负责人有特殊情况不能到场,投标人应在事前向招标人书面说明理由,并在排序前三名的分项负责人中选派一名分项负责人到场陈述)。如果投标人拒不参加或不派人员到场陈述,将被取消参与评标的资格。如果投标人的陈述与其投标文件有实质性不符的,应以其投标文件为准。

⑤ 评标委员会对投标文件第一个信封分别进行独立评分后,在监督机构在场的情况下,拆封投标人投标文件的第二个信封(报价清单),对其进行初步评审(符合性审查),并宣读投标人报价。评标委员会应将有关情况记录在案,经监督机构代表签字后备查。

(4) 投标文件的澄清。

投标文件的澄清有助于投标文件的审查、评价和比较。

(5) 确定或推荐中标单位。

评标委员会应当依据对投标人综合得分结果的排序高低,推荐2名中标候选人。招标人也可以授权评标委员会确定中标人。评标委员会确定或推荐中标单位后向招标人提出书面评标报告。

(6) 评标报告。

评标报告包括业主的评标报告和评标委员会的评标报告。招标人按规定确定中标人以后,按项目管理权限向交通运输部或省级人民政府交通运输主管部门提交评标报告报请核备后,发出中标通知书。

任务 3 公路工程勘察设计招标文件的编制

公路工程勘察设计招标文件应当按照交通运输部或者省级人民政府交通运输主管部门颁布的公路工程勘察设计招标文件范本,结合招标项目的特点和实际需要进行编制。招标人对已发出的招标文件进行必要的补遗或者修正时,应当在提交投标文件截止日期十五日前,书面通知所有招标文件收受人。该补遗或者修正的内容为招标文件的组成部分。

公路工程勘察设计招标资格预审结果和招标文件的审批工作由省级人民政府交通运输主管部门负责。其中,国道主干线、国家、部重点公路建设项目的资格预审结果和招标文件由省级人民政府交通运输主管部门审批后,报交通运输部核备。招标人应当合理确定资格预审申请文件和投标文件的编制时间。自招标公告发布之日起至潜在投标人递交资格预审文件截止时间,不得少于十四日;自招标文件发售截止之日至投标人递交投标文件截止时间,不得少于二十一日。

招标文件应当包括以下内容:投标邀请书、投标人须知、勘察设计通用合同条款和专用合同条款、勘察设计标准规范、勘察设计原始资料、勘察设计合同附件格式、投标文件格式、评标标准和方法。

一、投标邀请书

各标段的勘察设计主要工作内容示例如表 4-3 所示。

表 4-3 勘察设计合同段划分表

合同段号	合同段主要工作内容	合同段长度/公里
1	例:K000~K000 公路工程(含路线、路基、路面、桥涵、隧道、交叉、其他工程等)勘察设计,包括初步设计、技术设计(如需要)、施工图设计及概预算编制工作,并负责全线总体勘察设计及设计文件汇总	
2	例:互通立交(K000~K000)的方案研究及勘察设计	
3	例:K000~K000 交通工程(含收费、监控、通信等)及沿线设施(含安全、养护、服务、房屋建筑等)等的勘察设计	

二、投标人须知

投标人须知是投标人在勘察设计投标中的指南,是对投标人在投标全过程中操作行为的规范。招标人通过制订投标人须知来控制招标过程。投标人须知通常以我国有关法律、国际惯例等为依据进行编制。

公路工程勘察设计招标文件中的投标人须知包括两部分:第一部分是投标人须知前附表,第二部分是投标人须知正文。

1. 投标人须知前附表

投标人须知前附表是将投标人须知中重要的内容和数据提炼成一个表格,是对投标人须知正文的提示和概括,使投标人能够迅速掌握投标须知中的关键内容。《公路工程标准勘察设计招标文件(2018 年版)》在投标人须知前附表中增加了是否采用电子招标投标的内容,若采用电子招标投标,则需要说明电子招标投标的具体要求。投标人须知前附表还有 5 个有关资格审查条件的附录,分别为资质最低要求、业绩最低要求、信誉最低要求、项目负责人最低要求、分项负责人最低要求。其中关于分项负责人最低要求的资格审查条件仅适用于特别复杂的特大桥梁和特长隧道项目主体工程以及其他有特殊要求的工程。

2. 投标人须知正文

投标人须知正文主要包括总则、招标文件、投标文件、投标、开标、评标、合同授予、纪律和监督,以及电子招标投标等方面的说明和要求。

1) 总则

投标人须知的总则中要明确说明项目概况、招标项目的资金来源和落实情况、招标范围、勘察设计服务期限、质量要求和安全目标、投标人资格要求、费用承担、保密、语言文字、计量单位、踏勘现场、投标预备会、分包、响应和偏差等内容。

2) 招标文件

招标文件部分要说明招标文件的组成、招标文件的澄清、招标文件的修改、招标文件的异议。

其中招标文件的异议中规定:投标人或其他利害关系人对招标文件有异议的,应在投标截止时间 10 日前以书面形式提出,招标人将在收到异议之日起 3 日内作出答复,作出答复前,将暂停招标投标活动。

3) 投标文件

投标人须知中对投标文件做了详细的说明,主要包括投标文件的组成、投标报价、投标有效期、投标保证金收取情况、资格审查资料、备选投标方案、投标文件的编制要求。

4) 投标

投标部分要说明投标文件的密封和标识、投标文件的递交、投标文件的修改与撤回的规定和要求。

5) 开标

开标部分规定了开标时间和地点、开标程序、开标异议的情况。

6) 评标

评标部分规定了评标委员会的情况、评标原则、评标方法。

7) 合同授予

合同授予的部分说明了中标候选人的公示内容和时间要求、评标结果异议的内容、中标候选人履约能力审查方式、定标结果公告、技术成果经济补偿和签订合同的内容。

8) 纪律和监督

纪律和监督部分强调了对招标人、投标人、评标委员会成员以及与评标活动有关的工作人员的纪律要求,以及向有关行政监督部门投诉的内容。

9) 电子招标投标

电子招标投标部分应说明本项目是否采用电子招标投标,如果采用,将用什么样的方式操作。

投标人须知前附表的节选如表 4-4 所示。

表 4-4 投标人须知前附表(部分)

条款号	条款名称	编列内容
1.1.2	招标人	名称: 地址: 联系人: 电话:

续表

条款号	条款名称	编列内容
1.1.3	招标代理机构	名称： 地址： 联系人： 电话：
1.1.4	招标项目名称	
1.1.5	标段建设地点	
1.1.6	标段建设规模	
1.1.7	标段投资估算	
1.2.1	资金来源及比例	
1.2.2	资金落实情况	
1.3.1	招标范围	□初勘、初测 □详勘、定测 □初步设计 □技术设计 □施工图设计 □其他：
1.3.2	勘察设计服务期限	
1.3.3	质量要求	
1.3.4	安全目标	

三、勘察设计通用合同条款和专用合同条款

1. 勘察设计通用合同条款

勘察设计通用合同条款是根据我国现行法律、法规的有关规定，结合公路工程勘察设计具体情况和实践经验而编写的，招标人使用勘察设计通用合同条款不允许直接对其增减或修改，但可在专用合同条款中对其进行增减、修改或具体化，专用合同条款的编号应与通用合同条款一致。

1) 定义和解释

本合同条款下述定义和解释仅限于本招标文件使用。

(1) 合同文件（或称合同）：合同协议书及各种合同附件、中标通知书、投标函、专用合同条款、通用合同条款、发包人要求、勘察设计费用清单，以及其他构成合同组成部分的文件。

(2) 合同协议书：发包人和设计人共同签署的合同协议书。

(3) 中标通知书：发包人通知设计人中标的函件。

(4) 投标函：由设计人填写并签署的，名为"投标函"的函件。

(5) 发包人要求：

①设计人应认真阅读、复核发包人要求，发现错误的，应及时书面通知发包人。无论是否存

在错误,发包人均有权修改发包人要求,并在修改后 3 天内通知设计人。除专用合同条款另有约定外,由此导致设计人费用增加和(或)周期延误的,发包人应当相应地增加费用和(或)延长周期。

②如果发包人要求违反法律规定,设计人应在发现后及时书面通知发包人,要求其改正。发包人收到通知书后不予改正或不予答复的,设计人有权拒绝履行合同义务,直至解除合同;由此引起的设计人的全部损失由发包人承担。

③发包人要求采用国外规范和标准进行勘察设计时,应由发包人负责提供该规范和标准的外国文本和中文译本,提供的时间、份数和其他要求在专用合同条款中约定。

(6)技术建议书:设计人投标文件中的技术建议书。

(7)勘察设计费用清单:设计人投标文件中的勘察设计费用清单。

(8)其他合同文件:经合同双方当事人确认构成合同文件的其他文件。

(9)合同当事人:发包人和(或)设计人。

(10)发包人:与设计人签订合同协议书的当事人,以及取得该当事人资格的合法继承人。

(11)设计人:与发包人签订合同协议书的当事人,以及取得该当事人资格的合法继承人。若设计人为联合体,则设计人包括联合体所有成员单位。

(12)发包人代表:由发包人任命,并在授权范围和期限内代表发包人行使权利和履行义务的全权负责人。

(13)项目负责人:由设计人任命,代表设计人行使权利和履行义务的全权负责人。

(14)分项负责人:由设计人任命,并经过发包人认可的各专业负责人。

(15)分包人:从设计人处分包合同中某一部分工作,并与其签订分包合同的单位。

(16)咨询单位:受发包人委托对本工程勘察设计文件进行审查或提供咨询意见的咨询机构。

(17)工程:专用合同条款中指明进行勘察设计招标的工程。

(18)勘察设计服务:设计人按照合同约定履行的服务,包括制订勘察设计工作大纲,进行测绘、勘探、取样和试验等,查明、分析和评估地质特征和工程条件,编制勘察报告;编制设计文件和设计概算、预算,提供技术交底、招标与施工配合,参加交工验收、参加竣工验收或发包人委托的其他服务。

(19)勘察设备:为完成合同约定的各项工作所需的设备、器具和其他物品,不包括临时工程和材料。

(20)勘探场地:用于工程勘探的场所,以及在合同中指定作为勘探场地组成的其他场所。

(21)勘察设计资料:发包人按合同约定向设计人提供的、用于完成勘察设计服务范围与内容所需的资料。

(22)勘察设计文件:设计人按合同约定向发包人提交的工程勘察报告、服务大纲、勘察方案、外业指导书、进度计划,设计说明、图纸、图板、模型、计算书、软件和其他文件等,包括阶段性文件和最终文件,且应采用合同中双方约定的格式和载体。

(23)开始勘察设计通知:发包人通知设计人开始勘察设计的函件。

(24)开始勘察设计日期:发包人发出的开始勘察设计通知中写明的开始勘察设计日期。

(25)勘察设计服务期限:设计人在投标函中承诺的完成合同勘察设计服务所需的期限,约定所作的调整。

(26)完成勘察设计日期:约定勘察设计服务期限届满时的日期。

(27)基准日:投标截止时间前28天的日期。

(28)签约合同价:签订合同时合同协议书中写明的、包括暂列金额在内的勘察设计费用总金额。

(29)合同价格:设计人按合同约定完成了全部勘察设计工作后,发包人应付给设计人的金额,包括在履行合同过程中按合同约定进行的变更和调整。

(30)费用:为履行合同所发生的或将要发生的所有合理开支,包括管理费和应分摊的其他费用,但不包括利润。

(31)暂列金额:暂时未定的,包括在合同中,并在报价清单汇总表中以此名称标明的金额,用于进行本工程可能发生的额外勘察设计工作或作为不可预见费用。

(32)勘察设计质量事故:在缺陷责任期结束前,由于勘察设计原因使工程不满足技术标准及设计要求,并造成结构损毁或一定直接经济损失的事故。根据直接经济损失或工程结构损毁情况(自然灾害所致除外),勘察设计质量事故分为特别重大质量事故、重大质量事故、较大质量事故和一般质量事故四个等级,上述质量事故的界定按交通运输部《公路水运建设工程质量事故等级划分和报告制度》规定执行。

(33)避免利益冲突:除专用合同条款另有约定外,设计人及其雇员不应接受本合同规定以外的与本工程有关的利益和报酬;设计人不得参与与发包人的利益相冲突的任何活动。

2)一般责任和义务

(1)勘察设计进度计划的提交:设计人在接到中标通知书后,应在业主规定的时间内,根据工作量大纲的总体安排向业主提交两份详细的、分项目的设计进度工作计划,以及为完成本计划而建议采用的措施和说明,经批准后作为业主控制勘察设计的依据。

(2)安全、保卫与环境保护:设计人在进行外业勘察时,应采取相应的安全、保卫和环境保护措施,如设计人员未能采取有效的措施,而发生的与外业勘察活动有关的人身伤亡、罚款、索赔、损失赔偿、诉讼费用及其他一切责任应由设计人负责。

(3)保险:设计人为实施本项工程,应参加业主风险以外的其他有关的雇主责任保险,以使本项工程顺利进行。

(4)道路维护:设计人在进行外业勘察时,如造成原有道路和桥梁的损坏或损伤而引起的一切索赔、赔偿、诉讼费用和其他费用,由设计人自行承担。

(5)附着物保护:设计人在进行外业勘察时,应尽量保持路线经过范围内地上附着物的完好,如造成损坏而引起的一切索赔、赔偿、诉讼费和其他费用,由设计人自行承担。

3)发包人义务

(1)遵守法律。

发包人在履行合同过程中应遵守法律,并保证设计人免于承担因发包人违反法律而引起的任何责任。

(2)发出开始勘察设计通知。

发包人应按约定向设计人发出开始勘察设计通知。

(3)办理证件和批件。

法律规定和(或)合同约定由发包人负责办理的工程建设项目必须履行的各类审批、核准或备案手续,发包人应及时办理,设计人应给予必要的协助。法律规定和(或)合同约定由设计人负责办理的勘察设计所需的证件和批件,发包人应给予必要的协助。

(4) 支付合同价款。

发包人应按合同约定向设计人及时支付合同价款。

(5) 提供勘察设计资料。

发包人应按约定向设计人提供勘察设计资料。

(6) 其他义务。

① 发包人应严格履行基本建设程序,根据本工程的具体情况和技术要求,确定合理的勘察设计工作量及合理的勘察设计服务期限。

② 发包人应组织专家或委托咨询单位对勘察设计文件和为了满足勘察设计需要而进行的各种研究试验成果进行审查,并负责设计文件的报审工作,向设计人提供上级主管部门对设计文件进行审查后的批复意见。对设计人在贯彻落实审查意见时提出的有关问题应及时认真予以解答,但并不免除设计人根据本合同规定应负的责任。

③ 发包人不应向设计人提出不符合工程安全生产法律、法规和工程建设强制性标准规定的要求。

④ 由于执行发包人的书面指令而造成的勘察设计质量事故应由发包人承担责任。

⑤ 发包人应履行专用合同条款约定的其他义务。

4) 发包人管理

(1) 发包人代表。

① 除专用合同条款另有约定外,发包人应在合同签订后 14 天内,将发包人代表的姓名、职务、联系方式、授权范围和授权期限书面通知设计人,由发包人代表在其授权范围和授权期限内,代表发包人行使权利、履行义务和处理合同履行中的具体事宜。发包人代表在授权范围内的行为由发包人承担法律责任。

② 发包人代表违反法律法规、违背职业道德守则或不按合同约定履行职责及义务,导致合同无法继续正常履行的,设计人有权通知发包人更换发包人代表。发包人收到通知后 7 天内,应核实完毕并将处理结果通知设计人。

③ 发包人更换发包人代表的,应提前 14 天将更换人员的姓名、职务、联系方式、授权范围和授权期限书面通知设计人。

④ 发包人代表可以授权发包人的其他人员负责执行其指派的一项或多项工作。发包人代表应将被授权人员的姓名及其授权范围通知设计人。被授权人员在授权范围内发出的指示视为已得到发包人代表的同意,与发包人代表发出的指示具有同等效力。

(2) 监理人。

① 发包人可以根据工程建设需要确定是否委托监理人进行勘察设计监理。如果委托监理,则监理人享有合同约定的权力,其所发出的任何指示应视为已得到发包人的批准。监理人的监理范围、职责权限和总监理工程师信息,应在专用合同条款中指明。未经发包人批准,监理人无权修改合同。

② 合同约定应由设计人承担的义务和责任,不因监理人对设计文件的审查或批准,以及为实施监理作出的指示等职务行为而减轻或解除。

(3) 发包人的指示。

① 发包人应按合同约定向设计人发出指示,发包人的指示应盖有发包人单位章,并由发包

人代表签字确认。

② 设计人收到发包人作出的指示后应遵照执行。指示构成变更的,应按要求执行。

③ 在紧急情况下,发包人代表或其授权人员可以当场签发临时书面指示,设计人应遵照执行。发包人代表应在临时书面指示发出后 24 小时内发出书面确认函,逾期未发出书面确认函的,该临时书面指示应被视为发包人的正式指示。

④ 除专用合同条款另有约定外,设计人只从发包人代表或约定的被授权人员处取得指示。

⑤ 由于发包人未能按合同约定发出指示、指示延误或指示错误而导致设计人费用增加和(或)周期延误的,发包人应承担由此增加的费用和(或)周期延误。

(4) 决定或答复。

① 发包人在法律允许的范围内有权对设计人的勘察设计工作和(或)勘察设计文件作出处理决定,设计人应按照发包人的决定执行,涉及勘察设计服务期限或勘察设计费用等问题按约定处理。

② 发包人应在专用合同条款约定的时间之内,对设计人书面提出的事项作出书面答复;逾期没有作出答复的,视为已获得发包人的批准。

5) 设计人义务

(1) 设计人的一般义务。

① 遵守法律。

设计人在履行合同过程中应遵守法律,并保证发包人免于承担因设计人违反法律而引起的任何责任。

② 依法纳税。

设计人应按有关法律规定纳税,应缴纳的税金(含增值税)包括在合同价格之中。

③ 完成全部勘察设计工作。

设计人应按合同约定以及发包人要求,完成合同约定的全部工作,并对工作中的任何缺陷进行整改、完善和修补,使其满足合同约定的目的。设计人应按合同约定提供勘察设计文件和相关服务,以及为完成勘察设计服务所需的劳务、材料、勘察设备、试验设施等,并应自行承担勘探场地临时设施的搭设、维护、管理和拆除。

④ 保证勘察作业规范、安全和环保。

设计人应按法律、规范标准和发包人要求,采取各项有效措施,确保勘察作业操作规范、安全、文明和环保,在风险性较大的环境中作业时应编制安全防护方案并制定应急预案,防止因勘察作业造成的人身伤害和财产损失。对于设计人在勘察设计过程中发生的人员伤亡或财产损失,或造成第三方的人员伤亡、财产损失,或由此而引起的其他一切损害和损失,发包人均不承担责任。

⑤ 避免勘探对公众与他人的利益造成损害。

设计人在进行合同约定的各项工作时,不得侵害发包人与他人使用公用道路、水源、市政管网等公共设施的权利,避免对邻近的公共设施产生干扰,保证勘探场地的周边设施、建构筑物、地下管线、架空线和其他物体的安全运行。设计人占用或使用他人的施工场地,影响他人作业或生活的,应承担相应责任。

⑥ 其他义务。

a. 设计人对本合同工程勘察设计质量承担设计使用年限内的终身责任。

b. 在勘察设计过程中,设计人应与本项目相干扰的铁路、航道、水利、管线、电力电信及其他相关建筑设施或特殊保护区域的主管部门进行协商,获得项目相干扰部门对推荐路线的认同意见、协议、批准文件或纪要等,以确保本项目顺利实施。

c. 设计人的勘察设计文件应接受发包人、咨询单位及发包人的上级主管部门的审查,凡审查意见中提出的问题,设计人应逐条给予认真贯彻落实,提交书面的反馈意见并免费修改勘察设计文件。

d. 设计人应按发包人要求的数量(符合规范要求)提供所有为完成勘察设计所必需的研究试验阶段性或成果性报告,接受发包人或上级主管部门的审查,并对相关问题作出澄清和解答。

e. 设计人应根据设计需要开展专题研究工作,提交相应专题研究报告,并通过发包人或上级主管部门的审查。

f. 设计人应履行合同约定的其他义务。

(2)履约保证金。

① 除专用合同条款另有约定外,履约保证金自合同生效之日起生效,在最后一批勘察设计成果文件经上级主管部门批复且设计人按照合同约定缴纳质量保证金之日起28天后失效。如果设计人不履行合同约定的义务或其履行不符合合同的约定,发包人有权扣划相应金额的履约保证金。

② 发包人应在收到设计人缴纳的质量保证金后28天内将履约保证金退还给设计人。设计人拒绝按照本合同约定缴纳质量保证金的,发包人有权从勘察设计费中扣留相应金额作为质量保证金。

③ 发包人对履约保证金提出的任何索赔要求,均应在履约保证金有效期内提出。

(3)分包和不得转包。

① 设计人不得将其勘察设计的全部工作转包给第三人。

② 设计人不得将勘察设计的主体、关键性工作分包给第三人。除专用合同条款另有约定外,经发包人同意,设计人可将工程设计中跨专业或有特殊要求的勘察、设计工作进行分包。未列入投标文件的勘察设计工作,设计人不得分包。

③ 发包人同意设计人分包工作的,设计人应在分包合同签订之日起7天内向发包人提交1份分包合同副本,并对分包工作质量承担连带责任。除专用合同条款另有约定外,分包人的勘察设计费用由设计人向分包人自行支付。

④ 分包人的资格能力应与其分包工作的标准和规模相适应,包括必要的企业资质、人员、设备和类似业绩等。分包人不得将分包项目再次分包或转包。

⑤ 发包人对设计人与各分包人之间的法律和经济纠纷不承担任何责任和义务。

(4)联合体。

① 联合体各方应共同与发包人签订合同。联合体各方应为履行合同承担连带责任。

② 联合体协议经发包人确认后作为合同附件。在履行合同过程中,未经发包人同意,不得修改联合体协议。

③ 联合体牵头人负责与发包人联系并接受指示,负责组织联合体各成员全面履行合同。发包人就本合同工程向联合体牵头人发布的任何指令、指示、通知等均对联合体其他成员具有同等效力。

④ 未经发包人同意,联合体的组成、结构与业务分工均不得变动。

(5)项目负责人。

① 设计人应按合同协议书的约定指派项目负责人,并在约定的期限内到职。设计人更换项目负责人应事先征得发包人同意,并应在更换 14 天前将拟更换的项目负责人姓名和详细资料提交发包人,拟更换的项目负责人资历应不低于原项目负责人。项目负责人 2 天内不能履行职责的,应事先征得发包人同意,并委派代表代行其职责。

② 项目负责人应按合同约定以及发包人要求,负责组织合同工作的实施。在情况紧急且无法与发包人取得联系时,可采取保证工程和人员生命财产安全的紧急措施,并在采取措施后 24 小时内向发包人提交书面报告。

③ 设计人为履行合同发出的一切函件均应盖有设计人单位章,并由设计人的项目负责人签字确认。

④ 按照专用合同条款约定,项目负责人可以授权其下属人员履行其某项职责,但事先应将这些人员的姓名和授权范围书面通知发包人。

(6)勘察设计人员的管理。

① 设计人应在接到开始勘察设计通知之日起 7 天内,向发包人提交勘察设计项目机构以及人员安排的报告,其内容应包括项目机构设置、主要勘察设计人员和其他人员的名单及资格条件。主要勘察设计人员应相对稳定,更换主要勘察设计人员的,应取得发包人的同意,并向发包人提交继任人员的资格、管理经验等资料,继任人员的资历应不低于原设计人员。项目负责人的更换,应按照规定执行。

② 除专用合同条款另有约定外,主要勘察设计人员包括项目负责人、专业负责人、审核人、审定人等;其他人员包括勘察作业人员、各专业的设计人员、管理人员等。

③ 设计人应保证其主要勘察设计人员(含分包人)在合同期限内的任何时候,都能按时参加发包人组织的工作会议。

④ 国家规定应当持证上岗的工作人员均应持有相应的资格证明,发包人有权随时检查。发包人认为有必要时,可以进行现场考核。

⑤ 设计人的工作进度未达到设计人投标文件中承诺的进度计划时,发包人有权要求设计人增加勘察设计人员,设计人应立即安排,其费用视为已包含在合同价格中。

(7)撤换项目负责人和其他人员。

设计人应对其项目负责人和其他人员进行有效管理。发包人要求撤换不能胜任本职工作、行为不端或玩忽职守的项目负责人和其他人员的,设计人应予以撤换。

(8)保障人员的合法权益。

① 设计人应与其雇用的人员签订劳动合同,并按时发放工资。

② 设计人应按劳动法的规定安排工作时间,保证其雇用人员享有休息和休假的权利。因勘察设计需要占用休假日或延长工作时间的,应不超过法律规定的限度,并按法律规定给予补休或付酬。

③ 设计人应为其现场人员提供必要的食宿条件,以及符合环境保护和卫生要求的生活环境,在远离城镇的勘探场地,还应配备必要的伤病防治和急救设施。

④ 设计人应按国家有关劳动保护的规定,采取有效的防止粉尘、降低噪声、控制有害气体和保障高温、高寒、高空作业安全等劳动保护措施。其雇用人员在勘探作业中受到伤害,设计人应立即采取有效措施进行抢救和治疗。

⑤ 设计人应按有关法律规定和合同约定,为其雇用人员办理保险。

(9) 合同价款应专款专用。

发包人按合同约定支付给设计人的各项价款,应专用于合同勘察设计工作。

6) 勘察设计要求

(1) 一般要求。

① 发包人应遵守法律和规范标准,不得以任何理由要求设计人违反法律和工程质量、安全标准进行勘察设计服务,降低工程质量。

② 设计人应按照法律规定,以及国家、行业和地方的规范和标准完成勘察设计工作,并应符合发包人要求。各项规范、标准和发包人要求之间如对同一内容的描述不一致时,应以描述更为严格的内容为准。

③ 除专用合同条款另有约定外,设计人完成勘察设计工作所应遵守的法律规定,以及国家、行业和地方的规范和标准,均应视为在基准日适用的版本。基准日之后,前述版本发生重大变化,或者有新的法律,以及国家、行业和地方的规范和标准实施的,设计人应向发包人提出遵守新规定的建议。发包人应在收到建议后 7 天内发出是否遵守新规定的指示。发包人指示遵守新规定的,按照约定执行。

④ 设计人在勘察设计服务中选用的材料、设备,应注明其规格、型号、性能等技术指标及适应性,满足质量、安全、节能、环保等要求,但不得指定生产厂、供应商和产品品牌。

⑤ 设计人必须贯彻"技术先进、安全可靠、适用耐久、经济合理"的基本原则,加强总体设计,重视与城镇建设总体规划、土地开发利用规划、农田水利、森林植被、水土保持、生态环境、特殊设施保护区、其他运输方式和其他建设工程的总体协调和配合,节约资源、保护环境、合理选用技术指标、树立全寿命周期成本的理念,充分发挥工程建设项目经济、社会和环境的综合效益。

(2) 勘察设计依据。

除专用合同条款另有约定外,工程的勘察设计依据一般如下:

① 适用的法律、行政法规及部门规章;

② 与工程有关的规范、标准、规程;

③ 工程基础资料及其他文件;

④ 本勘察设计服务合同及补充合同;

⑤ 本工程施工需求;

⑥ 合同履行中与勘察设计服务有关的来往函件;

⑦ 其他勘察设计依据。

(3) 勘察设计范围。

① 本合同的勘察设计范围包括工程范围、阶段范围和工作范围,具体勘察设计范围应根据三者之间的关联内容进行确定。

② 工程范围指勘察设计工程的建设内容,具体范围在专用合同条款中约定。

③ 阶段范围指工程建设程序中的可行性研究勘察、初步勘察、详细勘察、施工勘察、方案设计、初步设计、技术设计(如有)、施工图设计等阶段中的一个或多个阶段,具体范围在专用合同条款中约定。

④ 工作范围指工程测量、岩土工程勘察、岩土工程设计(如有),编制设计文件,编制设计概算、预算,提供技术交底、招标与施工配合,编制竣工图,参加交工验收、参加竣工验收和发包人

委托的其他服务中的一项或多项工作,具体范围在专用合同条款中约定。

(4)勘察作业要求。

① 测绘。

a.除专用合同条款另有约定外,发包人应在开始勘察前 7 天内,向设计人提供测量基准点、水准点和书面资料等;设计人应根据国家测绘基准、测绘系统和工程测量技术规范,按发包人要求的基准点以及合同工程精度要求,进行测绘。

b.设计人测绘之前,应认真核对测绘数据,保证引用数据和原始数据准确无误。测绘工作应由测量人员如实记录,不得补记、涂改或损坏。

c.工程勘探之前,设计人应严格按照勘察方案的孔位坐标,进行测量放线并在实地位置定位,埋设带有编号且不易移动的标志桩进行定位控制。

② 勘探。

a.设计人应根据公路基本建设程序各阶段要求的深度开展工作,结合现场地形地质条件、工程结构设置以及不同勘察手段的特性等,统筹考虑、综合确定勘察方法及勘察工作量,为完成合同约定的勘察设计任务创造条件。设计人对勘察方法的正确性、适用性和可靠性完全负责。

b.设计人布置勘探工作时,应充分考虑勘探方法对自然环境、周边设施、建构筑物、地下管线、架空线和其他物体的影响,采用切实有效的措施进行防范控制,不得造成损坏或中断运行,否则由此导致的费用增加和(或)周期延误由设计人自行承担。

c.设计人应在标定的孔位处进行勘探,不得随意改动位置。勘探方法、勘探机具、勘探记录、取样编录与描述、孔位标记、孔位封闭等事项,应严格执行规范标准,按实填写勘探报表和勘探日志。

d.勘探工作完成后,设计人应按照规范要求及时封孔,并将封孔记录整理存档,勘探场地应地面平整、清洁卫生,并通知发包人、行政主管部门及使用维护单位进行现场验收。验收通过之后如果发生沉陷,设计人应及时进行二次封孔和现场验收。

③ 取样。

a.设计人应针对不同的岩土地质,按照勘探取样规范规程中的相关规定,根据地层特征、取样深度、设备条件和试验项目的不同,合理选用取样方法和取样工具进行取样,包括并不限于土样、水样、岩芯等。

b.取样后的样品应根据其类别、性质和特点等进行封装、贮存和运输。样品搬运之前,宜用数码相机进行现场拍照;运输途中应采用柔软材料充填,尽量避免震动和阳光曝晒;装卸之时尽量轻拿轻放,以免样品损坏。

c.取样后的样品应填写和粘贴标签,标签内容包括并不限于工程名称、孔号、样品编号、取样深度、样品名称、取样日期、取样人姓名、施工机组等。

④ 试验。

a.设计人应根据岩土条件、设计要求、勘察经验和测试方法特点,选用合适的原位测试方法和勘察设备进行原位测试。原位测试成果应与室内试验数据进行对比分析,检验其可靠性。

b.设计人的试验室应通过行业管理部门认可的 CMA 计量认证,具有相应的资格证书、试验人员和试验条件,否则应委托第三方试验室进行室内试验。

c.设计人应在试验之前按照要求清点样品数目,认定取样质量及数量是否满足试验需要;勘察设备应检定合格,性能参数满足试验要求,严格按照规范标准的相应规定进行试验操作;试验之后应在有效期内保留备样,以备复核试验成果之用,并按规范标准规定处理余土和废液,符合环境保护、健康卫生等要求。

d.试验报告的格式应符合 CMA 计量认证体系要求,加盖 CMA 章并由试验负责人签字确认;试验负责人应通过计量认证考核,并由项目负责人授权许可。

⑤ 其他要求。

a.设计人应在勘察过程中重视地质环境对安全的影响,提交的勘察报告应真实、准确、可靠,满足工程安全生产的需要,并对勘察结论负责。

b.设计人应对有可能引发公路工程安全隐患的地质灾害提出防治建议。

c.工程勘察布点应参考发包人提供的资料。勘探点的数量、深度和位置可根据地质情况和现场条件依据规范进行调整,但应经发包人同意和批准。

d.勘探过程中应认真记录每日工作内容,保存原始记录资料与数据,以供发包人检查和分析。

e.在钻探过程中,如发包人根据规范需要更改取样间距与现场试验的要求,或更改钻孔深度,设计人应积极配合并安排实施。

f.设计人在钻探过程中应对地下管线和构筑物进行相应保护,遇到地下文物时应及时向发包人和文物保护部门汇报并妥善保护。设计人在钻探过程中应采取有效的环境保护措施,避免对周围环境造成破坏或污染。

g.设计人在进行外业勘察时,应采取有效措施避免对原有道路、桥梁、构造物及其他公共设施或地上附着物造成损坏或损伤。如造成损坏或损伤而引起的一切索赔、赔偿、诉讼费用和其他费用,由设计人自行承担。

(5) 勘察设备要求。

① 设计人应按合同进度计划的要求,及时配置勘察设备进行作业。设计人更换合同约定的勘察设备的,应报发包人批准。

② 设计人应按照规范要求,及时维修、保养或更换勘察设备,包括并不限于钻机、触探仪、全站仪、水准仪、探测仪、测井平台、天平、固结仪、振筛机、干燥箱、直剪仪、收缩仪、膨胀仪、渗透仪等,保证勘察设备能够随时进场使用。

③ 设计人使用的勘察设备不能满足合同进度计划和(或)质量要求时,发包人有权要求设计人增加或更换勘察设备,设计人应及时增加或更换,由此增加的费用和(或)周期延误由设计人自行承担。

(6) 临时占地和设施要求。

① 设计人应根据勘察设计服务方案制订临时占地计划,报请发包人批准。

② 位于本工程区域内的临时占地,由发包人协调提供。位于道路、绿化或者其他市政设施内的临时占地,由设计人向行政管理部门报建申请,按照要求制订占地施工方案,并据此实施。

③ 临时占地使用完毕后,设计人应按照发包人要求或行政管理部门规定恢复临时占地。如果恢复或清理标准不能满足要求的,发包人有权委托他人代为恢复或清理,由此发生的费用从拟支付给设计人的勘察设计费用中扣除。

④ 设计人应配备或搭设足够的临时设施,保证勘探工作能够正常开展。临时设施包括并不限于施工围挡、交通疏导设施、安全防范设施、钻机防护设施、安全文明施工设施、办公生活用房、取样存放场所等。

⑤临时设施应满足规范标准、发包人要求和行政管理部门的规定等。除专用合同条款另有约定外,临时设施的修建、拆除和恢复费用由设计人自行承担。

(7) 安全作业要求。

① 设计人应按合同约定履行安全职责,执行发包人有关安全工作的指示,并在专用合同条款约定的期限内,按合同约定的安全工作内容,编制安全措施计划报送发包人批准。

② 设计人应严格执行操作规程,采取有效措施保证道路、桥梁、交通安全设施、建构筑物、地下管线、架空线和其他周边设施等安全正常地运行。

③ 设计人应按照法律、法规和工程建设强制性标准进行勘察,加强勘察作业安全管理,特别加强易燃、易爆材料、火工器材、有毒与腐蚀性材料和其他危险品的管理。

④ 设计人应严格按照国家安全标准制定施工安全操作规程,配备必要的安全生产和劳动保护设施,加强对相关人员的安全教育,并且发放安全工作手册和劳动保护用具。

⑤ 设计人应按发包人的指示制订应对灾害的紧急预案,报送发包人批准。设计人还应按预案做好安全检查,配置必要的救助物资和器材,切实保护好有关人员的人身和财产安全。

⑥ 设计人应对其履行合同所雇用的全部人员,包括分包人人员的工伤事故承担责任,但由于发包人原因造成设计人人员工伤事故的,应由发包人承担责任。

⑦ 由于设计人原因在施工场地内及其毗邻地带造成的第三者人员伤亡和财产损失,由设计人负责赔偿。

(8) 环境保护要求。

① 设计人在履行合同过程中,应遵守有关环境保护的法律,履行合同约定的环境保护义务,并对违反法律和合同约定义务所造成的环境破坏、人身伤害和财产损失负责。

② 设计人应按合同约定的环保工作内容,编制环保措施计划,报送发包人批准。

③ 设计人应确保勘探过程中产生的气体排放物、粉尘、噪声、地面排水及排污等,符合法律规定和发包人要求。

(9) 事故处理要求。

① 合同履行过程中发生事故时,设计人应立即通知发包人。

② 发包人和设计人应立即组织人员和设备进行紧急抢救和抢修,减少人员伤亡和财产损失,防止事故扩大,并保护事故现场。需要移动现场物品时,应作出标记和书面记录,妥善保管有关证据。发包人和设计人应按国家有关规定,及时如实地向有关部门报告事故发生的情况,以及正在采取的紧急措施等。

(10) 勘察设计文件要求。

① 勘察设计文件的编制应符合法律法规、规范标准的强制性规定和发包人要求,相关勘察设计依据应完整、准确、可靠,勘察设计方案论证充分,计算成果规范可靠,并能够实施。

② 勘察设计服务应根据法律、规范标准和发包人要求,保证工程的合理使用寿命年限,并在设计文件中予以注明。

③ 勘察设计文件的深度应满足本合同相应勘察设计阶段的规定要求,满足发包人的下一步工作需要,并应符合国家和行业现行规定。

④ 勘察设计文件必须保证工程质量和施工安全等方面的要求,按照有关法律法规规定在勘察设计文件中提出保障施工作业人员安全和预防生产安全事故的措施建议。

⑤ 勘察设计文件必须符合下列要求:

a. 勘察设计文件的编制必须严格执行国家基本建设程序、工程建设标准强制性条文及有关公路工程建设的法律、法规、规章、规范、标准、规程、定额和合同的要求。

b. 勘察设计文件的编制须符合国民经济、社会发展规划和产业政策，贯彻提高社会经济效益和促进技术进步的方针，实行资源综合利用，节约资源和能源，符合国家自然风景区、城市、集镇、村庄规划和相关专业规划，符合国家有关劳动安全卫生、消防、抗震、人防规定。

c. 勘察设计文件必须保证工程质量和安全的要求，符合安全、适用、耐久、经济、美观的综合要求；并应特别注意沿线景观及沿线设施的协调性和符合环境保护、水土保持的要求。

⑥ 设计人应根据批复的可行性研究报告和交通运输部《公路工程基本建设项目设计文件编制办法》规定的设计深度完成初步设计工作。初步设计文件经审查批复后，作为编制施工图设计文件和控制建设项目投资的依据。

⑦ 若发包人或发包人上级主管部门认为需要进行技术设计，设计人应根据发包人要求，按交通运输部《公路工程基本建设项目设计文件编制办法》有关规定编制技术设计文件和修正概算，并通过发包人上级主管部门的审查。如果发包人在招标阶段已明确本项目包括技术设计并且在报价清单中已列有相应报价子目，则按设计人在报价清单中所报的相应费用支付；否则，对于发包人在项目实施过程中提出的技术设计，发包人应另行支付费用。

⑧ 设计人应按批准的初步设计完成施工图设计工作，并接受发包人、咨询单位及发包人上级主管部门对施工图设计文件的审查，按审查意见修改施工图设计文件。设计人应在发包人规定的时间内完成施工图预算的编制，施工图设计文件及施工图预算应按各施工标段进行编制。施工图设计文件批复后，则作为编制施工招标文件的依据。

⑨ 当发包人、咨询单位或上级主管部门认为需调用设计人的设计计算书时，设计人必须及时提供。

7）开始勘察设计和完成勘察设计

（1）开始勘察设计。

① 符合专用合同条款约定的开始勘察设计条件的，发包人应提前7天向设计人发出开始勘察设计通知。勘察设计服务期限自开始勘察设计通知中载明的开始勘察设计日期起计算。勘察设计服务周期安排在专用合同条款中约定。

② 除专用合同条款另有约定外，因发包人原因造成合同签订之日起90天内未能发出开始勘察设计通知的，设计人有权提出价格调整要求，或者解除合同。发包人应承担由此增加的费用和（或）周期延误。

③ 设计人应在接到中标通知书后14天内，针对勘察设计各个阶段工作内容向发包人提交具有可实施性、分项目的勘察设计详细工作大纲及进度计划，以及为完成本计划而建议采用的措施和说明（含电子文件一份），经批准后作为勘察设计合同文件的组成部分，是发包人对勘察设计进行项目管理的依据之一。

④ 设计人在开展专题研究之前，应针对专题研究的具体内容提交详细的工作大纲（含电子文件一份），报发包人审核后实施，并作为勘察设计合同文件的组成部分。

⑤ 发包人对设计人勘察设计详细工作大纲及进度计划、专题研究详细工作大纲的审查，并不免除设计人对本项目勘察设计（含专题研究）应承担的责任。

⑥ 设计人应在每月月底向发包人提供进度报告，说明该月工作进展情况及下月计划安排，并根据发包人要求，参加发包人组织的月度工作例会。

(2) 发包人引起的周期延误。

在履行合同过程中,由于发包人的原因造成勘察设计服务期限延误的,发包人应延长勘察设计服务期限并增加勘察设计费用,具体方法在专用合同条款中约定。

(3) 设计人引起的周期延误。

由于设计人原因造成周期延误,设计人应支付逾期违约金。逾期违约金的计算方法和最高限额在专用合同条款中约定。

(4) 行政管理部门引起的周期延误。

由于行政管理部门审查延迟原因造成费用增加和(或)周期延误的,由发包人承担。

(5) 非人为因素引起的周期延误。

① 由于出现专用合同条款规定的异常恶劣气候条件、不利物质条件等因素导致周期延误的,设计人有权要求发包人延长周期和(或)增加费用。

② 设计人发现地下文物或化石时,应按规定及时报告发包人和文物保护部门,并采取有效措施进行保护,设计人有权要求发包人延长周期和(或)增加费用。

(6) 完成勘察设计。

① 设计人完成勘察设计服务之后,应根据法律、规范标准、合同约定和发包人要求编制勘察设计文件。

② 勘察设计文件是工程勘察设计的最终成果和施工的重要依据,应根据本工程的勘察设计内容和不同阶段的勘察设计任务、目的和要求等进行编制。勘察设计文件的内容和深度应满足对应阶段的规范要求。

③ 除专用合同条款另有约定外,勘察设计文件包括纸质文件和电子文件两种形式,两者若有不一致时,应以纸质文件为准。纸质文件一式八份,应加盖单位章和项目负责人注册执业印章;电子文件中的文字为 Word 格式,图形为 CAD 格式,并应使用光盘和 U 盘分别贮存。

(7) 提前完成勘察设计。

① 根据发包人要求或者基于专业能力判断,设计人认为能够提前完成勘察设计的,可向发包人递交一份提前完成勘察设计建议书,包括实施方案、提前时间、勘察设计费用变动等内容。除专用合同条款另有约定之外,发包人接受建议书的,不因提前完成勘察设计而减少勘察设计费用;增加勘察设计费用的,所增费用由发包人承担。

② 发包人要求提前完成勘察设计但设计人认为无法实施的,应在收到发包人书面指示后 7 天内提出异议,说明不能提前完成的理由。发包人应在收到异议后 7 天内予以答复。任何情况下,发包人不得压缩合理的勘察设计服务期限。

③ 由于设计人提前完成勘察设计而给发包人带来经济效益的,发包人可以在专用合同条款中约定设计人因此获得的奖励内容。

8) 暂停勘察设计

(1) 发包人原因暂停勘察设计。

合同履行中发生下列情形之一的,设计人可向发包人发出通知,要求发包人采取有效措施予以纠正。发包人收到设计人通知后的 28 天内仍不履行合同义务时,设计人有权暂停勘察设计并通知发包人,发包人应承担由此导致的费用增加和(或)周期延误。

① 发包人违约;

② 发包人确定暂停勘察设计;

③ 合同约定由发包人承担责任的其他情形。
(2) 设计人原因暂停勘察设计。

合同履行中发生下列情形之一的,发包人可向设计人发出通知暂停勘察设计,由此造成费用的增加和(或)周期延误由设计人承担:

① 设计人违约;
② 设计人擅自暂停勘察设计;
③ 合同约定由设计人承担责任的其他情形。
(3) 暂停期间的文件照管。

不论由于何种原因引起暂停勘察设计,暂停期间设计人应负责妥善保护已完部分的勘察设计文件,由此增加的费用由责任方承担。

9) 勘察设计文件

(1) 勘察设计文件接收。

① 发包人应及时接收设计人提交的勘察设计文件。如无正当理由拒收的,视为发包人已经接收勘察设计文件。

② 发包人接收勘察设计文件时,应向设计人出具文件签收凭证,凭证内容包括文件名称、文件内容、文件形式、份数、提交和接收日期、提交人与接收人的亲笔签名等。

③ 勘察设计文件提交的份数、内容、纸幅、装订格式、电子文件、展板、模型、沙盘、动画等要求,在专用合同条款中约定。

(2) 发包人审查勘察设计文件。

① 发包人接收勘察设计文件之后,可以自行或者组织专家会进行审查,设计人应给予配合。审查标准应符合法律、规范标准、合同约定和发包人要求等;审查的具体范围、明细内容和费用分担原则,在专用合同条款中约定。

② 除专用合同条款另有约定外,发包人对勘察设计文件的审查期限,自文件接收之日起不应超过14天。发包人逾期未作出审查结论且未提出异议的,视为设计人的勘察设计文件已经通过发包人审查。

③ 发包人审查后不同意勘察设计文件的,应以书面形式通知设计人,说明审查不通过的理由及其具体内容。设计人应根据发包人的审查意见修改完善勘察设计文件,并重新报送发包人审查,审查期限重新起算。

(3) 审查机构审查勘察设计文件。

① 勘察设计文件需经政府有关部门审查或批准的,发包人应在审查同意后,按照有关主管部门要求,将勘察设计文件和相关资料报送审查机构进行审查。发包人的审查和审查机构的审查不减免设计人因为质量问题而应承担的勘察设计责任。

② 对于审查机构的审查意见,如不需要修改发包人要求的,应由设计人按照审查意见修改完善勘察设计文件;如需修改发包人要求的,则由发包人重新修改和提出发包人要求,再由设计人根据新的发包人要求修改完善勘察设计文件。

③ 由于自身原因造成勘察设计文件未通过审查机构审查的,设计人应承担违约责任,采取补救措施直至达到合同约定的质量标准,并自行承担由此导致的费用增加和(或)周期延误。

10）勘察设计责任与保险

（1）工作质量责任。

① 勘察设计工作质量应满足法律规定、规范标准、合同约定和发包人要求等。

② 设计人应做好勘察设计服务的质量与技术管理工作，建立健全内部质量管理体系和质量责任制度，加强勘察设计服务全过程的质量控制，建立完整的勘察设计文件的设计、复核、审核、会签和批准制度，明确各阶段的责任人。

③ 设计人应强化现场作业质量和试验工作管理，保证原始记录和试验数据的可靠性、真实性和完整性，严禁离开现场进行追记、补记和修改记录。

④ 设计人应按合同约定对勘察设计服务进行全过程的质量检查和检验，并作详细记录，编制勘察设计工作质量报表，报送发包人审查。

⑤ 发包人有权对勘察设计工作质量进行检查和审核。设计人应为发包人的检查和检验提供方便，包括发包人到勘察设计场地、试验室或合同约定的其他地方进行察看，查阅、审核勘察设计的原始记录和其他文件。发包人的检查和审核，不免除设计人按合同约定应负的责任。

（2）勘察设计文件错误责任。

① 勘察设计文件存在错误、遗漏、含混、矛盾、不充分之处或其他缺陷，无论设计人是否通过了发包人审查或审查机构审查，设计人均应自费对前述问题带来的缺陷和工程问题进行改正，但因由发包人提供的文件错误导致的除外。

② 因设计人原因造成勘察设计文件不合格的，发包人有权要求设计人采取补救措施，直至达到合同要求的质量标准，并按约定承担责任。

③ 因发包人原因造成勘察设计文件不合格的，设计人应当采取补救措施，直至达到合同要求的质量标准，由此造成的勘察设计费用增加和（或）勘察设计服务期限延误由发包人承担。

（3）勘察设计责任主体。

① 设计人应运用一切合理的专业技术、知识技能和项目经验，按照职业道德准则和行业公认标准尽其全部职责，勤勉、谨慎、公正地履行其在本合同项下的责任和义务。

② 本工程施行质量责任终身制。设计人应书面明确相应的项目负责人和质量负责人。设计人的相关人员按照国家法律法规和有关规定在工程合理使用年限内承担相应的质量责任。

③ 设计人应按照相关规定，做好设计交底、设计变更和后续服务工作，保障设计意图在施工中得以贯彻落实，及时处理施工中与设计相关的质量技术问题。

④ 本工程交工验收前，设计人应对工程建设内容是否满足设计要求、是否达到使用功能等方面进行综合检查和分析评价，向发包人出具工程设计符合性评价意见。

⑤ 设计人应依法规范分包行为，并对承担的工程质量负总责，分包单位对分包合同范围内的工程质量负责。

（4）勘察设计责任保险。

① 除专用合同条款另有约定外，设计人应具有发包人认可的、履行本合同所需要的工程勘察设计责任险，于合同签订后28天内向发包人提交工程勘察设计责任险的保险单副本或者其他有效证明，并在合同履行期间保持足额、有效。

② 工程勘察设计责任险的保险范围，应当包括由于设计人的疏忽或过失而造成的工程质量事故损失，以及由于事故引发的第三者人身伤亡、财产损失或费用赔偿等。

③ 发生工程勘察设计保险事故后，设计人应按保险人要求进行报告，并负责办理保险理赔

业务;保险金不足以补偿损失的,由设计人自行补偿。

11) 招标和施工期间配合

(1) 招标期间配合。

① 招标配合指设计人配合发包人进行各项招标工作。

② 招标人应按发包人规定的时间提供各标段施工招标资格预审所需的工程数量和工程说明;按发包人规定的时间提供各标段的施工招标图纸、工程量清单和参考资料;按发包人要求安排相关人员参加标前会,就有关设计问题进行答疑。

(2) 施工期间配合。

① 施工配合指设计人配合施工承包人,在施工期间提供的补充勘察、设计服务或其他配合工作,直至工程通过竣工验收为止。

② 除专用合同条款另有约定外,发包人应为设计人派赴施工现场的工作人员,在施工期间提供办公房间、办公桌椅、互联网接口、冷暖设施、生活设施、进出现场交通服务和其他便利条件。

③ 设计人应在本工程的施工期间,积极提供勘察设计配合服务,包括并不限于设计技术交底、施工现场服务、参与施工过程验收、参与工程交工验收、参与工程竣工验收等工作。

④ 发包人应当组织设计技术交底会,由设计人向发包人、监理人和施工承包人等进行设计交底,对本工程的设计意图、设计文件和施工要求等进行系统的说明和解释。

⑤ 工程施工完毕后,发包人应当按有关规定组织工程交工验收和工程竣工验收,设计人参加验收并出具本单位的验收结论。如因勘察设计原因致使工程不合格的,设计人应当承担违约责任,免费修改勘察设计文件和赔偿发包人由此产生的经济损失。

⑥ 设计人应在施工现场设立代表处或派驻经验丰富的设计代表常驻施工现场,做好施工现场服务,并负责解决施工过程中出现的设计问题。

发包人对设计代表的数量和资历条件有特定要求的,在专用合同条款中约定。设计人应按发包人提出的要求派驻设计代表,否则按违约处理。若发包人在工作中发现设计代表不称职或有违法行为时,有权提出更换,设计人应在发包人提出更换通知的 7 天内完成更换工作并使发包人满意。

⑦ 项目设计变更的勘察设计由设计人承担,设计人应及时完成勘察设计,提交设计变更文件,并对设计变更文件承担相应责任。除合同规定之外的设计变更,其勘察设计费用应视为已含入合同价格中,发包人不再另行支付。所有设计变更必须提供预算金额并由设计代表签字确认。

12) 合同变更

(1) 变更情形。

① 合同履行中发生下述情形时,合同一方均可向对方提出变更请求,经双方协商一致后进行变更,勘察设计服务期限和勘察设计费用的调整方法在专用合同条款中约定。

a. 勘察设计范围发生变化;

b. 除不可抗力外,非设计人的原因引起的周期延误;

c. 非设计人的原因,对工程同一部分重复进行勘察设计;

d. 非设计人的原因,对工程暂停勘察设计及恢复勘察设计。

② 基准日后,因颁布新的或修订原有法律、法规、规范和标准等引发合同变更情形的,按照上述约定进行调整。

(2) 合理化建议。

① 合同履行中,设计人可对发包人要求提出合理化建议。合理化建议应以书面形式提交发包人,被发包人采纳并构成变更的,执行有关约定。

② 设计人提出的合理化建议降低了工程投资、缩短了施工期限或者提高了工程经济效益的,发包人应按专用合同条款中的约定给予奖励。

13) 合同价格与支付

(1) 合同价格。

① 合同的报价方式、价格调整方式和风险范围划分,在专用合同条款中约定。

② 勘察设计费用实行发包人签证制度,即设计人完成勘察设计项目后通知发包人进行验收,通过验收后由发包人代表对实施的勘察设计项目、数量、质量和实施时间签字确认,以此作为计算勘察设计费用的依据之一。

③ 除专用合同条款另有约定外,合同价格应当包括收集资料,踏勘现场,制订纲要,进行测绘、勘探、取样、试验、测试、分析、设计、评估、审查等,编制勘察设计文件,招标与施工配合等全部费用和国家规定的各项税费。

④ 发包人要求设计人进行外出考察、试验检测、专项咨询或专家评审时,相应费用不含在合同价格之中,由发包人另行支付。

⑤ 设计人为联合体的,发包人应根据勘察设计工作进展向联合体牵头人支付勘察设计费用,由联合体牵头人根据联合体各成员及分包人(如有)实际完成的工作量及完成质量,向联合体各成员及分包人支付合同价款,由此发生的税费等费用统一包含在合同价格内,发包人不另行支付。联合体牵头人提出书面申请时,发包人也可直接向联合体各成员支付合同价款。

⑥ 发包人向设计人实际支付的勘察设计费,将不高于初步设计审批概算中相应勘察设计费的审批额,除非勘察设计费审批额依法予以调整。勘察设计费超出审批额部分发包人将予以扣除,合同价格相应变更,不足部分发包人将不另行支付。

(2) 预付款。

① 预付款应专用于本工程的勘察设计。预付款的额度、支付方式在专用合同条款中约定。设计人无须向发包人提交预付款保函,但设计人提交的履约保证金对预付款的正常使用承担保证责任。

② 发包人应在收到预付款支付申请后 28 天内,将预付款支付给设计人,设计人应当提供等额的增值税专用发票。

(3) 中期支付。

① 设计人应按发包人批准或专用合同条款约定的格式及份数,向发包人提交中期支付申请,并附相应的支持性证明文件。

② 发包人应在收到中期支付申请后的 28 天内,将应付款项支付给设计人,设计人应当提供等额的增值税专用发票。发包人未能在前述时间内完成审批或不予答复的,视为发包人同意中期支付申请。发包人不按期支付的,按专用合同条款的约定支付逾期付款违约金。

③ 中期支付涉及政府投资资金的,按照国库集中支付等国家相关规定和专用合同条款的约定执行。

(4) 费用结算。

① 合同工作完成后,设计人应按专用合同条款约定的份数和期限,向发包人提交勘察设计

费用结算申请,并提供相关证明材料。

② 发包人应在收到费用结算申请后的 28 天内,将应付款项支付给设计人,设计人应当提供等额的增值税专用发票。发包人未能在前述时间内完成审批或不予答复的,视为发包人同意费用结算申请。发包人不按期支付的,按专用合同条款的约定支付逾期付款违约金。

③ 发包人对费用结算申请内容有异议的,有权要求设计人进行修正和提供补充资料,由设计人重新提交。设计人对此有异议的,按约定执行。

④ 最终结清付款涉及政府投资资金的,按有关约定执行。

(5) 暂列金额。

① 本合同的暂列金额在专用合同条款中约定。暂列金额应按发包人的书面指示全部或部分使用,或根本不予动用。

② 如果使用暂列金额进行某项额外勘察设计工作、专题研究、审查和会务工作,其费用应按设计人投标报价中相应项目的基本单价和实际发生的工作量经发包人核定后支付,或者按实际发生的工作费用经发包人核实后支付。

(6) 质量保证金。

为保证设计人的设计质量和设计服务,最后一批勘察设计成果文件经上级主管部门批复之后 28 天内,设计人应向发包人缴纳质量保证金。质量保证金可采用银行保函或现金、支票形式,金额应符合专用合同条款的规定。采用银行保函时,出具保函的银行须具有相应担保能力,且按照发包人批准的格式出具,所需费用由设计人承担,待项目交工证书签发后 28 天内返还给设计人。

14) 不可抗力

(1) 不可抗力的确认。

① 不可抗力是指设计人和发包人在订立合同时不可预见,在履行合同过程中不可避免发生并不能克服的自然灾害和社会性突发事件,如地震、海啸、瘟疫、水灾、骚乱、暴动、战争和专用合同条款约定的其他情形。

② 不可抗力发生后,发包人和设计人应及时认真统计所造成的损失,收集不可抗力造成损失的证据。合同双方对是否属于不可抗力或其损失的意见不一致的,由合同双方协商确定。

(2) 不可抗力的通知。

① 合同一方当事人遇到不可抗力事件,使其履行合同义务受到阻碍时,应立即通知合同另一方当事人,书面说明不可抗力和受阻碍的详细情况,并提供必要的证明。

② 如不可抗力持续发生,合同一方当事人应及时向合同另一方当事人提交中间报告,说明不可抗力和履行合同受阻的情况,并于不可抗力事件结束后 28 天内提交最终报告及有关资料。

(3) 不可抗力后果及其处理。

① 不可抗力引起的后果及其损失,应由合同当事人依据法律规定各自承担。不可抗力发生前已完成的勘察设计工作,应当按照合同约定进行支付。

② 不可抗力发生后,合同当事人应当采取有效措施避免损失进一步扩大,如未采取有效措施致使损失扩大的,应当自行承担扩大部分的损失。

③ 因一方当事人迟延履行合同义务,致使迟延履行期间遭遇不可抗力的,应由该当事人承担全部损失。

15) 违约

(1) 设计人违约。

合同履行中发生下列情况之一的,属设计人违约:

① 勘察设计文件不符合法律以及合同约定;

② 设计人转包、违法分包或者未经发包人同意擅自分包;

③ 设计人未按合同计划完成勘察设计(发包人同意延期的除外);

④ 设计人无法履行或停止履行合同;

⑤ 在收到发包人或咨询单位或上级主管部门提出的审查意见后,设计人未在专用合同条款规定的期限内完成对勘察设计文件的修改;

⑥ 设计人在投标文件中承诺的或按合同文件约定的投入本项目的主要勘察设计人员发生变化(因不可抗力引起的人员变动除外);

⑦ 设计人未按照合同规定提供招标期间的配合服务;

⑧ 设计人未及时选派合格的设计代表进驻施工现场,或未能在发包人和设计人约定的时间内给予答复、完成变更设计;

⑨ 因勘察设计深度不够、资料不足、方案缺陷以及勘察设计质量低劣而被要求返工;

⑩ 因勘察设计深度不够、资料不足、方案缺陷或质量低劣导致未通过上级主管部门的审查,或导致本项目造价调整率超过专用合同条款中约定的比例;

⑪ 由于设计人的过失或责任引起本项目发生重大设计变更、较大设计变更或单个合同段因变更引起的工程费用调整累计超过专用合同条款中约定的比例,导致施工工期拖延或者给发包人造成经济损失。重大设计变更及较大设计变更的划分标准参照《公路工程设计变更管理办法》的规定执行;

⑫ 由于设计人的过失或责任导致勘察设计质量事故;

⑬ 设计人不履行合同约定的其他义务。

设计人发生违约情况时,发包人可向设计人发出整改通知,要求其在限定期限内纠正;逾期仍不纠正的,发包人有权解除合同并向设计人发出解除合同通知。设计人应当承担由于违约所造成的费用增加、周期延误和发包人损失等。发包人有权向设计人课以专用合同条款中约定的违约金,并由发包人将其违约行为上报省级交通运输主管部门,作为不良记录纳入公路建设市场信用信息管理系统。

(2) 发包人违约。

合同履行中发生下列情况之一的,属发包人违约:

① 发包人未按合同约定支付勘察设计费用;

② 发包人原因造成勘察设计停止;

③ 发包人无法履行或停止履行合同;

④ 由于发包人变更勘察设计项目、规模、条件,或未按合同约定提供勘察设计必需的资料,造成勘察设计的返工、停工、窝工或修改设计;

⑤ 发包人无正当理由不按时返还履约保证金、质量保证金;

⑥ 发包人不履行合同约定的其他义务。

发包人发生违约情况时,设计人可向发包人发出暂停勘察设计通知,要求其在限定期限内纠正;逾期仍不纠正的,设计人有权解除合同并向发包人发出解除合同通知。发包人应当承担由于违约所造成的费用增加、周期延误和设计人损失等。设计人有权向发包人课以专用合同条款中约定的违约金。

（3）第三人造成的违约。

在履行合同过程中，一方当事人因第三人的原因造成违约的，应当向对方当事人承担违约责任。一方当事人和第三人之间的纠纷，依照法律规定或者按照约定解决。

16）争议的解决

发包人和设计人在履行合同中发生争议的，可以友好协商解决。合同当事人友好协商解决不成的，可在专用合同条款中约定按下列一种方式解决：

① 向约定的仲裁委员会申请仲裁；

② 向有管辖权的人民法院提起诉讼。

采用仲裁方式最终解决争议的项目，仲裁裁决是终局性的，并对发包人和设计人双方均具有约束力。全部仲裁费用应由败诉方承担，或按仲裁委员会裁决的比例分担。

2. 勘察设计专用合同条款

专用合同条款是在通用合同条款中明确指出要在专用条款或数据表中予以具体规定的数据、信息或与工程所在地具体情况有关的规定（如异常气候条件等），是合同必备的配套条款，不能缺少，否则，通用条款就不完善。专用合同条款的编号应与通用合同条款一致。

四、勘察设计技术标准与规范

公路工程的勘察设计过程和成果必须符合国家有关工程建设标准强制性条文和交通运输部关于公路勘察设计方面现行的标准、规范、规程、定额、办法、示例，以及招标项目所在省、自治区、直辖市关于公路工程勘察设计方面的文件、规定。设计人在勘察设计工作中使用或参考上述标准、规范以外的技术标准、规范时，应征得业主或业主指定代表人的同意。在设计过程中，如果国家或有关部门颁布了新的技术标准或规范，则设计人应采用新的标准或规范进行勘察设计。

1. 勘察设计要求

招标人应当根据项目情况明确相应的勘察设计要求，一般应包括以下内容。

（1）项目概况：包括项目名称、建设单位、建设规模、技术标准、项目地理位置、周边环境、相关区域路网现状及规划（包括道路及交通工程设施现状及规划）、文物情况、地质地貌、水文、气候及气象条件等；

（2）勘察设计范围及内容；

（3）勘察设计依据；

（4）项目使用功能的要求；

（5）勘察设计人员和设备要求；

（6）其他要求。

2. 勘察设计规范

设计人在勘察设计工作中必须使用中华人民共和国《工程建设标准强制性条文》（公路工程部分）和下述标准、规范（不限于）。

1）公路工程（不含交通工程）勘察设计

（1）（JTG B01—2014）《公路工程技术标准》；

(2)（JTJ 002—87）《公路工程名词术语》；
(3)（JTJ 003—86）《公路自然区划标准》；
(4)（JTG/T B02-01—2008）《公路桥梁抗震设计细则》；
(5)（JTG B03—2006）《公路建设项目环境影响评价规范》；
(6)（JTG B04—2010）《公路环境保护设计规范》；
(7)（JTG C10—2007）《公路勘测规范》；
(8)（JTG C20—2011）《公路工程地质勘察规范》；
(9)（JTG C30—2015）《公路工程水文勘测设计规范》；
(10)（JTG E40—2007）《公路土工试验规程》；
(11)（JTG D20—2017）《公路路线设计规范》；
(12)（JTG/T D21—2014）《公路立体交叉设计细则》；
(13)（JTG D30—2015）《公路路基设计规范》；
(14)（JTG D50—2017）《公路沥青路面设计规范》；
(15)（JTG D40—2011）《公路水泥混凝土路面设计规范》；
(16)（JTG/T D33—2012）《公路排水设计规范》；
(17)（JTG D60—2015）《公路桥涵设计通用规范》；
(18)（JTG D61—2005）《公路圬工桥涵设计规范》；
(19)（JTG D62—2004）《公路钢筋混凝土及预应力混凝土桥涵设计规范》；
(20)（JTG D63—2007）《公路桥涵地基与基础设计规范》；
(21)（JTG D64—2015）《公路钢结构桥梁设计规范》；
(22)（JTG D70—2014）《公路隧道设计规范》；
(23)（JTG D70/2—2014）《公路隧道设计规范 第二册 交通工程与附属设施》；
(24)（JTG/T D70/2-01—2014）《公路隧道照明设计细则》；
(25)（JTG/T D70/2-02—2014）《公路隧道通风设计细则》；
(26)（JTG D81—2017）《公路交通安全设施设计规范》；
(27)（JTG/T D81—2017）《公路交通安全设施设计细则》；
(28)（JTG/T B07-01—2006）《公路工程混凝土结构防腐蚀技术规范》；
(29)（JTG B05—2015）《公路项目安全性评价规范》；
(30)（GB/T 50283—99）《公路工程结构可靠度设计统一标准》；
(31)（GB 50162—92）《道路工程制图标准》；
(32)（交公路发[2007]358号）《公路工程基本建设项目设计文件编制办法》；
(33)（JTG B06—2007）《公路工程基本建设项目概算预算编制办法》；
(34)（JTG/T B06-01—2007）《公路工程概算定额》；
(35)（JTG/T B06-02—2007）《公路工程预算定额》；
(36)（JTG/T B06-03—2007）《公路工程机械台班费用定额》；
(37)（建标[1999]278号）《公路建设项目用地指标》。

2) 公路工程（交通工程）勘察设计

(1)（YD 2002—92）《长途通信干线电缆线路工程设计规范》；
(2)（YD 5102—2010）《通信线路工程设计规范》；

(3)（YDJ 44—89）《电信网光纤数字传输系统工程施工及验收暂行技术规定》；
(4)（GB 50689—2011）《通信局（站）防雷与接地设计工程技术规定》；
(5)（GB 50374—2006）《通信管道工程施工及验收技术规范》；
(6)（GB 50198—2011）《民用闭路监视电视系统工程技术规范》；
(7)（GB 50174—2008）《电子信息系统机房设计规范》；
(8)（ITU—T）《国际电工协会系列标准》；
(9)（GB 50057—2010）《建筑物防雷设计规范》；
(10)（JGJ 16—2008）《民用建筑电气设计规范》；
(11)（YDJ 9—90）《市内通信全塑电缆线路工程设计规范》；
(12)（YD 5121—2010）《通信线路工程验收规范》；
(13)（GB 50168—2006）《电气装置安装工程电缆线路施工及验收规范》；
(14)（JTG/T C10—2007）《公路勘测细则》；
(15)（GB/T 20257.1—2007）《1∶500 1∶1000 1∶2000 地形图图式》；
(16)（GB/T 13923—2006）《基础地理信息要素分类与代码》；
(17)（CH 1003—95）《测绘产品质量评定标准》；
(18)（CH 1002—95）《测绘产品检查验收规定》；
(19)（GB/T 18316—2008）《数字测绘成果质量检查与验收》；
(20)（建质[2008] 216 号）《建筑工程设计文件编制深度规定》。

3. 成果文件要求

(1) 成果文件的组成：勘察设计说明、图纸等。
(2) 成果文件的深度。
(3) 成果文件的格式要求。
(4) 成果文件的份数要求。
(5) 成果文件的载体要求：纸质版的要求、电子版的要求、其他要求。
(6) 成果文件的展板、模型、沙盘、动画要求。
(7) 成果文件的其他要求。

五、勘察设计原始资料

1. 招标人提供的原始资料

招标人向各投标人提供下列原始文件：
(1) 前一阶段（工可阶段或初步设计阶段）研究或设计的成果文件及相应的批件（复印件）各一份。
(2) 有关建设主管部门对项目建设的批复。

2. 设计人自行搜集的资料

(1) 公路工程（不含交通工程）勘察设计：投标人应根据实际需要，自行搜集或购买全部地形图、地质图、规划图及所涉及的其他图纸或资料，自费进行工程测量、工程勘察、研究试验及有关协调（包括签订协议）、调查和资料搜集等工作。

(2) 公路工程(交通工程)勘察设计：
① 相关路网交通工程设施的配置资料(包括通信、监控、收费、安全、照明设施)。
② 沿线高压供电的资料。
③ 沿线公用通信网的资料。
④ 沿线气象、环境、人文景观的有关资料。
⑤ 相关路网的管理运营体制资料。
⑥ 相关路网服务设施设置情况的资料。
⑦ 与交通工程相关的规划资料。

六、勘察设计合同附件格式

合同协议书

_____(发包人名称,以下简称"发包人")为实施_____(项目名称),已接受_____(设计人名称,以下简称"设计人")对该项目_____标段勘察设计的投标。发包人和设计人共同达成如下协议。

1. 第_____标段由 K_____+_____至 K_____+_____,长约_____km,公路等级为_____,设计速度为_____,_____路面,有_____立交_____处;特大桥_____座,计长_____m;大中桥_____座,计长_____;隧道_____座,计长_____m,以及其他构造物工程等。

2. 下列文件应视为构成合同文件的组成部分：
(1) 本合同协议书及各种合同附件(含评标期间和合同谈判过程中的澄清文件和补充资料,设计人提交的经发包人审核通过的勘察设计详细工作大纲及进度计划、专题研究详细工作大纲等);
(2) 中标通知书;
(3) 投标函;
(4) 专用合同条款;
(5) 通用合同条款;
(6) 发包人要求;
(7) 勘察设计费用清单;
(8) 设计人有关人员投入的承诺;
(9) 其他合同文件。

上述合同文件互相补充和解释。如果合同文件之间存在矛盾或不一致之处,以上述文件的排列顺序在先者为准。

3. 签约合同价:人民币(大写)_____元($_____)。
4. 项目负责人:_____。
5. 勘察设计工作质量符合的标准和要求:_____;安全目标:_____。

6. 设计人承诺按合同约定承担工程的勘察设计工作,包括_____。

7. 发包人承诺按合同约定的条件、时间和方式向设计人支付合同价款。

8. 设计人计划开始勘察设计日期:_____,实际日期按照发包人在开始勘察设计通知中载明的开始勘察设计日期为准。勘察设计服务期限为_____天。

9. 本协议书在设计人提供履约保证金后,由双方法定代表人或其委托代理人签署并加盖单位章后生效。设计人完成全部勘察设计工作且勘察设计费用结清后失效。

10. 本协议书正本二份,副本_____份,合同双方各执正本一份,副本 份,当正本与副本的内容不一致时,以正本为准。

11. 合同未尽事宜,双方另行签订补充协议。补充协议是合同的组成部分。

发包人:____(盖单位章)　　　　　　设计人:____(盖单位章)

法定代表人或其委托代理人:____(签字)　　法定代表人或其委托代理人:____(签字)

____年____月____日　　　　　　　　　____年____月____日

廉 政 合 同

根据交通运输部《关于在交通基础设施建设中加强廉政建设的若干意见》以及有关工程建设、廉政建设的规定,为做好工程建设中的党风廉政建设,保证工程建设高效优质,保证建设资金的安全和有效使用以及投资效益,本项目业主_____(以下称甲方)与设计人_____(全称)(以下称乙方),特订立如下合同。

第一条　甲乙双方的权利和义务

(一)严格遵守党的政策和国家有关法律法规及交通部的有关规定。

(二)严格执行 公路工程勘察设计合同文件,自觉按合同办事。

(三)双方的业务活动坚持公开、公正、诚信、透明的原则(除法律认定的商业秘密和合同文件另有规定之外),不得损害国家和集体利益,不得违反工程建设管理规章制度。

(四)建立健全廉政制度,开展廉政教育,设立廉政告示牌,公布举报电话,监督并认真查处违法违纪行为。

(五)发现对方在业务活动中有违反廉政规定的行为,有及时提醒对方纠正的权利和义务。

(六)发现对方严重违反本合同义务条款的行为,有向其上级部门举报、建议给予处理并要求告知处理结果的权力。

第二条　甲方的义务

(一)甲方及其工作人员不得索要或接受乙方的礼金、有价证券和贵重物品,不得在乙方报销任何应由甲方或其工作人员个人支付的费用等。

(二)甲方工作人员不得参加乙方安排的超标准宴请和娱乐活动;不得接受乙方提供的通信工具、交通工具和高档办公用品等。

(三)甲方及其工作人员不得要求或者接受乙方为其住房装修、婚丧嫁娶活动、配偶子女及其亲属的工作安排以及出国出境、旅游等提供方便等。

(四)不准向乙方和相关单位介绍或为配偶、子女、亲属参与同本勘察设计合同有关的勘察设计业务等活动。不得以任何理由要求乙方和相关单位在设计中使用某种产品、材料和设备。

第三条　乙方的义务

（一）乙方不得以任何理由向甲方及其工作人员行贿或馈赠礼金、有价证券、贵重礼品。

（二）乙方不得以任何名义为甲方及其工作人员报销应由甲方单位或个人支付的任何费用。

（三）乙方不得以任何理由安排甲方工作人员参加超标准宴请及娱乐活动。

（四）乙方不得为甲方单位和个人购置或提供通信工具、交通工具和高档办公用品。

第四条　违约责任

（一）甲方及其工作人员违反本合同第一、二条，按管理权限，依据有关规定给予党纪、政纪处分或组织处理；涉嫌犯罪的，移交司法机关追究刑事责任；给乙方单位造成经济损失的，应予以赔偿。

（二）乙方及其工作人员违反本合同第一、三条，按管理权限，依据有关规定给予党纪、政纪处分或组织处理；给甲方单位造成经济损失的，应予以赔偿；情节严重的，甲方建议交通行政主管部门给予乙方一至三年内不得进入其主管的交通工程勘察设计市场和处罚。

第五条　双方约定：本合同由双方或双方上级单位的纪检监察机关负责监督。由甲方或甲方上级单位的纪检监察机关约请乙方或乙方上级单位纪检监察机关对本合同履行情况进行检查，提出在本合同规定范围内的裁定意见。

第六条　本合同有效期为甲乙双方签署之日起至本合同失效之日止。

第七条　本合同作为_____公路工程勘察设计合同的附件，与勘察设计合同具有同等的法律效力，经合同双方签署立即生效。

第八条　本合同一式四份，由甲乙双方各执一份，送交甲乙双方的监督单位各一份。

业　　　　主：_____（单位全称）（盖章）　　设　计　人：_____（单位全称）（盖章）

法定代表人：_____（姓名）（签字）　　　　法定代表人：_____（姓名）（签字）

地　　　　址：_____　　　　　　　　　　　地　　　　址：_____

电　　　　话：_____　　　　　　　　　　　电　　　　话：_____

日　　　　期：_____　　　　　　　　　　　日　　　　期：_____

甲方监督单位：_____（全称）（盖章）　　　乙方监督单位：_____（全称）（盖章）

七、投标文件格式

招标文件中一般都会规定投标书的排版格式，投标人应按照招标文件的要求来编写标书；而在招标文件中没有明确规定的情况下，投标人可自行调整排版格式使其美观且可读性强。在下一节中将进行详细介绍。

八、评标标准和方法

公路勘察设计评标采用综合评估法。评标委员会对满足招标文件实质性要求的投标文件，按照规定的评分标准进行打分，并按得分由高到低的顺序推荐中标候选人，或根据招标人授权直接确定中标人，但投标报价低于其成本的除外。

综合评分相等时，评标委员会按照以下优先次序推荐中标候选人或确定中标人：

（1）评标价低的投标人优先；

(2) 被交通运输主管部门评为较高信用等级的投标人优先;
(3) 商务和技术得分较高的投标人优先。

1. 初步评审标准

初步评审标准包括形式评审标准、响应性评审标准和资格评审标准。

2. 分值构成与评分标准

1) 分值构成

分值构成如表4-5所示。

(1) 各评分因素权重分值范围如下:技术建议书30～45分;主要人员20～30分;技术能力0～5分;业绩10～25分;履约信誉5～10分。

(2) "技术能力"指投标人的科研开发和技术创新能力,招标人可结合招标项目的具体情况提出相关要求,包括投标人获得的与工程咨询管理(包括勘察设计、监理等工程咨询工作)有关的专利(发明专利或实用新型专利)、国家或省级科学技术进步奖、主编或参编过的国家、行业或地方标准等。

(3) 评标价权重分值不宜超过10分。

表4-5 分值构成表

条款号	条款内容	编列内容
2.2.1	分值构成 (总分100分)	第一个信封(商务及技术文件)评分分值构成: 技术建议书:____分 主要人员:____分 技术能力:____分 业绩:____分 履约信誉:____分 第二个信封(报价文件)评分分值构成: 评标价:____分

2) 评标基准价的计算

在开标现场,招标人将当场计算并宣布评标基准价。

(1) 评标价的确定:评标价＝投标函文字报价。

(2) 评标价平均值的计算。

方案一:按第一个信封(商务及技术文件)评审得分由高到低的顺序选取前3名(若不足3名,则选取相应数量),对其第二个信封(报价文件)的评标价作算术平均(根据"投标人须知"规定在开标现场被宣布为不进入评标基准价计算的投标报价除外),将该平均值作为评标价平均值。

方案二:除按"投标人须知"规定开标现场被宣布为不进入评标基准价计算的投标报价之外,所有投标人的评标价去掉一个最高值和一个最低值后的算术平均值即为评标价平均值(如果参与评标价平均值计算的有效投标人少于5家时,则计算评标价平均值时不去掉最高值和最低值)。

(3) 评标基准价的确定。

方法一:将评标价平均值直接作为评标基准价。

方法二:将评标价平均值下浮一定比率,作为评标基准价。

方法三:招标人设置评标基准价系数,由投标人代表现场抽取,评标价平均值乘以现场抽取的评标基准价系数作为评标基准价。

在评标过程中,评标委员会应对招标人计算的评标基准价进行复核,存在计算错误的应予以修正并在评标报告中作出说明。除此之外,评标基准价在整个评标期间保持不变,不随任何因素发生变化。

招标人可依据招标项目特点和实际需要,选择或制定适合项目的评标基准价计算方法。与评标基准价计算或评标价得分计算相关的所有系数(如有),其具体数值或随机抽取的数值区间均应在评标办法中予以明确。

3)评标价的偏差率计算

偏差率=100%×(投标人评标价－评标基准价)/评标基准价

4)评分标准

评分标准包括技术建议书评分标准、主要人员评分标准、评标价评分标准,如表 4-6 所示。

表 4-6 评分标准表

条款号	评分因素与权重分值					评分标准
	评分因素		评分因素权重分值	各评分因素细分项	分值	
2.2.4(1)	技术建议书		___分	对招标项目的理解和总体设计思路	___分	
				招标项目勘察设计的特点、关键技术问题的认识及其对策措施	___分	
				对前一阶段工作技术结论及技术方案的不同看法及建议	___分	
				勘察设计工作量及计划安排	___分	
				勘察设计的质量保证措施、进度保证措施、安全保证措施	___分	
				后续服务的安排及保证措施	___分	
2.2.4(2)	主要人员		___分	项目负责人任职资格与业绩	___分	
				其他人员任职资格与业绩	___分	
2.2.4(3)	评标价		___分	评标价得分计算公式示例: 如果投标人的评标价＞评标基准价,则评标价得分 $=F-$偏差率$\times 100 \times E_1$; 如果投标人的评标价≤评标基准价,则评标价得分 $=F+$偏差率$\times 100 \times E_2$。 其中:F 是评标价所占的权重分值,E_1 是评标价每高于评标基准价一个百分点的扣分值,E_2 是评标价每低于评标基准价一个百分点的扣分值;招标人可依据招标项目具体特点和实际需要设置 E_1、E_2,但 E_1 应大于 E_2		
2.2.4(4)	其他因素	技术能力	___分	……	___分	
		业绩	___分	……	___分	
				……	___分	
		履约信誉	___分	……	___分	
				……	___分	
需要补充的其他内容:						

评分标准具体要求：

(1) 招标人应根据项目具体情况确定各评分因素及评分因素权重分值，并对各评分因素进行细分（如有），确定各评分因素细分项的分值，各评分因素权重分值合计应为 100 分。各评分因素（评标价和履约信誉评分项除外）得分一般不得低于其权重分值的 60%，且各评分因素得分应以评标委员会各成员的打分平均值确定，评标委员会成员总数为 7 人以上时，该平均值以去掉一个最高分和一个最低分后计算。评标委员会成员对某一项评分因素的评分低于权重分值 60% 的，应在评标报告中作出说明。

(2) 招标人应列明各评分因素或各评分因素细分项（如有）的评分标准并作为评标委员会进行评分的依据。

(3) 招标人可根据招标项目所在地省级交通运输主管部门的有关规定，按照投标人的信用评级结果对其履约信用进行评分，但不得任意设置歧视性条款，并不得任意设立行政许可。

3. 评标程序

1) 第一个信封初步评审

(1) 评标委员会可以要求投标人提交"投标人须知"规定的有关证明和证件的原件，以便核验。评标委员会依据规定的标准对投标文件第一个信封（商务及技术文件）进行初步评审。有一项不符合评审标准的，评标委员会应否决其投标。（适用于未进行资格预审的）

(2) 评标委员会依据规定的评审标准对投标文件第一个信封（商务及技术文件）进行初步评审。有一项不符合评审标准的，评标委员会应否决其投标。当投标人资格预审申请文件的内容发生重大变化时，评标委员会依据规定的标准对其更新资料进行评审。（适用于已进行资格预审的）

2) 第一个信封详细评审

(1) 评标委员会按规定的量化因素和分值进行打分，并计算出各投标人的商务和技术得分。

① 按规定的评审因素和分值对技术建议书部分计算出得分 A；
② 按规定的评审因素和分值对主要人员部分计算出得分 B；
③ 按规定的评审因素和分值对其他部分计算出得分 D。

(2) 投标人的商务和技术得分分值计算保留小数点后两位，小数点后第三位"四舍五入"。

(3) 投标人的商务和技术得分 $=A+B+D$。

3) 第二个信封开标

第一个信封（商务及技术文件）评审结束后，招标人将按照"投标人须知"规定的时间和地点对通过投标文件第一个信封（商务及技术文件）评审的投标文件第二个信封（报价文件）进行开标。

4) 第二个信封初步评审

(1) 评标委员会依据规定的评审标准对投标文件第二个信封（报价文件）进行初步评审。有一项不符合评审标准的，评标委员会应否决其投标。

(2) 投标报价有算术错误的，评标委员会按以下原则对投标报价进行修正，修正的价格经投标人书面确认后具有约束力。投标人不接受修正价格的，评标委员会应否决其投标。

① 投标文件中的大写金额与小写金额不一致的，以大写金额为准；
② 总价金额与依据单价计算出的结果不一致的，以单价金额为准修正总价，但单价金额小数点有明显错误的除外；
③ 当单价与数量相乘不等于合价时，以单价计算为准，如果单价有明显的小数点位置差错，应以标出的合价为准，同时对单价予以修正；

④ 当各子目的合价累计不等于总价时,应以各子目合价累计数为准,修正总价。

(3) 修正后的最终投标报价若超过最高投标限价(如有),评标委员会应否决其投标。

(4) 修正后的最终投标报价仅作为签订合同的一个依据,不参与评标价得分的计算。

5) 第二个信封详细评审

(1) 评标委员会按规定的评审因素和分值对评标价计算出得分 C。评标价得分分值计算保留小数点后两位,小数点后第三位"四舍五入"。

(2) 投标人综合得分=投标人的商务和技术得分+C。

(3) 评标委员会发现投标人的报价明显低于其他投标报价,使得其投标报价可能低于其个别成本的,应要求该投标人作出书面说明并提供相应的证明材料。投标人不能合理说明或不能提供相应证明材料的,评标委员会应认定该投标人以低于成本报价竞标,并否决其投标。

任务 4 公路工程勘察设计投标

一、公路工程勘察设计投标程序

1. 填写资格预审申请文件

当建筑公司希望参加某个工程项目的投标活动,从而获得工程的建设权利时,需要填写资格预审申请文件。建筑公司用资格预审申请文件向招标企业或招标代理单位证明自己具备建设这个建筑工程项目的能力,招标人通过资格预审文件了解建筑公司的财务、人员、机械和类似的工程经验等情况。一般来说,资格预审申请文件包括下面几个内容:资格预审申请人的基本情况、资格证明文件、财务能力、近年完成工程的一览表、类似的工程经历、会计事务所的财务统计、银行资信等级、质量安全状况、投入本项目的人员情况(简历和证明材料)、投入本项目的机械情况、公司近几年的获奖情况、其他附件等。

2. 购买招标文件并组织投标班子

投标班子应由有经验的专业技术人员、经济管理人员和法律人员组成,必要时也应有商务人员参加。这个班子的负责人应具有比一般人员更全面的知识和更丰富的工作经验,并具有组织管理才能,能使全体成员充分发挥自己的积极性,同时应具备勇于开拓与不断进取的精神。

3. 研究招标文件

勘察设计单位应该组织投标人员认真研究投标文件,内容包括:

(1) 招标人或招标文件明示的或隐含的各项要求,包括合同条件中对工期、质量等方面的要求,物资供应和环境保护要求等;

(2) 工程所需要的新技术、新工艺、新材料和新设备的技术供应能力;

(3) 工程特点、现场条件、物资供应、地质水文条件和地理环境等现场考察和环境调查;

(4) 招标文件中关于风险及其分担的原则或规定。

4. 参加标前会议与现场考察

详细调查场地的地理位置;详细调查地上、地下障碍物种类、数量及位置;详细调查地下水位、给水排水、供电及通信设施;详细调查地质状况;详细调查现场交通状况(铁路、公路、水路);详细调查气象情况(年降雨量、年最高温度、最低温度、霜降日数及灾害性天气预报的历史资料等);详细调查公路材料供应的能力、途径以及劳动力来源和工资水平、生活用品的供应途径。熟悉了投标环境就是熟悉了可能获得的工程项目施工的自然、经济和社会条件。投标环境对工程成本的影响很大,所以要完全熟悉掌握投标市场环境,才能做到心中有数。

5. 编制相关文件

(1)编制勘察设计投标技术文件;

(2)估算勘察设计费用,编制报价书。

6. 办理投标保函

投标保函是指在投标中,招标人为防止中标者不签订合同而使其遭受损失,要求投标人提供的银行保函,以保证投标人履行招标文件所规定的义务。

(1)在标书规定的期限内,投标人投标后,不得修改原报价,不得中途撤标;

(2)投标人中标后,必须与招标人签订合同并在规定的时间内提供银行的履约保函。若投标人未履行上述义务,则担保银行在受益人提出索赔时,须按保函规定履行赔款义务。

7. 递交投标文件

投标文件应在规定的截止时间前提交。

二、公路工程勘察设计投标文件的编制

投标文件由商务文件、技术文件和报价文件组成。

1. 商务文件

1)投标函

投标函是指由勘察设计单位填写的名为投标函的文件,包括其签署的向业主提交的工程报价。投标函及其他一起提交的文件构成投标书。

2)授权委托书或法定代表人身份证明

(1)法定代表人和委托代理人必须在授权委托书上亲笔签名,不得使用印章、签名章或其他电子制版签名代替;

(2)以联合体形式投标的,本授权委托书应由联合体牵头人的法定代表人按上述规定签署。

3)联合体协议书

(1)联合体各成员授权牵头人代表联合体参加投标活动,签署文件,提交和接收相关的资料、信息及指示,进行合同谈判活动,负责合同实施阶段的组织和协调工作,以及处理与本招标项目有关的一切事宜。

(2)联合体牵头人在本项目中签署的一切文件和处理的一切事宜,联合体各成员均予以承认。联合体各成员将严格按照招标文件、投标文件和合同的要求全面履行义务,并向招标人承担连带责任。

4）投标保证金

若采用现金或支票,投标人应提供汇款凭证的复印件;如采用银行保函,银行保函复印件装订在投标文件中。发生若投标人在投标有效期内撤销投标文件,中标后无正当理由不与招标人订立合同,在签订合同时向招标人提出附加条件,不按照招标文件要求提交履约保证金等情形,投标保证金不予退还。收到招标人方书面通知后,投标人在7日内向招标人无条件支付投标保证金。

5）拟分包项目情况表

投标单位,在准备承建的项目中,在发包人的允许范围内,可以把相应的分部分项工程分包给具有相应资质的其他施工单位,但是必须将准备分包的项目的具体情况,对发包人进行申报,或在投标文件中注明。得到发包人允许后,才能够进行分包。

6）资格审查资料

已进行资格预审的投标人应按通过资格预审后的新情况及"投标人须知"规定对资格预审申请文件进行更新或补充,提交资料的格式同资格预审文件规定。

(1) 营业执照、资质等级证书、资信证明和勘察设计收费证书;

(2) 近五年完成的主要公路工程勘察设计项目和获奖情况以及社会信誉;

(3) 正在承担的和即将承担的勘察设计项目情况;

(4) 拟安排的项目负责人、主要技术人员和技术设备、应用软件投入情况;

(5) 上两个会计年度的财务决算审计情况;

(6) 以联合体形式投标的,联合体成员各方共同签订的投标协议和联合体各方的资质证明材料;

(7) 有分包计划的,提交分包计划和拟分包单位的资质要求。

未进行资格预审的勘察设计单位需要提交的资格审查资料包括:投标人基本情况表、投标人企业组织机构框图、近年完成的类似项目情况表、投标人的信誉情况表、拟委任的项目负责人资历表、拟委任的分项负责人汇总表。

2. 技术文件

技术文件主要由技术建议书构成,技术建议书的主要内容包括:

(1) 对招标项目的理解和总体设计思路;

(2) 对招标项目勘察设计的特点、关键性技术问题的认识及对策措施;

(3) 对前一阶段工作技术结论及技术方案的不同看法及建议;

(4) 勘察设计工作量及计划安排;

(5) 勘察设计的质量保证措施、进度保证措施、安全保证措施;

(6) 后续服务的安排及保证措施;

(7) 其他建议。(附必要的图纸)

下面为公路设计投标文件中的技术文件实例。

技 术 部 分

一、对项目的理解和设计思路

1. 对项目的理解

通过对项目可行性研究报告以及招标文件的解读,我公司从项目所处地理位置、建设规模、所处路网地位、技术标准和招标范围及内容等方面对该工程有了一定程度的了解。

雄县隶属于河北省保定市,由雄安新区托管,地处冀中平原,北距北京五环100公里,东距天津外环100公里,西距保定城区约40公里,处于京津保三角核心区。县域面积524平方公里,辖6镇3乡223个行政村,2016年末人口39.4万,其中城镇人口17.9万,城镇化率为47.82%。雄县以汉族为主,少数民族有满、回、蒙古、壮、朝鲜等16个民族。

雄县地势呈西南东北走向,东北高,西南低,以丘陵、山地为主。雄县属温带大陆性气候,四季分明,年平均气温2.5摄氏度,有效积温2500多摄氏度,降水量600毫米左右,无霜期132天。2012年,雄县耕地面积134.3万亩,水田42万亩,旱田92.3万亩。2012年,雄县境内天然气储量10亿立方米以上,境内有油井1200余眼,年产原油70万吨、天然气1800万立方米;地热田面积320平方公里,地热水储量821.78亿立方米。

2016年,雄县经济继续保持良好发展势头,预计生产总值增长10%,固定资产投资增长16%,规模以上工业增加值增长11.2%。全部财政收入增长17.7%,公共预算收入增长12.6%。

1) 项目概况、技术标准、工程建设规模

本项目起讫桩号为K36+300~K38+800、K39+600~K45+000;需挖除新建路段起讫桩号为K××+100~K××+300、K××+000~K××+000段长××m;挖补罩面处理路段长×××km。一般路段路基宽××m,路面宽××m。本项目的实施对改善雄县交通环境,提高道路服务水平起着重要的作用。

2) 项目投资

项目总投资为××万元,本项目资金来源由××安排。

3) 投标项目勘察设计范围和工期

(1) 设计范围。

① 本项目的所有勘察和设计工作,包括全线道路工程(路基、路面等)和附属设施。

② 主要工作内容为本项目的勘察和施工图设计、概预算文件编制以及后续服务等。

(2) 工期安排。

如果我公司中标,我们将按照计划工期完成勘测设计任务:

① 合同签订后××天内,提交施工图设计文件;

② 合同签订后××天内,通过详勘、定测外业验收;

③ 详勘、定测外业验收后××天内,提交施工图设计文件;

④ 施工现场配合服务:从项目开工至项目竣工验收。

2. 设计思路

根据该工程所处的地理环境和当地的建设条件,结合我公司在该地区类似的工程设计经验,通过本项目的建设,提高该地区的通行能力和出行环境,为交通建设发展提供良好服务。坚持以人为本,树立安全至上设计理念,坚持可持续发展,树立节约资源的理念,降低道路建设对社会环境的负面影响;合理选用技术指标,创新设计理念。

二、项目勘察设计的特点、关键性技术问题的认识及对策措施

1. 项目特点

(1) 本项目为县城道路维修工程,旧路能否利用,需要设计阶段进一步调查、分析、计算做出选择;

(2) 设计周期短,要合理安排工期。

2. 关键技术问题

本项目所处的地理位置和特有的环境、气候、不良地质、水文等特点,决定了本项目在勘察

设计过程中需要重点关注以下几方面的问题。

1）路面结构设计

路面设计应依照相关规范,结合项目区域特点,采用成功设计经验和先进材料,提高标准严格控制,在保证质量的基础上控制施工成本。

2）排水、防护设计

道路两侧生产对水质有具体要求,路面排水带有一定污染,不能直接排除,因此道路排水应自成体系,避免对沿线生产的影响,另外需要深入调查生产用水的进水渠道,并在适当位置设置管道,保持水路畅通。

三、对前一阶段工作技术结论及技术方案的不同看法及建议

（略）

四、勘察设计工作量及计划安排

1. 计划工作

结合招标文件,本工程主要勘察设计为维修罩面和挖除新建及附属设施,主要工作内容为勘察和施工图设计、概预算文件编制及后续服务等。

2. 勘察设计进度计划安排

（1）合同签订后××天内,提交施工图设计文件;

（2）施工现场配合服务:从项目开工至项目竣工验收。

接到中标通知书后,我公司将立即组织进行勘察设计工作。××工作日内完成施工图设计、预算文件编制等。

五、勘察设计的质量保证措施、进度保证措施、安全保证措施

1. 组建完善的项目组织机构是保证质量的关键

为了保证本项目的建设工期,保证整个工程的顺利进行,保证本项目勘察设计的质量水平,我公司将组建专门的项目勘察设计指挥部和生产机构,成立以经理为指挥长的勘察设计项目指挥部。项目组织结构具体情况如下。

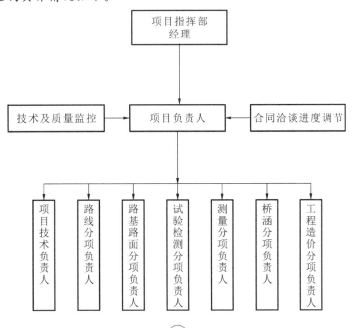

1) 项目管理机构及各级管理岗位职责

经理:领导项目的实施,对重大问题实行最终决策。

项目负责人:由分公司副经理担任。组织项目实施,负责技术方案、工作进度计划的制订,负责技术质量、进度计划的监督落实,组织技术接口、技术指导、成果文件审核。中标后迅速组建该项目组织机构,在人员设备上提供保证,检查工作进度情况和工序管理情况。对外协调、协助、配合业主、总体设计单位及其他相关单位的工作。

项目技术负责人:由分公司经理担任,进行本项目技术管理,作为公司级审核组组长,率领技术部成员和技术顾问搞好公司级审核工作,在重大技术问题上确定方案。

分项负责人:在项目负责人的领导下,负责本专业组技术质量、进度计划,组织技术接口、技术指导、设计成果初级审核。

2) 测设人员组成及安排

根据本项目勘察设计招标文件工期安排及项目特点,本项目计划投入测设人员×人,其中高级工程师×人,工程师×人,是一支具有丰富的测设经验、技术过硬、吃苦耐劳的队伍。

2.人员保证措施

(1) 组织落实:保证该工程项目人力、物力的投入。所投入队伍、人员不受公司其他生产任务影响;

(2) 项目负责人和总工全力以赴,公司不再委托其他任务;

(3) 项目负责人进行本项目全过程质量管理,及时安排公司级技术方案评审和重大技术问题评审;

(4) 公司领导、总工及公司专家组在项目重大技术问题确定和技术方案评审时参会讨论;

(5) 公司审核人员相对固定,对本项目出现的技术问题随时进入现场解决;

(6) 投入本项目的设计人员不随意抽调,建立合理的劳动报酬制度,体现责、权、利的协调管理。

3.质量创优目标

1) 质量方针

我公司的质量方针是:质量为本,服务至上,技术创新,追求卓越。

2) 质量目标

我公司根据质量方针制定的质量目标:确保产品合格率100%,确保合同履约率100%,顾客满意率90%。

4.设计质量保证措施

我公司将进行项目的全过程管理,项目负责人及各分项负责人全职工作,并调配专业基础扎实、设计经验丰富的高素质勘察队伍,确保勘测设计质量。

(1) 项目部根据工作大纲、事先指导书开展外业测设工作。在自荐的基础上,公司派出检查组并聘请国内有关专家进行中间检查,提出指导意见,使外业工作得以有效监控。

(2) 对设计输入进行控制,防止实效、错误的资料文件进入设计过程。

(3) 各专业组均以经过确认的互提资料单为接口,保证各组、各工序的准确衔接。

(4) 设计结束后,公司内审查组对设计文件进行审查,确保勘察深度和设计质量。

工程勘测设计质量保证体系见下图。

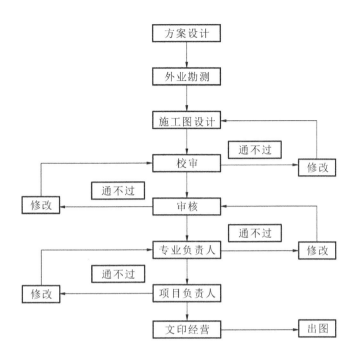

六、后续服务的安排及保证措施

根据以往工程的经验和教训,我公司将进一步加强本项目的后期服务工作。包括严格按照有关技术标准、规范进行设计,并且充分与招标人沟通,体现招标人意愿;并根据审查结论做必要的修改和补充,施工中提供全过程现场服务。

1) 技术交底

施工图设计完成后,根据业主安排,及时派项目组主要设计人员向施工单位进行技术交底工作。

2) 现场服务

我公司将成立以项目负责人为组长的设计代表组,派遣项目设计的技术骨干常驻施工现场。我公司承诺派出的设计代表组遵守职业道德,坚守工作岗位,服从招标人管理,认真履行设计代表职责,及时解答施工单位就设计图纸提出的质疑,并在施工方和监理的配合下,做必要的修改。

3) 设计变更

根据现场实际情况,较大的问题(如方案变更、处理方案和工艺变化)及时向项目负责人汇报,按有关程序实施设计变更。

4) 交、竣工验收及其他

根据建设项目交、竣工验收的要求,积极配合主管部门进行交、竣工验收工作,处理与本项目相关的其他事宜。

3. 报价文件

1) 投标函

投标函由勘察设计单位进行填写。

2) 勘察设计费用清单

(1) 报价清单说明。

① "报价清单"应与"投标人须知""通用合同条款""专用合同条款"和"发包人要求"一起使用。投标人应根据招标项目前一阶段(工可阶段或初步设计阶段)批复意见和强制性要求,按照招标文件规定的勘察设计工作内容和计划工作量,认真阅读分析招标项目勘察设计原始资料,在编制完成技术建议书的前提下,慎重提出"报价清单",并以此作为招标项目勘察设计费的基础。

② 设计人应按照国家有关工程建设标准强制性条文和交通运输部有关标准、规范、规程、定额、办法、示例等要求的内容和深度,开展招标项目的勘察设计工作,并将勘察设计费计入相应的报价项目中。"报价清单"所列的报价,应包括测量、勘察、测试、设计、专题研究等为完成招标项目勘察设计全过程的一切费用,包括按合同规定应完成的勘察设计费和后续服务费(招标配合与施工配合)、与勘察设计文件审查有关的各种会议的会务费以及设计人自行委托咨询的咨询费、利润、税金等与此有关的一切费用。

③ "报价清单"为通用表格,投标人应根据招标项目工作内容,按照表格格式详细填写,以免遗漏或有误。投标人没有报价的项目,发包人将认为有关费用已包含在其他项目之中,不另行支付。凡清单项目中未包含的但在勘察设计中又必须完成的工作内容,均被认为已包含在清单各项目报价中,发包人不另行支付。

④ 投标人在"报价清单"中报价应以人民币为单位。

⑤ 投标人应在"报价清单"后附详细的计算说明,包括计算方法、取费依据等,以便招标人对投标人勘察设计报价的合理性作出判断。

(2) 公路工程勘察工作报价清单如表4-7所示,投价清单汇总表如表4-8所示。

表4-7 公路工程勘察工作报价清单

第____标段　　　　　　　　　　　　　　　　　　　　　　　　　　单位:人民币元

序号	项目名称	计量单位	实物工作量	单价金额	合价金额
1	控制测量				
-1	一级	km			
-2	二级	km			
-3	二等	km			
-4	三等	km			
-5	四等	km			
2	地形图测绘(陆地)				
-1	1∶500	km²			
-2	1∶1000	km²			
-3	1∶2000	km²			
-4	1∶5000	km²			

续表

序号	项目名称	计量单位	实物工作量	单价金额	合价金额
-5	1:10000	km²			
3	水下地形图测绘				
-1	1:200	km²			
-2	1:500	km²			
-3	1:1000	km²			
-4	1:2000	km²			
4	航空测绘				
-1	1:500	km²			
-2	1:1000	km²			
-3	1:2000	km²			
5	勘探				
-1	钻孔	m			
-2	井探	m			
-3	槽探	m			
-4	洞探	m			
-5	标准贯入试验	m			
-6	动力触探	m			
-7	静力触探	m			
-8	地质雷达	点			
-9	地质雷达	km			
-10	物探				
-a	电法	点			
-b	地震法	点			
-c	地震法	km			
-d	声波	km			
-e	测井	点			
-f	测井	m			
6	初测	km			
7	定测	km			
8	一次定测(如有)	km			
		合计			

表 4-8 报价清单汇总表

第____标段　　　　　　　　　　　　　　　　　　　　　　　　　　单位：人民币元

序号	项目	费用合计	备注
（1）	公路工程勘察		
（2）	公路工程设计		
（3）	勘察设计费用合计		（3）＝（1）＋（2）
（4）	利润		按（3）的百分比报价
（5）	暂列金额		（5）＝[（3）＋（4）]×____％
（6）	投标报价总计		（6）＝（3）＋（4）＋（5）

三、公路工程勘察设计投标报价

1. 工程勘察设计投标报价的程序

（1）明确工程勘察与设计的工作内容和工作性质；

（2）复核（或确定）工程勘察与设计工作量；

（3）确定工程勘察与设计的计费方法；

（4）计算工程勘察设计费；

（5）投标报价决策。

2. 公路工程投标报价的计算

根据招标文件工作量清单进行投标报价计算，其报价由两部分组成：勘察工作量报价和设计工作量报价。

1）总则

（1）工程勘察收费是指勘察人根据发包人的委托，收集已有资料、现场踏勘、制订勘察纲要，进行测绘、勘探、取样、试验、测试、检测、监测等勘察作业，以及编制工程勘察文件和岩土工程设计文件等收取的费用。

（2）工程勘察收费标准分为通用工程勘察收费标准和专业工程勘察收费标准。

① 通用工程勘察收费标准适用于工程测量、岩土工程勘察、岩土工程设计与检测监测、水文地质勘察、工程水文气象勘察、工程物探、室内试验等工程勘察的收费。

② 专业工程勘察收费标准分别适用于煤炭、水利水电、电力、长输管道、铁路、公路、通信、海洋工程等工程勘察的收费。专业工程勘察中的一些项目可以执行通用工程勘察收费标准。

2）勘察工作量报价

（1）公路工程勘察（专业勘察）工作量报价。

① 公路工程初测和定测阶段的工程勘察收费。

② 地质病害集中的山区公路、长大隧道及独立大桥梁，超出《公路工程勘察设计规程》常规范围的工程勘察，执行通用工程勘察收费标准。

③ 本收费标准中的 1∶2000 地形图是按照宽度 0.4 公里计算收费的,采用航测时,宽度为 0.6 公里,超出的 0.2 公里,按照通用工程勘察收费标准另行计算收费。

④ 公路工程勘察按照下列公式计算:

工程勘察收费＝工程勘察收费基价×实物工作量×附加调整系数

⑤ 公路工程勘察复杂程度划分为:公路工程勘察复杂程度赋分值,公路工程勘察复杂程度,公路工程勘察收费基价。

(2) 通用工程勘察工作量报价。

① 通用工程勘察收费采取实物工作量定额计费方法计算,由实物工作收费和技术工作收费两部分组成。

② 通用工程勘察收费按照下列公式计算:

工程勘察收费＝工程勘察收费基准价×(1±浮动幅度值)

工程勘察收费基准价＝工程勘察实物工作收费＋工程勘察技术工作收费

工程勘察实物工作收费＝工程勘察实物工作收费基价×实物工作量×附加调整系数

工程勘察技术工作收费＝工程勘察实物工作收费×技术工作收费比例

工程勘察收费＝工程勘察收费基准价×(1±浮动幅度值)

a. 工程勘察收费基准价是按照本收费标准计算出的工程勘察基准收费额,发包人和勘察人可以根据实际情况在规定的浮动幅度内协商确定工程勘察收费合同额。

b. 工程勘察实物工作收费基价是完成每单位工程勘察实物工作内容的基本价格。工程勘察实物工作收费基价在《实物工作收费基价表》中查找确定。

c. 实物工作量由勘察人按照工程勘察规范、规程的规定和勘察作业实际情况在勘察纲要中提出,经发包人同意后,在工程勘察合同中约定。

d. 附加调整系数是对工程勘察的自然条件、作业内容和复杂程度差异进行调整的系数。附加调整系数分别列于总则和各章节中。附加调整系数为两个或者两个以上的,附加调整系数不能连乘。将各附加调整系数相加,减去附加调整系数的个数,加上定值1,作为附加调整系数值。

e. 在气温(以当地气象台、站的气象报告为准)≥35℃或者≤－10℃条件下进行勘察作业时,气温附加调整系数为1.2。

f. 在海拔高程超过 2000m 地区进行工程勘察作业时,高程附加调整系数如下:

海拔高程 2000～3000m 为 1.1;

海拔高程 3001～3500m 为 1.2;

海拔高程 3501～4000m 为 1.3;

海拔高程 4001m 以上的,高程附加调整系数由发包人与勘察人协商确定。

g. 建设项目工程勘察由两个或者两个以上勘察人承担的,其中对建设项目工程勘察合理性和整体性负责的勘察人,按照该建设项目工程勘察收费基准价的5%加收主体勘察协调费。

h. 工程勘察收费基准价不包括以下费用:办理工程勘察相关许可,以及购买有关资料费;拆除障碍物,开挖以及修复地下管线费;修通至作业现场道路,接通电源、水源以及平整场地费;勘察材料以及加工费;水上作业用船、排、平台以及水监费;勘察作业大型机具搬运费;青苗、树木以及水域养殖物赔偿费等。发生以上费用的,由发包人另行支付。

i. 工程勘察组日、台班收费基价如下。

工程测量、岩土工程验槽、检测监测、工程物探:1000 元/组日;

岩土工程勘察：1360元/台班；

水文地质勘察：1680元/台班。

j. 勘察人提供工程勘察文件的标准份数为4份。发包人要求增加勘察文件份数的，由发包人另行支付印制勘察文件工本费。

（3）其他勘察工作量报价。

本收费标准不包括本总则以外的其他服务收费。对于其他服务收费，国家有收费规定的，按照规定执行；国家没有收费规定的，由发包人与勘察人协商确定。

3）设计工作量报价

（1）工程设计收费是指设计人根据发包人的委托，提供编制建设项目初步设计文件、施工图设计文件、非标准设备设计文件、施工图预算文件、竣工图文件等服务所收取的费用。

（2）工程设计收费采取按照建设项目单项工程概算投资额分档定额计费方法计算收费。

（3）工程设计收费按照下列公式计算：

工程设计收费＝工程设计收费基准价×(1±浮动幅度值)

工程设计收费基准价＝基本设计收费＋其他设计收费

基本设计收费＝工程设计收费基价×专业调整系数×工程复杂程度调整系数×附加调整系数

① 工程设计收费基准价是按照本收费标准计算出的工程设计基准收费额，发包人和设计人根据实际情况，在规定的浮动幅度内协商确定工程设计收费合同额。

② 基本设计收费是指在工程设计中提供编制初步设计文件、施工图设计文件收取的费用，并相应提供设计技术交底、解决施工中的设计技术问题、参加试车考核和竣工验收等服务。

③ 其他设计收费是指根据工程设计实际需要或者发包人要求提供相关服务收取的费用，包括总体设计费、主体设计协调费、采用标准设计和复用设计费、非标准设备设计文件编制费、施工图预算编制费、竣工图编制费等。

④ 工程设计收费基价是完成基本服务的价格。工程设计收费基价在《工程设计收费基价表》（见表4-9）中查找确定。计费额处于两个数值区间的，采用直线内插法确定工程设计收费基价。

表4-9 工程设计收费基价表　　　　　　　　　　　　　　　　　（万元）

序号	工程设计收费计费额	工程设计收费基价
1	200	9.0
2	500	20.9
3	1000	38.8
4	3000	103.8
5	5000	163.9
6	8000	249.6
7	10 000	304.8
8	20 000	566.8

续表

序号	工程设计收费计费额	工程设计收费基价
9	40 000	1054
10	60 000	1515.2
11	80 000	1960.1
12	100 000	2393.4
13	200 000	4450.8
14	400 000	8276.7
15	600 000	11 897.5
16	800 000	15 391.4
17	1 000 000	18 793.8
18	2 000 000	34 948.9

注:计费额＞2 000 000万元的,以计费额乘以1.6%的收费率计算收费基价。

⑤ 工程设计收费计费额为经过批准的建设项目初步设计概算中的建筑安装工程费、设备与工器具购置费和联合试运转费之和。

工程中有利用原有设备的,以签订工程设计合同时同类设备的当期价格作为工程设计收费的计费额;工程中有缓配设备,但按照合同要求以既配设备进行工程设计并达到设备安装和工艺条件的,以既配设备的当期价格作为工程设计收费的计费额;工程中有引进设备的,按照购进设备的离岸价折换成人民币作为工程设计收费的计费额。

⑥ 工程设计收费标准的调整系数包括专业调整系数、工程复杂程度调整系数和附加调整系数。

a.专业调整系数是对不同专业建设项目的工程设计复杂程度和工作量差异进行调整的系数。计算工程设计收费时,专业调整系数在《工程设计收费专业调整系数表》(见表4-10)中查找确定。

表4-10 工程设计收费专业调整系数表

工程类型	专业调整系数
1.矿山采选工程	
黑色、黄金、化学、非金属及其他矿采选工程	1.1
采煤工程,有色、铀矿采选工程	1.2
选煤及其他煤炭工程	1.3
2.加工冶炼工程	
各类冷加工工程	1.0
船舶水工工程	1.1
各类冶炼、热加工、压力加工工程	1.2
核加工工程	1.3

续表

工程类型	专业调整系数
3.石油化工工程	
石油、化工、石化、化纤、医药工程	1.2
核化工工程	1.6
4.水利电力工程	
风力发电、其他水利工程	0.8
火电工程	1.0
核电常规岛、水电、水库、送变电工程	1.2
核能工程	1.6
5.交通运输工程	
机场场道工程	0.8
公路、城市道路工程	0.9
机场空管和助航灯光、轻轨工程	1.0
水运、地铁、桥梁、隧道工程	1.1
索道工程	1.3
6.建筑市政工程	
邮政工艺工程	0.8
建筑、市政、电信工程	1.0
人防、园林绿化、广电工艺工程	1.1
7.农业林业工程	
农业工程	0.9
林业工程	0.8

b.工程复杂程度调整系数是对同一专业不同建设项目的工程设计复杂程度和工作量差异进行调整的系数。工程复杂程度分为一般、较复杂和复杂三个等级,其调整系数分别为一般(Ⅰ级)0.85,较复杂(Ⅱ级)1.0,复杂(Ⅲ级)1.15。计算工程设计收费时,工程复杂程度在《工程复杂程度表》(见表4-11、表4-12)中查找确定。

表4-11 公路、城市道路、轨道交通、索道工程复杂程度系数表

等级	工程特征	系数
Ⅰ级	1.三级、四级公路及相应的机电工程; 2.一级公路、二级公路的机电工程	0.85
Ⅱ级	1.一级公路、二级公路; 2.高速公路的机电工程; 3.城市道路、广场、停车场工程	1.0
Ⅲ级	1.高速公路工程; 2.城市地铁、轻轨; 3.客(货)运索道工程	1.15

注:穿越山岭重丘区的复杂程度Ⅱ、Ⅲ级公路工程项目的部分复杂程度调整系数分别为1.1和1.26。

表 4-12 公路桥梁、城市桥梁和隧道工程复杂程度系数表

等级	工程特征	系数
Ⅰ级	1. 总长<1000m 或单孔跨径<150 m 的公路桥梁； 2. 长度<1000m 的隧道工程； 3. 人行天桥、涵洞工程	0.85
Ⅱ级	1. 总长≥1000m 或 150 m≤单孔跨径<250 m 的公路桥梁； 2. 1000m≤长度<3000 m 的隧道工程； 3. 城市桥梁、分离式立交桥、地下通道工程	1.0
Ⅲ级	1. 主跨≥250m 拱桥，单跨≥250m 预应力混凝土连续结构，≥400m 斜拉桥，≥800m 悬索桥； 2. 连拱隧道、水底隧道、长度≥3000 m 的隧道工程； 3. 城市互通式立交桥	1.15

c. 附加调整系数是对专业调整系数和工程复杂程度调整系数尚不能调整的因素进行补充调整的系数。附加调整系数为两个或两个以上的，附加调整系数不能连乘。将各附加调整系数相加，减去附加调整系数的个数，加上定值1，作为附加调整系数值。

(4) 非标准设备设计收费按照下列公式计算

非标准设备设计费＝非标准设备计费额×非标准设备设计费率

非标准设备计费额为非标准设备的初步设计概算。非标准设备设计费率在《非标准设备设计费率表》中查找确定。

(5) 单独委托工艺设计、土建以及公用工程设计、初步设计、施工图设计的，按照其占基本服务设计工作量的比例计算工程设计收费。

(6) 改扩建和技术改造建设项目，附加调整系数为 1.1~1.4。根据工程设计复杂程度确定适当的附加调整系数，计算工程设计收费。

(7) 初步设计之前，根据技术标准的规定或者发包人的要求，需要编制总体设计的，按照该建设项目基本设计收费的 5% 加收总体设计费。

(8) 建设项目工程设计由两个或者两个以上设计人承担的，其中对建设项目工程设计合理性和整体性负责的设计人，按照该建设项目基本设计收费的 5% 加收工程设计协调费。

(9) 工程设计中采用标准设计或者复用设计的，按照同类新建项目基本设计收费的 30% 计算收费；需要重新进行基础设计的，按照同类新建项目基本设计收费的 40% 计算收费；需要对原设计做局部修改的，由发包人和设计人根据设计工作量协商确定工程设计收费。

(10) 编制工程施工图预算的，按照该建设项目基本设计收费的 10% 收取施工图预算编制费；编制工程竣工图的，按照该建设项目基本设计收费的 8% 收取竣工图编制费。

3. 投标报价决策

在工程勘察设计投标报价决策时，应了解业主对勘察设计费计费标准的有关要求。正确理解新收费标准并在投标书中合理应用新标准，对于正确确定投标价，在获得保证工程勘察设计质量的基本费用的同时获取利润，又可增加竞争力，是十分关键的。

(1) 投标时，应认真填写勘察设计工作量清单，对于未填写报价的项目，招标人认为该项目的勘察设计费摊入了其他项目中，该项将得不到单独支付。

(2) 工作量表中如给出勘察设计工作总量，在计算报价时，应根据组成该总量的各分项，分别进行研究。有必要时，分别计算后再合并，以准确计算虽属于同类型，但技术难度等不一样的

勘察设计工作的费用。

(3) 正确选用勘察设计费计算标准,掌握市场信息,分析市场状况,了解竞争对手,使报价合理。

4. 报价得分的计算方法(综合评估法Ⅰ)

(1) 评标价的确定:评标价＝算术性修正后的报价。

(2) 评标基准价的确定:按第一信封(商务及技术文件)评审得分由高到低的顺序,对投标人的第二信封(报价清单)进行初步评审及算术性修正后取前三名(若不足三名,则选取相应数量)投标人评标价作算术平均,将该平均值作为评标基准价 D。

(3) 评标价得分计算公式:

① 如果投标人的评标价＞评标基准价,则评标价得分＝F－(投标人评标价－评标基准价)/评标基准价×100×E_1;

② 如果投标人的评标价≤评标基准价,则评标价得分＝F＋(投标人评标价－评标基准价)/评标基准价×100×E_2。

其中 F 是评标价所占的权重分值,E_1 是评标价每高于评标基准价一个百分点的扣分值;E_2 是评标价每低于评标基准价一个百分点的扣分值,招标人可依据招标项目具体特点和实际需要设置 E_1、E_2,但 E_1 应大于 E_2。评标价最低得分为 0 分。

例 某一公路工程项目总概算为 17 000 万元,其中公路修筑工程费、设备与工器具购置费及联合试运转费之和为 9 600 万元,试计算工程设计收费。该工程复杂程度为复杂(Ⅲ级),附加调整系数为 1.0。并知项目有主体设计单位,并编制施工图预算。主体设计协调费为基本设计收费的 5%,施工图预算编制费为基本设计收费的 10%。

设计费的计算步骤如下:

第一步:计算"基本设计收费"。

计算公式为

$$J = Y \times t_1 \times t_2 \times t_3$$

式中:J——基本设计收费;

Y——工程设计收费基价;

t_1——专业调整系数;

t_2——工程复杂程度调整系数;

t_3——附加调整系数。

该公路工程项目专业调整系数 $t_1＝0.9$,工程复杂程度为复杂(Ⅲ级),工程复杂调整系数 $t_2＝1.15$,附加调整系数 $t_3＝1.0$。

其中

$$Y = \frac{Y_2 - Y_1}{X_2 - X_1}(X - X_1) + X_1$$

式中:Y——工程设计收费基价;

Y_2——Y 所在区间上限;

Y_1——Y 所在区间下限;

X——工程设计收费计费额;

X_2——X 所在区间上限;

X_1——X 所在区间下限。

代入具体数值得出：
$$Y = (304.8 - 249.6)/(10000 - 8000) \times (9600 - 8000) + 249.6 = 293.76(万)$$
$$J = 293.76 \times 0.9 \times 1.15 \times 1.0 = 304.042(万)$$

第二步：计算"其他设计收费"。

该公路工程项目有主体设计单位，并编制施工图预算。依据本收费标准，主体设计协调费为基本设计收费的5%，施工图预算编制费为基本设计收费的10%，即

主体设计协调费 = 304.042 × 5% = 15.2021(万)

施工图预算编制费 = 304.042 × 10% = 30.4042(万)

则其他设计收费 Q = 15.2021 + 30.4042 = 45.6063(万)

第三步：计算"工程设计收费基准价"。

计算公式为
$$Z = J + Q$$

式中：Z——工程设计收费基准价；

J——基本设计收费；

Q——其他设计收费。

代入具体数值得出：
$$Z = 304.042 + 45.6063 = 349.6483(万)$$

第四步：协商确定该建筑工程项目的"工程设计收费"。

计算公式为
$$S = Z \times (1 \pm 浮动幅度值)$$

式中：S——工程设计收费；

Z——工程设计收费基准价。

代入具体数值得出：
$$S = 349.6483 \times [1 \pm (-20\% \sim +25\%)](万)$$

任务 5 公路工程勘察设计电子招投标

采用电子招标投标时，《公路工程标准勘察设计招标资格预审文件》的相应条款可作如下调整。

1. 资格预审公告

资格预审公告示例如下。

1) 资格预审文件的获取

请申请人在_____电子交易平台（以下简称"电子交易平台"，网址：_____）进行网员注册，并领取 CA 数字证书。

完成网员注册后，请于____年____月____日至____年____月____日，每日____时____分至

____时____分(北京时间,下同),通过互联网使用 CA 数字证书登录"电子交易平台",明确所投标段,通过网上银行支付资格预审文件费用后下载资格预审文件。以联合体形式申请资格预审的,由联合体牵头人完成网上支付、资格预审文件下载。

资格预审文件每套售价_____元,售后不退。

2) 资格预审申请文件的递交

资格预审申请文件应为加密的资格预审申请文件。递交资格预审申请文件截止时间(申请截止时间,下同)为____年____月____日____时____分,申请人应在申请截止时间前,通过互联网使用 CA 数字证书登录"电子交易平台",将加密的资格预审申请文件上传,并保存上传成功后系统自动生成的电子签收凭证,递交时间即为电子签收凭证时间。逾期未完成上传或未按规定加密的资格预审申请文件,招标人予以拒收。

2. 申请人须知

1) 申请人须知前附录

申请人须知前附表相应条款修改如表 4-13 所示。

表 4-13 电子招投标修改部分的申请人须知前附表

条款号	条款名称	编列内容
2.2.1	申请人要求澄清资格预审文件	时间:____年____月____日____时____分
		形式:使用 CA 数字证书登录"电子交易平台",在"投标答疑"菜单以书面形式要求招标人对资格预审文件予以澄清
2.2.2	资格预审文件澄清发出的形式	通过"电子交易平台"发出资格预审文件澄清
2.3.1	资格预审文件修改发出的形式	通过"电子交易平台"发出资格预审文件修改

2) 申请人须知正文

(1) 资格预审文件澄清发出的同时,"电子交易平台"以手机短信方式提醒申请人登录平台查看。申请人应注意及时浏览网上发出的澄清,因申请人自身原因未及时获知澄清内容而导致的任何后果将由申请人自行承担。

(2) 资格预审文件修改发出的同时,"电子交易平台"以手机短信方式提醒申请人登录平台查看。申请人应注意及时浏览网上发出的修改,因申请人自身原因未及时获知修改内容而导致的任何后果将由申请人自行承担。

3) 资格预审文件的异议

申请人或其他利害关系人对资格预审文件有异议的,应在提交资格预审申请文件截止时间 2 日前以书面形式提出。招标人将在收到异议之日起 3 日内作出答复;作出答复前,将暂停招标投标活动。提出异议与作出答复均应通过"电子交易平台"在"异议与答复"菜单以书面形式完成。

4) 资格预审申请文件的制作

(1) 资格预审申请文件的制作应满足以下规定:

① 资格预审申请文件由申请人使用"电子交易平台"自带的"资格预审申请文件制作工具"制作生成。

② 申请人在编制资格预审申请文件时应建立分级目录,并按照标签提示导入相关内容。

③ 资格预审申请文件中证明资料的"复印件"均为"原件的扫描件",应从"电子交易平台"会员诚信库中选择并进行超链接,未标示"复印件"的证明资料均应直接制作生成。

④ "资格预审申请文件格式"中要求盖单位章和(或)签字的地方,申请人均应使用 CA 数字证书加盖申请人的单位电子印章和(或)法定代表人的个人电子印章或电子签名章。以联合体形式申请资格预审的,资格预审申请文件由联合体牵头人按上述规定加盖联合体牵头人单位电子印章和(或)法定代表人的个人电子印章或电子签名章。

⑤ 资格预审申请文件制作完成后,申请人应使用 CA 数字证书对资格预审申请文件进行文件加密,形成加密的资格预审申请文件。

⑥ 资格预审申请文件制作的具体方法详见"资格预审申请文件制作工具"中的帮助文档。

(2) 因申请人自身原因而导致资格预审申请文件无法导入"电子交易平台"电子开标、评标系统,视为撤销其资格预审申请文件,申请人自行承担由此导致的全部责任。

(3) 资格预审申请文件的加密。

资格预审申请文件应按照要求制作并加密,未按要求加密的资格预审申请文件,招标人("电子交易平台")将拒绝接收并提示。

5) **资格预审申请文件的递交**

(1) 申请人应在"资格预审公告"规定的申请截止时间前,通过互联网使用 CA 数字证书登录"电子交易平台",将加密的资格预审申请文件上传,并保存上传成功后系统自动生成的电子签收凭证,递交时间即为电子签收凭证时间。申请人应充分考虑上传文件时的不可预见因素,未在申请截止时间前完成上传的,视为逾期送达,招标人("电子交易平台")将拒绝接收。

(2) 根据规定,申请人递交的资格预审申请文件,只要出现应当拒收的情形,其资格预审申请文件不予接收。

6) **资格预审申请文件递交的补救措施**

(1) 资格预审申请文件递交过程中因本章所列原因,导致系统无法正常运行,将按申请人须知前附表的规定采取补救措施。

(2) 当出现以下情况时,应中止资格预审申请文件的递交,并在恢复正常后及时安排时间递交资格预审申请文件:

① 系统服务器发生故障,无法访问或无法使用系统;

② 系统的软件或数据库出现错误,不能进行正常操作;

③ 系统发现有安全漏洞,有潜在的泄密危险;

④ 出现断电事故且短时间内无法恢复供电;

⑤ 其他无法保证招投标过程正常进行的情形。

(3) 采取补救措施时,必须对原有资料及信息作出妥善保密处理。

7) **资格审查**

(1) 审查委员会根据申请人须知前附表规定的方法和"资格审查办法"中规定的审查标准,对所有已受理的资格预审申请文件进行审查。"资格审查办法"没有规定的方法和标准不得作为审查依据。

(2) 资格审查的补救措施。

审查委员会按照本章的规定在电子评标系统上开展审查工作。如果资格审查过程中出现异常情况,导致无法继续审查工作的,可暂停审查,对原有资料及信息作出妥善保密处理,待电子评标系统恢复正常之后,应重新组织审查。

8) 通知

招标人在申请人须知前附表规定的时间内,通过"电子交易平台"以数据电文形式将资格预审结果通知申请人,并向通过资格预审的申请人发出投标邀请书。对于未通过资格预审的申请人,招标人应在资格预审结果通知书中告知其未通过的依据和原因。

9) 资格预审结果的异议

申请人或利害关系人对资格预审审查结果有异议的,应在收到资格预审结果通知书后3日内提出。招标人将在收到异议之日起3日内作出答复;作出答复前,将暂停招标投标活动。提出异议与作出答复均应通过"电子交易平台"在"异议与答复"菜单以书面形式进行。

复习思考

1. 公路工程勘察设计招标投标存在的主要问题有哪些?
2. 什么是工程勘察设计?工程勘察设计如何分类?
3. 公路工程勘察设计招标方式有几种?
4. 公路工程勘察设计招标的流程是什么?
5. 公路工程勘察设计招标资格预审编制包括哪些内容?
6. 公路工程勘察设计招标文件包括什么内容?
7. 简述公路工程勘察设计投标文件的组成。
8. 某一桥梁工程项目总概算为20 000万元,其中桥梁工程费、设备与工器具购置费及联合试运转费之和为13 000万元,试计算工程设计收费。该工程复杂程度为复杂(Ⅲ级),附加调整系数为1.0。并知项目有主体设计单位,并编制施工图预算。主体设计协调费为基本设计收费的5%,施工图预算编制费为基本设计收费的10%。

学习情境 5

公路工程施工监理招标与投标

学习要求

1. 知识目标

(1) 了解施工监理招标的条件；

(2) 掌握招标文件的编制；

(3) 掌握编制标底的步骤；

(4) 了解组织招标的相关程序；

(5) 了解施工监理投标的基本程序、原则、内容及投标单位条件、投标注意事项；

(6) 掌握技术建议书的内容、监理大纲的编制、财务建议书的编制。

2. 能力目标

(1) 掌握施工监理招标文件编制方法、资格预审评审方法、评标方法；

（2）掌握监理大纲、监理投标报价的编制原理及方法；
（3）掌握组织监理招标的相关程序；
（4）掌握监理大纲的编制、财务建议书的编制。

> **知识链接**

某政府投资的省级重点公路工程建设项目工程监理（以下简称"该项目"）第一次招标，因报名单位数量不足3家而流标。招标人对资格条件中的投标单位和拟派项目总监理工程师的类似业绩由2个修改为1个后重新招标，共有5家单位报名并购买了招标文件。2018年5月8日上午，开标如期举行，共有4家报名单位在项目所在地公共资源交易中心递交了投标文件，开标现场同时对投标单位和拟派项目总监理工程师的代表业绩进行了公示，评标工作也在该公共资源交易中心进行。一家投标单位因递交的原件资料不全（拟派项目总监理工程师的毕业证原件未提供）而未通过资格审查，当天下午对通过资格审查的其他3家投标人进行了第二次报价开标，经综合评审，评标委员会提交了评标报告并依次推荐了中标候选人。2018年5月14日，评标结果同时在中国采购与招标网、该省招标投标网、招标人网站上发布，公示期为3日，显示第一中标候选人为某工程咨询有限公司，第二中标候选人为某工程监理有限公司，第三中标候选人为某城建监理有限责任公司。

问题：
（1）判断监理招标结构公示期是否违规，并说明理由。
（2）该项目是否能够进行邀请招标？

任务 1　监理招投标概述

一、基本概念

1. 工程监理

工程监理一般是指受建设单位的委托，专业化、社会化的独立于业主和承包人的第三方工程监理单位，依照有关的法规、技术标准和依法成立的合同文件，对基础设施工程项目建设过程实行全方位的监督和管理，亦称建设监理，是项目管理的主要内容。广义而言，它包括项目建设的咨询（含项目机会研究、可行性研究、设计）、工程招标和施工监理。国外一般统称为"咨询服务"。

2. 施工监理

施工监理是项目实施阶段的监理，是指监理工程师依照施工合同，在业主授权的范围内，对施工现场进行监督管理，对施工进度、质量和费用进行控制，对施工现场的问题进行处理，使工程施工按照施工合同的要求进行，并获得预期的建筑产品。本文阐述的监理招投标是施工监理的招投标。

二、施工监理招标的条件

1. 施工监理招标应具备的条件

实行施工监理招标的公路工程项目,应当具备下列条件:
(1) 初步设计文件应当履行审批手续的,已经批准;
(2) 建设资金已经落实;
(3) 项目法人或者承担项目管理的机构已经依法成立。

2. 招标人应具备的条件

公路工程施工监理招标人,应当是依照《公路工程施工监理招标投标管理办法》规定提出公路工程施工监理招标项目、进行招标的公路工程项目法人或者其他组织。

3. 确定招标方式

公路工程施工监理招标分为公开招标和邀请招标。

1) 公开招标

采用公开招标方式的,招标人应当依法在国家指定媒介上发布招标公告,并可以在交通主管部门提供的媒介上同步发布。

2) 邀请招标

符合下列条件之一的项目,经有审批权的部门批准后,可以进行邀请招标:
(1) 技术复杂或者有特殊要求的;
(2) 符合条件的潜在投标人数量有限的;
(3) 受自然地域环境限制的;
(4) 公开招标的费用与工程监理费用相比,所占比例过大的;
(5) 法律、法规规定不宜公开招标的。

4. 招标基本程序

公路工程施工监理招标工作应由项目法人(招标单位)主持,按下列程序进行:

(1) 招标人确定招标方式。采用邀请招标的,应当履行审批手续。

(2) 招标人编制招标文件,并按照项目管理权限报上级交通运输主管部门核准;采用资格预审方式的,同时编制投标资格预审文件。

(3) 发布招标公告。采用资格预审方式的,同时发售投标资格预审文件,资格预审文件和招标文件的发售时间不得少于5个工作日。采用邀请招标的,招标人直接发出投标邀请,发售招标文件。

招标人可根据项目具体特点和实际需要对招标公告的内容进行补充、细化,但应遵守《中华人民共和国招标投标法》和《招标公告和公示信息发布管理办法》等有关法律法规的规定。

招标人应自招标文件开始发售之日起,将招标文件的关键内容上传至具有招标监督职责的交通运输主管部门政府网站或其指定的其他网站上进行公开,公开内容包括项目概况、对投标人的全部资格条件要求、评标办法全文、招标人联系方式等。招标人可将招标文件的关键内容全部载明在招标公告正文中,或作为招标公告的附件进行公开,或作为独立文件在网站上进行公开。

以上规定仅适用于根据《关于发布公路工程从业企业资质名录的通知》(厅公路字〔2011〕114号)要求,招标人应通过名录对投标人资质条件进行审核的公路施工监理企业。

招标人可根据招标项目所在地省级交通运输主管部门的有关规定,对信用等级高的投标人,给予增加参与投标标段数量的优惠。每套招标文件售价只计工本费,最高不超过1000元(不含图纸部分);图纸每套售价最高不超过3000元。招标人若不提供图纸,应提供满足投标人编制技术建议书需要的参考资料。

(4) 采用资格预审方式的,对潜在投标人进行资格审查,并将资格预审结果通知所有参加资格预审的潜在投标人,向通过资格预审的潜在投标人发出投标邀请书和发售招标文件。投标人编制投标文件的时间,自发售招标文件之日起至提交投标文件截止之日止不得少于20日。

(5) 必要时组织投标人考察招标项目工程现场,召开标前会议。招标人发出的招标文件补遗书至少应当在投标截止日期15日前以书面形式通知所有投标人或者潜在投标人。

(6) 接受投标人的投标文件。招标人在收到投标人的投标文件后,应及时检查投标文件内容的完整性,对于内容符合要求的投标文件,应交由投标人密封并签收保存。

(7) 公开开标。由招标人按照规定的时间和地点,当众拆开所有的密封投标书,宣读内容。凡是投标人都可派代表监督开标,开标后,投标人不得更改投标内容。

(8) 采用资格后审方式的,招标人对投标人进行资格审查。

(9) 组建评标委员会评标,推荐中标候选人。评标委员会职责如下:

① 对投标文件进行初步评审、资格审查;
② 确定评审需澄清、核实的内容;
③ 进行商务、技术的详细评审,综合评分法还需评审财务;
④ 综合评分并推荐中标候选人;
⑤ 建议是否重新招标;
⑥ 完成书面评标报告提交招标人。

(10) 确定中标人,将评标报告和评标结果按照项目管理权限报县级以上地方交通运输主管部门备案并公示。

(11) 招标人发出中标通知书。

(12) 招标人与中标人签订公路工程施工监理合同。招标人应当在与中标人签订合同后的5个工作日内,向中标人和未中标的投标人退还投标保证金。

三、施工监理投标

1. 投标程序

施工监理投标一般按照以下程序进行:

(1) 查询招标公告;
(2) 投标可行性分析;
(3) 投标决策;
(4) 购买资格预审文件;
(5) 编制及递交资格预审资料;

(6) 购买招标文件；
(7) 分析研究招标文件；
(8) 现场考察，参加标前会议；
(9) 编制投标文件；
(10) 按规定的时间、地点、方式递交投标文件；
(11) 按规定的时间、地点参加开标会议；
(12) 中标（签订监理合同）。

2. 投标原则

投标竞争的原则是公平、公开和诚信。在竞争中，应以管理水平、技术水平、装备水平、社会信誉等为主要方面展开竞争，认真编制投标书，只有先进可行的技术建议书与合理准确的财务建议书组成的投标文件，才是一份好的监理投标文件，是决定中标的关键。

3. 投标单位

投标单位应具备的条件：

(1) 有法人资格、监理资质证书、有效的营业执照；
(2) 经济独立并具有与其工作相适应的经济能力，能独立承担相应的经济或民事责任；
(3) 近5年内（以交工验收时间为准）至少承担过1项类似工程项目的施工监理任务；
(4) 人员条件需符合要求，表5-1所示是某公路标段监理招标人员要求的实例。

表5-1 某公路标段监理招标人员要求

序号	监理岗位		资格要求	最低数量	备注
1	总监理工程师		路桥相关专业中级及以上技术职称，具有交通运输部（原交通部）道路与桥梁专业监理工程师资格证书，且已在投标人处进行岗位登记，8年以上公路施工监理工作经验，至少担任过1个类似项目总监或驻地监理工程师职务，年龄60岁以下	1	
2	专业监理工程师	道路	路桥相关专业中级及以上技术职称，3年以上公路工程施工监理工作经验	1	
3		测量	路桥相关专业中级及以上技术职称，3年以上公路工程施工监理工作经验	1	
4	监理员		经过专业监理技术培训且考试合格，2年以上施工监理工作经验	2	
	合计			5	

注：① 专业监理工程师年龄必须在65岁以下，且60岁以上人员不超过人员总数的30%。
② 总监理工程师必须是本单位自有人员，且在本单位进行岗位登记。
③ 投标人拟投入的监理人员要根据施工需要做好计划安排。合同执行期间，发包人将按计划安排检查人员到位情况；如不能满足工作需要时，发包人将要求增加监理人员，监理人应无条件增加。投标人在投标报价时充分考虑此因素，所发生费用发包人不另行支付。

交通运输部发布的《公路水运工程监理企业资质管理规定》规定：

公路工程专业监理资质分为甲级、乙级、丙级三个等级和特殊独立大桥专项、特殊独立隧道专项、公路机电工程专项。取得公路工程专业甲级监理资质，可在全国范围内从事一、二、三类公路工程、桥梁工程、隧道工程项目的监理业务；取得公路工程专业乙级监理资质，可在全国范围内从事二、三类公路工程、桥梁工程、隧道工程项目的监理业务；取得公路工程专业丙级监理资质，可在企业所在地的省级行政区域内从事三类公路工程、桥梁工程、隧道工程项目的监理业务。

4. 投标注意事项

（1）投标书送交招标单位后，在投标截止日期前，投标人如需修改标书内容或调整报价，应以正式函件提出并附说明。上述函件采用与投标书相同的密封方式投递，与投标书具有同等的法律效力。任何函件包括投标书，在投标截止日期后送达，将不被接受。

（2）投标文件的签字盖章。

对审查及修改完毕的投标文件进行签字盖章。签字时应注意法定代表人、授权委托人及见证人的名字。法定代表人为投标单位营业执照上的法人代表，授权委托人为代表投标单位参加投标的委托人，见证人为证明法人代表及授权委托人的其他人。

（3）投标单位在递交投标文件时，应同时交付投标保证金，其交付方式及清退办法按招标文件中的规定办理。详细阅读招标文件中关于投标保证金的缴纳说明，明确保证金提交形式、保证金缴纳金额、保证金截止日期，提取重要信息填写支付申请单，交由财务办理，具体程序同缴纳报名费用相同。投标保证金缴纳方式有银行转账或电汇、现金缴纳、银行汇票等，具体操作需严格按照招标文件要求执行。汇款完成后两个工作日内应打电话咨询招标机构是否已收到保证金。保证金汇款回单必须按招标文件要求密封。

（4）投标者不得串通作弊，不得对招标单位及有关人员如评委等行贿，违者丧失投标资格，并无权请求返还投标担保函或投标保证金。

（5）采取交叉审核的方法，由不同人员进行投标文件的检查工作，再次确认投标文件目录是否更新，目录所指页码是否与文件内容页码相符合。

（6）投标文件的复印、装订及密封。

仔细阅读招标文件中关于标书装订的条款。确认投标文件正副本份数并"正本、副本"的注明位置，是否逐页小签，封条处是否骑缝加盖投标人法定代表人名章，以及封面内容和密封要求。将排版完整、签字、盖章后的投标文件，按照招标文件规定的投标文件副本份数进行复印，复印后应检查副本是否清晰，有无缺页、夹页、顺序颠倒、页面倒转现象。将复印好的投标文件按照招标文件要求的装订方式装订，如招标文件无要求，可自行选择装订方式。装订方式分为打孔、胶装（建议用打孔的方式装订，便于发现错误时做改动，但要注意装订牢固，不得出现活页、掉页）。根据招标文件要求准备投标文件密封袋。主标与陪标文件应在符合招标文件密封要求的前提下，变换包装的颜色、形式、字体，勿出现雷同现象。在未得到项目负责人或投标代表同意的前提下，投标文件封口不得密封。应贴好双面胶及盖好骑缝章后预留封口，由投标代表整理后自行密封。

任务 2　公路工程施工监理资格预审文件

资格预审文件包括资格预审公告、申请人须知、资格审查办法、资格预审申请文件格式、项目建设概况。

一、资格预审公告

招标人应自资格预审文件开始发售之日起,将资格预审文件的关键内容上传至具有招标监督职责的交通运输主管部门政府网站或其指定的其他网站上进行公开,公开内容包括项目概况、对申请人的全部资格条件要求、资格审查办法全文、招标人联系方式等。招标人可将资格预审文件的关键内容全部载明在资格预审公告正文中,或作为资格预审公告的附件进行公开,或作为独立文件在网站上进行公开。

资格预审文件的发售时间不得少于 5 日。资格预审文件中提到的货币单位除有特别说明外,均指人民币元。每套资格预审文件售价只计工本费,最高不超过 1000 元。依法必须进行招标的公路工程,自资格预审文件停止发售之日起至申请人递交资格预审申请文件截止之日止,不得少于 5 日。

二、申请人须知

申请人须知包括以下内容:
(1) 申请人须知前附表;
(2) 总则;
(3) 资格预审文件;
(4) 资格预审申请文件的编制;
(5) 资格预审申请文件的递交;
(6) 资格预审申请文件的审查;
(7) 通知和确认;
(8) 申请人的资格改变;
(9) 纪律与监督;
(10) 是否采用电子招标投标;
(11) 需要补充的其他内容。

三、资格审查办法

监理招投标资格审查方法分为合格制和有限数量制。

1. 资格审查办法(合格制)

1) 审查程序

(1) 初步审查。

审查委员会依据规定的标准,对资格预审申请文件进行初步审查。有一项因素不符合审查标准的,不能通过资格预审。审查委员会可以要求申请人提交"申请人须知"规定的有关证明和证件的原件,以便核验。

(2) 详细审查。

审查委员会依据规定的标准,对通过初步审查的资格预审申请文件进行详细审查。有一项因素不符合审查标准的,不能通过资格预审。在详细审查过程中,审查委员会应查询交通运输主管部门"公路建设市场信用信息管理系统",对申请人的资质、业绩、主要人员资历和目前在岗情况、信用等级等信息进行核实。若资格预审申请文件载明的信息与交通运输主管部门"公路建设市场信用信息管理系统"发布的信息不符,使得申请人的资格条件不符合资格预审文件规定的,申请人不能通过资格预审。单位负责人为同一人或存在控股、管理关系的不同单位,在同一标段中有两家以上(含两家)通过初步审查和详细审查的,只能有一家单位通过资格预审。确定通过资格预审单位的原则见资格审查办法前附表。

(3)资格预审申请文件的澄清。

在审查过程中,审查委员会可以书面形式,要求申请人对所提交的资格预审申请文件中不明确的内容进行必要的澄清或说明。申请人的澄清或说明应采用书面形式,并不得改变资格预审申请文件的实质性内容。申请人的澄清和说明内容属于资格预审申请文件的组成部分。审查委员会不接受申请人主动提出的澄清或说明。

(4)不得否决资格预审申请文件的情形。

审查委员会不得以资格预审申请文件页码不连续、采用活页夹装订、个别文字有遗漏错误等不影响资格预审申请文件实质性内容的偏差为由,否决申请人的资格预审申请文件。

2)审查结果

(1)提交审查报告。

审查委员会按照规定的程序对资格预审申请文件完成审查后,确定通过资格预审的申请人名单,并向招标人提交书面审查报告。

(2)重新进行资格预审或招标。

通过资格预审申请人的数量不足3个的,招标人重新组织资格预审或不再组织资格预审而直接招标。

2. 资格审查办法(有限数量制)

审查委员会依据规定的审查标准和程序,对通过初步审查和详细审查的资格预审申请文件进行量化打分,按得分由高到低的顺序确定通过资格预审的申请人。通过资格预审的申请人不超过资格审查办法前附表规定的数量。

1)审查程序

(1)初步审查(同合格制)。

(2)详细审查(同合格制)。

(3)资格预审申请文件的澄清(同合格制)。

(4)评分。

① 通过详细审查的申请人不少于3个且没有超过规定数量的,均通过资格预审,不再进行评分。

② 通过详细审查的申请人数量超过规定数量的,审查委员会依据评分标准进行评分(见表5-2),按得分由高到低的顺序进行排序。

(5)不得否决资格预审申请文件的情形(同合格制)。

2)审查结果

(1)提交审查报告。

审查委员会按照规定的程序对资格预审申请文件完成审查后,确定通过资格预审的申请人名单,并向招标人提交书面审查报告。

(2)重新进行资格预审或招标。

通过详细审查申请人的数量不足 3 个的,招标人重新组织资格预审或不再组织资格预审而直接招标。

表 5-2　评分表

条款号	评分因素与权重分值				评分标准
	评分因素	评分因素权重分值	各评分因素细分项	分值	
2.3	评分标准	拟投入本标段的总监理工程师(包括备选人)或驻地监理工程师(包括备选人)资历、信誉			
		类似工程施工监理经验			
		履约信誉			
		技术能力			

四、资格预审申请文件格式

资格预审申请文件包括以下内容:
(1)资格预审申请函;
(2)授权委托书或法定代表人身份证明;
(3)联合体协议书;
(4)申请人基本情况:申请人基本情况表、申请人企业组织机构框图;
(5)近年完成的类似项目情况表;
(6)申请人的信誉情况表;
(7)拟委任的总监理工程师或驻地监理工程师资历表;
(8)拟委任的其他主要监理人员情况表:拟委任的其他主要监理人员汇总表、拟委任的其他主要监理人员资历表;
(9)其他资料。

五、项目建设概况

项目建设概况应包括以下内容:
(1)项目说明:公路的起讫地点、里程、等级、技术标准、主要控制点,桥涵的结构形式,独立特大桥的桥型、荷载标准、跨径、桥长、桥宽、基础、水深、引道长度等,独立隧道的长度、宽度、防水排水、衬砌和设施等,附属设施标准、规格等;

(2) 水文、气象及地质简况；
(3) 交通、电力、通信及其他条件；
(4) 施工标段划分及各标段主要工程数量表；
(5) 招标项目地理位置示意图。

六、采用电子招标投标

1. 资格预审公告

采用电子招标投标时，资格预审公告除了关于资格预审文件的获取和递交和传统方式不一样外，在其他方面基本一致。

1) 资格预审文件的获取

(1) 请申请人在_____电子交易平台（以下简称"电子交易平台"，网址：_____）进行网员注册，并领取 CA 数字证书。

(2) 完成网员注册后，请于____年____月____日至____年____月____日，每日____时____分至____时____分（北京时间，下同），通过互联网使用 CA 数字证书登录"电子交易平台"，明确所投标段，通过网上银行支付资格预审文件费用后下载资格预审文件。以联合体形式申请资格预审的，由联合体牵头人完成网上支付、资格预审文件下载。

(3) 资格预审文件每套售价_____元，售后不退。

2) 资格预审申请文件的递交

资格预审申请文件应为加密的资格预审申请文件。递交资格预审申请文件截止时间（申请截止时间，下同）为____年____月____日____时____分，申请人应在申请截止时间前，通过互联网使用 CA 数字证书登录"电子交易平台"，将加密的资格预审申请文件上传，并保存上传成功后系统自动生成的电子签收凭证，递交时间即为电子签收凭证时间。逾期未完成上传或未按规定加密的资格预审申请文件，招标人予以拒收。

2. 申请人须知的修改部分

(1) 资格预审文件澄清发出的同时，"电子交易平台"以手机短信方式提醒申请人登录平台查看。申请人应注意及时浏览网上发出的澄清，因申请人自身原因未及时获知澄清内容而导致的任何后果将由申请人自行承担。

(2) 资格预审文件修改发出的同时，"电子交易平台"以手机短信方式提醒申请人登录平台查看。申请人应注意及时浏览网上发出的修改，因申请人自身原因未及时获知修改内容而导致的任何后果将由申请人自行承担。

3. 资格预审文件的异议

申请人或其他利害关系人对资格预审文件有异议的，应在提交资格预审申请文件截止时间 2 日前以书面形式提出。招标人将在收到异议之日起 3 日内作出答复；作出答复前，将暂停招标投标活动。提出异议与作出答复均应通过"电子交易平台"在"异议与答复"菜单以书面形式完成。

4. 资格预审申请文件的制作

(1) 资格预审申请文件的制作应满足以下规定：

① 资格预审申请文件由申请人使用"电子交易平台"自带的"资格预审申请文件制作工具"

制作生成。

②申请人在编制资格预审申请文件时应建立分级目录,并按照标签提示导入相关内容。

③资格预审申请文件中证明资料的"复印件"均为"原件的扫描件",应从"电子交易平台"会员诚信库中选择并进行超链接,未标示"复印件"的证明资料均应直接制作生成。

④"资格预审申请文件格式"中要求盖单位章和(或)签字的地方,申请人均应使用CA数字证书加盖申请人的单位电子印章和(或)法定代表人的个人电子印章或电子签名章。以联合体形式申请资格预审的,资格预审申请文件由联合体牵头人按上述规定加盖联合体牵头人单位电子印章和(或)法定代表人的个人电子印章或电子签名章。

⑤资格预审申请文件制作完成后,申请人应使用CA数字证书对资格预审申请文件进行文件加密,形成加密的资格预审申请文件。

⑥资格预审申请文件制作的具体方法详见"资格预审申请文件制作工具"中的帮助文档。

(2)因申请人自身原因而导致资格预审申请文件无法导入"电子交易平台"电子开标、评标系统,视为撤销其资格预审申请文件,申请人自行承担由此导致的全部责任。

(3)资格预审申请文件应按照要求制作并加密,未按要求加密的资格预审申请文件,招标人("电子交易平台")将拒绝接收并提示。

5. 资格预审申请文件的递交

(1)申请人应在"资格预审公告"规定的申请截止时间前,通过互联网使用CA数字证书登录"电子交易平台",将加密的资格预审申请文件上传,并保存上传成功后系统自动生成的电子签收凭证,递交时间即为电子签收凭证时间。申请人应充分考虑上传文件时的不可预见因素,未在申请截止时间前完成上传的,视为逾期送达,招标人("电子交易平台")将拒绝接收。

(2)根据规定,申请人递交的资格预审申请文件,只要出现应当拒收的情形,其资格预审申请文件不予接收。

(3)资格预审申请文件递交过程中因所列原因,导致系统无法正常运行,将按申请人须知前附表的规定采取补救措施。

招标文件的组成如下:招标公告(如果进行邀请招标的要发布投标邀请书)、投标人须知、评标办法、合同条款及格式、委托人要求、图纸和资料、投标文件格式。

任务3 公路工程施工监理招标

招标文件的组成如下:招标公告(如果进行邀请招标的要发布投标邀请书)、投标人须知、评标办法、合同条款及格式、委托人要求、图纸和资料、投标文件格式。

一、招标公告

公路工程施工监理招标公告如下所示。

_____（项目名称）_____标段施工监理招标公告

1. 招标条件

本招标项目_____（项目名称）已由_____（项目审批、核准或备案机关名称）以_____（批文名称及编号）批准建设，初步设计已由_____（批准机关名称）以（批文名称及编号）批准，项目业主为_____，建设资金来自（资金来源），出资比例为_____，招标人为_____。项目已具备招标条件，现对该项目的施工监理进行公开招标。

2. 项目概况与招标范围

（说明本次招标项目的建设地点、规模、监理服务期限、招标范围、标段划分等）。

3. 投标人资格要求

（1）本次招标要求投标人须具备_____资质、_____业绩，并在人员等方面具有相应的施工监理能力。

投标人应进入交通运输部"全国公路建设市场信用信息管理系统（http://glxy.mot.gov.cn）"中的公路工程施工监理资质企业名录，且投标人名称和资质与该名录中的相应企业名称和资质完全一致。

（2）本次招标（接受或不接受）联合体投标。联合体投标的，应满足下列要求：。

（3）每个投标人最多可对_____（具体数量）个标段投标；被_____交通运输主管部门评为_____信用等级的投标人，最多可对_____（具体数量）个标段投标。每个投标人允许中_____个标。对投标人信用等级的认定条件为：_____。

（4）与招标人存在利害关系可能影响招标公正性的单位，不得参加投标。单位负责人为同一人或存在控股、管理关系的不同单位，不得参加同一标段投标，否则，相关投标均无效。

（5）在"信用中国"网站（http://www.creditchina.gov.cn/）中被列入失信被执行人名单的投标人，不得参加投标。

4. 招标文件的获取

（1）凡有意参加投标者，请于____年____月____日至____年____月____日，每日上午____时____分至____时____分，下午____时____分至____时____分（北京时间，下同），在_____（详细地址）持单位介绍信和经办人身份证购买招标文件。参加多个标段投标的投标人必须分别购买相应标段的招标文件，并对每个标段单独递交投标文件。

（2）招标文件每套售价_____元，图纸每套售价_____元，售后不退。

5. 投标文件的递交及相关事宜

（1）招标人将于下列时间和地点组织进行工程现场踏勘并召开投标预备会。

踏勘现场时间：____年____月____日____时____分，集中地点：_____；

投标预备会时间：____年____月____日____时____分，地点：_____。

（2）投标文件递交的截止时间（投标截止时间，下同）为____年____月____日____时____分，投标人应于当日____时____分至____时____分将投标文件递交至_____（详细地址）。

（3）逾期送达的、未送达指定地点的或不按照招标文件要求密封的投标文件，招标人将予以拒收。

6. 发布公告的媒介

本次招标公告同时在_____（发布公告的媒介名称）上发布。

7. 联系方式

招 标 人：_____　　　　招标代理机构：_____

地　　　址：_____	地　　　址：_____
邮政编码：_____	邮政编码：_____
联 系 人：_____	联 系 人：_____
电　　　话：_____	电　　　话：_____
传　　　真：_____	传　　　真：_____
电子邮件：_____	电子邮件：_____
网　　　址：_____	网　　　址：_____
开户银行：_____	开户银行：_____
账　　　号：_____	账　　　号：_____

_____年_____月_____日

二、投标人须知

投标人须知是为了使投标人了解建设项目概况（工程简介和组织实施安排）、工作条件、业主招标条件、评标办法和投标人编标、投标注意事项的有关规定等而设置的，以便投标人能根据统一的要求和规定，编制出既满足业主要求又体现自身能力的标书。业主也可以在公开、公平、公正的原则下择优选择中标人。下面简要介绍公路工程施工监理招标文件中投标人须知的内容。

1. 投标人须知的组成

投标人须知包括以下内容：

(1) 投标人须知前附表；

(2) 总则；

(3) 招标文件的组成、澄清、修改、异议；

(4) 投标文件的组成，投标报价、有效期、保证金，资格审查资料，备选投标方案，投标文件的编制；

(5) 投标文件的密封和标识、递交、修改与撤回；

(6) 开标时间和地点、开标程序、开标异议；

(7) 评标委员会、评标原则；

(8) 合同授予流程：中标候选人公示、评标结果异议、中标候选人履约能力审查、定标、中标通知、中标结果公告、缴纳履约保证金、签订合同；

(9) 纪律和监督；

(10) 是否采用电子招标投标；

(11) 需要补充的其他内容。

2. 总则

1) 项目概况

根据《中华人民共和国招标投标法》《中华人民共和国招标投标法实施条例》《公路工程建设项目招标投标管理办法》等有关法律、法规和规章的规定，本项目已具备招标条件，现对本标段施工监理进行招标。

(1) 招标人（如果委托代理机构招标，则写明招标代理机构名称）。

(2) 项目名称及工程说明。

包括项目概况(注明公路起讫地点、里程、等级、技术标准,主要控制点,沿线构造物结构形式,特大桥和大型隧道等主要资料);天文、气象及地质简况;交通、电力、通信及其他条件;施工和监理合同段划分及各段主要工程数量表,工程项目地理位置图。如所写内容篇幅较大,可以分别在投标人须知附录中单独列出。

2) 招标项目的资金来源和落实情况

写明政府主管部门批准立项和列入政府基本建设计划情况,说明资金来源情况,表明招标条件已具备,符合法定程序。

3) 招标范围、监理服务期限、质量要求和安全目标

① 工期及监理服务期限:工期即施工合同规定的合同工期,而监理服务期限一般应适当延长。监理人员进场一般比开工之日提前1个月,并在工程竣工验收后延长1~2周退场,以便整理并移交竣工资料和监理档案。如果要求监理提供施工标前服务或承担工程缺陷责任期监理,则监理服务期限相应延长。

② 监理机构设置:说明项目监理机构设置的层次及其与施工合同段、监理合同段的关系,以及各级机构的职责范围。

③ 监理招标范围:要求提供监理服务的层次,仅提供某一层次监理服务(如组建合同段驻地监理办)或者包括2到3个层次监理服务(如组建合同段驻地监理办和高级驻地监理办两级机构)。

④ 业主的机构管理:明确业主施工管理机构的层次、职责范围,以及与监理机构的关系。

4) 投标人资格条件

投标人资格条件不但包括投标人合法性证明文件,还包括其实际业绩和信誉情况,以证明其具有的实力和履约能力具备承担本工程监理任务的能力。应当注意的是,投标单位必须是具体组织监理服务实施的单位,避免出现以具有合格资质的单位投标,由无合格资质的单位组织实施的情况;当投标人以某集团公司名义投标时,除非直接由该集团公司总部负责组织实施,否则必须明确具体实施的下属二级单位名称,所报资料应当如实反映实际承接监理任务的具体单位的情况,避免出现"一级单位投标,二级单位进场实施"的现象,从而减少业主选择监理单位犯错的可能性。

5) 投标费用

一般规定投标人在投标过程中的一切费用由自己承担。

6) 现场考察和标前会议

现场考察一般由招标人统一组织,并与标前会议结合进行。因此,招标人应规定考察时间,并做出相应安排。标前会议在现场考察之后进行,由招标人主持,各投标人派代表参加,投标人代表可在会上以口头方式或书面形式提出有关标书的疑问及现场考察时未弄清的问题,招标人可在会上进行口头答复,以便投标人在编标时加以考虑。会后招标人仍须将答复的内容以补遗书的形式送达所有投标人,若招标人的口头答复与补遗书不同,应以补遗书为准,补遗书与招标文件具有同样的法律效力。

3. 招标文件

1) 招标文件的组成

招标文件包括招标公告(或投标邀请书)、投标人须知、评标办法、合同条款及格式、委托人

要求、图纸和资料、投标文件格式、投标人须知前附表规定的其他资料。

2) 招标文件的澄清

投标人要求对招标文件的某些条款进行澄清时,应在送交投标文件截止日期一定天数前,将要求澄清和解答的问题以书面形式(包括信函、传真)送达招标人。招标人将在送交投标文件截止日期一定天数前将澄清问题的函件送达所有投标人。

3) 招标文件的修改

招标人由于某种原因要对招标文件进行修改,将在规定的递交投标文件截止日期一定天数之前将补遗书送达所有投标人,以便使投标人有合理的时间对补遗书的内容加以考虑。补遗书作为招标文件的组成部分,对所有投标人均具有约束力,投标人在收到补遗书之后应立即以传真的形式向招标人确认收悉。

对招标文件所作的澄清、修改,构成招标文件的组成部分。当招标文件、招标文件的澄清或修改等在同一内容的表述上不一致时,以最后发出的书面文件为准。投标人应当将招标文件视为一个整体仔细阅读,并遵照其规定和要求编写、制作投标文件。

4. 投标文件的编制

1) 投标文件的内容

投标文件应采用双信封形式,包括下列内容。

第一个信封(商务及技术文件):

(1) 投标函;

(2) 授权委托书或法定代表人身份证明;

(3) 联合体协议书;

(4) 投标保证金;

(5) 资格审查资料;

(6) 技术建议书;

(7) 投标人须知前附表规定的其他资料。

第二个信封(报价文件):

(1) 投标函;

(2) 监理服务费用清单。

投标人在评标过程中作出的符合法律法规和招标文件规定的澄清确认,构成投标文件的组成部分。

2) 投标价

投标人必须按照招标文件规定的格式和内容计算完成监理服务所需费用投标价,并按招标文件财务建议书规定的表格,填报费用清单。

(1) 投标报价应包括国家规定的增值税税金,除投标人须知前附表另有规定外,增值税税金按一般计税方法计算。投标人应按"投标文件格式"的要求在投标函中进行报价并填写监理服务费用清单相应表格。

(2) 投标人应充分了解项目的总体情况以及影响投标报价的其他要素,按照招标文件规定的施工监理工作内容和计划工作量,自行测算监理服务费用。投标报价应涵盖投标人完成施工准备阶段、施工阶段、验收与缺陷责任期阶段监理工作所需的全部费用。投标人应按照"投标文件格式"中"监理服务费用清单"的要求填报监理服务费。投标人未填报的部分,在工程实施时委托人将不予支付,并认为该部分费用已包含在报价中。

(3)项目的报价方式见投标人须知前附表。投标人在投标截止时间前修改投标函中的投标报价总额,应同时修改投标文件"监理服务费用清单"中的相应报价。

3)投标有效期

出现特殊情况需要延长投标有效期的,招标人以书面形式通知所有投标人延长投标有效期。投标人应予以书面答复,同意延长的,应相应延长其投标保证金的有效期,但不得要求或被允许修改其投标文件;投标人拒绝延长的,其投标失效,但投标人有权收回其投标保证金及以现金或支票形式递交的投标保证金的银行同期活期存款利息。

4)投标保证金

投标人在递交投标文件的同时,应按投标人须知前附表规定的金额和"投标文件格式"规定的投标保证金格式递交投标保证金,并作为其投标文件的组成部分。联合体投标的,其投标保证金由牵头人递交,并应符合投标人须知前附表的规定。投标保证金应采用现金、支票、银行保函或招标人在投标人须知前附表规定的其他形式。

若采用现金或支票,投标人应在递交投标文件截止时间之前,将投标保证金由投标人的基本账户转入招标人指定账户,否则视为投标保证金无效。招标人指定的开户银行及账号见投标人须知前附表。

若采用银行保函,则应由符合投标人须知前附表规定级别的银行开具,并采用招标文件提供的格式。银行保函复印件装订在投标文件内,原件应在递交投标文件截止时间之前单独密封递交给招标人。

无论采取何种形式的投标保证金,投标保证金有效期均应与投标有效期一致。招标人如果按规定延长了投标有效期,则投标保证金的有效期也相应延长。

招标人最迟将在中标通知书发出后5日内向中标候选人以外的其他投标人退还投标保证金,与中标人签订合同后5日内向中标人和其他中标候选人退还投标保证金。投标保证金以现金或支票形式递交的,招标人应同时退还投标保证金的银行同期活期存款利息,且退还至投标人的基本账户。利息计算原则见投标人须知前附表。

5)资格审查资料

(1)对于已进行资格预审的。

① 投标人在递交投标文件前,发生可能影响其投标资格的新情况的,应在投标文件中更新或补充其在申请资格预审时提供的资料,以证实其各项资格条件仍能继续满足资格预审文件的要求。

② 如果投标人在投标阶段发生合并、分立、破产等重大变化,或发生重大安全或质量事故,或由于其他任何情况,导致投标人不再具备资格预审文件规定的各项资格条件或其投标影响招标公正性时,投标人必须在其投标文件中对上述情况进行如实说明,否则,招标人一经查实,将视为投标人弄虚作假,其投标将被否决。

③ 招标人有权核查投标人在资格预审申请文件和投标文件中提供的资料,若在评标期间发现投标人提供了虚假资料,其投标将被否决;若在签订合同前发现作为中标候选人的投标人提供了虚假资料,招标人有权取消其中标资格;若在合同实施期间发现投标人提供了虚假资料,招标人有权从合同价款或履约保证金中扣除不超过5%签约合同价的金额作为违约金。同时招标人将投标人上述弄虚作假行为上报省级交通运输主管部门,作为不良记录纳入公路建设市场信

用信息管理系统。

(2) 对于未进行资格预审的。

① "投标人基本情况表"应附企业法人营业执照副本和组织机构代码证副本(按照"三证合一"或"五证合一"登记制度进行登记的,可仅提供营业执照副本,下同)、监理资质证书副本、基本账户开户许可证的复印件,投标人在交通运输部"全国公路建设市场信用信息管理系统"公路工程施工监理资质企业名录中的网页截图复印件,以及投标人在国家企业信用信息公示系统中基础信息(体现股东及出资详细信息)的网页截图或由法定的社会验资机构出具的验资报告或注册地工商部门出具的股东出资情况证明复印件。

企业法人营业执照副本和组织机构代码证副本、监理资质证书副本、基本账户开户许可证的复印件应提供全本(证书封面、封底、空白页除外),应包括投标人名称、投标人其他相关信息、颁发机构名称、投标人信息变更情况等关键页在内,并逐页加盖投标人单位章。

② "近年完成的类似项目"应是已列入交通运输主管部门"公路建设市场信用信息管理系统"并公开的业绩,具体时间要求见投标人须知前附表。"近年完成的类似项目情况表"应附交通运输部"全国公路建设市场信用信息管理系统"(网址:http://glxy.mot.gov.cn/)中查询到的企业"业绩信息"相关项目网页截图复印件。在交通运输部"全国公路建设市场信用信息管理系统"中无法查询,但可在省级交通运输主管部门"公路建设市场信用信息管理系统"中查询的,应附省级交通运输主管部门"公路建设市场信用信息管理系统"中查询到的网页截图复印件并注明查询路径。除网页截图复印件外,投标人无须再提供任何业绩证明材料。

如投标人未提供相关项目网页截图复印件或相关项目网页截图中的信息无法证实投标人满足招标文件规定的资格审查条件(业绩最低要求),则该项目业绩不予认定。

③ "投标人的信誉情况表"应附投标人在国家企业信用信息公示系统中未被列入严重违法失信企业名单、在"信用中国"网站中未被列入失信被执行人名单的网页截图复印件,以及由项目所在地或投标人住所地检察机关职务犯罪预防部门出具的近三年内投标人及其法定代表人、拟委任的总监理工程师或驻地监理工程师均无行贿犯罪行为的查询记录证明原件。

④ "拟委任的总监理工程师或驻地监理工程师资历表"应附总监理工程师或驻地监理工程师的身份证、职称资格证书和资格审查条件所要求的其他相关证书(如公路工程监理工程师证书等)的复印件,以及投标人所属社保机构出具的拟委任的总监理工程师或驻地监理工程师的社保缴费证明或其他能够证明拟委任的总监理工程师或驻地监理工程师参加社保的有效证明材料复印件。

"拟委任的总监理工程师或驻地监理工程师资历表"还应附交通运输部"全国公路建设市场信用信息管理系统"中载明的、能够证明总监理工程师或驻地监理工程师具有相关业绩的网页截图复印件。在交通运输部"全国公路建设市场信用信息管理系统"中无法查询,但可在省级交通运输主管部门"公路建设市场信用信息管理系统"中查询的,应附省级交通运输主管部门"公路建设市场信用信息管理系统"中查询到的网页截图复印件并注明查询路径。除网页截图复印件外,投标人无须再提供任何业绩证明材料。如投标人未提供相关业绩网页截图复印件或相关业绩网页截图中的信息无法证实投标人满足招标文件规定的资格审查条件(总监理工程师或驻地监理工程师最低要求),则该业绩不予认定。

如总监理工程师或驻地监理工程师目前仍在其他项目上任职,则投标人应提供由该项目委托人出具的、承诺上述人员能够从该项目撤离的书面证明材料原件。

⑤ "拟委任的其他主要监理人员汇总表"(如有)应填报满足投标人须知前附表规定的其他主要监理人员的相关信息。"拟委任的其他主要监理人员资历表"(如有)中相关人员应附身份证、职称资格证书和资格审查条件所要求的其他相关证书(如公路工程监理工程师证书等)的复印件,相关业绩证明材料复印件,以及投标人所属社保机构出具的社保缴费证明或其他能够证明其参加社保的有效证明材料复印件。

⑥ 除合同条款约定的特殊情形外,投标人在投标文件中填报的总监理工程师或驻地监理工程师不允许更换。

⑦ 投标人在投标文件中填报的资质、业绩、主要人员资历和目前在岗情况、信用等级等信息,应与其在交通运输主管部门"公路建设市场信用信息管理系统"上填报并发布的相关信息一致。投标人应根据本单位实际情况及时完成相关信息的申报、录入和动态更新,并对相关信息的真实性、完整性和准确性负责。

⑧ 招标人有权核查投标人在投标文件中提供的资料,若在评标期间发现投标人提供了虚假资料,其投标将被否决;若在签订合同前发现作为中标候选人的投标人提供了虚假资料,招标人有权取消其中标资格;若在合同实施期间发现投标人提供了虚假资料,招标人有权从合同价款或履约保证金中扣除不超过 5% 签约合同价的金额作为违约金。同时招标人将投标人上述弄虚作假行为上报省级交通运输主管部门,作为不良记录纳入公路建设市场信用信息管理系统。

6) 投标文件的签署

投标人应慎重对待投标文件的签署,按规定签署的投标文件才具有法律效力。投标人必须准备投标文件正本 1 份、副本若干份,并在文件封面及外包装上清楚注明"正本"和"副本"字样,并载明当正本与副本的内容不一样时以正本为准。投标文件正本应打印或用不褪色的墨水书写,由投标人的法定代表或其授权人逐页签署或盖章(可要求重要部位加盖公章,如函件落款处、监理人员配备表、监理设备配备表和财务建议书落款处)。投标文件的任何一页都不得涂改、添加和删除文字,若出现上述情况,应由投标文件签署人在修改处签字确认或盖章。

7) 投标文件的递交

(1) 投标文件的密封和标记。

投标文件的密封和标记是为了保证在开标前和传递中不泄密。

① 投标人应将投标文件正本和全部副本分别封装在双层信封里,分别加贴封条并盖密封章,且标以"正本""副本"字样;

② 投标文件外层信封仅写明招标人通讯地址全称、投标项目名称和监理合同段,并注明开标时间前不得开封,这样可防止事先辨认出投标文件,避免作弊;

③ 内层信封上应写明投标人名称和详细地址,并在右下方写明招标人名称,以便因投标文件迟到或其他原因造成招标人不能接受文件时能原封退回。

(2) 送交投标文件截止期。

送交投标文件截止期是指自发售招标文件之日起至送交投标文件截止之日的期限,也就是投标人熟悉招标文件和完成投标文件编制的时间段。根据《中华人民共和国招标投标法》的规定,送交投标文件截止期应不少于 20 天,以便投标人有合理的时间完成相关工作。如果工程或施工条件比较复杂,或者地处边远、交通不便,送交投标文件截止期可适当延长,但一般不超过 45 天。如果招标人在招标文件发出后由于某种原因决定延长送交投标文件截止期,最迟应在截止期前 7 天将延期通知送达所有投标人,以便投标人做出相应的安排。

(3) 迟到的投标文件。

规定统一的投标截止期是为了体现公平竞争,避免泄密或作弊,因此必须严格遵守截止时间的规定。招标须知规定,招标人将拒绝接收在投标截止期后收到的投标文件,并将该文件按照其内层信封上写明的地址原封退回。

(4) 投标文件的修改和撤回。

在投标截止前,即投标文件还未生效时,投标人可以对已送交的投标文件进行修改或撤回,但必须以书面形式向招标人提出,并经投标文件签字人签署。在时间紧迫的情况下,可先以传真方式将投标文件修改或撤回的申请告知招标人,但随即应发出一份书面函件(如果申请修改,附上修改部分文件)予以确认,该确认函件必须在投标截止前送达招标人,并应按照投标文件同样的要求进行密封、标记和送交,否则无效。

8) 开标与评标

包括开标时间、地点、程序和评标组织、方法、标准及过程的有关规定和要求。

9) 合同授予

包括合同授予条件、招标人接受和拒绝投标的权利、中标通知书、合同协议书的签署、履约保证、不正当竞争和廉政建设等内容。

三、评标办法

公路工程施工监理招标的评标采用综合评估法。评标委员会对满足招标文件实质性要求的投标文件,按照规定的评分标准进行打分,并按得分由高到低的顺序推荐中标候选人,或根据招标人授权直接确定中标人,但投标报价低于其成本的除外。综合评分相等时,评标委员会应按照评标办法前附表规定的优先次序推荐中标候选人或确定中标人。

1. 评审标准

1) 初步评审标准

初步评审标准包括形式评审标准、资格评审标准和响应性评审标准。

2) 分值构成与评分标准

(1) 分值构成。

分值构成的影响因素包括技术建议书、主要人员、评标价、其他评分因素。

① 各评分因素权重分值范围如下:技术建议书 25~35 分;主要人员 25~40 分;技术能力 0~5 分;业绩 10~25 分;履约信誉 5~10 分。

② "技术能力"指投标人的科研开发和技术创新能力,招标人可结合招标项目的具体情况提出相关要求,包括投标人获得的与工程咨询管理(包括勘察设计、监理等工程咨询工作)有关的专利(发明专利或实用新型专利)、国家或省级科学技术进步奖,主编或参编过的国家、行业或地方标准等。

③ 评标价权重分值不宜超过 10 分。

(2) 评标基准价计算。

在开标现场,招标人将当场计算并宣布评标基准价。

① 评标价的确定:

评标价=投标函文字报价。

② 评标价平均值的计算。

方案一：按第一个信封（商务及技术文件）评审得分由高到低的顺序选取前3名（若不足3名，则选取相应数量），对其第二个信封（报价文件）的评标价作算术平均（根据"投标人须知"规定在开标现场被宣布为不进入评标基准价计算的投标报价除外），将该平均值作为评标价平均值。

方案二：除按"投标人须知"规定开标现场被宣布为不进入评标基准价计算的投标报价之外，所有投标人的评标价去掉一个最高值和一个最低值后的算术平均值即为评标价平均值（如果参与评标价平均值计算的有效投标人少于5家时，则计算评标价平均值时不去掉最高值和最低值）。

（3）评标基准价的确定。

方法一：将评标价平均值直接作为评标基准价。

方法二：将评标价平均值下浮_____％，作为评标基准价。

方法三：招标人设置评标基准价系数，由投标人代表现场抽取，评标价平均值乘以现场抽取的评标基准价系数作为评标基准价。

在评标过程中，评标委员会应对招标人计算的评标基准价进行复核，存在计算错误的应予以修正并在评标报告中作出说明。除此之外，评标基准价在整个评标期间保持不变，不随任何因素发生变化。

（4）评标价的偏差率计算。

偏差率＝100％×（投标人评标价－评标基准价）/评标基准价。

（5）评分标准。

评分标准包括技术建议书评分标准、主要人员评分标准、评标价评分标准、其他因素评分标准。

2. 评标程序

1）第一个信封初步评审

评标委员会可以要求投标人提交"投标人须知"规定的有关证明和证件的原件，以便核验。评标委员会依据规定的标准对投标文件第一个信封（商务及技术文件）进行初步评审。有一项不符合评审标准的，评标委员会应否决其投标。

2）第一个信封详细评审

（1）评标委员会按规定的量化因素和分值进行打分，并计算出各投标人的商务和技术得分。

① 按规定的评审因素和分值对技术建议书部分计算出得分 A；

② 按规定的评审因素和分值对主要人员部分计算出得分 B；

③ 按规定的评审因素和分值对其他部分计算出得分 D。

（2）投标人的商务和技术得分分值计算保留小数点后两位，小数点后第三位"四舍五入"。

（3）投标人的商务和技术得分＝$A+B+D$。

3）第二个信封开标

第一个信封（商务及技术文件）评审结束后，招标人将按照"投标人须知"规定的时间和地点对通过投标文件第一个信封（商务及技术文件）评审的投标文件第二个信封（报价文件）进行开标。

4) 第二个信封初步评审

(1) 评标委员会依据规定的评审标准对投标文件第二个信封(报价文件)进行初步评审。有一项不符合评审标准的,评标委员会应否决其投标。

(2) 投标报价有算术错误的,评标委员会按以下原则对投标报价进行修正,修正的价格经投标人书面确认后具有约束力。投标人不接受修正价格的,评标委员会应否决其投标。

① 投标文件中的大写金额与小写金额不一致的,以大写金额为准;

② 总价金额与依据单价计算出的结果不一致的,以单价金额为准修正总价,但单价金额小数点有明显错误的除外;

③ 当单价与数量相乘不等于合价时,以单价计算为准,如果单价有明显的小数点位置差错,应以标出的合价为准,同时对单价予以修正;

④ 当各子目的合价累计不等于总价时,应以各子目合价累计数为准,修正总价。

(3) 修正后的最终投标报价若超过最高投标限价(如有),评标委员会应否决其投标。

(4) 修正后的最终投标报价仅作为签订合同的一个依据,不参与评标价得分的计算。

5) 第二个信封详细评审

(1) 评标委员会按规定的评审因素和分值对评标价计算出得分 C。评标价得分分值计算保留小数点后两位,小数点后第三位"四舍五入"。

(2) 投标人综合得分=投标人的商务和技术得分+C。

(3) 评标委员会发现投标人的报价明显低于其他投标报价,使得其投标报价可能低于其个别成本的,应要求该投标人作出书面说明并提供相应的证明材料。投标人不能合理说明或不能提供相应证明材料的,评标委员会应认定该投标人以低于成本报价竞标,并否决其投标。

6) 投标文件相关信息的核查

(1) 在评标过程中,评标委员会应查询交通运输主管部门"公路建设市场信用信息管理系统",对投标人的资质、业绩、主要人员资历和目前在岗情况、信用等级等信息进行核实。若投标文件载明的信息与交通运输主管部门"公路建设市场信用信息管理系统"发布的信息不符,使得投标人的资格条件不符合招标文件规定的,评标委员会应否决其投标。

(2) 评标委员会应对在评标过程中发现的投标人与投标人之间、投标人与招标人之间存在的串通投标的情形进行评审和认定。投标人存在串通投标、弄虚作假、行贿等违法行为的,评标委员会应否决其投标。

四、合同条款及格式

1. 通用合同条款

1) 词语定义

通用合同条款、专用合同条款中的下列词语应具有本款所赋予的含义。

(1) 合同文件(或称合同):合同协议书、中标通知书、投标函和投标函附录、专用合同条款、通用合同条款、委托人要求、监理报酬清单、监理大纲,以及其他构成合同组成部分的文件。

(2) 合同协议书:委托人和监理人共同签署的合同协议书。

(3) 中标通知书:委托人通知监理人中标的函件。

(4)投标函:由监理人填写并签署的,名为"投标函"的函件。

(5)投标函附录:由监理人填写并签署的、附在投标函后,名为"投标函附录"的函件。

(6)委托人要求:合同文件中名为"委托人要求"的文件。

(7)监理大纲:监理人在投标文件中的监理大纲。

(8)监理报酬清单:监理人投标文件中的监理报酬清单。

(9)其他合同文件:经合同双方当事人确认构成合同文件的其他文件。

(10)总监理工程师:由监理人任命,代表监理人行使权利和履行义务的全权负责人。

(11)监理文件:监理人按合同约定向委托人提交的监理大纲、监理规划、监理实施细则、监理日志、监理报告、工程质量评估报告、事故处理文件、监理工作总结和其他文件等,包括阶段性文件和最终文件,且应当采用合同中双方约定的格式和载体。

(12)签约合同价:签订合同时合同协议书中写明的监理报酬总金额。

(13)合同价格:监理人按合同约定完成了全部监理工作后,委托人应付给监理人的金额,包括在履行合同过程中按合同约定进行的变更和调整。

(14)费用:为履行合同所发生的或将要发生的所有合理开支,包括管理费和应分摊的其他费用,但不包括利润。

(15)书面形式:合同文件、信件和数据电文(包括电报、电传、传真、电子数据交换和电子邮件)等可以有形地表现所载内容的形式。

2)合同文件的优先顺序

组成合同的各项文件应互相解释,互为说明。除专用合同条款另有约定外,解释合同文件的优先顺序如下:

(1)合同协议书;

(2)中标通知书;

(3)投标函及投标函附录;

(4)专用合同条款;

(5)通用合同条款;

(6)委托人要求;

(7)监理报酬清单;

(8)监理大纲;

(9)其他合同文件。

3)合同协议书

监理人按中标通知书规定的时间与委托人签订合同协议书。除法律另有规定或合同另有约定外,委托人和监理人的法定代表人或其委托代理人在合同协议书上签字并盖单位章后,合同生效。

4)监理范围

(1)合同的监理范围包括工程范围、阶段范围和工作范围,具体监理范围应当根据三者之间的关联内容进行确定。

(2)工程范围指所监理工程的建设内容,具体范围在专用合同条款中约定。

(3)阶段范围指工程建设程序中的勘察阶段、设计阶段、施工阶段、缺陷责任期及保修阶段中的一个或者多个阶段,具体范围在专用合同条款中约定。

(4)工作范围指监理工作中的质量控制、进度控制、投资控制、合同管理、信息管理、组织协调和安全监理、环保监理中的一项或者多项工作,具体范围在专用合同条款中约定。

5)监理依据

除专用合同条款另有约定外,公路工程的监理依据如下:

(1)适用的法律、行政法规及部门规章;

(2)与工程有关的规范、标准、规程;

(3)工程勘察文件、设计文件及其他文件;

(4)公路工程监理的委托合同及补充合同;

(5)委托人签订的勘察、设计和施工承包合同;

(6)合同履行中与监理服务有关的来往函件;

(7)其他监理依据。

6)监理内容

除专用合同条款另有约定外,监理工作内容包括:

(1)收到工程设计文件后编制监理规划,并在第一次工地会议7天前报委托人,根据有关规定和监理工作需要,编制监理实施细则;

(2)熟悉工程设计文件,并参加由委托人主持的图纸会审和设计交底会议;

(3)参加由委托人主持的第一次工地会议,主持监理例会并根据工程需要主持或参加专题会议;

(4)审查施工承包人提交的施工组织设计,重点审查其中的质量安全技术措施、专项施工方案与工程建设强制性标准的符合性;

(5)检查施工承包人工程质量、安全生产管理制度及组织机构和人员资格;

(6)检查施工承包人专职安全生产管理人员的配备情况;

(7)审查施工承包人提交的施工进度计划,核查承包人对施工进度计划的调整;

(8)检查施工承包人的试验室;

(9)审核施工分包人资质条件;

(10)查验施工承包人的施工测量放线成果;

(11)审查工程开工条件,对条件具备的签发开工令;

(12)审查施工承包人报送的工程材料、构配件、设备质量证明文件的有效性和符合性,并按规定对用于工程的材料采取平行检验或见证取样方式进行抽检;

(13)审核施工承包人提交的工程款支付申请,签发或出具工程款支付证书,并报委托人审核、批准;

(14)在巡视、旁站和检验过程中,发现工程质量、施工安全存在事故隐患的,要求施工承包人整改并报委托人;

(15)经委托人同意,签发工程暂停令和复工令;

(16)审查施工承包人提交的采用新材料、新工艺、新技术、新设备的论证材料及相关验收标准;

(17)验收隐蔽工程、分部分项工程;

(18)审查施工承包人提交的工程变更申请,协调处理施工进度调整、费用索赔、合同争议等事项;

(19) 审查施工承包人提交的竣工验收申请,编写工程质量评估报告;

(20) 参加工程竣工验收,签署竣工验收意见;

(21) 审查施工承包人提交的竣工结算申请并报委托人;

(22) 编制、整理工程监理归档文件并报委托人。

2. 公路工程专用合同条款

1) 通用条款的细化

这是在通用条款中已经明确提出要在专用条款中具体化的内容,是必备的配套条款。

2) 对通用合同条款的修正、补充或删除

业主根据项目特点和环境,对通用条件中的某些条款进行修正、补充或删除。一般情况下,业主都要在专用条款中明确规定监理在工程变更中的权限等方面的内容(即在一定金额的范围内,监理有单独处理问题的权利)。此外,目前有些业主会要求驻地监理机构执行其管理机构制定的有关监理人员的奖惩规定,或者扣留一部分监理费作为业主直接支付现场监理人员的奖金。这种要求和做法,应当在监理合同专用条款中作为补充条款予以明确规定,并在合同附件中将规定的详细条文列出,使监理单位在投标时有所考虑,否则,合同签订后单方面做出的决定不具有法律效力。可见对于某个具体项目,专用合同条款包含了一些重要的实质性内容,应该认真研究,予以响应。

3) 合同附件

(1) 监理服务的形式、范围和内容。这是编制监理大纲和监理措施的重要依据,其中包括服务要求或监理目标、现场监理机构设置、人员数量和资质要求、监理工作范围及其内容。

(2) 业主提供的监理工作条件。国际上通常由业主提供监理工作和生活设施、监理交通工具和监理测试仪器,以及勤杂人员。这是考虑到监理单位是提供技术性服务的机构,一般并不拥有雄厚的资金,而且监理在施工中使用的设备、设施都是日后工程管理单位需要用到的,因而这些资产都归业主所有。

(3) 监理服务的费用与支付。这是业主控制监理费用、监理单位计算服务费用,编制财务建议书的重要依据,为了便于评比,应采用统一表格。

五、委托人要求

委托人要求应尽可能清晰准确,对于可以进行定量评估的工作,委托人要求不仅应明确规定其功能、用途、质量、环境、安全,并且要规定检验、试验、试运行的具体要求。对于监理人负责提供的有关服务,在委托人要求中应一并明确规定。委托人要求通常包括但不限于以下内容。

1. 监理要求

招标人应当根据项目情况明确相应的监理要求,一般应包括以下内容。

(1) 项目概况。

① 项目名称、建设单位、建设规模、技术标准、项目地理位置;项目的起讫地点、主要控制点;桥涵的结构形式;独立特大桥的桥型、荷载标准、跨径、桥长、桥宽、基础、水深、引道长度等;独立隧道的长度、宽度、防水排水、衬砌和设施等;附属设施标准、规格等。

② 项目周边环境、文物情况。

③ 水文、气候、气象及地质简况。
④ 交通、电力、通信及其他条件等。
(2) 监理范围及内容：包括监理范围及主要监理内容，与监理范围对应的施工标段划分及各标段主要工程数量表等。
(3) 监理依据。
(4) 监理人员和试验检测仪器设备要求。
(5) 其他要求。

2. 适用规范标准

(1) 通用施工监理规范。

执行《公路工程施工监理规范》(JTG G10—2016)。

(2) 专用施工监理规范。

专用施工监理规范由招标人根据工程的实际情况，在《公路工程施工监理规范》(JTG G10—2016)的基础上自行编制并纳入"委托人要求"中，但不得与国家、交通运输部及有关部门的法规、标准、规范等矛盾。针对本工程或仅在本地区实行的与监理工作有关的管理办法、制度应一并纳入"委托人要求"中。

(3) 施工技术规范。

施工技术规范包括以下内容：① 本工程施工标段招标文件中的技术规范；② 所有与工程施工有关的国家现行的公路建设标准、规范、规程及相关文件。

(4) 国家、行业、项目所在地适用本工程的其他规范、标准或规程。

3. 成果文件要求

包括成果文件的组成、深度、格式要求、份数要求、载体要求等。

4. 委托人财产清单

(1) 委托人提供的设备、设施：

委托人提供的办公房屋及冷暖设施，如办公室数量及面积、空调等；委托人提供的设备清单，如计算机、投影、打印机、复印机等；委托人提供的设施清单，如办公桌椅、文件柜等。

(2) 委托人提供的资料：

施工场地及毗邻区域内的供水、排水、供电、供气、供热、通信、广播电视等地下管线资料、气象和水文观测资料，相邻建筑物和构筑物、地下工程的有关资料，以及其他与公路工程有关的原始资料；定位放线的基准点、基准线和基准标高；委托人取得的有关审批、核准和备案材料；勘察文件、设计文件等资料；技术标准、规范；工程承包合同及其他相关合同。

(3) 委托人财产使用要求及退还要求。

六、编制标底

1. 标底的作用

监理标底是业主对于各监理合同段监理费用的估算金额，也就是支付监理服务费的预计金额，这个费用一般应控制在批准的工程概算中监理费总额之内。标底的作用在于以下两点：

(1) 作为监理费开支的预算。它是监理费支付的原始依据，也是控制监理费用的尺度。

(2) 作为评标的依据。目前一般采取复合标底作为评标依据,即以业主编制的标底与各家投标价平均值之和除以2。所以,业主编制的标底仍然起着很重要的作用。标底在开标之前必须保密。

2. 标底的编制方法

标底可以委托设计单位编制,也可以委托有相应资质的造价工程师编制。由于保密的需要,通常由业主直接组织少数人编制。监理标底的编制方法有以下两种。

1) 分解工程概算法

分解工程概算法是指将工程概算中所列的监理费根据各标段工程量按比例分配。根据交通运输部颁布的《公路工程基本建设项目概算预算编制办法》的规定,工程监理费以定额建筑安装工程费总额为基数,按相应的费率计算。

2) 据实逐项计算监理费

按照招标要求投入的监理人员、监理设施和设备,逐项计算监理费用。可仿照监理单位编标的方法进行计算。通过计算,如果发现所算费用超过预算,可以分析原因,进行处理;适当降低要求,减少费用;或者从业主的管理费中划拨一部分补充监理费。

七、采用电子招标投标

公路工程施工监理招标如果采用电子招投标,则在招标公告,投标人须知,招标文件的购买,投标文件的递交、修改,中标通知的发出等方面都有所变化。下面就这些改变做简单介绍。

1. 招标文件的获取

(1) 投标单位在招标公告规定的电子交易平台进行网员注册,并领取 CA 数字证书。

(2) 完成网员注册后,在规定的时间内,通过互联网使用 CA 数字证书登录"电子交易平台",明确所投标段,通过网上银行支付文件费用后下载招标文件和图纸。联合体投标的,由联合体牵头人完成网上支付,下载招标文件等资料。

2. 投标文件的递交及相关事宜

(1) 招标人将于招标公告规定的时间和地点组织工程现场踏勘并召开投标预备会。

(2) 投标文件应为加密的投标文件。投标人应在投标截止时间前,通过互联网使用 CA 数字证书登录"电子交易平台",将加密的投标文件上传,并保存上传成功后系统自动生成的电子签收凭证,递交时间即为电子签收凭证时间。逾期未完成上传或未按规定加密的投标文件,招标人予以拒收。

3. 招标文件的澄清和修改

(1) 招标文件澄清发出的同时,"电子交易平台"以手机短信方式提醒投标人登录平台查看。投标人应注意及时浏览网上发出的澄清,因投标人自身原因未及时获知澄清内容而导致的任何后果将由投标人自行承担。

(2) 招标文件修改发出的同时,"电子交易平台"以手机短信方式提醒投标人登录平台查看。投标人应注意及时浏览网上发出的修改,因投标人自身原因未及时获知修改内容而导致的任何后果将由投标人自行承担。

4. 招标文件的异议

投标人或其他利害关系人对招标文件有异议的,应在投标截止时间 10 日前以书面形式提出。招标人将在收到异议之日起 3 日内作出答复,作出答复前,将暂停招标投标活动。提出异议与作出答复均应通过"电子交易平台"在"异议与答复"菜单以书面形式完成。

5. 投标文件的制作

(1) 投标文件由投标人使用"电子交易平台"自带的"投标文件制作工具"制作生成。

(2) 投标人在编制投标文件时应建立分级目录,并按照标签提示导入相关内容。

(3) 投标文件中证明资料的"复印件"均为"原件的扫描件",应从"电子交易平台"会员诚信库中选择并进行超链接,未标示"复印件"的证明资料均应直接制作生成。

(4) 投标文件中的已标价报价清单数据文件应与招标人提供的报价清单数据文件格式一致。

(5) "投标文件格式"中要求盖单位章和(或)签字的地方,投标人均应使用 CA 数字证书加盖投标人的单位电子印章和(或)法定代表人的个人电子印章或电子签名章。联合体投标的,投标文件由联合体牵头人按上述规定加盖联合体牵头人单位电子印章和(或)法定代表人的个人电子印章或电子签名章。

(6) 投标文件制作完成后,投标人应使用 CA 数字证书对投标文件进行文件加密,形成加密的投标文件。

(7) 投标文件制作的具体方法详见"投标文件制作工具"中的帮助文档。

(8) 因投标人自身原因而导致投标文件无法导入"电子交易平台"电子开标、评标系统,该投标视为无效投标,投标人自行承担由此导致的全部责任。

6. 投标文件的修改与撤回

(1) 在规定的投标截止时间前,投标人可以修改或撤回已递交的投标文件。投标人对加密的投标文件进行撤回的,应在"电子交易平台"直接进行撤回操作;投标人对加密的投标文件进行修改的,应在投标截止时间前完成上传。

(2) 投标人修改投标文件的,应使用"投标文件制作工具"制作成完整的投标文件,并按照规定进行编制、加密和递交。对采用网上递交的加密的投标文件,以投标截止时间前最后完成上传的文件为准。

(3) 投标人撤回投标文件的,招标人自收到投标人书面撤回通知之日起 5 日内退还已收取的投标保证金。

7. 开标程序

(1) 主持人按下列程序对投标文件第一个信封(商务及技术文件)进行开标:

① 宣布开标纪律;

② 公布在投标截止时间前递交投标文件的投标人数量;

③ 宣布开标人、唱标人、记录人等有关人员姓名;

④ 由招标人现场随机抽取的投标人代表抽取评标基准价系数(如有);

⑤ 投标人代表解密加密的投标文件;

⑥ 招标人对未成功解密的投标文件进行退回并按规定的要求进行补救处理,对已解密成功的投标文件进行二次解密;

⑦ 导入并读取所有解密成功的投标文件第一个信封(商务及技术文件)的内容;

⑧ 公布标段名称、投标人名称、投标保证金的递交情况、监理服务期限及其他内容,并记录

在案；

⑨ 投标人代表、招标人代表、记录人等有关人员在开标记录上签字确认；

⑩ 开标结束。

（2）投标文件第二个信封（报价文件）在投标文件第一个信封（商务及技术文件）完成评审前，"电子交易平台"的开标评标系统将不进行读取。

（3）招标人将按照规定的时间和地点对投标文件第二个信封（报价文件）进行开标。主持人按下列程序进行开标：

① 宣布开标纪律；

② 当众拆开投标文件第一个信封（商务及技术文件）评审结果的密封袋，宣布通过投标文件第一个信封（商务及技术文件）评审的投标人名单；

③ 宣布开标人、唱标人、记录人等有关人员姓名；

④ 开标人将所有投标文件第二个信封（报价文件）的内容导入"电子交易平台"的开标评标系统，未通过投标文件第一个信封（商务及技术文件）评审的投标人的第二个信封（报价文件）不予读取；

⑤ 公布标段名称、投标人名称、投标报价及其他内容，并记录在案；

⑥ 投标人代表、招标人代表、记录人等有关人员在开标记录上签字确认；

⑦ 开标结束。

（4）在投标文件第二个信封（报价文件）开标现场，招标人将按"评标办法"规定的原则计算并宣布评标基准价。若招标人发现投标文件出现以下任一情况，其投标报价将不再参加评标基准价的计算：

① 未在投标函上填写投标总价；

② 投标报价超出招标人公布的最高投标限价（如有）；

③ 投标报价的大写金额无法确定具体数值；

④ 投标函上填写的标段号与投标文件封套上标记的标段号不一致。

如果投标人认为某一标段的评标基准价计算有误，有权在开标现场提出，经招标人当场核实确认之后，可重新宣布评标基准价。开标现场宣布的评标基准价除计算有误经评标委员会修正外，在整个评标期间保持不变，不随任何因素发生变化。

（5）在投标文件第一个信封（商务及技术文件）或第二个信封（报价文件）开标过程中，若招标人宣读的内容与投标文件不符，投标人有权在开标现场提出疑问，经招标人当场核查确认之后，可重新宣读其投标文件。若投标人现场未提出疑问，则认为投标人已确认招标人宣读的内容。

8. 开标和评标补救措施

（1）开标过程中因某些原因，导致系统无法正常运行，将按投标人须知前附表的规定采取补救措施。

（2）因"电子交易平台"系统故障导致投标人无法正常上传加密的投标文件，投标人应打印并递交电子交易平台自动生成的上传失败的异常记录单。

（3）当出现以下情况时，应对未开标的中止电子开标，并在恢复正常后及时安排时间开标：

① 系统服务器发生故障，无法访问或无法使用系统；

② 系统的软件或数据库出现错误，不能进行正常操作；

③ 系统发现有安全漏洞，有潜在的泄密危险；

④ 出现断电事故且短时间内无法恢复供电;
⑤ 其他无法保证招投标过程正常进行的情形。
(4) 采取补救措施时,必须对原有资料及信息作出妥善保密处理。
(5) 如果评标过程中出现异常情况,导致无法继续评审工作的,可暂停评标,对原有资料及信息作出妥善保密处理,待电子评标系统恢复正常之后,应重新组织评审。评标完成后,评标委员会应向招标人提交评标报告和中标候选人名单。评标委员会推荐中标候选人的人数见投标人须知前附表。

9. 评标结果

(1) 投标人或其他利害关系人对依法必须进行招标的项目的评标结果有异议的,应在中标候选人公示期间提出。招标人将在收到异议之日起 3 日内作出答复;作出答复前,将暂停招标投标活动。提出异议与作出答复均应通过"电子交易平台"在"异议与答复"菜单以书面形式进行。

(2) 投标有效期内,招标人应通过"电子交易平台"以数据电文形式向中标人发出中标通知书,同时将中标结果通知未中标的投标人。

任务 4　公路工程施工监理投标

公路工程施工监理投标文件的组成包括:投标函、授权委托书或法定代表人身份证明、联合体协议书、投标保证金、资格审查资料、技术建议书、其他资料。

一、技术建议书

1. 技术建议书的组成

(1) 工程概述:主要对拟投监理标段的工程总体概况进行简单描述。

(2) 监理工作范围:依据监理合同中约定的监理服务的要求和范围,对拟投监理标段的监理工作安排、主要监理人员的岗位职责进行必要的阐述。

(3) 现场监理机构设置与人员安排:通过框图形式,明确拟投监理标段的组织机构设置。

(4) 监理仪器、设备和设施的配备:投标人根据拟投监理标段的现场工作需要,对其拟投入本工程的监理仪器、设备和设施的配备等情况做简要介绍。

(5) 监理工作程序:结合监理工作的阶段划分,对工程质量控制、进度控制、施工安全控制、施工环境保护、费用控制、合同及其他事项管理、文件资料管理等方面,进行监理工作的方法与流程的简要阐述。

(6) 监理大纲(或监理方案)和措施。

(7) 本工程监理工作的重点与难点分析:根据招标文件及现场考察,对本工程监理工作需要特别给予重视的问题逐一论述并给出解决方法。

(8) 对本工程的建议:为更好地完成本工程的监理工作,监理单位可根据以往的经验,对本工程监理工作提出建议。

2. 监理大纲的编制

监理大纲一般应包括以下内容。

1）工程项目概况

可从招标文件提供的资料中得到工程项目的有关概况，一般包括项目的名称、工程所在地地理位置、自然环境和条件、技术标准、拟投监理合同段及施工合同段的工程内容和数量、工程特点和施工条件、工期要求等内容。

2）监理工作范围和目标

依据"合同条件"规定的监理服务的要求和工作范围，结合本合同段具体情况，阐明监理工作目标和工作内容。如果业主提出具体的目标（如要求优良率达到90%等）时必须响应。工作内容可参照相关文件结合实际情况进行适当调整。

3）现场监理机构设置和人员安排

根据招标文件的要求和工作需要，提出现场监理机构设置方案，以框图形式表现。如果监理标段比较长，并包含了几个施工合同标段，则应考虑设置两层式机构，即在驻地监理工程师办公室（或高级驻地监理工程师办公室）下每个施工合同段设置监理组（驻地监理工程师办公室）。各层机构应设管理部门，分别主管合同、工程、试验和后勤等工作。每个监理组（或驻地监理工程师办公室）根据工程内容和工作内容设置相应岗位，本着精简的原则配置监理人员。监理人员配置数量与工程标准、监理合同段所含施工合同段及其工程量、工程复杂性、监理服务工作量及工期有关，合同段多、工程量大、工程难度大、工期紧，同时开工的工作面必然也多，使得监理工作量大，需要配置的监理人员也相应增多。一般情况下可参考《公路工程施工监理办法》中推荐的监理人员配备定额。按公路里程配备时，每公里施工路段0.5~1.2人；按年计划完成投资配备时，每百万元路线0.4~1.0人，独立大桥和隧道0.3~0.6人。同时根据上述影响因素和实践经验加以调整，在不利条件下采取较高的人员配备定额，同时对每个岗位制定岗位职责，明确分工。上层管理人员宜少而精，基层监理人员要有现场管理经验，驻地监理工程师和高级驻地监理工程师要善于把握全局，善于管理。监理人员要根据工程内容及其专长配备，做到专业配套，同时要考虑老、中、青搭配，年龄结构合理有利于工作。对拟投入本项目的主要监理人员的资格和相应的经历应加以说明，并附相应表格。

4）监理工作程序和流程

此项内容是监理大纲中的关键内容，所占篇幅最大，是指导监理工作的关键环节，主要对监理工作的三项控制（投资控制、进度控制、质量控制）、两项管理（合同管理、信息管理）、一项协调（组织协调）等方面的方法、程序进行描述。如果招标文件有要求，还应给出各项工作的流程图。

5）监理工作重点、难点及相应措施

根据招标文件和现场考察，确定监理工作的重点和难点，针对这些重点和难点提出解决问题的对策和措施。

6）其他建议

为了搞好施工现场管理，应对业主提出相关建议。例如，当工程规模大，监理标段层次多时，为了统一施工和监理工作要求，建议由业主统一组织上岗培训，统一报表格式和报表制度，明确各级监理机构和人员的职权范围等。

3. 辅助资料

技术建议书的辅助资料有以下两种。

(1) 监理单位资质说明,这些资料基本上都在资格预审时编报了。一般可以将原报资料附上,如果有变化,可将变化部分附上并加以说明。

(2) 现场监理机构及人员资质。其中关于监理机构的文字说明要针对项目实际工作需要,并与所报监理人员资料相适应。拟投入监理人员情况汇总表和监理人员工作履历表的每一项内容都要如实填写,不要随意空缺,否则评标时可能影响符合性评价分值。所附资质和经历证明材料要符合招标文件要求,所提供的证件复印件,应准备好原件备查。投标人应对所提供资料的真实性、符合性负责,如有造假或因其他原因违反评标强制性条件要求的,将被取消投标资格。

二、财务建议书的编制

财务建议书是投标人对所提供监理服务取得报酬的要求,应当按照招标文件提供的格式和填写说明填报,并应与技术建议书中提供的监理人员和监理设施、设备等各项服务相适应。费用计算要有依据,并符合企业的成本结构、水平和回报需求,同时要考虑市场的竞争力。为此,要研究"投标人须知"中提供的评标原则或方法和市场竞争情况。由于业主支付的监理费用必须控制在工程概算所列的监理费额之内,因而监理标底往往控制在该费额之内。目前施工监理招投标中采用的评标方法是以标底或复合标底为基准的,因此测算标底就成了财务报价的一项重要工作。

1. 标底的测算

标底的测算有两种方法。

(1) 按照编制概、预算的方法,根据拟投标段的工程量,计算出定额建安费,然后乘以费率,并根据招标文件对监理的要求,分析本标段监理费应占比例,推算出标底金额。

(2) 参照概、预算估算方法,估算出本段的投资金额,然后扣除各项附加费用和上层管理费,推算出相应的定额建安费,再乘以监理费率,并分析本段监理费应占监理费总额的比例,得出标底的估算金额。

按照上述方法测算出的标底金额,只用作实际计算出的监理服务费的比较参考,避免因报价太高、太低而被淘汰。

2. 监理服务费的计算

监理服务费的计算也有两种方法。

(1) 按费率计算,即按工程概算中的定额建筑安装费的百分率计算,或者按照施工投标的中标价(或实际结算工程款)为基数的百分率计算。

由于监理费用包括各层监理机构和人员的费用在内,而招标往往限于下层机构,因此上述费率往往比工程概算中所列要低,除非业主认识到监理工作的重要性,并提高对监理的要求,同时提高监理费用标准,这种情况才有可能得到改善。为了便于结算监理费,一般要求在编报总费率的同时,将各项费用的组成作为附加资料一并填报。

(2) 按照监理提供服务的项目逐项进行计算,即包括人员、设施、设备等各项费用。

正常服务费用的组成和计算原则如下:

(1) 监理人员报价:按照不同岗位,分档次填报人月费单价(包括基本工资、各种补贴、加班

费和个人所得税等),并计算合价;

(2) 监理试验、检测设备一般按照招标文件要求,或以业主开列项目为准配备,必要时适当增加少量配套设备,根据所提供设备的品质和数量,固定资产计入折旧费和使用费(含消耗性物品、材料、配件和油料等费用),非固定资产按规定费率摊销;

(3) 交通车辆、办公和生活设备(属固定资产者)计入折旧费和使用费,非固定资产者计入摊销费,办公和生活用房计入租金或临建设施摊销费;

(4) 现场办公费包括办公用品、资料、水、电、煤、气、交通、通信、辅助人员及其他;

(5) 公司取费包括法定提留金(工会、教育、职工福利、住房、养老金)、管理费、利润、税金(营业税、所得税等)及其他;

(6) 不可预见费,根据可能出现的意外事件和风险分析酌定。

尽管监理报价分项开列,但结算时一般仍以总价为依据,因此属于总价合同。业主每月或每季度按相应比例向监理单位支付监理服务费。

三、监理投标报价策略

1. 报价策略的选择

投标企业的类型与报价策略的选择密切相关。一般竞争型企业会充分估计各个竞争对手的报价方法和它们的实力,即力争中标。市场开发型企业,特别是外地企业,它们需要为了进入新的行业和新的地区而实现中标;生存型企业通常把提高企业管理水平和发展企业自身能力作为中标的目的。

2. 投标策略的分析

在监理招投标过程中,报价是业主确定中标人的重要条件。一般情况下,投标策略通常有以下几种。

1) 高价赢利策略

高价赢利策略是以较大利润为投标目标的策略。这种策略的运用一般基于以下条件:

(1) 现场施工条件差、监理难度大的工程;

(2) 专业要求高,而本公司这方面有专长且有能力的工程;

(3) 比较特别的工程,如长隧道工程、大型桥梁工程等;

(4) 竞争对手少的工程;

(5) 监理酬金支付条件不理想的工程。

2) 低价薄利策略

低价薄利策略指在报价过程中用较低价投标的策略。这种策略的使用一般基于以下几种情况:

(1) 监理工作简单,工程施工条件好,一般公司都可以监理的工程;

(2) 投标对手多,竞争力强时;

(3) 本公司在附近有在监工程而本项目可利用该工程监理的人员、设备或有条件完成的;

(4) 本公司目前急于打入某一地区、某一市场,或者虽然在某地区已经经营多年,却将面临没有监理任务的情况;

(5) 监理酬金支付条件好的工程。

3) 低价亏损策略

低价亏损策略指在报价中不但不用考虑企业利润,相反只考虑相对的止损后提出的报价策略。这种报价策略一般只用于下列情况:

(1) 对于分期建设的项目,先以低价获得首期工程,然后赢得第二期工程中的竞争优势,在第二期工程中弥补损失;

(2) 若是在长时期内监理单位没有在监的工程项目,如再不中标将对企业业绩造成影响,以至于无法生存。所以,尽管本工程没有利润,但能取得监理业绩以保证资质,并通过一定的管理费维持公司继续运转,就可设法度过短暂的困难,然后再去获利。

3. 监理投标

1) 监理投标的准备

对于交通建设企业的任何一家监理单位来说,监理投标都是最重要的经营内容,研究监理投标报价的技巧是非常具有意义的。监理企业整体战略决定了其投标的策略和报价,而在招标前掌握准确且充分的工程监理招标信息是做好监理投标工作的前提。

(1) 搜集信息。

监理投标报价的起点是搜集信息。第一是要搜集拟投标监理工程的信息,最好能在工程监理招标公告发出之前就顺利地掌握信息,同时还要多了解该工程所在地的交通运输、自然条件等方面的发展动态和现状。第二是要多了解与监理报价相关的参考资料,对于各个竞争对手的报价情况与动态,在监理投标过程中也要尽量多做一些了解。

(2) 明确投标目的性。

当得到一个招标消息后,监理单位首先要进行初步调查和分析判断,再作出能否参加投标的决策。主旨是考虑自己的能力能否胜任和能获利多少,即明确投标目的性。从近期以及长远利益全面衡量,若是看到了某项工程的广阔发展前途,想开创企业的社会信誉,在该地区打开局面,就必须提高对它的积极性。

2) 监理投标技巧

监理投标时,应采取不同的方法和对策来应对具体的情况。竞争对手多的投标工程报价要低,竞争对手较少而自己又有特长的工程报价就要高。比较复杂、地处交通要道、监理条件不好的施工工程报价要高;工程量单一、比较简单的工程报价要低。提出能提升对业主的吸引力并降低造价的建议,就能在竞争中获胜。

① 资格预审阶段。通常在公开招标项目中,业主都会主动对投标监理企业进行资格预审,然后掌握各投标者的基本情况。而对于投标企业来说,也需要掌握相关信息,具体内容包括:该工程各项手续是否与当地政府的相关文件和法律法规相符合;该工程的资金额度、来源是否有充足的保障,特别是今后能否按时支付监理酬金等。了解业主在以往工程评标、招标上的习惯做法,对今后编制合理的投标文件也有很大的帮助。严格按规定要求编制资格预审文件,选择那些结构新颖、监理难度大、质量优、技术复杂、近期评价高的项目,展现公司业绩,对于中标非常有帮助。

② 研究阶段。研究阶段应认真研究招标文件的内容和有关规定:了解工程各项情况,以便编制先进合理的监理大纲文件和技术标措施;分清报价范围和监理方的责任,避免发生任何偏差和遗漏;弄清开、竣工日期和总工期的规定以及奖罚条件等,以便制订合理的人员进场计划;对招标文件中不清楚的问题,应该及时询问招标单位并得到解释。

③ 调查竞争对手。在对工程环境和企业自身有了清楚的认识之后,就要尽量弄清竞争对手的情况,把控竞争对手的优势、实力、历年来的报价水平和当前在监工程的具体情况等。通常情况下,若是拟投标工程工期长就不要急于求成,竞争对手报价高的可能性非常大;如果外地企业或竞争对手目前在监工程即将结束,一定会努力争取中标承揽监理工程,报价就不会太高。

除了靠自身的素质和实力外,投标技巧、投标策略对于监理企业在市场竞争中能否中标、能否取得丰厚的利润也有着非常重要的作用,是监理单位在同行竞争中长久立足的重要保障。监理企业必须密切关注和研究招投标市场的发展和变化,使用适当的标书编制技巧和投标策略,从而提升企业的中标率,确保企业的社会效益和经济效益。

复习思考

1. 实行施工监理招标的公路工程项目应符合哪些条件?
2. 招标单位应具备哪些条件?
3. 施工监理招标的基本程序是什么?
4. 施工监理招标文件的组成包括哪些内容?
5. 简述监理标底编制的方法。
6. 施工监理招标资格预审按照什么程序进行?
7. 资格预审文件包括哪些内容?
8. 资格评审工作分哪三个阶段进行?
9. 技术性评标和财务性评标包括哪些评标细则?
10. 简述施工监理评标的程序。
11. 施工监理投标的原则是什么?
12. 施工监理投标单位应符合哪些条件?
13. 简述技术建议书的内容。
14. 简述监理大纲的内容。
15. 测算标底的两种方法是什么?
16. 监理服务费按哪两种方法进行计算?

学习情境 6

公路工程合同法律基础

学习要求

1. 知识目标

(1) 了解合同的概念与法律特征;

(2) 了解合同的订立及合同的效力;

(3) 掌握合同的履行,合同的变更、转让与终止;

(4) 掌握违约责任的概念、免除和不可抗力。

2. 能力目标

(1) 通过学习,对合同法律关系的构成要素有基本了解;

(2) 能够正确签订合同。

> **知识链接**
>
> 施工员王某为了方便工作,2017年10月在工作地点附近租了李某的一套住房,约定租期为一年,并签订了租房合同。
>
> 到2018年10月租赁期满后,王某没有搬出房屋,而是继续居住,并且以同样的标准支付了2018年11月的房租,房东李某没有表示任何异议。
>
> 问题:
>
> 请分析王某和房东李某之间是否仍然存在合同关系。

任务 1 合同法概述

一、合同与合同法的概念

合同,又称契约,凡当事人之间协商确定权利义务关系的协议,都可以叫合同。合同有广义和狭义之分。广义的合同泛指一切以确立权利和义务为内容的协议,如经济合同、劳动合同(招工协议)、行政合同(行政管理中实行经济责任制方面的奖罚合同)、计划生育合同等。狭义的合同指平等主体的自然人、法人、其他组织之间设立、变更和终止民事权利义务关系的协议。

合同法是调整平等主体之间的合同关系的法律规范的总称。《中华人民共和国合同法》(下文简称《合同法》)于1999年3月15日第九届全国人民代表大会第二次会议通过,并于同年10月1日起施行。《合同法》调整的是平等主体之间的民事关系。

二、合同的分类

1. 双务合同与单务合同

根据当事人双方权利义务的分担方式,可把合同分为双务合同与单务合同。双务合同是指当事人双方相互享有权利、承担义务的合同。在双务合同中,一方享有的权利正是对方所承担的义务,反之亦然,每一方当事人既是债权人又是债务人,买卖、互易、租赁、承揽、运送、保险等合同均为双务合同。单务合同是指当事人一方只享有权利,另一方只承担义务的合同,如赠与、借用合同就是单务合同。

2. 有偿合同与无偿合同

根据当事人取得权利是否以偿付为代价,可以将合同分为有偿合同与无偿合同。有偿合同是指当事人一方只享有合同权利而不偿付任何代价的合同。有些合同只能是有偿的,如买卖、互易、租赁等合同;有些合同既可以是有偿的也可以是无偿的,由当事人协商确定,如委托、保管等合同。双务合同都是有偿合同,单务合同原则上为无偿合同,但有的单务合同也可为有偿合同,如有息贷款合同。

3. 诺成合同与实践合同

根据合同成立是否以交付标的物为要件,可将合同分为诺成合同与实践合同。诺成合同又称不要物合同,是指当事人意思表示一致即可成立的合同。实践合同又称要物合同,是指除当事人意思表示一致外,还须交付标的物方能成立的合同。合同是诺成合同还是实践合同,主要根据法律或交易习惯而定。传统民法理论通常将买卖、租赁、承揽等合同归为诺成合同,而将借贷、保管、货物运输、赠与等合同归为实践合同。随着现代科学技术的飞速发展,尤其是银行业、仓储业、运输业的发展,为了有利于经济流转的便捷、迅速,并保证交易的安全,借贷合同中的银行信贷合同、保管合同中的仓储保管合同及运送合同中的铁路、航空等运输合同,均为诺成合同。

4. 要式合同与不要式合同

根据合同的成立是否需要特定的形式,可将合同分为要式合同与不要式合同。要式合同是指法律要求必须具备一定形式和手续的合同。不要式合同是指法律不要求必须具备一定形式和手续的合同。现代合同法为求得流转的迅速和便捷,合同以不要式为原则,要式为例外。根据我国现行法律,要式合同主要包括依法应采取书面形式的合同,以及应经过公证、鉴证、审批、登记等手续的合同。

5. 为订约当事人利益的合同与为第三人利益的合同

根据订立的合同是为谁的利益,可将合同分为为订约当事人利益的合同与为第三人利益的合同。为订约当事人利益的合同是指仅订约当事人直接享有合同权利和取得合同利益的合同。为第三人利益的合同是指订约的一方当事人不是为自己,而是为第三人设定权利,使其获得利益的合同,第三人虽然不是订约人,但可以直接享有合同的某些权利,可直接基于合同取得利益,如指定第三人为受益人而订立的保险合同。

6. 主合同与从合同

根据合同之间是否有主从关系,可将合同分为主合同与从合同。主合同是指不依赖其他合同而能够独立存在的合同。从合同是指须以其他合同的存在为前提而存在的合同。如信贷合同为主合同,为信贷合同所设立的抵押、质押、保证等合同为从合同。

7. 有名合同与无名合同

根据法律是否赋予特定名称和具体规范,可将合同分为有名合同与无名合同。有名合同又叫典型合同,是指法律规定了一定名称和调整规范的合同。无名合同又叫非典型合同,是指法律尚未确定一定的名称和规范的合同。

8. 本约合同与预约合同

根据合同订立是否有事先约定的关系,可以将合同分为本合同与预约合同。本约合同就是指将来应订立的合同。预约合同是指当事人约定将来订立一定合同的合同。

三、合同的内容

合同的内容由当事人约定,这是合同自由的重要体现。根据《合同法》第十二条规定,合同的内容应包含以下几个方面。

1. 当事人的名称或者姓名和住所

明确合同主体,对了解合同当事人的基本情况、合同的履行和确定诉讼管辖具有重要意义。合同当事人包括自然人、法人、其他组织。

2. 标的及其数量和质量

标的是合同当事人双方权利和义务共同指向的对象。标的的表现形式可以是实物,也可以是劳务、行为、智力成果、工程项目等。

标的的数量一般以度量衡作为计算单位,以数字作为衡量标的的尺度;标的的质量是指质量标准、功能技术要求、服务条件等。没有标的的数量和质量,合同无法生效和履行,发生纠纷也不易分清责任。

3. 价款或报酬

价款或者报酬是当事人一方向交付标的的另一方支付的货币,作为对方完成合同义务的补偿。标的物的价款由当事人双方协商确定,但必须符合国家的物价政策,劳务酬金也是如此。合同中应写明有关银行结算和支付方法的条款。

4. 履行期限、地点和方式

合同履行的期限是当事人各方依照合同规定全面完成各自义务的时间,包括合同的签订期、有效期和履行期。履行的地点是指当事人交付标的和支付价款或报酬的地点,包括标的的交付、提取地点,服务、劳务或工程项目建设的地点,价款或劳务的结算地点。履行的方式是指当事人完成合同规定义务的具体方法,包括标的的交付方式和价款或报酬的结算方式。

5. 违约责任

违约责任是任何一方当事人不履行或者不适当履行合同规定的义务而应当承担的法律责任。当事人可以在合同中约定,一方当事人违反合同时,向另一方当事人支付一定数额的违约金,或者约定违约损害赔偿的计算方法。规定违约责任,一方面可以促进当事人按时、按约履行义务;另一方面又可对当事人的违约行为进行制裁,弥补守约方因另一方违约而遭受的损失。若没有规定违约责任,则合同对双方难以形成法律的约束力,发生争执时难以解决。

6. 解决争议的方法

在合同履行过程中不可避免地会产生争议或纠纷,为使争议发生后有一个双方都能接受的解决方法,应当在合同条件中对此做出规定。当合同当事人在履行合同过程中发生纠纷时,首先应通过协商解决,协商不成的,可以采取调解或仲裁、诉讼的方式。

四、合同的作用

合同作为社会商品生产和商品交换关系的法律形式,是任何国家都有的法律制度,它在国家市场经济的发展中发挥着重大作用。

1. 合同是促进企业加强经济核算、改善经营管理的手段

一个经济主体与外部订立的合同,对其内部的生产经营指标有很大的约束作用,合同履行情况直接体现着其生产经营的成效。一方面,合同内容的确定性可以促进企业加强核算、改善管理,因为降低成本、减少消耗、提高质量和增加产值可以提高经济效益。另一方面,合同责任制可以促使企业转变经营作风,认真履行义务,因为违约不仅要承担违约责任,而且违约金、赔

偿金的支付与企业及其领导、职工利益密切相关。

2. 合同是实现专业化协作的纽带

随着社会生产的发展和科学技术的进步,社会分工越来越细,现代化生产要求向专业化方面发展,以提高经济效益。专业化协作必将成为社会化大生产的必然趋势,专业化是协作的基础,而协作又是巩固和发展专业化的条件。合同是组织协作和经济联合的有效方式,合同可以将互相依赖的主体联系起来,巩固协作关系,使各主体准确无误地进行经济活动,从而有效地推动专业化和经济联合的发展。因此,各企业必须按照专业协作和经济合理的原则,采取各种形式加强横向经济联系,运用合同这一法律手段来确定联合各方的权利义务,即由合同规定各方提供的资金或原料、技术或劳力、厂房或设备、利润分成比例、违约责任及风险责任等。所以,合同是开展横向经济联合、实现专业化协作的有效工具。

3. 合同是发展对外贸易和科技协作的媒介

实行对外开放,强加国际经济技术交流,吸取其他国家或地区的长处,这是我国发展经济的战略方针,是实现四个现代化的重要条件。而对外贸易和科技协作是建立在市场和商品经济关系基础上的,所以合同制度必然成为对外贸易和科技协作的媒介。商品进出口、技术的引进与输出、中外合资或合作经营、对外补偿贸易与来料加工、国际运输、信贷和租赁、对外的工程承包和劳务输出等,都必须订立合同,离开了合同这一媒介,对外开放就是一句空话。比如,通过与外商订立各种形式的合营、借款、财产租赁、补偿贸易等合同,达到让外资为我国经济建设服务的目的。又比如,通过各种对外贸易合同的签订,可以了解和预测国际市场商品的供应情况,有利于增加我国产品在国际市场上的适销程度,提高我国出口商品的竞争力。另外,通过与外商订立合资或合作合同、技术引进合同等,可以加强我国与世界各国之间的科技协作,从而引进先进技术,促进我国的技术改造和设备更新。

任务 2 合同的订立

一、合同订立的概念

合同的订立是指两个或者两个以上的当事人通过协商,依法就合同的主要条款达成一致协议的法律行为。合同的形式是合同双方当事人之间明确相互权利和义务的方式,是双方当事人意思表示一致的外在表现。

合同的当事人,可以是自然人,也可以是法人或者其他组织。订立合同的当事人必须具备与所订立合同相适应的民事权利能力和民事行为能力,当事人也可以依法委托代理人订立合同。因此,在订立合同时,应当注意了解对方是否具有相应的民事权利能力和民事行为能力,是否受委托以及委托代理的事项、权限等。

二、合同订立的形式

合同的形式是指合同当事人双方对合同的内容、条款经过协商,做出共同的意思表示的具体方式。《合同法》规定:"当事人订立合同,有书面形式、口头形式和其他形式。"

1. 书面形式的合同

书面形式的合同是指当事人用文字表述协议内容的合同。书面形式是指合同书、信件和数据电文(包括电报、传真、电子数据交换和电子邮件)等有形地表现所载内容的形式。书面形式的优点是把合同条款、双方责任均诉诸文字,有利于分清是非责任,有利于督促当事人履行合同。

我国《合同法》第十条规定:"法律、行政法规规定采用书面形式的,应当采用书面形式。当事人约定采用书面形式的,应当采用书面形式。"

2. 口头形式的合同

口头形式的合同即口头协议,是以口头(包括电话等)的意思表示所达成的协议。它的主要优点是简便易行,缺点是发生纠纷时难于举证,不易分清责任。因此,应限制口头形式的使用范围。

3. 其他形式的合同

除了书面形式和口头形式之外,合同还可以以其他形式成立。一般认为,不属于上述两种形式,但根据当事人的行为或者特定情形能够推定合同的其他形式(推定形式),或者根据交易习惯所采用的其他形式(默示形式),都属于法律认可的合同形式。

三、合同订立的基本原则

订立合同的过程是合同当事人就合同的权利、义务及合同的主要条款达成一致的过程。当事人之间订立合同是产生一定社会后果的法律行为,为保证合同的有效性,在合同的订立过程中应遵守以下基本原则。

1. 合法原则

合同的合法原则是指合同订立的主体、订立的方式和程序、订立合同所涉及的内容都要符合我国法律和行政法规。合法原则的内容如下:

(1)主体资格合法,即订立合同的当事人应该是法人或其他经济组织、个体工商户、农村承包经营户等,且应满足合同条例和行政法规的规定;

(2)合同的内容必须合法真实,即合同的标的必须是法律允许交易的标的,合同的条款应完备,内容表述真实,且符合法律、法规的规定;

(3)代理合法,即合同的代理应符合我国的合同代理制度,代订合同,应事先取得委托人的委托证明,并根据授权范围以委托人的名义签订;

(4)程序和形式合法,即合同的订立程序和订立形式应符合法律、法规的具体规定。

2. 平等、自愿、公平原则

《合同法》规定:"合同当事人的法律地位平等。"此项规定明确指出,无论当事人是什么身份,其在合同关系中的法律地位是平等的,都是独立的、享有平等主体资格的合法当事人。法律地位平等是自愿原则的前提。

自愿原则是合同法的重要基本原则,合同当事人通过协商,自愿确立和调整相互间的权利义务关系。合同是一种民事法律行为,民事活动除法律强制性的规定外,均由当事人自愿约定。自愿原则也是发展社会主义市场经济的客观要求,随着社会主义市场经济的发展,合同自愿原则的重要性更加突出。

《合同法》规定:"当事人应当遵循公平原则确定各方的权利和义务。"公平原则就是要求合同双方在权利、义务的安排上大致相等,合同一方不得利用对方没有经验而签订有失公平的合同。

3. 诚实信用、协商一致原则

诚实信用原则要求当事人在订立、履行合同的全过程中,以及在合同关系终止后,都要诚实、讲信用、相互协作。诚实信用原则具体包括:第一,在订立合同时,不得有欺诈或其他违背诚实信用的行为;第二,在履行合同义务时,当事人应当遵循诚实信用的原则,根据合同的性质、目的和交易习惯履行通知、协助、提供必要的条件、防止损失扩大、保密等义务;第三,合同终止后,当事人也应当遵循诚实信用的原则,根据交易习惯履行通知、协助、保密等义务,即后合同义务。

协商一致是指双方当事人充分表达各自意见,并取得意思一致,这是当事人之间建立合同关系的法定方式。合同是双方法律行为,只有双方当事人意思表示一致,合同才能成立。

四、合同订立的程序

当事人订立合同的过程,是要约和承诺的过程,即合同的订立程序包括要约和承诺两个阶段。

1. 要约

要约是希望和他人订立合同的意思表示。提出要约的一方为要约人,接受要约的一方为受要约人。要约应当符合以下规定:第一,内容具体确定;第二,表明经受要约人承诺,要约人即受该意思表示约束。具体地讲,要约必须是特定人的意思表示,必须是以缔结合同为目的;要约必须是对相对人发出的行为,必须由相对人承诺,相对人的人数可能为不特定的多数人;另外,要约必须具备合同的主要条款。

1) 要约邀请

有些合同在要约之前还会有要约邀请行为。要约邀请是希望他人向自己发出要约的意思表示。要约邀请并不是合同成立的必经过程,它是当事人订立合同的预备行为,在法律上无须承担责任。这种意思表示的内容往往不确定,不含有合同得以成立的主要内容,也不含有相对人同意后受其约束的表示。比如价目表的寄送、招标公告、商业广告(如果商业广告的内容符合要约规定的,视为要约)、招标说明书等,都属于要约邀请。

2) 要约生效时间

要约生效时间依要约的形式不同而有所不同。口头要约中没有规定承诺期限的,只有在受要约人立即作出承诺时才能生效;非口头要约一般自要约送达受要约人时发生法律效力。《合同法》规定:采用数据电文形式订立合同,收件人指定特定系统接收数据电文的,该数据电文进入该特定系统的时间,视为到达时间;未指定特定系统的,该数据电文进入收件人的任何系统的首次时间,视为到达时间。

3) 要约的法律效力

要约的法律效力表现为对要约人和受要约人的法律约束力。对要约人的约束力,指要约一经生效,要约人即受要约的约束;对受要约人的约束力,是指受要约人在要约生效时即取得依其承诺而成立合同的法律地位。

4) 要约的撤回和撤销

要约撤回是指要约在发生法律效力之前,要约人欲使其不发生法律效力而取消要约的意思表示。要约人可以撤回要约,撤回要约的通知应当在要约到达受要约人之前或者与要约同时到达受要约人。

要约撤销是指要约在发生法律效力之后,要约人欲使其丧失法律效力而取消要约的意思表示。要约可以撤销,撤销要约的通知应当在受要约人发出承诺通知之前到达受要约人。但有下列情形之一的,要约不得撤销:第一,要约人确定了承诺期限或者以其他形式明示要约不可撤销;第二,受要约人有理由认为要约是不可撤销的,并已经为履行合同做了准备工作。要约的撤销是一种特殊的情况,撤销通知必须在受要约人发出承诺通知之前到达受要约人,因为一旦承诺发出,合同即告成立。

5) 要约失效

要约失效,即要约丧失其法律效力。要约失效后,要约人不再受其约束,受要约人也终止了承诺的权利。要约失效后,合同就失去了成立的基础,受要约人即使承诺,也不能成立合同。有下列情形之一的,要约失效:

① 拒绝要约的通知到达要约人;

② 要约人依法撤销要约;

③ 承诺期限届满,受要约人未作出承诺;

④ 受要约人对要约的内容作出实质性变更。

2. 承诺

承诺,又名接受提议,是受要约人同意要约的意思表示。承诺一旦作出并送达要约人,合同即告成立,要约人不得加以拒绝。

承诺具有以下特征:

① 承诺是由受要约人向要约人作出的;

② 承诺的内容应当与要约的内容一致;

③ 承诺要在要约有效期内作出;

④ 承诺必须表明受要约人决定要与要约人订立合同;

⑤ 承诺的方式必须符合要约的要求。

受要约人在承诺期限内发出承诺,按照通常情形能够及时到达要约人,但因其他原因承诺到达要约人时超过承诺期限的,除要约人及时通知受要约人因承诺超过期限不接受该承诺以外,该承诺有效。

承诺的撤回是承诺人阻止或者消灭承诺发生效力的意思表示。承诺可以撤回,撤回承诺的通知应当在承诺通知到达要约人之前或者与承诺通知同时到达要约人。

任务 3 合同的效力

一、合同的成立

1. 合同成立时间

（1）当事人采用合同书形式订立合同的，自双方当事人签字或者盖章时合同成立。

（2）当事人采用信件、数据电文等形式订立合同的，可以在合同成立之前要求签订确认书，签订确认书时合同成立。

（3）法律、行政法规规定或者当事人约定采用书面形式订立合同，当事人未采用书面形式，但一方已经履行主要义务，对方接受的，该合同成立。

（4）采用合同书形式订立合同，在签字或者盖章之前，当事人一方已经履行主要义务，对方接受的，该合同成立。

2. 合同成立地点

确定合同成立地点在法律上有十分重要的意义，合同发生争议起诉到法院时，合同成立地可以作为法院管辖的依据。

（1）承诺生效的地点为合同成立的地点。采用数据电文形式订立合同的，收件人的主营业地点为合同成立的地点；没有主营业地点的，其经常居住地为合同成立的地点。当事人另有约定的，按照其约定执行。

（2）当事人采用合同书形式订立合同的，双方当事人签字或者盖章的地点为合同成立的地点。

二、合同条款

1. 合同条款的概念和要求

合同条款主要指合同当事人的权利和义务在合同中的约定，是合同的主要内容。在合同中，合同条款的基本要求是全面、明确，条款之间不能相互矛盾。

2. 合同条款的种类

合同条款的种类包括：① 一般条款和特别条款；② 必备条款和非必备条款；③ 格式条款和非格式条款；④ 实体条款和程序条款。

3. 合同的一般条款

合同的一般条款包括：① 当事人的名称或者姓名和住所；② 标的；③ 数量；④ 质量；⑤ 价款或者报酬；⑥ 履行期限、地点和方式；⑦ 违约责任；⑧ 解决争议的方式。

三、合同的生效

1. 合同生效应当具备的条件

合同生效是指合同对双方当事人开始具有法律约束力,合同生效应具备下列条件:

(1) 当事人具有相应的民事权利能力和民事行为能力;

(2) 意思表示真实;

(3) 合同内容公平合法;

(4) 合同代理符合法律规定的有效代理条件;

(5) 符合法定形式。

2. 合同的生效时间

一般来说,依法成立的合同自成立时生效。当事人对合同的生效可以约定附条件或者约定附期限。附条件的合同,包括附生效条件的合同和附解除条件的合同两类。附生效条件的合同,自条件成就时生效;附解除条件的合同,自条件成就时失效。附条件的合同一经成立,在条件成就前,当事人不应为自己的利益不正当地阻止或促成条件成就,而应当任其自然发展。

四、无效合同

1. 无效合同的概念和情形

无效合同是指不符合法定条件或违反法律的要求而成立的,不受法律保护、不能发生当事人预期的法律后果的合同。有下列情形之一的合同无效:

(1) 一方以欺诈、胁迫手段订立合同,损害国家利益;

(2) 恶意串通,损害国家、集体或第三人利益;

(3) 以合法活动掩盖非法目的;

(4) 损害社会公共利益;

(5) 违反法律、行政法规强制规定。

合同当事人约定的下列免责条款无效:第一,造成对方人身伤害的;第二,因故意或者重大过失造成对方财产损失的。这两种免责条款具有一定的社会危害性,双方即使没有合同关系也可以追究对方的侵权责任,因此这两种免责条款无效。

2. 无效合同的确认及法律责任

无效合同的确认权归人民法院或仲裁机构,其他任何机构均无权确认合同无效。无效合同自合同订立时起就没有法律约束力,对于无效合同造成的法律后果,应当根据当事人的过错大小,按以下办法处理:

(1) 返还财产。返还财产是使当事人的财产关系恢复到签约前的状态。如果当事人依据无效合同取得的标的物还存在,则应返还给对方;如果标的物已不存在,可用折价赔偿损失的方法给对方抵偿。

(2) 赔偿损失。赔偿损失是过错方造成损失时,应当承担的责任。如果双方都有过错,则应当按照责任的主次、轻重来承担经济损失中与其责任相适应的份额。

(3) 追缴财产。追缴财产是对当事人故意损害国家利益或社会公共利益的行为所采取的一种惩罚手段,追缴的财产上交国库。
(4) 其他。

五、合同的撤销

1. 可撤销合同

下列情形的合同,当事人一方有权请求人民法院或者仲裁机构变更或者撤销:
(1) 因重大误解订立的;
(2) 在订立合同时显失公平的。

一方以欺诈、胁迫的手段或者乘人之危,使对方在违背真实意思的情况下订立的合同,受损害方有权请求人民法院或者仲裁机构变更或者撤销。当事人请求变更的,人民法院或者仲裁机构不得撤销。

2. 撤销权的消灭

有下列情形之一的,撤销权消灭:
(1) 具有撤销权的当事人自知道或者应当知道撤销事由之日起一年内没有行使撤销权;
(2) 具有撤销权的当事人知道撤销事由后明确表示或者以自己的行为放弃撤销权。

任务 4 合同的履行

合同的履行,是指合同依法成立以后,当事人双方按照约定的内容和约定的履行期限、地点和方式,全面完成各自所承担的义务,从而使该合同所产生的法律关系得以全部实现,当事人的经济目的得以达到的整个过程。

一、合同履行原则

1. 全面履行的原则

当事人应当按照约定全面履行自己的义务,即按合同约定的标的、价款、数量、质量、地点、期限、方式等全面履行自己的义务。

合同生效后,当事人就质量、价款或者报酬、履行地点等内容没有约定或者约定不明确的,可以协议补充;不能达成补充协议的,按照合同有关条款或者交易习惯确定。按照合同有关条款或者交易习惯确定一般只适用于部分常见条款欠缺或者不明确的情况,因为只有这些内容才能形成一定的交易习惯。如果按照上述办法仍不能确定合同如何履行的,适用下列规定。

(1) 质量要求不明确的,按国家标准、行业标准履行;没有国家、行业标准的,按通常标准或者符合合同目的的特定标准履行。

（2）价款或报酬不明确的，按订立合同时履行地的市场价格履行；依法应当执行政府定价或政府指导价的，按规定履行。

（3）履行地点不明确，给付货币的，应在接收货币一方所在地履行；交付不动产的，在不动产所在地履行；其他标的，在履行义务一方所在地履行。

（4）履行期限不明确的，债务人可以随时履行，债权人也可以随时要求履行，但应当给对方必要的准备时间。

（5）履行方式不明确的，按照有利于实现合同目的的方式履行。

（6）履行费用的负担不明确的，由履行义务一方承担。

合同在履行中既可能按照市场行情约定价格，也可能执行政府指导价。如果是按照市场行情约定价格履行，则市场行情的波动不应影响合同价，合同仍执行原价格；如果是执行政府定价或政府指导价的，在合同约定的交付期限内政府调整价格时，按照交付时的价格计价。逾期交付标的物的，遇价格上涨时按照原价格执行；遇价格下降时，按新价格执行。逾期提取标的物或者逾期付款的，遇价格上涨时，按新价格执行；遇价格下降时，按原价格执行。

2．诚实信用原则

诚实信用原则，是《中华人民共和国民法通则》的基本原则，也是《合同法》的一项十分重要的原则，它贯穿于合同的订立、履行、变更、终止等全过程。当事人在订立合同时，要讲诚实，要守信用，当事人双方要互相协作，要保证自己全面履行合同约定的义务，并为对方履行创造条件，这样合同才能圆满地履行。

3．公平合理，促进合同履行的原则

合同当事人双方自订立合同起，直到合同的履行、变更、转让以及发生争议时对纠纷的解决，都应当依据公平合理的原则，按照《合同法》的规定，根据合同的性质、目的和交易习惯善意地履行通知、协助、保密等附随义务。当事人双方应关心合同履行情况，发现问题应及时协商解决。一方当事人在履行过程中发生困难，另一方当事人应在法律允许的范围内给予帮助。在合同履行的过程中应信守商业道德，保守商业秘密。

4．当事人一方不得擅自变更合同的原则

合同依法成立，即具有法律约束力，因此，合同当事人任何一方均不得擅自变更合同。《合同法》在若干条款中根据不同的情况，分别对合同的变更作了专门的规定。这些规定完善了我国的合同法律制度，有利于促进我国社会主义市场经济的发展，也有利于保护合同当事人的合法权益。

二、合同履行中条款空缺的法律适用

1．合同条款空缺的概念

合同条款空缺是指合同生效后，当事人对合同条款约定中的缺陷，依法完善或妥善处理的法律行为。

当事人订立合同时，对合同条款的约定应当明确、具体，以便于合同履行。然而，由于有些当事人在合同法律知识上的欠缺，对事物产生认识错误以及疏忽大意等原因，而出现合同中欠缺某些条款或者条款约定不明确的情况，致使合同难以履行。为了维护合同当事人的正当权益，法律规定允许当事人之间约定，采取措施，补救合同条款空缺的问题。

2. 合同条款空缺的补救

《合同法》规定:"合同生效后,当事人就质量、价款或者报酬、履行地点等内容没有约定或者约定不明确的,可以协议补充;不能达成补充协议的,按照合同有关条款或者交易习惯确定。"

1) 协议补充

协议补充是指合同当事人针对没有约定或者约定不明确的合同内容,通过协商的办法签订补充协议。该协议是对原合同内容的补充,因而应作为原合同的组成部分。

2) 按照合同有关规定或者交易习惯确定

按照合同有关条款或者交易习惯确定,是指在合同当事人就没有约定或者约定不明确的合同内容不能达成补充协议的情况下,可以依据合同其他方面的内容确定,或者按照人们在同样的交易中通常采用的处理办法确定。

三、合同中的抗辩权

对于双务合同,合同各方当事人既享有权利也负有义务。当事人应当按照合同的约定履行义务,如果当事人一方不履行义务或履行义务不符合约定,另一方有权要求对方履行。所谓抗辩权,就是指在符合法律规定的条件下,合同当事人一方对抗另一方的履行请求权,暂时拒绝履行其债务的权利。

1. 同时履行抗辩权

《合同法》第六十六条规定:当事人互负债务,没有先后履行顺序的,应当同时履行。一方在对方履行之前有权拒绝其履行要求。一方在对方履行债务不符合约定时,有权拒绝其相应的履行要求。

2. 后履行抗辩权

当事人互负债务,有先后履行顺序,应当先履行一方未履行的,后履行一方有权拒绝其履行要求。应当先履行一方履行债务不符合约定的,后履行一方有权拒绝其相应的履行要求。

后履行抗辩权的构成条件:

① 由同一双务合同产生互负的对价给付债务;
② 合同中约定了履行的顺序;
③ 应当先履行的合同当事人没有履行债务或者没有正确履行债务;
④ 应当先履行的对价给付是可能履行的义务。

3. 先履行抗辩权

先履行抗辩权又称不安抗辩权,其行使分为两个阶段:

第一阶段为中止履行。应当先履行债务的当事人,有确切证据证明对方有下列情况之一的,可以中止履行:① 经营状况严重恶化;② 转移财产、抽逃资金,以逃避债务;③ 丧失商业信用;④ 有丧失或者可能丧失履行债务能力的其他情形。

第二阶段为解除合同。当事人依照上述规定中止履行的,应当及时通知对方。对方提供适当担保时,应当恢复履行。中止履行后,对方在合理期限内未恢复履行能力并且未提供适当担保的,中止履行的一方可以解除合同。

不安抗辩权的行使是有一定条件和限制的。如无确切证据证明对方丧失履行能力而中止履行的,或者中止履行后,对方提供适当担保时拒不恢复履行的,不安抗辩权人承担违约责任。

在合同履行中，当事人可享有同时履行抗辩权、后履行抗辩权、先履行抗辩权。这些抗辩权利的设置，使当事人在法定情况下可以对抗对方的请求权，使当事人的拒绝履行不构成违约，可以更好地维护当事人的利益。

四、合同履行的中止

1. 合同履行中止的概念

合同履行的中止，是指合同当事人双方在履行合同的过程中，由于当事人一方不能履行合同规定的义务，另一方当事人为了避免合同不履行造成的损失而暂时停止履行合同中规定的双方权利义务关系的一种法律行为。

2. 合同履行中止的法定条件

所谓合同履行中止的法定条件，是指中止合同的法律规定和合同约定条件，具体内容如下：

（1）当事人一方必须有另一方不能履行合同的确切证据，证明对方存在《合同法》规定的以下情况：经营状况严重恶化；转移财产，抽逃资金，以逃避债务；丧失商业信誉或有丧失；可能丧失履行债务能力的其他情形。

（2）当事人一方暂时中止合同履行后，如果另一方对履行合同提供了充分的担保，则应当解除中止合同的行为，继续履行合同。

3. 合同履行中止的法律后果

（1）承担赔偿责任。

当事人中止履行合同后，另一方当事人由于各种原因可能会不再履行合同，此种中止相当于合同的解除或终止。在这种情况下，中止合同的一方可以要求对方承担违反合同的赔偿责任，还可以要求对方赔偿中止期间造成的直接损失。

（2）继续履行合同。

中止履行合同后，对方也可能对履行合同提供充分的担保，这种情况下，中止合同的一方应根据另一方提供的担保，恢复合同的履行，否则应承担违约责任。

（3）承担违约责任。

如果中止履行合同的当事人一方没有另一方不能履行合同的确切证据，中止合同的一方应当承担违约责任。

任务 5　合同的变更、转让及终止

一、合同变更

1. 合同变更的概念

合同变更，是指合同依法成立后，在尚未履行或尚未完全履行时，当事人依法经过协商，对合同的内容进行修订或调整,并达成变更协议。

合同变更是对合同的标的、数量、质量和其他权利义务条款进行修改、补充或限制的法律行为。合同变更后,当事人应按变更后的合同履行。合同变更一般不涉及已经履行的部分,只能就未履行的部分发生效力。

合同的变更具有以下法律特征:第一,须由合同当事人双方协商一致,当事人表示同意是合同变更的必要条件,这种必要条件可以从当事人的行为推定出来,并非必须明示;第二,改变合同的内容和标的;第三,变更的后果是产生新的债权债务关系。

2. 合同变更的法律规定

《合同法》规定,当事人协商一致,可以变更合同,还规定当事人因重大误解、显失公平、欺诈、胁迫或乘人之危而订立的合同,受损害一方有权请求人民法院或者仲裁机构变更或撤销。

当事人变更合同时,必须按照法律、行政法规的规定办理批准、登记手续,否则合同的变更不发生效力。此外,在法律未作专门规定的情况下,变更合同的形式可经当事人双方协商议定,通常变更合同应与原合同的形式一致。如原合同为书面形式,变更合同也应为书面形式;如原合同为口头形式,变更合同可以采用口头形式,也可以采用书面形式。在实践中,欲变更口头形式的合同时,采用书面形式更为妥当,因为书面形式更有利于排除因合同变更而发生的争议。

有效的合同变更,必须有明确的变更内容。合同的变更是指合同内容局部的、非实质性的变更,也就是说,合同内容的变更并不会导致原合同关系的消灭和新的合同关系的产生。

二、合同的转让

合同转让,是指合同成立后,当事人依法可以将合同中的全部权利、部分权利或者合同中的全部义务、部分义务转让和转移给第三人的法律行为。合同转让分为权利转让或义务转移,《合同法》中规定了当事人将权利和义务一并转让时适用的法律条款。

1. 债权转让

1) 债权转让的概念

债权转让是指合同债权人通过协议将其债权全部或者部分转让给第三人的行为。债权转让又称债权让与或合同权利的转让。

2) 债权转让的法律规定

(1)《合同法》规定,债权人可以将合同的权利全部或者部分转让给第三人。另外,《合同法》专门列出了3种不得转让的债权:根据合同性质不得转让的债权;按照当事人约定不得转让的债权;依照法律规定不得转让的债权。

债权转让具有以下法律特征:

① 债权转让的主体是债权人和第三人;

② 债权转让的方式有全部权利转让和部分权利转让;

③ 债权转让的对象是合同中可以转让的债权。

(2)《合同法》规定:"债权人转让权利的,应当通知债务人。未经通知,该转让对债务人不发生效力。债权人转让权利的通知不得撤销,但经受让人同意的除外。"

《合同法》规定了债权转让对债务人发生效力的要件,即以债权人通知债务人为生效要件。

债权转让通知,是指债权转让人向债务人做出转让债权的意思表示,该意思表示属于单方意思表示。通知的方式,可以是口头形式或者书面形式,但是以书面形式订立的合同的债权转让应当采用书面形式。法律、行政法规有规定的,应按规定办理。

法律规定,受让人取得与债权有关的从权利,是指债权人转让债权时,从属于主债权的从权利也随之转让给受让人。债权人转让债权后,债务人对让与人的抗辩仍然可以向受让人主张。这一规定是为了保护债务人不因合同权利转让而处于不利地位,使债务人对原债权人的抗辩权,亦得以对抗新的债权人,即受让人。债务人对让与人的抵消权可以向受让人行使,依据规定,既然受让人接受了让与人的债权,那么为了保护债务人的利益不受侵害,受让人对于让与人基于同一债权而应该承担的义务也应承受,包括债务人的清偿抵消权。

2. 债务转移

1) 债务转移的概念

债务转移是指合同债务人与第三人之间达成协议,并经债权人同意,将其义务全部或部分转移给第三人的法律行为。债务转移又称债务承担或合同义务转让。

2) 债务转移的法律规定

债务转移包括债务全部转移和债务部分转移。当债务全部转移时,债务人脱离原来的合同关系,由第三人取代原债务人而承担原合同债务,原债务人不再承担原合同中的义务和责任;当债务部分转移时,原债务人并未完全脱离债务关系,而是由第三人加入原来的债务关系,并与债务人共同对同一债权人承担原合同中的义务和责任。

依照法规规定,债务转移发生效力后,债务承担人将全部或部分地取代原债务人的地位而成为合同当事人,即新债务人,这是债务承担的效力表现。债务承担使得债务由原债务人转移于新债务人,因此,为了使新债务人的利益不受损害,基于原债务所产生的抗辩权对于新债务人应当具有法律效力。新债务人应当承担与主债务有关的从债务,是指在当事人没有约定从债务由何人承担时,从债务应当由新债务人承担。如果经债权人同意,在主从债务可以分开的情况下,主债务由新债务人承担,从债务由原债务人承担也是可以被允许的,因为这实际上是将债务分为主债务和从债务两部分,由新债务人和原债务人共同承担,即并存的债务承担。

三、合同的终止

1. 合同终止的概念及法律规定

1) 合同终止的概念

合同终止是指合同当事人双方依法使相互间的权利义务关系终止,即合同关系消灭。

2) 合同终止的法律规定

《合同法》规定,有下列情形之一的,合同的权利义务终止。

(1) 债务已经按照约定履行;

(2) 合同解除;

(3) 债务相互抵消;

(4) 债务人依法将标的物提存;

(5) 债权人免除债务;

（6）债权债务同归于一人；

（7）法律规定或者当事人约定终止的其他情形。

《合同法》规定合同终止的情形有7种，在现实的交易活动中，合同终止的原因绝大多数属于第1种情形，即"债务已经按照约定履行"。按照约定履行是合同当事人订立合同的出发点，也是订立合同的归宿，是合同法调整的合同法律关系的最理想的结果。

2. 合同解除的概念及法律规定

1）合同解除的概念

合同解除是指合同当事人依法行使解除权，或者双方协商决定提前解除合同效力的行为。合同解除包括约定解除和法定解除。

2）合同解除的法律规定

（1）约定解除合同。

《合同法》规定：

① 当事人协商一致，可以解除合同。这是指合同当事人双方都同意解除合同，而不是单方行使解除权。

② 当事人约定一方解除合同的条件。这是指当事人在合同中约定解除合同的条件，在合同成立之后，全部履行之前，当事人一方在某种情形出现后享有解除权，从而解除合同关系。

（2）法定解除合同。

《合同法》规定，有下列情形之一的，当事人可以解除合同：

① 因不可抗力致使不能实现合同目的；

② 在履行期限届满之前，当事人一方明确表示或者以自己的行为表明不履行主要债务；

③ 当事人一方迟延履行主要债务，经催告后在合理期限内仍未履行；

④ 当事人一方迟延履行债务或者其他违约行为致使不能实现合同目的；

⑤ 法律规定的其他情况。

上述5项法定解除合同的条款，是由法律直接规定的。当事人在行使合同解除权时，应严格按照法律规定行事，从而达到保护自身合法权益的目的。

任务 6 违约责任与合同争议的解决

一、违约责任概述

1. 违约责任的概念

违约责任是指当事人任何一方不履行合同义务或履行合同义务不符合约定而应当承担的法律责任。

违约行为的表现形式包括不履行和不适当履行。不履行是指当事人不能履行或拒绝履行合同义务,不能履行合同义务的当事人也应承担违约责任。不适当履行包括不履行以外的其他所有情况。

当事人一方不履行合同义务或履行合同义务不符合规定的,应当承担继续履行、采取补救措施或赔偿损失等违约责任。《合同法》规定,当事人双方都违反合同的,应各自承担相应的责任。

对于预期违约的,当事人也应当承担违约责任。当事人一方明确表示或以自己的行为表明不履行合同义务的,对方可以在履行期限届满之前要求其承担违约责任,这是我国《合同法》严格责任原则的重要体现。

2. 承担违约责任的条件和原则

1）承担违约责任的条件

当事人承担违约责任的条件是指当事人承担违约责任应具备的要件。在这个问题上,争论最多的是应当采用过错责任原则还是严格责任原则。《合同法》采用了严格责任原则,只要当事人有违约行为,即当事人不履行合同义务或履行合同义务不符合约定的条件,就应当承担违约责任。但缔约过失、无效合同和可撤销合同依然适用过错原则。

当然,违反合同而承担违约责任,是以合同有效为前提的。无效合同从订立之时起就没有法律效力,所以谈不上违约责任问题,但对部分无效合同中有效条款的不履行,当事人仍应承担违约责任。所以,当事人承担违约责任的前提,必须是违反了有效的合同或合同条款的有效部分。

2）承担违约责任的原则

《合同法》规定的承担违约责任是以补偿性为原则的。补偿性是指违约责任旨在弥补或补偿因违约行为造成的损失。对于财产损失的赔偿范围,《合同法》规定,赔偿损失额应相当于因违约行为所造成的损失,包括合同履行后可获得的利益。

违约责任在有些情况下也具有惩罚性。如合同中约定了违约金,尽管违约行为没有造成损失或损失低于约定的违约金,违约金也将被全部扣除。

二、承担违约责任的方式

1. 继续履行

继续履行是指违反合同的当事人不论是否支付了赔偿金或违约金,都必须根据对方的要求,在自己能够履行的条件下,对合同未履行的部分继续履行。因为订立合同的目的就是通过履行合同实现当事人的意图,从立法角度来说,应当鼓励和要求合同的实际履行。承担赔偿金或其他形式的违约责任不能免除当事人的履约责任,特别是金钱债务,违约方必须继续履行,因为金钱是一般等价物,没有别的方式可以替代履行。因此,当事人一方未支付价款或报酬时,对方可以要求其支付价款或报酬。

当事人一方不履行非金钱债务或者履行非金钱债务不符合约定的,对方也可以要求继续履行。但有下列情况之一的除外:

① 法律上或事实上不能履行;

② 债务的标的不适于强制履行或履行费用过高;

③ 债权人在合理期限内未要求履行。

当事人就迟延履行约定违约金的,违约方支付违约金后,还应当履行债务。

2. 采取补救措施

所谓的补救措施主要是指《民法通则》和《合同法》中所规定的,在当事人违反合同的事实发生后,为防止损失发生或扩大,而由违反合同一方依照法律规定或约定采取修理、更换、重新制作、退货、降低价格或减少报酬等措施,以弥补或挽回权利人损失的责任形式。采取补救措施的责任形式,主要发生在质量不符合约定的情况下。

3. 赔偿损失

当事人一方不履行合同义务或履行合同义务不符合约定的,给对方造成损失的,应当赔偿对方的损失,损失赔偿额应相当于因违约所造成的损失。这种方式是承担违约责任的主要方式,因为违约一般都会给当事人造成损失,赔偿损失是守约者避免损失的有效方式。

当事人一方不履行合同义务或履行合同义务不符合约定的,在履行义务或采取补救措施后,对方还有其他损失的,应承担赔偿责任。当事人一方违约后,对方应采取适当的措施防止损失的扩大,没有采取措施致使损失扩大的,不得就扩大损失请求赔偿,当事人因防止扩大而支出的合理费用,由违约方承担。

4. 支付违约金

当事人可以约定,一方违约时根据违约情况向对方支付一定数额的违约金,也可以约定因违约产生的损失赔偿额的计算办法。约定的违约金低于造成的损失的,当事人可以请求人民法院或仲裁机构予以增加;约定的违约金过分高于造成的损失的,当事人可以请求人民法院或仲裁机构予以适当减少。

5. 定金罚则

定金是在合同订立或在合同履行之前,当事人一方向对方支付一定数额的金钱作为担保的担保方式。债务人履行债务后,定金应当抵作价款或收回。给付定金的一方不履行约定的债务的,无权要求返还定金;收受定金的一方不履行约定的债务的,应当双倍返还定金。

当事人既约定违约金又约定定金的,一方违约时,对方可以选择适用违约金或者定金条款,但是这两种违约条款不能合并使用。

三、违约责任的免除

合同生效后,当事人不履行合同义务或履行合同义务不符合合同约定的,都应承担违约责任。但如果发生了某种非常情况或意外事件,使合同不能按约定履行时,就应当作为例外处理。《合同法》规定,因不可抗力不能履行合同的,根据不可抗力的影响,部分或全部免除当事人的责任。

1. 不可抗力的概念

《合同法》规定:"不可抗力,是指不能预见、不能避免并不能克服的客观情况。"根据这一规定,不可抗力的构成条件有以下几点。

1) 不可预见性

法律要求构成不可抗力的事件是指有关当事人在订立合同时,对这个事件是否发生不可能预见到。在正常情况下,关于一般合同当事人能否预见到某一事件的发生,可以从两个方面来考察:一是客观方面,即凡正常人能预见到的或具有一般知识水平的人能预见到的,合同当事人就应该预见到;二是主观方面,即根据合同当事人的主观条件来判断其对事件的预见性。

2）不可避免性

合同生效后,当事人对可能出现的意外情况尽管采取了合理措施,但是客观上并不能阻止这一意外情况的发生,这就是事件的不可避免性。

3）不可克服性

不可克服性是指合同的当事人对于意外发生的情况所导致的合同不能履行的后果不能克服。如果某一意外情况虽然对合同履行产生不利影响,但只要当事人通过努力能够克服不利影响,那么这一意外情况就不能构成不可抗力。

4）履行期间

不可抗力作为免责理由时,其发生时间必须是在合同订立后、履行期限届满前。当事人迟延履行后发生不可抗力的,不能免除责任。

2. 不可抗力的法律后果

不可抗力事件发生后,可能引起三种法律后果:一是合同全部不能履行,当事人可以解除合同,并免除全部责任;二是合同部分不能履行,当事人可部分履行合同,并免除其不履行部分的责任;三是合同不能按期履行,当事人可延期履行合同,并免除其迟延履行的责任。

根据《合同法》的规定,当事人一方因不可抗力不能履行合同的,应做到以下几点:第一,应当及时采取一切能够采取的有效措施,以避免或者减少损失;第二,应当及时通知对方;第三,应当在合理期限内提供证明。

3. 不可抗力条款

合同中关于不可抗力的约定称为不可抗力条款,其作用是补充法律对不可抗力的免责事由的规定的不足,便于当事人在发生不可抗力时及时处理合同。一般来说,不可抗力条款应包括下述内容:

① 不可抗力的范围;
② 不可抗力发生后,当事人一方通知另一方的期限;
③ 出具不可抗力证明的机构及证明的内容;
④ 不可抗力发生后对合同的处置。

四、合同争议的解决

合同争议是指当事人双方对合同订立和履行情况及不履行合同的后果所产生的争议。

对合同订立产生的争议,一般是对合同是否成立及合同的效力产生的争议;对合同履行情况产生的争议,往往是对合同是否履行或者是否已按合同约定履行的争议;而对不履行合同的后果产生的争议,则是对没有履行合同或者没有完全履行合同的责任,应由哪一方承担和如何承担而产生的争议。

由于当事人之间的合同是多样而复杂的,因此合同引起当事人相互间有关权利和义务的争议是在所难免的。选择适当的解决方式,及时解决合同争议,不仅关系到维护当事人的合同利益和避免损失的扩大,而且对维护社会经济秩序也有重要作用。

《合同法》规定,当事人可以通过和解或者调解解决合同争议。当事人不愿和解、调解或者和解、调解不成立的,可以根据仲裁协议向仲裁机构申请仲裁。当事人没有订立仲裁协议或者仲裁协议无效的,可以向人民法院起诉。当事人应当履行发生法律效力的判决、仲裁裁决、调解书,拒不履行的,对方可以请求人民法院执行。根据上述规定,合同争议的解决方式主要有和解、调解、仲裁和诉讼等。

1. 和解

和解是指合同当事人在自愿友好的基础上互相沟通、互相谅解,从而解决争议的一种方式。

合同发生争议时,当事人应首先考虑通过和解解决争议。事实上,在合同的履行过程中,绝大多数争议都可以通过协商和解得到解决。和解解决方式有以下优点:

① 简便易行,能及时地解决争议;

② 有利于维护合同双方的友好合作关系,使合同能更好地得到履行;

③ 有利于和解协议的执行。

2. 调解

调解是指合同当事人对合同所约定的权利、义务发生争议,经过和解后,不能达成和解协议,在经济合同管理机关或有关机关、团体等的主持下,通过对当事人进行说服教育,促使双方共同作出适当的让步,平息争端,自愿达成协议,以解决合同争议的一种方式。

合同争议的调解往往是当事人经过协商仍不能解决争议后采取的方式,因此与和解相比,调解面临的争议要大一些。与诉讼、仲裁相比,调解仍具有与和解相似的优点:能够较经济、较及时地解决争议,有利于消除合同当事人的对立情绪,维护双方的长期合作关系。

3. 仲裁

仲裁也称"公断",是合同当事人在争议发生前或争议发生后达成协议,自愿将争议交给第三者作出裁决,并负有自动履行义务的一种解决争议的方式。这种争议解决方式必须是自愿的,因此必须有仲裁协议。如果当事人之间有仲裁协议,争议发生后又无法通过和解和调解解决,则应及时将争议提交仲裁机构仲裁。

仲裁具有以下原则:

(1)自愿原则。仲裁机构本身并无强制力,当事人采用仲裁方式解决纠纷,应当双方自愿达成仲裁协议。如果有一方不同意进行仲裁的,仲裁机构就无权受理纠纷。

(2)公平合理原则。仲裁的公平合理是仲裁制度的生命力所在,这一原则要求仲裁机构要充分收集证据,听取争议双方的意见。仲裁应当根据事实,并且要符合法律规定。

(3)依法独立进行原则。仲裁机构是独立的组织,相互间无隶属关系。仲裁依法独立进行,不受行政机关、社会团体和个人的干涉。

(4)一裁终局原则。由于仲裁是当事人基于对仲裁机构的信任而做出的选择,因此裁决是立即生效的。裁决作出后,当事人就同一纠纷再次申请仲裁或向人民法院起诉的,仲裁委员会或人民法院不予受理。

4. 诉讼

诉讼是指合同当事人依法请求人民法院行使审判权,审理双方当事人之间发生的合同争议,做出有国家强制力保证的判决,从而实现其合法权益,解决纠纷的活动。合同当事人如果未约定仲裁协议,则只能以诉讼作为解决争议的最终方式。

因一般的合同争议提起的诉讼,由被告住所地或合同履行地人民法院管辖,我国的民事诉讼法也允许合同当事人在书面协议中选择由被告住所地、合同履行地、合同签订地、原告住所地或标的物所在地的人民法院管辖。

任务 7 合同担保

一、合同担保的概念

合同担保是指法律规定或者当事人约定的,确保债务人履行债务,保障债权人的债权得以实现的法律措施。合同担保对于提高合同的法律效力,维护当事人的合法权益是十分必要的,为此,我国在《民法通则》《中华人民共和国物权法》中对保证、抵押、留置、质押等担保方式做了规定,旨在保障债务的履行和债权的实现。

合同担保具有预防性和从属性。预防性是指担保是在未发生违约的情况下采取的预防措施。从属性是指担保以所担保的合同存在为前提,并且随其履行而终止,被担保的合同无效,担保亦无效。保障合同的履行是担保最根本的特征。

二、担保合同的种类及生效

1. 担保合同的种类

担保合同包括保证合同、抵押合同、质押合同、定金合同。行使留置权无须签订合同。担保合同可以是单独订立的书面合同(包括当事人之间具有担保性质的信函、传真等),也可以是主合同的担保条款。

2. 担保合同的生效时间

(1)抵押合同中,必须办理抵押物登记的,自抵押物登记之日起生效;自愿办理抵押物登记的,自合同签订之日起生效。

(2)质押合同自质物移交于质权人占有时生效。

(3)定金合同自实际交付定金之日起生效。

3. 担保合同无效的原因

(1)主体违法:当事人是无行为能力人或限制行为能力人,保证人资格不合法,法律规定的其他情况。

(2)客体违法:抵押财产是担保法禁止的;抵押或质押财产是赃物或遗失物。

(3)内容违法:如债权人以欺诈、胁迫的手段或者乘人之危,使人在违背真实意思的情况下提货保证的,担保合同无效。

(4) 担保合同无效的法律后果为返还财产,赔偿损失,在必要的情况下还要追缴财产。

三、担保范围

(1) 保证担保的范围:主债权及利息、违约金、损害赔偿金和实现债权的费用。保证合同另有约定的,按照约定。当事人对保证担保的范围没有约定或者约定不明确的,保证人应当对全部债务承担保证责任。

(2) 抵押担保的范围:主债权及利息、违约金、损害赔偿金和实现抵押权的费用。抵押合同另有约定的,按照约定。

(3) 质押担保的范围:主债权及利息、违约金、损害赔偿、质物保管费用和实现质权的费用。质押合同另有约定的,按照约定。

(4) 留置担保的范围:主债权及利息、违约金、损害赔偿金、留置物保管费用和实现留置权的费用。

四、担保方式

担保方式可分为保证、抵押、质押、留置、定金五种。

1. 保证

保证是指保证人和债权人约定,当债务人不履行合同规定的债务时,保证人按照约定,履行合同规定的债务或承担责任的一种担保方式。保证属于人保,是以保证人本人的信誉和不特定的财产提供担保。

1) 保证人的资格

具有代为清偿债务能力的法人、其他经济组织或者公民可以作为保证人。任何单位和个人不得强令银行等金融机构或者企业为他人提供担保;银行等金融机构或者企业对于强令其为他人提供保证的行为,有权予以拒绝。

以下组织不得担任保证人:

(1) 国家机关不得作为保证人,但经国务院批准为使用外国政府或者国际经济组织贷款进行转贷的除外。

(2) 学校、幼儿园、医院等以公益事业为目的的事业单位、社会团体不得作为保证人。

(3) 企业法人的分支机构、职能部门不得作为保证人,但是企业法人的分支机构若有法人书面授权的,可以在授权范围内提供保证。

2) 保证人承担保证责任的方式

(1) 在同一债务中有两个以上保证人的,保证人应当按照保证合同约定的保证份额承担保证责任。若在保证合同中没有约定保证份额,保证人承担连带责任,债权人可以要求任何一个保证人承担全部保证责任,保证人都负有担保全部债权实现的义务。已经承担保证责任的保证人,有权向债务人追偿,或者要求承担连带责任的其他保证人清偿其应当承担的份额。

(2) 同一债权既有保证又有物的担保的,保证人对物的担保以外的债权承担保证责任。

3）主合同变更时的注意事项

保证期间，债权人依法将主债权转让给第三人的，保证人在原保证担保的范围内继续承担保证责任，保证合同另有约定的，按照约定。

保证期间，债权人许可债务人转让债务的，应当取得保证人书面同意，保证人对未经其同意转让的债务，不再承担保证责任。

债权人与债务人协议变更主合同的，应当取得保证人书面同意，未经保证人书面同意的，保证人不再承担保证责任。保证合同另有约定的，按照约定。

4）保证的方式

保证方式有一般保证和连带责任保证两种。

（1）一般保证的保证人在主合同纠纷未经审判或仲裁，并就债务人财产依法强制执行仍不能履行债务前，对债权人可以拒绝承担保证责任。但有下列情况之一的，保证人不得行使上述权利：

① 债务人住所变更，致使债权人要求其履行债务发生重大困难；

② 人民法院受理债务人破产案件，中止执行程序；

③ 保证人以书面形式放弃上述权利的。

（2）连带责任保证的债务人在主合同规定的债务履行期限届满没有履行债务的，债权人可以要求债务人履行债务，也可以要求保证人在其保证范围内承担保证责任。

5）保证期间

（1）一般保证的保证人与债权人未约定保证期间的，保证期间为主债务履行期届满之日起6个月，保证期间内债权人未对债务人提起诉讼或者申请仲裁的，保证人免除保证责任。

（2）连带责任保证的保证人与债权人未约定保证期间的，债权人有权自主债务履行期届满之日起6个月内要求保证人承担保证责任，保证期间内债权人未要求保证人承担保证责任的，保证人免除保证责任。

6）保证合同的内容

（1）被保证的主债权种类、数额；

（2）债务人履行债务的期限；

（3）保证的方式；

（4）保证担保的范围；

（5）保证的期间；

（6）双方认为需要约定的其他事项，保证合同不完全具备前款规定内容的，可以补正。

2. 抵押

抵押是指债务人或者第三人不转移对特定财产的占有，将该财产作为债权的担保，属于物保。债务人或者第三人提供担保的财产称为抵押物。抵押物虽然不转移所有权，但必须是能够转移的财产。

1）依法可以抵押的财产

（1）抵押人所有的房屋和其他地上定着物；

（2）抵押人所有的机器、交通运输工具和其他财产；

（3）抵押人依法有权处分的国有的土地使用权、房屋和其他地上定着物；

（4）抵押人依法有权处分的国有的机器、交通运输工具和其他财产；

(5) 抵押人依法承包并经发包方同意抵押的荒山、荒沟、荒丘和荒滩等荒地的使用权；

(6) 依法可以抵押的其他财产。抵押人可以将上述所列财产一并抵押。

2) 依法禁止抵押的财产

(1) 土地使用权；

(2) 耕地、宅基地、自留地、自留山等集体所有的土地使用权，但法律规定可以抵押的除外；

(3) 学校、幼儿园、医院等以公益为目的的事业单位、社会团体的教育设施、医疗卫生设施和其他社会公益设施；

(4) 所有权、使用权不明或者有争议的财产；

(5) 依法被查封、扣押、监管的财产；

(6) 依法不得抵押的其他财产。

3) 抵押物登记部门

(1) 以无地上定着物的土地使用权抵押的，为核发土地使用权证书的土地管理部门；

(2) 以城市房地产或者乡（镇）、村企业的厂房等建筑物抵押的，为县级以上地方人民政府规定的部门；

(3) 以林木抵押的，为县级以上林木主管部门；

(4) 以航空器、船舶、车辆抵押的，为运输工具的登记部门；

(5) 以企业的设备和其他动产抵押的，为财产所在地的工商行政管理部门。

4) 办理抵押物登记应提供的资料

办理抵押物登记，应提供如下文件或其复印件：主合同和抵押合同，抵押物的所有权或者使用权证书。

5) 抵押权的次序

(1) 抵押合同以登记生效的，按照抵押物登记的先后顺序清偿，顺序相同的，按照债权比例清偿；

(2) 抵押合同自签订之日起生效且均未办理抵押物登记的，按照合同生效时间的先后顺序清偿，如果抵押合同签订的时间相同，则按照债权比例进行清偿；

(3) 抵押合同自签订之日起生效且均已办理抵押物登记的，按照抵押物登记的先后顺序清偿，如果登记时间相同，则按照债权比例清偿；

(4) 抵押合同自签订之日起生效且只有一部分抵押物办理登记的，抵押物已登记的先于未登记的受偿。

6) 抵押合同的内容

(1) 被担保的主债权种类、数额；

(2) 债务人履行债务的期限；

(3) 抵押物的名称、数量、质量、状况、所在地、所有权权属或者使用权权属；

(4) 抵押担保的范围；

(5) 当事人认为需要约定的其他事项，抵押合同不完全具备前款规定内容的，可以补正。

3. 质押

质押是指债务人或者第三人将出质的财产移交债权人占有，以该财产作为债权的担保。质押也属物的担保。债务人出质的财产叫质物，质物是指可以移交的作为担保的动产或权利。动产质物必须为特定的、可处分的财产，权利质物包括票据、股票、专利权、商标专用权等。

质押应由质押人与债权(质押权)人签订书面合同,质押合同自质物移交债权人占有时生效。以股票、股份、商标专用权、专利权、著作权中的财产权出质的,应当向有关部门办理出质登记,质押合同自登记之日起生效。

1) 质押的种类

按照质物的不同种类,可将质押分为动产质押和权利质押两种。

2) 允许质押的权利

(1) 汇票、支票、本票、债券、存款单、仓单、提单;

(2) 依法可以转让的股份、股票;

(3) 依法可以转让的商标专用权、专利权、著作权中的财产权;

(4) 依法可以质押的其他权利。

3) 质押与抵押的区别

(1) 抵押与质押的标的物不同:抵押的标的物是不动产,而质押的标的物是动产与权利;

(2) 抵押与质押对标的物是否转移占有有不同规定:抵押的标的物不转移占有,抵押人仍享有占有、使用、收益的权利,质押的标的物要求转移占有,动产要交付占有,权利要交付权利证书。

4) 质押合同的内容

(1) 被担保的主债权种类、数额;

(2) 债务人履行债务的期限;

(3) 质物的名称、数量、质量、状况;

(4) 质押担保的范围;

(5) 质物移交的时间;

(6) 当事人认为需要约定的其他事项,质押合同不完全具备前款规定内容的,可以补正。

4. 留置

留置是指债权人按照合同约定占有债务人的动产,债务人不按照合同约定的期限履行债务时,债权人依法扣留并处置该财产,并以该财产折价或者以拍卖、变卖该财产所得价款优先得到清偿的担保方式。

1) 留置权的行使

债权人与债务人应当在合同中约定,债权人留置财产后,债务人应当在不少于 2 个月以上的期限内履行债务。债权人与债务人在合同中未约定的,债权人留置财产后,应当确定 2 个月以上的期限,通知债务人在该期限内履行债务。

2) 留置权的适用范围

因保管合同、运输合同、加工承揽合同发生的债权,债务人不履行债务的,债权人有留置权。法律规定可以留置的其他合同,适用此规定。当事人可以在合同中约定不得留置的物。

5. 定金

1) 定金的数额

定金的数额由当事人约定,但不得超过主合同标的额的 20%。

2) 定金与预付款的区别

预付款不起担保作用,在合同履行后,预付款成为应付款的组成部分;如没有履行合同,则预付款应当退还给支付预付款的当事人。

定金则不同,它是《中华人民共和国担保法》规定的担保方式的一种。债务人履行债务后,定金应当抵作价款或收回。给付定金的一方不履行约定的债务的,无权要求返还定金;收受定金的一方不履行约定的债务的,应当双倍返还定金。

复 习 思 考

1. 什么是合同?合同的法律特征有哪些?
2. 订立合同的基本原则是什么?合同的基本形式有哪些?
3. 什么是要约?要约应当符合哪些规定?
4. 什么是承诺?承诺有哪些特征?如何撤回承诺?
5. 合同成立的时间、地点如何确定?
6. 什么是合同履行?合同履行应遵循哪些原则?
7. 什么是合同转让?合同转让的法律规定有哪些?
8. 解决合同争议的途径有哪些?
9. 合同担保方式包括哪几种?

学习情境 7

公路工程施工合同及合同管理

学习要求

1. 知识目标
(1) 了解公路工程合同的概念及分类；
(2) 了解公路工程勘察设计合同、监理合同的作用；
(3) 掌握公路工程施工合同的特点和作用；
(4) 掌握各类工程合同管理的目标及任务。

2. 能力目标
(1) 通过学习，对公路工程合同的概念有一定的了解；
(2) 能够清楚公路工程施工合同的含义与应用。

> **知识链接**
>
> 我国的某水电工程,承包商为国外某公司,我国某施工单位分包了隧道工程。分包合同规定:在隧道挖掘中,在设计挖方尺寸基础上,超挖不得超过40 cm,在40 cm 以内的超挖工作量由总包负责,超过40 cm 的超挖由分包负责。
>
> 由于地质条件复杂,项目工期紧,分包商在施工中出现许多局部超挖超过40 cm 的情况,总包拒付超挖超过40 cm 部分的工程款。
>
> 分包商对此提出异议。因为分包商一直认为合同所规定的"40 cm 以内"是平均的概念,即只要总超挖量在40 cm 之内,就不是分包的责任,总包应付款。而且分包商强调,这是我国水电工程中的惯例解释。
>
> 问题:
> 上述案例中,分包商索赔理由中的"惯例解释"能否被认可?

任务 1 公路工程合同概述

一、公路工程合同的概念、特征及分类

1. 公路工程合同的基本概念

公路工程合同,是指有关公路的勘察设计、施工、监理等方面的合同,是工程合同的一种,具有工程合同的特性。根据合同的性质,主要分为建筑或安装承包合同和委托监督管理合同两大类,前者包括公路勘察设计合同和施工承包合同,后者为监理咨询合同。

施工承包合同也称工程承包合同,是业主(发包方、建设单位)和承包人(承包方、施工单位)之间为完成商定的公路工程项目,明确相互权利和义务关系而订立的具有法律效力的书面契约。

2. 公路工程施工合同的主要条款

主要条款是指每一份合同中都必须具备的基本条款,是合同的主要内容和核心。根据《中华人民共和国经济合同法》和《建筑安装工程承包合同条例》的规定,公路工程施工合同应具备以下主要条款:

(1)标的:即当事人权利和义务共同指向的对象,标的要明确,包括工程名称和地点、工程范围和内容。

(2)数量和质量:包括路线长度、桥隧长度、土石方数量、工程质量标准与验收方式等。

(3)履行的期限、地点和方式:包括开、竣工日期及中间交工工程开、竣工日期,设计文件、图纸、资料的提供日期,材料、设备的供应和进场期限。

(4)工程造价及支付形式:包括工程价款的支付,结算及交工验收办法。

(5) 违约责任:这是保证合同得以顺利履行的主要条款,起着约束当事人双方的作用。

3. 公路工程合同的特征

公路工程合同具有以下几个方面的特征。

1) 合同具有很强的计划性

我国国民经济是有计划、按比例发展的,基本建设是整个国民经济中的一项重要经济活动。虽然公路工程合同与承揽合同有某些相似之处,但它并非一般的加工承揽合同,而是关系国家基础设施建设的极为重要的一种合同,因而要加强计划管理。我国有关法规规定,所有的基本建设,无论是中央财政预算内安排的,还是地方、部门和企业自筹资金安排的,都应毫无例外地纳入国家基本建设计划内。《合同法》规定,国家重大建设工程合同,应当按照国家规定的程序和国家批准的投资计划、可行性研究报告等文件订立。国家的基本建设计划是公路工程合同签订的依据,凡是没有按国家批准的投资计划和建设计划和国家规定的程序所签订的公路工程合同,都是无效的,对造成严重后果的直接责任者,要依法追究其法律责任。

2) 管理监督的严格性

由于工程建设对国家的经济发展具有重大影响,因此国家对建设工程合同的管理十分严格,并规定了严格的法律程序。签订公路工程合同,必须严格遵守相关法律程序,有步骤、有秩序地进行。

国家除了通过审批程序加强监督公路工程合同的签订外,在合同的整个履行过程中,还通过国家计委、财政部、建设部等部门对公路工程的工程投资、工程造价、工程进度、工程质量、费率标准及合同的执行情况实行监督。对于大型的、重要的工程项目,则通过建设单位的主管部门来监督工程项目的竣工、验收,以实现国家对基本建设工程质量和投资资金的全面监督。

3) 合同主体的严格性

根据我国现行法律规定,国家要求公路工程合同的主体——建设工程勘察、设计、建筑、安装单位必须是经国家主管部门审查、批准,在当地工商行政部门进行核准、登记并领有营业执照的基本建设专业组织,必须具备必要的人力、技术力量、机械设备及工程技术人员等条件和投资能力。比如,勘察设计合同的承包方不但要具备法人资格,而且必须是经国家认可的勘察设计单位,具体地讲,就是必须经国家或省、直辖市、自治区主管机关批准,并颁发勘察许可证或设计许可证,具有法人资格的单位。

4) 主体之间严密的协作性

公路工程合同的履行涉及面广,内外协作、配合的环节多,需要合同主体双方长期的协作。在合同的履行过程中,不仅要求承包方完成一定的工作,还要求双方当事人密切配合,确保整个合同义务得以全面履行。

5) 合同标的的特殊性

公路工程合同的标的是基本建设工程,它是以资金、材料、设备为条件,以科学技术为手段,通过脑力劳动和体力劳动形成的各类基础设施产品;是形成固定资产、扩大地域连通能力和改善人民出行条件的建设工作。因此,我国法律对公路工程合同标的质量的要求非常高。

6) 合同履行期限的长期性

公路工程由于结构复杂、建设材料类型多、工程量大,使得合同履行期限较长(与一般工业产品的生产相比)。而且,公路工程合同的订立和履行一般需要较长的准备期。在合同的履行过程中,可能会因为不可抗力、工程变更、材料供应不及时等原因而导致合同期限顺延。所有这些情况,决定了公路工程合同履行期限的长期性。

4. 公路工程合同的分类

公路工程合同可以从不同的角度进行分类。

1) 发包的不同范围和数量

按发包的不同范围和数量,可以将公路工程合同分为建设工程总承包合同、建设工程承包合同、建设工程分包合同。发包人将工程建设的全过程发包给一个承包人的合同即为建设工程总承包合同;发包人将建设工程的勘察、设计、施工等每一项分别发包给一个承包人的合同即为建设工程承包合同;经合同约定和发包人认可,从工程总包方承包的工程中,承包部分工程而订立的合同即为建设工程分包合同。

2) 完成承包的内容

按完成承包的内容,公路工程合同可以分为公路工程勘察合同、公路工程设计合同和公路工程施工合同等。《合同法》对工程建设监理合同也作了规定,也可以将公路工程监理合同作为公路工程合同的组成部分。

二、公路工程合同的订立、变更与解除

1. 公路工程合同的订立与公证

公路工程合同的订立一般分为要约和承诺两个阶段,其具体形式为招标与投标。招标可视为业主向承包人提出要约,业主为要约人,承包人为受约人。要约主要包括签订合同的愿望与要求、合同的主要条款、要求对方作出答复的期限。

承包人接到业主的要约后(接到招标文件),应仔细研究文件中的内容,根据自己的条件决定是否同意对方的全部要求。若同意,便可作出承诺(投标),若不完全同意,可根据自己的要求向业主提出建议,这便不能视为承诺,而是承包人向业主提出的新要约。新要约提出后,原要约人变为新要约人,原要约人变为新受约人。一份合同的订立往往要经过要约、新要约、再要约、承诺这样的多次反复,直至双方就合同的所有条款达成一致意见后,方可签订正式合同。

《合同法》对合同形式确定了以不要式为主的原则,即在一般情况下对合同采用书面形式还是口头形式没有限制。但是考虑到公路工程的重要性和复杂性,在建设过程中经常会发生影响合同履行的纠纷,因此《合同法》规定建设工程合同应当采用书面形式。

在承包合同订立后,为了减少纠纷,保证合同的顺利执行,一般都要到公证机关将合同进行公证。

2. 公路工程合同的担保

为了促使合同的全面履行,保证权利人的权利得以实现,公路工程合同实行担保制度。所谓担保,是指合同当事人为保证双方权利和义务得以实现而作出的具有法律约束力的经济保证措施。担保的形式有定金、预付款、银行保函和财物留置权四种。

(1) 定金:为了保证合同的顺利执行,在订立合同之前业主付给承包人一定数额的现金。工程合同履行后,定金应当收回或抵作价款。业主不履行合同则无权请求返还定金;承包人不履行合同,应当双倍返还定金。

(2) 预付款:在公路工程施工承包合同的履行中,实行预付款制度,即在合同签订后或开工前,由业主向承包人支付一定数量的工程款,一般为合同价的 $5\%\sim10\%$,而后在合同履行过程中由业

主逐步扣回。预付款与定金的区别是,如承包人不能履行合同,则应如数退还预付款,不必双倍返还。

(3) 银行保函:银行与当事人一方达成的,当被保证的当事人不履行合同时,由银行代为履行或承担连带责任的协议。公路工程承包合同中,一般由承包人开户银行出具履约保证书(银行保函),对承包人在合同中的义务作出保证,如果承包人违约给业主造成经济损失,就由银行进行赔偿。

(4) 财物留置权:关于承包人违约解除合同的特别约定,业主为保证合同的顺利执行而对承包人采取的一种保证措施。如合同可以规定所有承包人提供的施工机械设备、临时工程和材料,一经运至现场,就视为专门供本工程施工所用,没有监理工程师的同意,不准将上述物品或其任何部分运出现场。

3. 公路工程合同履行与不履行

合同经订立之后,就具有了法律效力,双方当事人应无条件地按照约定的内容和方式,全面完成各自所应承担的合同义务,享受各自应有的权利,这种法律关系实施的全过程称为合同的履行。在有些情况下,合同的某一方或双方不能履行合同,称之为合同的不履行。合同的不履行一般分为3种情况:全部不履行、部分不履行和到期不履行。无论哪一种不履行,都应当承担相应的法律责任,支付违约偿金。

4. 公路工程合同的变更和解除

公路工程合同的变更是指双方当事人在没有履行或全部不履行合同之前,经双方协议对合同的部分条款和内容作相应的修改、增减,所达成新的协议。合同变更一经完成,原合同的相应条款就要解除,变更或解除必须采用书面形式。变更或解除合同,会给一方当事人造成损失,除依法可免除责任者外,应由责任方负责赔偿损失。

三、公路工程合同的作用

随着我国改革开放的不断深化,社会主义市场经济体制、市场经济法规、市场经济运行秩序的逐步完善,建设工程市场也在逐步法制化、规范化。合同和合同管理作为规范市场行为的重要手段之一,在建设工程中有着非常重要的作用。

合同一经签订,合同双方即结成一定的经济关系。合同中规定了双方在合同履行过程中的经济责任、权利和义务,双方都可以利用合同保护自身的合法权益。在实际工程中合同双方通常都从自身利益角度出发来考虑和分析问题,会采取一些措施、手段和策略以达到自己的目的,这势必会影响或损害对方的利益,因此合同也是协调这种关系的主要手段。

合同确定公路工程实施和管理的主要目标——工程质量、工期和造价。公路工程质量、工期和造价是合同双方在工程项目建设中进行各种经济活动的依据,合同管理工作就是为了保证这些目标的实现。

合同是当事人双方的最高行为准则,是当事人双方经过协商达成一致的协议。只要合同成为一份法律文件,双方就必须按其内容承担相应的法律责任,享有相应的法律权利,用合同规范自己的行为。任何有关工程的问题都要按合同解决,合同在工程中具有法律上的优先地位。

合同是当事人双方在工程实施过程中解决争执和纠纷的依据。由于双方经济利益的不一致,合同履行过程中的争执是难以避免的,这就需要依据合同加以解决。合同对争执的解决有着两个作用:第一,以合同作为法律依据,来判定争执的性质;第二,合同规定了争执和纠纷的解决方法和程序。

四、公路工程合同管理的特点

由于公路工程产品及其生产的技术经济特点的影响,公路工程合同管理通常具有以下特点:

(1) 从公路工程的前期可行性论证、勘察设计、委托监理到工程施工及工程保修,都需要签订合同。公路工程的生命期一般为几年或更长时间,因此合同管理需要在较长时间内持续进行。

(2) 公路工程项目价值量大、合同价格高,合同管理的好坏直接影响着工程项目的经济效益。在公路工程市场竞争日趋激烈的环境下,从事合同管理工作时要小心谨慎,稍有失误便会导致工程项目利润减少,甚至亏本。

(3) 在工程实施过程中由于各种干扰因素的影响,合同变更较频繁,因此合同管理必须要根据变化的条件和情况,及时地进行调整,也就是要加强合同的变更管理和合同控制工作。

(4) 公路工程合同管理工作复杂而烦琐,是一项高度准确、精细且严密的管理工作。公路工程项目规模大、技术和质量标准高;投资渠道多元化,且有许多特殊的融资和承包方式,合同条件越来越复杂,不仅合同条款多,而且所属的合同文件多,与主合同相关的其他合同也多;工程的参与和协作单位多,必须要协调、处理各方面的关系;合同实施过程复杂,合同管理中必须要在每个环节取得、处理、使用、保存各种有关的合同文件、工程资料等。因此,在整个工程的实施过程中,必须加强合同管理,否则会前功尽弃,甚至导致经济损失。

(5) 合同涉及面广,实施时间长,易受外界各种因素的影响,如法律、社会、经济、自然条件等。合同管理中要高度重视这些因素的影响,充分预测将要面临的问题、风险,并采取积极的对策,以避免和化解各种风险。

(6) 在工程项目管理中,合同管理作为一项管理职能,有其具体的职责和任务。合同管理对项目的成本管理、进度管理、质量管理有着总控制和总协调的作用,是工程项目管理的核心,是全面的、综合的、更高层次的管理工作。另外,合同管理要处理与当事人及其他方面的经济关系,必须服从企业的发展战略、经营管理的需要,特别是在投标报价、合同谈判、制订合同执行策略和处理索赔等工作时更要注意。

任务 2 公路工程勘察设计合同管理

一、公路工程勘察设计合同的概念及特点

1. 勘察设计合同的概念

公路工程勘察设计合同,是指建设单位(委托方,亦称发包方)与工程勘察、设计单位(承包

方或者承接方)为完成特定工程建设项目的勘察、设计任务,签订的明确双方权利、义务关系的协议。在此类合同中,委托方通常是工程建设项目的业主(建设单位)或者项目管理部门,承包方是持有与其承担任务相符的勘察、设计资格证书的勘察、设计单位。根据勘察设计合同,承包方完成委托方委托的勘察、设计项目,委托方接受符合约定要求的勘察、设计成果,并支付承包方报酬。

2. 勘察设计合同的特点

工程勘察设计合同除了具有公路工程合同的基本特征外,还具有以下几个方面的特征:
(1) 合同的订立必须符合公路工程项目的基本建设程序,实行项目报建制度。

公路工程勘察设计合同的签订,应在项目的可行性研究报告及项目计划任务书获得批准后进行。可行性研究是建设前期的重要内容之一,它为建设项目的决策和计划任务书的编制提供了重要依据。计划任务书是工程建设的大纲,是确定建设项目和建设方案(包括规模、布局、主要技术经济要求等)的基本文件,也是进行现场勘测和编制文件的主要依据。项目报建是对从事工程建设的建设单位的资格、能力及项目准备情况的确定。

(2) 勘察设计方应具备合法的资格与等级。

工程勘察设计方必须具备法人资格,并且必须经过资格认证,获得工程勘测证书或工程设计证书。勘察设计方应具备下列条件:
① 有按法定主管部门批准成立勘察、设计机构的文件;
② 有专门从事工程勘察、设计工作的固定职工组成的实体;
③ 有固定的工作场所和一定的仪器装备;
④ 具备独立承担工程勘察、设计任务的能力。

二、公路工程勘察设计合同应具备的主要条款

根据《合同法》的规定,勘察设计合同的内容应包括提交有关基础资料和文件(包括概预算)的期限、质量要求、费用以及其他协作条件等。

1. 公路工程项目的基础资料

公路工程项目的基础资料包括建设工程项目名称规模、投资额及建设地点。建设工程项目名称是指合同双方当事人要进行建设的工程项目的称号。建设工程项目名称按照设计任务书确定以后,不得擅自更改。建设工程项目规模是指建设工程项目的设计任务书和初步文件中规定的全部生产能力或效益,如公路的总长度等。建设工程项目规模按项目总投资额的不同,通常分为大、中、小型三类。建设工程投资额一般是指设计任务书估算的投资中的建筑工程费、安装工程费和设备购置费等。建设工程建设地点是指建设工程建设并使用的地点。

2. 勘察设计单位提交勘察设计文件的期限

提交文件的期限是指勘察设计单位完成勘察设计工作,交付勘察设计文件的期限。勘察设计文件主要包括勘察、设计图纸及说明,材料设备清单,工程概预算等。勘察设计文件是工程建设的依据,工程必须按照勘察设计文件进行施工,因此勘察设计文件的交付期限直接影响工程建设的期限,所以当事人在勘察设计合同中应明确勘察设计文件(包括概预算文件)的交付期限。

3. 勘察设计文件的内容要求

一个完整的勘察工作包括踏勘、初步勘察和详细勘察三个阶段，委托方可根据工程的实际需要确定具体的委托内容、阶段和范围，经协商后在合同中予以明确规定。

设计工作大致包括初步设计、技术设计、施工图设计和设计后服务阶段，不同的阶段有不同的工作范围和内容。不同的工程项目由于技术要求和外部条件的不同，对设计工作的要求也会有差别。因此签约当事人双方应根据委托的内容和特定的技术要求，确定合同中的设计工作范围。另外，由于设计工作内容的专业性、技术性较强，一般要由合同双方当事人根据具体的委托工作内容，经协商研究，共同确定设计工作的技术要求，并尽可能详细地写入合同中。对于大中型或者技术复杂的工程设计合同，技术要求应该写入合同的技术附件中。

根据有关部门的规定，通常在合同中对各阶段勘察、设计成果的质量按以下3个方面做出规定：

① 达到国家针对各阶段勘察、设计内容和深度所作的有关规定标准。

② 在满足委托方提出的各项技术要求的同时，各阶段勘察成果还应满足委托勘察任务书中的各项要求，初步设计文件应符合批准的设计任务书中确定的设计原则和设计工作范围内确定的内容。施工图设计文件和图纸应圆满体现批准的初步设计文件中制定的设计思想，达到初步设计文件中规定的各项技术指标。

③ 根据委托工作内容的所属行业、门类及性质，明确勘察、设计工作应参照的国家法定的具体技术、设计规程规范和规定，以它们作为勘察、设计工作应遵循的技术标准或验收勘察、设计成果的标准。

按照《工程勘察设计收费标准》的有关规定，不同种类的设计文件交付份数不同，大致为：设计前期工作成果（可行性研究报告）交付份数为10～15份；初步设计文件交付份数为10～15份；施工图设计文件和图纸的交付份数为8～10份；非标准设备文件和图纸的交付份数为8份左右。在上述规定交付份数范围以内的设计文件，由承包方免费提供，如果委托方要求增加交付份数，承包方对增加部分的份数另收取工本费。

4. 勘察设计费用

勘察设计费用是委托人对勘察设计单位完成勘察、设计工作的报酬。支付勘察设计费用是委托人在勘察设计合同中的主要义务。合同当事人双方应当明确勘察设计费用的数额和计算方法、支付方式、地点、期限等内容。勘察收费的标准一般按承包方工作量的大小，根据《工程勘察设计收费标准》的有关规定计算费用数额。设计费主要包括工程设计费、设计前期工作费和非标准设备设计费等，其收费标准一般是按《工程勘察设计收费标准》的有关规定计算费用数额。

5. 双方的其他协作条件

其他协作条件是指双方当事人为保证勘察、设计工作的顺利进行所应当履行的相互协作的义务。委托人的主要协作义务是在勘察、设计人员进入现场工作时，为勘察、设计人员提供必要的工作条件和生活条件，以保证其正常开展工作。勘察设计单位的主要协作义务是配合工程建设的施工，进行设计交底，解决施工中出现的有关设计问题，负责设计变更和修改预算，参加工程验收等。

6. 违约责任

合同当事人双方应当根据国家的有关规定约定双方的违约责任。

三、公路工程勘察设计合同的订立

勘察合同由建设单位、设计单位或有关单位提出委托,经双方同意即可签订。设计合同须具有上级机关批准的设计任务书方能签订。小型单项工程的设计合同须具有上级机关批准的文件方能签订。如果单独委托施工图设计任务,应同时具有经有关部门批准的初步设计文件方能签订。勘察设计合同在当事人双方经过协商取得一致意见,由双方负责人或指定代表签字并加盖公章后,才能生效。

四、公路工程勘察设计合同的履行

1. 勘察设计合同的定金

按规定收取费用的勘察设计合同生效后,委托人应向承包人付给定金。勘察设计合同履行后,定金抵作勘察设计费。设计任务的定金为估算设计费的20%。委托人不履行合同的,无权请求返还定金;承包人不履行合同的,应当双倍返还定金。

2. 勘察设计合同双方的责任

1) 勘察设计合同委托人的责任

(1) 向承包人提供开展勘察、设计工作所需的有关基础资料,并对提供的时间、进度与资料的可靠性负责。

a. 委托勘察工作的,在勘察工作开展前,应提出勘察技术要求及附图;

b. 委托初步设计的,在初步设计前,应提供经过批准的可行性报告,选址报告,原料(或经过批准的资料报告)、燃料、水、运输等方面的协议文件和能满足初步设计要求的勘察资料、需要经过科研取得的技术资料;

c. 委托施工设计的,在施工图设计前,应提供经过批准的初步设计文件和能满足施工图设计要求的勘察资料、施工条件及有关设备的技术资料。

(2) 在勘察设计人员进入现场作业或配合施工时,应负责提供必要的工作和生活条件。

(3) 委托配合引进项目的设计任务,从询价、对外谈判、国内技术考察直到建成投产的各个阶段,应吸收承担有关设计任务的单位参加。

(4) 按照国家有关规定支付勘察设计费。

(5) 维护承包人的勘察成果和设计文件,不得擅自修改,不得转让给第三方重复使用。

2) 勘察设计合同承包人的责任

(1) 勘察单位应按照现行的标准、规范、规程和技术条例进行工程测量、工程地质、水文地质等勘察工作,并按合同规定的进度、质量提交勘察成果。

(2) 设计单位要根据批准的可行性研究报告或上一阶段设计的批准文件以及有关技术经济协议文件、设计标准、技术规范、规程、定额等,提出勘察技术要求并进行设计,并按合同规定的进度和质量提交设计文件(包括概预算文件、材料准备清单)。

(3) 初步设计经上级主管部门审查后,在原定任务书范围内的必要修改,由设计单位负责。原定任务书有重大变更而需要重作或修改设计时,须具有设计审批机关或设计任务书批准机关的意见书,经双方协商,另定合同。

(4) 设计单位对所承担设计任务的建设项目应配合施工,进行设计技术交底,解决施工过程中有关设计的问题,负责设计变更的修改预算及工程竣工验收等。

3. 勘察设计合同的变更和解除

设计文件批准后,不得随意修改和变更。如果必须修改,也需经有关部门批准,其批准权限根据修改内容涉及范围而定。如果修改部分属于初步设计的内容,必须经设计的原批准单位批准;如果修改的部分属于可行性研究报告的内容,则必须经可行性研究报告的原批准单位批准;施工图设计的修改必须经设计单位批准。

委托人因故要求修改工程设计时,经承包人同意后,除设计文件的提交时间另定外,委托人还应按承包人实际返工的工作量增付设计费。

原定可行性研究报告或初步设计如有重大变更而需重作或修改时,须经原批准机关同意,并经双方当事人协商后另定合同。委托人负责支付已经进行了的设计的费用。

委托人因故要求中途停止设计时,应及时书面通知承包人,已付的设计费不退,并按该阶段实际所耗工时增付和结清设计费,同时终止合同关系。

4. 勘察设计合同的违约责任

委托人或承包人违反合同规定造成损失的,应承担违约责任。

(1) 因勘察、设计质量低劣引起返工或未按期提交勘察设计文件拖延工期造成损失的,由勘察设计单位继续完善勘察、设计任务,并应视造成损失的大小减收或免收勘察、设计费。对于因勘察、设计错误而造成工程重大质量事故者,勘察设计单位应承担赔偿损失。

(2) 由于变更计划、提供的资料不准确、未按期提供勘察、设计必需的资料或工作条件而造成勘察、设计人员返工、停工、窝工或修改设计,委托人应按承包人实际消耗的工作量增付费用。因委托人责任造成重大返工或重作设计,应另付费用。

(3) 委托人超过合同规定日期付费时,应偿付逾期的违约金。偿付办法与金额由双方按照国家的有关规定协商,在合同中标明。

任务 3 公路工程施工合同管理

一、公路工程施工合同的概念

施工合同即工程承包合同,是发包人和承包人为完成商定的建筑安装工程,明确相互权利、义务关系的协议。依照施工合同,承包人应完成一定的建筑安装工程任务,发包人应提供必要的施工条件并支付工程价款。施工合同是建设工程合同的一种,它与其他建设工程合同一样是一种双务合同,在订立时也应遵守自愿、公平、诚实信用等原则。

施工合同是工程建设的主要合同,是工程建设质量控制、进度控制、投资控制的主要依据。

在市场经济条件下,建设市场主体之间的权利、义务关系主要是通过合同确立的,因此在工程建设领域加强对施工合同的管理具有十分重要的意义。

施工合同的当事人是发包人和承包人,双方是平等的民事主体。承包人和发包人双方签订施工合同,必须具备相应的资质条件和履行施工合同的能力。对合同范围内的工程实施建设时,发包人必须具备组织协调能力,承包人必须具备有关部门核定的资质等级并持有营业执照等证明文件。发包人既可以是建设单位,也可以是取得建设项目总承包资格的项目总承包单位。

在施工合同中,实行的是以工程师为核心的管理体系(虽然工程师不是施工合同当事人)。施工合同中的工程师是指监理单位委派的总监理工程师或发包人指定的履行合同的负责人,其具体身份和职责由双方在合同中约定。

二、公路工程施工合同的类型

1. 按计价方式划分

1) 总价合同

总价合同也称总价包干合同,是指在合同中确定一个完成项目的总价,承包人据此完成项目全部内容的合同。这种合同类型能够使建设单位在评标时易于确定报价最低的承包人,易于进行支付计算。但这类合同仅适用于工程量不太大且能精确计算、工期较短、技术不太复杂、风险不大的项目,因而采用这种合同类型时,要求建设单位必须准备详细而全面的设计图纸(一般要求施工详图)和各项说明,使承包人能准确计算工程量。

2) 单价合同

当发包的工程内容和工程量尚不能明确、具体地得到规定时,可以采用单价合同的形式,即根据技术工程内容和估算工程量,在合同中明确每项工程内容的单位价格,实际支付时则根据实际完成的工程量乘以合同单价计算出应付的工程款。采用单价合同,业主和承包商都不存在工程量方面的风险,且发包单位在招标前无需对工程范围作出完整、详尽的规定。单价合同能够成立的关键在于双方对单价和工程量计算方法的确认,在合同履行中需要注意的问题是实际工程量计量的确认。

3) 成本加酬金合同

成本加酬金合同也称成本补偿合同,是指由业主向承包人支付工程项目的实际成本,并按事先约定的某种方式支付酬金的合同类型。在这类合同中,业主需承担项目实际发生的一切费用,因此也就承担了项目的全部风险,而承包商由于无风险,其报酬往往较低。

这类合同的缺点是业主不易控制工程总造价,承包人也往往不注意降低项目成本。这类合同主要适用于需要立即开展工作的项目,如震后的救灾工作;新型的工程项目,或项目工程内容及技术经济指标未确定的项目;风险较大的项目。

2. 按承发包的工程范围划分

按承发包的不同范围和数量进行划分,可以将公路工程施工合同分为总承包合同、承包合同、分包合同。总承包合同是建设单位把整个建设工程全部交给一个具有总承包资质和能力的总承包公司负责的合同。承包合同是建设单位将建设工程中的不同专业直接交于不同性质的专业施工单位进行直接承包的合同,由建设单位直接管理。分包合同是分包单位从总承包单位分包部分专项工程,而与总承包单位签订的合同。分包单位对总承包单位负责,总承包单位对建设单位负责,因此总承包单位选择分包单位应征得建设单位的同意。

3. 按劳动力和材料供应划分

按照劳动力和工程材料的供应方不同,可将公路工程施工合同分为包工包料合同、包工不包料合同、包工及部分包料合同三种。包工包料是指承包工程的所有材料和人工都由施工单位负责供应。包工不包料是指承包工程的施工单位负责施工中的全部技术工种和普工,并负责施工技术和管理,但不负责材料供应,材料由建设单位负责供应。包工及部分包料合同是指承包工程的施工单位负责施工中的全部人工及部分材料,其余部分材料由总包单位或建设单位负责供应。

三、建设工程施工合同文本简介

住建部、国家工商行政管理总局于2017年对《建设工程施工合同(示范文本)》(GF-2013-0201)进行了修订,制定了《建设工程施工合同(示范文本)》(GF-2017-0201)(以下简称《示范文本》)。《示范文本》由"合同协议书""通用合同条款""专用合同条款"三部分组成,并附有11个附件。

1. 合同协议书

合同协议书是《示范文本》中的总纲性文件,共计13条,主要包括工程概况、合同工期、质量标准、签约合同价和合同价格形式、项目经理、合同文件构成、承诺以及合同生效条件等重要内容。标准化的合同协议书文字量不大,但规定了合同当事人双方最主要的权利、义务,规定了组成合同的文件和合同当事人对履行合同义务的承诺,并有合同当事人的签字盖章,因此具有很高的法律效力。

2. 通用合同条款

通用合同条款是根据《合同法》《建筑法》等法律法规的规定,对承发包双方的权利、义务做出的规定。除双方协商一致对其中的某些条款做了修改、补充或取消外,其余条款双方都必须履行。通用合同条款是将建设工程施工合同中共性的一些内容抽象出来编写的一份完整的合同文件,具有很强的通用性,基本适用于各类建设工程。

通用合同条款共计20条,具体条款分别为:一般约定、发包人、承包人、监理人、工程质量、安全文明施工与环境保护、工期和进度、材料与设备、试验与检验、变更、价格调整、合同价格、计量与支付、验收和工程试车、竣工结算、缺陷责任与保修、违约、不可抗力、保险、索赔和争议解决。前述条款安排既考虑了现行法律法规对工程建设的有关要求,也考虑了建设工程施工管理的特殊需要。

3. 专用合同条款

由于建设工程项目的工作内容各不相同,施工现场和外部环境条件各异,因此通用合同条款不能完全适用于各个具体工程,要配以专用合同条款一起使用。专用合同条款是对通用合同条款原则性约定的细化、完善、补充、修改或另行约定的条款。合同当事人可以根据不同建设工程的特点及具体情况,通过双方的谈判、协商对相应的专用合同条款进行修改补充。在使用专

用合同条款时,应注意以下事项:

(1) 专用合同条款的编号应与相应的通用合同条款的编号一致。

(2) 合同当事人可以通过对专用合同条款的修改,满足具体建设工程的特殊要求,避免直接修改通用合同条款。

(3) 在专用合同条款中有横道线的地方,合同当事人可针对相应的通用合同条款进行细化、完善、补充、修改或另行约定;如无细化、完善、补充、修改或另行约定,则填写"无"或划"/"。

4. 附件

《示范文本》中为使用者提供了"承包人承揽工程项目一览表""发包人供应材料设备一览表""房屋建筑工程质量保修书"等11个标准化附件。如果具体项目的承包方式为包工包料,则可以不使用发包人供应材料设备表。

四、公路工程施工合同文件的组成及解释顺序

组成公路工程施工合同的文件包括:

① 施工合同协议书;

② 中标通知书;

③ 投标函及其附件(含承包人在评标期间和合同谈判过程中递交并确认,且经业主同意的对有关问题的补充资料和澄清文件等);

④ 专用合同条款及其附件;

⑤ 通用合同条款;

⑥ 技术规范(含招标文件补遗书中与此有关的部分);

⑦ 图纸(含招标文件补遗书中与此有关的部分);

⑧ 已标价的工程量清单。

双方有关工程的洽商、变更等书面协议或文件视为协议书的组成部分。

上述合同文件应能够互相解释,互相说明。当合同文件中出现不一致时,上面的顺序就是合同的优先解释顺序。当合同文件出现含糊不清或当事人有不同理解时,按照合同争议的解决方式处理。

五、公路工程施工合同管理

1. 发包人与承包人相关条款

1) 发包人相关条款与规定

(1) 办理土地征用、拆迁补偿、平整施工场地等工作,使施工场地具备施工条件,并在开工后继续负责解决以上事项的遗留问题。

(2) 将施工所需水电、通信线路从施工场地外部接至专用条款约定地点,保证施工期间的需要。

(3) 开通施工场地与城乡公共道路的通道,以及专用条款约定的施工场地内的主要道路,满足施工运输的需要,保证施工期间的道路畅通。

(4)向承包人提供测量基准点、基准线、水准点及其书面资料;提供施工场地的工程地质和地下管线资料,并对资料的真实准确性负责。

(5)办理施工许可证和其他法律、法规规定的申请批准手续和施工需要的有关证件。

(6)组织承包人和设计单位进行图纸会审和设计交底。

(7)协调处理施工现场周围地下管线和邻近建筑物、构筑物(包括文物保护建筑)、古树名木的保护工作,并承担有关费用。

(8)按合同规定支付合同价款。

(9)按合同规定主持和组织工程的验收。

(10)发包人应做的其他工作,双方在专用条款内约定。

发包人可以将上述部分工作委托承包人办理,具体内容由双方在专用合同条款内约定,费用由发包人承担。发包人不按合同约定完成以上义务,应赔偿承包人的有关损失,延误的工期相应顺延。

2)承包人相关条款与规定

(1)根据发包人的委托,在其设计资质等级和业务允许的范围内,完成施工图设计或与工程配套的设计,经工程师确认后使用,发生的费用由发包人承担。

(2)向工程师提供年、季、月工程进度计划及相应进度统计报表。

(3)根据工程需要,提供和维修非夜间施工使用的照明、围栏设施,并负责安全保卫工作。负责修建、维护、管理施工所需临时道路和交通设施。

(4)按专用条款约定的数量和要求,向发包人提供在施工现场办公和生活的房屋及设施,费用由发包人承担。

(5)遵守政府有关部门对施工场地交通、施工噪声以及环境保护和安全生产等的管理规定,按规定办理有关手续,并以书面形式通知发包人,发包人承担由此发生的费用(因承包人责任造成的罚款除外)。

(6)已竣工工程未交付发包人之前,承包人按专用条款约定负责已完工程的保护工作,保护期间发生损坏,承包人自费予以修复。要求承包人采取特殊措施保护的工程部位和相应追加的合同价款,在专用条款内约定。

(7)按专用条款的约定做好施工现场地下管线和邻近建筑物、构筑物(包括文物保护建筑)、古树名木的保护工作。

(8)保证施工现场清洁符合环境卫生管理的有关规定,交工前清理现场达到专用条款约定的要求,承担因自身原因违反有关规定造成的损失和罚款。

(9)接受发包人、工程师或其代表的指令。负责对分包的管理,并对分包方的行为负责。

(10)按合同要求的工期、质量完成施工任务并交付工程,按时参加各种检查和验收。负责保修期内的工程维修。

承包人不履行上述各项义务,造成发包人损失的,应对发包人的损失给予赔偿。

2. 施工合同中工程质量的管理

工程施工中的质量控制是合同履行中的重要环节。施工合同的质量控制涉及许多方面的因素,任何一个方面的缺陷和疏漏,都会使工程质量无法达到预期的标准。

1)材料和设备的质量控制

工程建设的材料、设备供应的质量控制,是整个工程质量控制的基础。

(1) 材料生产和设备供应单位应具备法定条件。

建筑材料、配件生产及设备供应单位必须具备相应的生产条件、技术装备和质量保证体系，具备必要的检测人员和设备，把好产品看样、订货、储存、运输和核验的质量关，材料设备质量应符合要求。

(2) 材料设备的到货检验。

工程项目使用的建筑材料和设备按照专用条款约定的采购供应责任，可以由承包人负责，也可以由发包人提供全部或部分材料和设备。

(3) 材料和设备的使用前检验。

为了防止材料和设备在现场储存时间过长或保管不善而导致质量的降低，应在用于永久工程施工前进行必要的检查试验。

a. 发包人供应的材料、设备使用前需要检验或试验的，由承包人负责，费用由发包人承担，不合格的不得使用。承包人检验通过之后，如果又发现材料、设备有质量问题，发包人仍应承担重新采购及拆除重建的追加合同价款，并相应顺延由此延误的工期。

b. 承包人采购的材料、设备在使用前应按照工程师的要求进行检验或试验，不合格的不得使用，检验或试验费用由承包人承担。发包人发现承包人采购并使用不符合设计或标准要求的材料、设备时，应由承包人负责修复、拆除或重新采购，并承担发生的费用，由此延误的工期不予顺延。由承包人采购的材料、设备，发包人不得指定生产厂家或供应商。

2) 工程验收的质量控制

工程验收是一项以确认工程是否符合施工合同规定为目的的行为，是质量控制最重要的环节。

(1) 工程质量标准。

工程质量应当达到协议书约定的质量标准，质量标准的评定以国家或专业的质量检验评定标准为准。发包人要求部分或全部工程质量达到优良标准，应支付由此增加的追加合同价款，对工期有影响的应给予相应顺延，这是"优质优价"原则的具体体现。

达不到约定标准的工程部分，工程师一经发现，应要求承包人拆除和重新施工，承包人应按照工程师的要求拆除和重新施工，直到符合约定标准。因承包人的原因达不到约定标准的，由承包人承担拆除和重新施工的费用，工期不予顺延。因工程师指令失误或其他非承包人原因发生的追加合同价款，由发包人承担。因双方原因达不到约定标准，责任由双方分别承担。

双方对工程质量有争议，由专用条款约定的工程质量监督管理部门鉴定，所需费用及因此造成的损失，由责任方承担。双方均有责任，由双方根据其责任分别承担。

(2) 施工过程中的检查和返工。

在工程施工过程中，工程师及其委派人员对工程的检查、检验，是他们的一项日常性工作和重要职能。承包人应认真按照标准、规范和设计要求以及工程师依据合同发出的指令施工，随时接受工程师及其委派人员的检查、检验，为检查、检验提供便利条件，并按工程师及其委派人员的要求返工、修改，承担由于自身原因导致返工、修改的费用。检查、检验合格后，又发现因承包人引起的质量问题，由承包人承担责任，赔偿发包人的直接损失，工期相应顺延。

检查、检验不应影响施工正常进行。如影响施工正常进行，检查、检验不合格时，影响正常施工的费用由承包人承担。除此之外，影响正常施工的追加合同价款由发包人承担，且相应顺延工期。因工程师指令失误和其他非承包人原因发生的追加合同价款，由发包人承担。

(3) 隐蔽工程和中间验收。

由于隐蔽工程在施工中一旦完成隐蔽,就很难再对其进行质量检查(检查成本很高),因此必须在隐蔽前进行检查、验收。对于中间验收,合同双方应在专用条款中约定需要进行中间验收的单项工程和部位的名称、验收时间和要求,以及发包人应提供的便利条件。

工程具备隐蔽条件和达到专用条款约定的中间验收部位,承包人应进行自检,并在隐蔽和中间验收前48小时以书面形式通知工程师验收。通知包括隐蔽工程和中间验收的内容、验收时间和地点,承包人准备验收记录,工程师验收合格并在验收记录上签字后,承包人可进行隐蔽和继续施工。如果验收不合格,承包人在工程师限定的时间内修改后,再重新验收。

工程质量符合标准、规范和设计图纸等的要求,验收24小时后工程师没有在验收记录上签字的,视为工程师已经批准,承包人可进行隐蔽或继续施工。

工程师不能按时参加验收,须在开始验收前24小时向承包人提出书面延期要求,延期不能超过2天。工程师未能按以上时间提出延期要求且不参加验收的,承包人可自行组织验收,发包人应承认验收记录。

(4) 重新检验。

无论工程师是否参加验收,当其提出对已经隐蔽的工程重新检验的要求时,承包人应按要求进行剥露或开孔,并在检验后重新覆盖或修复。检验合格,发包人承担由此发生的全部追加合同价款,赔偿承包人损失,并相应顺延工期;检验不合格,承包人承担发生的全部费用,工期不予顺延。

(5) 竣(交)工验收。

根据《公路工程竣(交)工验收办法》的规定,公路工程验收分为交工验收和竣工验收两个阶段。交工验收是检查施工合同的执行情况,评价工程质量是否符合技术标准及设计要求,是否可以移交下一阶段施工或是否满足通车要求,对各参建单位工作进行初步评价。竣工验收是综合评价工程建设成果,对工程质量、参建单位和建设项目进行综合评价。

公路工程竣(交)工验收的依据是:
① 批准的工程可行性研究报告;
② 批准的工程初步设计、施工图设计及变更设计文件;
③ 批准的招标文件及合同文本;
④ 行政主管部门的有关批复、批示文件;
⑤ 交通运输部颁布的公路工程技术标准、规范、规程及国家有关部门的相关规定。

公路工程交工验收由项目法人负责。竣工验收由交通运输主管部门按项目管理权限负责。交通运输部负责国家、部重点公路工程项目中100公里以上的高速公路、独立特大型桥梁和特长隧道工程的竣工验收工作;其他公路工程建设项目,由省级人民政府交通运输主管部门确定的相应交通运输主管部门负责竣工验收工作。

公路工程(合同段)进行交工验收应具备以下条件:
① 合同约定的各项内容已完成;
② 施工单位按交通运输部制定的《公路工程质量检验评定标准》及相关规定的要求对工程质量自检合格;
③ 监理工程师对工程质量的评定合格;
④ 质量监督机构按交通运输部规定的公路工程质量鉴定办法对工程质量进行检测(必要时

可委托有相应资质的检测机构承担检测任务),并出具检测意见;

⑤ 竣工文件已按交通运输部规定的内容编制完成;

⑥ 施工单位、监理单位已完成本合同段的工作总结。

公路工程各合同段符合交工验收条件后,经监理工程师同意,由施工单位向项目法人提出申请,项目法人应及时组织对该合同段进行交工验收。交工验收提出的工程质量缺陷等遗留问题,由施工单位限期完成。

公路工程进行竣工验收应具备以下条件:

① 通车试运营2年后;

② 交工验收提出的工程质量缺陷等遗留问题已处理完毕,并经项目法人验收合格;

③ 工程决算已按交通部规定的办法编制完成,竣工决算已经审计,并经交通运输主管部门或其授权单位认定;

④ 竣工文件已按交通运输部规定的内容完成;

⑤ 对需进行档案、环保等单项验收的项目,已经有关部门验收合格;

⑥ 各参建单位已按交通运输部规定的内容完成各自的工作报告;

⑦ 质量监督机构已按交通运输部规定的公路工程质量鉴定办法对工程质量检测鉴定合格,并形成工程质量鉴定报告。

公路工程符合竣工验收条件后,项目法人应按照项目管理权限及时向交通运输主管部门申请验收。交通运输主管部门应当自收到申请之日起30日内,对申请人递交的材料进行审查,对于不符合竣工验收条件的,应当及时退回并告知理由;对于符合验收条件的,应自收到申请文件之日起3个月内组织竣工验收。

对于规模较小、等级较低的小型项目,可将交工验收和竣工验收合并进行。

(6) 保修。

我国法律规定,公路工程必须实行缺陷责任期和质量保证金制度。所谓质量缺陷是指工程不符合国家或行业现行的有关技术标准、设计文件以及合同中对质量的要求。缺陷责任期为2年。

缺陷责任期完成后进入保修期,工程保修期一般为5年。桥梁工程的保修期可适当延长。公路工程在设计使用年限内实行质量终身负责制。

3. 施工合同中工程价款的管理

1) 合同价款与调整

施工合同价款是按有关规定和协议条款约定的各种取费标准计算的,用以支付承包人按照合同要求完成工程内容的价款总额。这是合同双方关心的核心问题之一,招投标等工作也是围绕这个问题展开的。合同价款应依据中标通知书中的中标价格和非招标工程的工程预算书确定,也可以按照固定价格合同、可调价格合同、成本加酬金合同三种方式约定。

可调价格合同中价格调整的范围包括:① 国家法律、法规和政策变化影响合同价款;② 工程造价管理部门公布的价格调整;③ 一周内非承包人原因停水、停电、停气造成停工累计超过8小时;④ 双方约定的其他调整或增减。

承包人应当在价款可以调整的情况发生后14天内,将调整原因、金额以书面形式通知工程师,工程师确认后作为追加合同价款,与工程款同期支付。工程师收到承包人通知之后14天内不予以答复也不提出修改意见的,视为该项调整已经同意。

2) 工程预付款的支付

工程预付款包括开工预付款和材料、设备预付款。开工预付款的金额在项目专用条款数据表中约定(开工预付款是一项由发包人提供给承包人用于开办费用的无息贷款,国际上一般规定其范围为 0%～20%,国内开工预付款金额一般应为签约合同价的 10%)。在承包人签订合同协议书并提交开工预付款保函后,监理工程师应在当期进度付款证书中向承包人支付开工预付款的 70% 的价款;在承包人承诺的主要设备进场后,再支付预付款的 30%。材料、设备预付款按项目专用合同条款数据表中所列主要材料、设备单据费用的百分比支付。

预付款应在开工后按约定的时间和比例逐次扣回。开工预付款在进度付款证书的累计金额未达到签约合同价的 30% 之前不予扣回;在达到签约合同价 30% 之后,开始按工程进度以固定比例分期从各月的进度付款证书中扣回,全部金额在进度付款证书的累计金额达到签约合同价的 80% 时扣完。当材料、设备已用于或安装在永久工程之中时,材料、设备预付款应从进度付款证书中扣回,扣回期不超过 3 个月。已经支付材料、设备预付款的材料、设备的所有权应属于发包人,工程竣工时所有剩余的材料、设备所有权应属于承包人。

3) 工程款(进度款)的支付

(1) 工程量的确认。

对承包人已完成工程量的核实确认,是发包人支付工程款的前提,其具体的确认程序如下。首先承包人向工程师提交已完成工程量的报告,然后工程师进行计量。工程师接到报告后 7 天内按设计图纸核实工程量(以下称计量),并在计量前 24 小时通知承包人,承包人为计量提供便利条件并派人参加。承包人不参加计量的,发包人自行进行,计量结果有效,并作为工程价款支付的依据。工程师接到承包人报告后 7 天内未进行计量的,从第 8 天起,承包人报告中开列的工程量即视为已被确认。工程师不按约定时间通知承包人,致使承包人未能参加计量,则计量结果无效。对承包人超出设计图纸范围和(或)因承包人原因造成返工的工程量,工程师不予计量。

(2) 工程款(进度款)结算方式。

① 按月结算:实行旬末或月中预支或不预支,月终结算,竣工后清算的办法。跨年度竣工的工程,在年终进行工程盘点,办理年度结算。

② 竣工后一次结算:建设项目或单项工程全部建筑安装工程建设期在 12 个月以内,或者工程承包价值在 100 万元以下的,可以实行工程价款每月月中预支,竣工后一次结算。

③ 分段结算:即当年开工,当年不能竣工的单项工程或单位工程按照工程进度,划分不同阶段进行结算,分段结算可以按月预支工程款。

④ 目标结算:即将合同中的工程内容分解成不同的验收单元,当承包商完成单元工程内容并经业主(或其委托人)验收后,业主支付构成单元工程内容的工程价款。

⑤ 双方约定的其他结算方式。

(3) 工程款(进度款)支付的程序和责任。

发包人应在双方计量确认后 14 天内,向承包人支付工程款。同期用于工程上的发包人供应材料、设备的价款,以及按约定时间发包人应按比例扣回的预付款,与工程款同期结算。合同价款调整、设计变更调整的合同价款及追加的合同价款,应与工程款同期调整支付。

发包人超过约定的支付时间不支付工程款,承包人可向发包人发出要求付款的通知,发包人在收到承包人通知后仍不能按要求支付,可与承包人协商签订延期付款协议,经承包人同意后可以延期支付。协议须明确延期支付时间和从发包人计量签字后第 15 天起计算应付款的贷款利息。发包人不按合同约定支付工程款,双方又未达成延期付款协议,导致施工无法进行,承包人可停止施工,由发包人承担违约责任。

4) 变更价款的确定

(1) 变更价款的确定程序。

设计变更发生后,承包人在工程设计变更确定后14天内,提出变更工程价款的报告,经工程师确认后调整合同价款。承包人在确定变更后14天内不向工程师提出变更工程价款报告时,视为该项设计变更不涉及合同价款的变更。

工程师收到变更工程价款报告之日起14天内,予以确认。工程师无正当理由不确认时,自变更价款报告送达之日起14天后变更工程价款报告自行生效。

工程师不同意承包人提出的变更价款,按照合同约定的争议解决方法处理。

(2) 变更价款的确定方法。

① 合同中已有适用于变更工程的价格,按合同已有的价格计算变更合同价款;

② 合同中只有类似于变更工程的价格,可以参照此价格确定变更合同价款;

③ 合同中没有适用或类似于变更工程的价格,由承包人提出适当的变更价格,经工程师确认后执行。

5) 竣工结算

工程竣工验收报告经发包人认可后28天内,承包人向发包人递交竣工结算报告及完整的结算资料。如果承包人未能向发包人递交竣工结算资料,造成工程竣工结算不能正常进行、工程竣工结算价款不能及时支付时,对于发包人要求支付的工程,承包人应当交付;发包人不要求交付的工程,承包人承担保管责任。

发包人收到竣工结算报告及结算资料后28天内进行核实,确认后支付工程竣工结算价款,承包人收到竣工结算价款后14天内将竣工工程交付给发包人。

发包人自收到竣工结算报告及结算资料后28天内无正当理由不支付工程竣工结算价款,从第29天起按承包人同期的银行贷款利率支付拖欠工程价款的利息,并承担违约责任。

6) 质量保修金

为了保证保修任务的完成,承包人应向发包人支付保证金,也可由发包人从应付承包人的工程款内预留。质量保修金的比例及金额由双方按有关部门规定的比例约定。工程的质量保证期满后,发包人应及时结算和返还(如有剩余)质量保证金。发包人应在质量保证期满后14天内,将剩余保证金和按约定利率计算的利息返还承包人。

4. 施工合同中工程进度的管理

进度控制是施工合同管理的重要组成部分。合同当事人应当在合同规定的工期内完成施工任务,发包人应当按时做好准备工作,承包人应当按照施工进度计划组织施工。为此,工程师应当落实进度控制部门的人员、具体的控制任务和管理职能分工;承包人也应当落实具体的进度控制人员,编制合理的施工进度计划并控制其执行,即在工程进展全过程中,进行计划进度与实际进度的比较,对出现的偏差及时采取措施。

施工合同的进度控制可以分为施工准备阶段、施工阶段和竣工验收阶段的进度控制。

1) 施工准备阶段的进度控制

施工准备阶段的许多工作都对施工进度有直接的影响,包括双方对合同工期的约定、承包人进度计划的提交、设计图纸的提供、材料设备的采购、延期开工的处理等。

(1) 合同双方约定合同工期。

施工合同工期是指施工的工程从开工到完成施工合同专用条款双方约定的全部内容,工程达到竣工验收标准所经历的时间。合同工期是施工合同的重要内容之一,故《示范文本》要求双方在协议书中作出明确约定。约定的内容包括开工日期、竣工日期和合同工期的总日历天数。合同工期是按总日历天数计算的,包括法定节假日在内的承包天数。合同当事人应当在开工日期前做好一切开工的准备工作,承包人则应按约定的开工日期开工。

(2) 承包人提交进度计划。

承包人应当在专用条款约定的日期,将施工组织设计和工程进度计划提交工程师。群体工程中采取分阶段施工的单项工程,承包人应按照发包人提供图纸及有关资料的时间,按单项工程编制进度计划,分别向工程师提交。

(3) 工程师对进度计划予以确认或者提出修改意见。

工程师接到承包人提交的进度计划后,应当予以确认或者提出修改意见,时间限制由双方在专用条款中约定。如果工程师逾期不确认也不提出书面意见,则视为已经同意。工程师对进度计划予以确认或者提出修改意见,并不免除承包人对施工组织设计和工程进度计划本身的缺陷所应承担的责任。工程师对进度计划予以确认的主要目的是为工程师控制进度提供依据。

(4) 其他准备工作。

在开工前,合同双方还应当做好其他各项准备工作。如发包人应当按照专用条款的规定使施工现场具备施工条件、开通施工现场公共道路,承包人应当做好施工人员和设备的调配工作。对于工程师而言,需要做好水准点与坐标控制点的交验,按时提供相关标准、规范。为了能够按时向承包人提供设计图纸,工程师可能还需要做好设计单位的协调工作,按照专用条款的约定组织图纸会审和设计交底。

(5) 延期开工。

① 承包人要求的延期开工。

承包人应当按协议书约定的开工日期开始施工。若承包人要求延期开工,则工程师有权批准是否同意延期开工。

承包人不能按时开工,应在不迟于协议书约定的开工日期前7天,以书面形式向工程师提出延期开工的理由和要求。工程师在接到延期开工申请后的48小时内以书面形式答复承包人。工程师在接到延期开工申请后的48小时内不答复,视为同意承包人的要求,工期相应顺延。如果工程师不同意延期要求,工期不予顺延。如果承包人未在规定时间内提出延期开工要求,工期也不予顺延。

② 发包人原因的延期开工。

因发包人的原因不能按照协议书约定的开工日期开工,工程师以书面形式通知承包人后,可推迟开工日期。承包人对延期开工的通知没有否决权,但发包人应当赔偿承包人因此造成的损失,相应顺延工期。

2) 施工阶段的进度控制

工程开工后,合同履行即进入施工阶段,直至工程竣工。这一阶段进度控制的任务是控制施工任务在协议书规定的合同工期内完成。

(1) 监督进度计划的执行阶段。

开工后,承包人必须按照工程师确认的进度计划组织施工,接受工程师对进度的检查、监督。对进度的检查、监督是工程师进行进度控制的一项日常性工作,其依据是已经确认的进度计划。一般情况下,工程师每月检查一次承包人的进度计划执行情况,由承包人提交一份上月进度计划实际执行情况和本月的施工计划。同时,工程师还应进行必要的现场实地检查。

当工程实际进度与进度计划不符时,承包人应当按照工程师的要求提出改进措施,经工程师确认后执行。但是,对于因承包人自身原因造成工程实际进度与经确认的进度计划不符的,所有的后果都应由承包商自行承担,工程师不对改进措施的效果负责。如果采用改进措施后,经过一段时间工程实际进度赶上了进度计划,则仍可按原进度计划执行。如果采用改进措施一段时间后,工程实际进度仍明显与进度计划不符,则工程师可以要求承包人修改原进度计划,并经工程师确认。但是,这种确认并不是工程师对工程延期的批准,而仅仅是要求承包人在合理的状态下施工。因此,如果不能按修改后的进度计划按期完工,承包人仍应承担相应的违约责任。

工程师应当随时了解施工进度计划执行过程中所存在的问题,并帮助承包人解决,特别是承包人无力解决的内外关系协调问题。

(2) 暂停施工。

在施工过程中,有些情况会导致暂停施工。暂停施工当然会影响工程进度,工程师应当尽量避免暂停施工。暂停施工的原因是多方面的,归纳起来有以下三个方面。

① 工程师要求的暂停施工。

工程师在主观上是不希望暂停施工的,但有时继续施工会造成更大的损失。工程师在确有必要时,应当以书面形式要求承包人暂停施工,不论暂停施工的责任在发包人还是在承包人。工程师应当在提出暂停施工要求后 48 小时内提出书面处理意见。承包人应当按照工程师的要求停止施工,并妥善保护已完工工程。承包人实施工程师作出的处理意见后,可提出书面复工要求,工程师应当在 48 小时内给予答复。工程师未能在规定时间内提出处理意见,或收到承包人复工要求后 48 小时内未予答复,承包人可以自行复工。

如果停工责任在发包人,由发包人承担所发生的追加合同价款,赔偿承包商由此造成的损失,相应顺延工期;如果停工责任在承包人,由承包人承担发生的费用,工期不予顺延。因为工程师不及时作出答复,导致承包人无法复工的,由发包人承担违约责任。

② 由于发包人违约,承包人主动暂停施工。

当发包人出现某些违约情况时,承包人可以暂停施工。这是承包人保护自己权益的有效措施。如发包人不按合同规定及时向承包人支付工程预付款,发包人不按合同规定及时向承包人支付工程进度款且双方未达成延期付款协议,在承包人发出要求付款通知后仍不付款,经过一定时间后,承包人均可暂停施工。这时,发包人应当承担相应的违约责任。出现以上情况时,工程师应当尽量督促发包人履行合同,以求减少双方的损失。

③ 意外情况导致的暂停施工。

在施工过程中出现一些意外情况,如果需要暂停施工,则承包人应暂停施工。在这些情况下,工期是否给予顺延应视风险责任的承担确定。如发现有价值的文物、发生不可抗力事件等,风险责任应当由发包人承担,故应给予承包人工期顺延。

(3) 设计变更。

在施工过程中如果发生设计变更,将对施工进度产生很大的影响。因此,工程师在其可能的范围内应尽量减少设计变更。如果必须对设计进行变更,应当严格按照国家的规定和合同约定的程序进行。

① 发包人对原设计进行变更。

施工中发包人如果需要对原工程设计进行变更，应不迟于变更前 14 天以书面形式向承包人发出变更通知，变更超过原设计标准或者批准的建设规模时，须经原规划管理部门和其他有关部门审查批准，并由原设计单位提供变更的相应图纸和说明。

② 承包人要求对原设计进行变更。

承包人应当严格按照图纸施工，不得随意变更设计。施工中承包人提出合理化建议涉及对设计图纸进行变更时，须经工程师同意。工程师同意变更后，也须经交通运输主管部门和其他有关部门审查批准，并由原设计单位提供变更的相应图纸和说明。承包人未经工程师同意不得擅自变更设计，否则因擅自变更设计发生的费用和由此导致发包人的直接损失，由承包人承担，延误的工期不予顺延。

③ 设计变更事项。

a. 更改有关部分的标高、基线、位置和尺寸；

b. 增减合同中约定的工程量；

c. 改变有关工程的施工时间和顺序；

d. 其他有关工程变更需要的附加工作。

由于发包人对原设计进行变更，以及经工程师同意的、承包人要求进行的设计变更，导致合同价款的增减及造成的承包人损失，由发包人承担，延误的工期相应顺延。

（4）工期延误。

承包人应当按照合同约定完成工程施工，如果由于其自身的原因造成工期延误，应当承担违约责任。

因以下原因造成工期延误，经工程师确认，工期相应顺延：

① 发包人不能按专用条款的约定提供开工条件；

② 发包人不能按约定日期支付工程预付款、进度款，致使工程不能正常进行；

③ 工程师未按合同约定提供所需指令、批准等，致使施工不能正常进行；

④ 设计变更和工程量增加；

⑤ 一周内非承包人原因停水、停电、停气造成停工累计超过 8 小时；

⑥ 不可抗力；

⑦ 专用条款中约定或工程师同意工期顺延的其他情况。

这些情况工期可顺延的根本原因在于：这些情况属于发包人违约或者是应当由发包人承担的风险。反之，如果造成工期延误的原因是承包人的违约或者应当由承包人承担的风险，则工期不能顺延。

发包人在工期可以顺延的情况发生后 14 天内，应将延误的工期向工程师提出书面报告。工程师在收到报告后 14 天内予以确认答复，逾期不予答复，视为报告要求已经被确认。

当然，工程师确认的工期顺延期限应当是事件造成的合理延误，由工程师根据发生事件的具体情况和工期定额、合同等的规定确认。经工程师确认的顺延的工期应纳入合同工期，作为合同工期的一部分。如果承包人不同意工程师的确认结果，则按合同规定的争议解决方式处理。

3）竣工验收阶段的进度控制

竣工验收是发包人对工程的全面检验，是保修期外的最后阶段。在竣工验收阶段，工程师进度控制的任务是督促承包人完成工程扫尾工作,协调竣工验收中的各方关系,参加竣工验收。

(1)竣工验收的程序。

工程应当按期竣工。工程按期竣工有两种情况:承包人按照协议书约定的竣工日期或者工程师同意顺延的工期竣工。工程如果不能按期竣工,承包人应当承担违约责任。

① 承包人提交竣工验收报告。

当工程按合同要求全部完成后,工程具备了竣工验收条件,承包人按国家工程竣工验收的有关规定,向发包人提供完整的竣工资料和竣工验收报告,并按专用条款要求的日期和份数向发包人提交竣工图。

② 发包人组织验收。

发包人在收到竣工验收报告后28天内组织有关部门验收,并在验收14天内给予认可或者提出修改意见。承包人应当按要求进行修改,并承担由自身原因造成修改的费用。竣工日期为承包人送交竣工验收报告日期。需修改后才能达到验收要求的,竣工日期为承包人修改后提请发包方验收日期。中间交工工程的范围和竣工时间,由双方在专用条款内约定。其验收程序与上述规定相同。

③ 发包人不按时组织验收的后果。

发包人收到承包人送交的竣工验收报告后28天内不组织验收,或者在验收后14天内不提出修改意见,则视为竣工验收报告已经被认可。发包人收到承包人送交的竣工验收报告后28天内不组织验收,从第29天起承担工程保管及一切意外责任。

(2)发包人要求提前竣工。

在施工中,发包人如果要求提前竣工,应当与承包人进行协商,协商一致后应签订提前竣工协议。发包人应为赶工提供方便条件。提前竣工协议应包括以下几方面的内容:

① 提前的时间;② 承包人采取的赶工措施;③ 发包人为赶工提供的条件;④ 承包人为保证工程质量采取的措施;⑤ 提前竣工所需的追加合同价款。

(3)甩项工程。

因特殊原因,发包人要求部分单位工程或工程部位甩项竣工的,双方应当另行签订甩项竣工协议,明确各方责任和工程价款的支付方法。

任务 4 公路工程监理合同管理

一、工程监理合同的概念及特点

工程监理合同即建设工程委托监理合同,是指工程建设单位委托监理单位代其对工程项目进行管理,明确双方权利、义务的协议。监理合同是委托合同的一种,它除具有委托合同的特征外,还具有以下几个方面的特征:

（1）监理合同的当事人双方应当是具有民事权利能力和民事行为能力,取得法人资格的企事业单位、其他社会组织,个人在法律允许的范围内也可以成为合同当事人。

委托人必须是具有国家批准的建设项目,落实投资计划的企事业单位、其他社会组织及个人,而受托人必须是依法成立具有法人资格的监理企业,并且所承担的工程监理业务应与其企业资质等级相符合。

（2）监理合同委托的工作内容必须符合工程项目建设程序,遵守有关法律、行政法规。

（3）委托监理合同的标的是服务,是监理工程师凭借自己的知识、经验、技能受业主委托为其所签订其他合同的履行实施监督和管理。

二、建设工程监理合同文本简介

公路工程监理合同的签订以《建设工程监理合同(示范文本)》(GF—2012—0202)为依据。该示范文本由协议书、通用条件和专用条件三部分组成,并附有附录 A、B。其内容完整、严密,意思表达准确,使用该示范文本,可以提高监理合同签订的质量,减少合同纠纷。

1. 协议书

协议书是监理合同的纲领性文件,其中明确了当事人双方确定的委托监理工程的概况(工程名称、地点、规模、总投资),委托人向监理人支付的报酬数额,合同签订及完成时间,双方履行约定的承诺,工程监理企业确定的负责该工程项目的总监理工程师以及组成本合同的文件和词语限定。

2. 通用条件

通用条件的内容涵盖了合同中所有词语的定义与解释,适用范围和法规,签约双方的权利、义务和责任,合同生效、变更与终止,监理报酬,争议解决以及其他条款。它是监理合同的通用文本,适用于各类工程建设监理委托,是所有签约工程都应遵守的基本条件。

3. 专用条件

由于通用条件适用于所有的工程建设监理委托,因此其中的某些条款规定得比较笼统,在签订具体工程项目的监理委托合同时,需要结合地域特点、专业特点和委托监理项目的工程特点,对通用条件中的某些条款进行补充、修正。

所谓"补充"是指通用条件中的某些条款明确规定,在该条款确定的原则下,由专用条件的条款进一步明确具体内容,使两个条件中相同序号的条款共同组成一条内容完备的条款。如通用条件中规定"监理合同适用的法律是国家法律、行政法规,以及专用条件中议定的部门规章或工作所在地的地方法规、地方规章"。这就要求在专用条件中相同序号的条款内写入应遵循的部门规章和地方法规的名称,作为双方都必须遵守的条件。

所谓"修改"是指通用条件中规定的程序方面的内容,如果双方认为不合适,可以协议修改。如通用条件中规定"委托人对监理人提交的支付通知书中酬金或部分酬金项目提出异议,应在收到支付通知书 24 小时内向监理人发出异议的通知"。如果委托人认为这个时间太短,在与监理人协商达成一致意见后,可在专用条件中相同序号的条款内延长时效。

三、监理合同主体双方的权利和义务

委托人与监理人签订合同,其根本目的就是为实现合同的标的,明确双方的权利和义务,从而确保相对人的权利得以实现,以利于委托监理的建设工程项目按期、按质、按量地交工,从而实现当事人订立合同的目标。

1. 委托人的权利

(1) 委托人有选定工程总承包人以及与其订立合同的权利。

(2) 委托人有对工程规模、设计标准、规划设计、生产工艺设计和设计使用功能要求的认定权,以及对工程设计变更的审批权。

(3) 监理人调换总监理工程师须事先经委托人同意。

(4) 委托人有权要求监理人提交监理工作月报及监理业务范围内的专项报告。

(5) 当委托人发现监理人员不按监理合同履行监理职责,或与承包方串通给委托人或工程造成损失时,委托人有权要求监理人更换监理人员,直至终止合同,并要求监理人承担相应的赔偿责任或连带赔偿责任。

2. 委托人的义务

(1) 委托人在监理人开展监理业务之前,应向监理人支付预付款。

(2) 委托人应当负责建设工程的所有外部关系的协调工作,为开展监理工作提供所需的外部条件。根据需要,如将部分或全部协调工作委托监理人承担,则应在专用条件中明确委托的工作和相关的报酬。

(3) 委托人应该在双方议定的时间内,免费向监理人提供与工程有关的监理服务所需要的工程资料。

(4) 委托人应在专用条款约定的时间内就监理人以书面形式提交并要求作出决定的一切事宜作出书面决定。

(5) 委托人应当授权一位熟悉建设工程情况、能在规定时间内作出决定的常驻代表(在专用条件中约定),负责与监理人联系。更换常驻代表,要提前通知监理人。

(6) 委托人应当将授予监理人的监理权利,以及监理人主要成员的职能分工、监理权限及时书面通知已选定的承包合同的承包人,并在与第三方签订的合同中予以明确。

(7) 委托人应在不影响监理人开展监理工作的时间内提供如下资料:与本工程合作的原材料、构配件、机械设备等生产厂家名录;与本工程有关的协调单位、配合单位的名录。

(8) 委托人应当免费向监理人提供办公用房、通信设施、监理人员工地住房及合同专用条件约定的设施,对监理人自备的设施给予合理的经济补偿。

(9) 根据情况需要,如果双方约定由委托人免费向监理人提供其他人员,应在监理合同专用条件中予以明确。

3. 监理人的权利

监理合同中涉及监理人权利的条款可分为两大类,一类是监理人在委托合同中应享有的权利,另一类是监理人履行委托人与第三方签订的承包合同时应享有的权利。

1) 委托监理合同中赋予监理人的权利

(1) 完成监理任务后获得酬金的权利。

(2) 获得奖励的权利。

(3) 终止合同的权利。

2) 监理人执行监理业务应享有的权利

按照通用条件的规定,监理人在监理委托人和第三方签订承包合同时可享有的权利包括:

(1) 对建设工程有关事项和工程设计的建议权。建设工程有关事项包括工程规模、设计标准、规划设计、生产工艺设计和使用功能要求。工程设计的建议权是指按照安全和优化原则,就某些技术问题自主向设计单位提出建议。但如果提出的建议会提高工程造价,或延长工期,应事先征得委托人的同意。如果发现工程设计不符合建设工程质量标准或约定的标准,应当报告委托人并要求设计单位更改,并向委托人提出书面报告。

(2) 对实施项目的质量、工期和费用的监督控制权。主要表现为:对工程施工组织设计和技术方案,按照保质量、保工期和降低成本要求,自主进行审批和向承包人提出建议;征得委托人同意,发布开工令、停工令、复工令;对工程上使用的材料和施工质量进行检验;对施工进度进行检查、监督,未经监理工程师签字,建筑材料、建筑构配件和设备不得在工地上使用,施工单位不得进行下一道工序的施工;工程竣工日期提前或延误期限的鉴定;在工程承包合同确定的工程范围内,工程款支付的审核和签认权,以及结算工程款的复核确认与否定权。未经监理人签字确认,委托人不支付工程款,不进行竣工验收。

(3) 主持工程建设有关协作单位的组织协调。

(4) 在业务紧急情况下,为了工程和人身安全,当变更指令已超越了委托人授权而又不能事先得到批准时,也有权发布变更指令,但应尽快通知委托人。

(5) 审核承包人索赔的权利。

4. 监理人的义务

(1) 监理人在履行合同义务期间,应运用合理的技能认真、勤奋地工作,公正维护各方面的合法权益。当委托人发现监理人员不按监理合同履行监理职责,或与承包人串通给委托人或工程造成损失时,委托人有权要求监理人更换监理人员,并要求监理人承担相应的赔偿责任或连带赔偿责任。

(2) 合同履行期间应按合同约定派驻足够的人员从事监理工作。开始执行监理业务前向委托人报送派往该工程项目的总监理工程师及该项目监理机构的人员情况。合同履行过程中如果需要调换总监理工程师,必须首先经过委托人同意,并派出具有相应资质和能力的人员。

(3) 在合同期内或合同终止后,未征得有关方同意,不得泄露与本工程、合同业务有关的保密资料。

(4) 任何由委托人提供的供监理人使用的设施和物品都属于委托人财产,监理工作完成或中止时,应将设施和剩余物品归还委托人。

(5) 非经委托人书面同意,监理人及其职员不应接受委托监理合同约定以外的与监理工程有关的报酬,以保证监理行为的公正性。

(6) 监理人不得参与可能与合同规定的与委托人利益相冲突的任何活动。

(7) 在监理过程中,不得泄露委托人申明的秘密,亦不得泄露设计、承包等单位申明的秘密。

(8) 负责合同的协调管理工作。在委托工程范围内,委托人或承包人对对方的任何意见和要求(包括索赔要求),均必须首先向监理机构提出,由监理机构研究处置意见,再同双方协商确定。当委托人和承包人发生争议时,监理机构应根据自己的职能,以独立的身份判断,公正地进行调解。

当双方的争议由政府行政主管部门调解或仲裁机构仲裁时,应当提供作为证据的事实材料。

四、监理合同的履行

施工监理合同的当事人,应当依据法律规定和合同约定,全面、实际地履行委托监理合同的义务,从而确保相对人的权利得以实现,以利于委托监理的建设工程项目按期、按质、按量地交工,从而实现当事人订立合同的目标。当然,最主要的是监理单位应当按照监理合同规定的形式、范围与内容履行与项目有关的监理服务,业主应当按照约定支付监理费用。

1. 监理单位完成监理服务

监理工作包括正常工作、附加工作和额外工作。正常的监理服务是合同约定的投资、质量、工期的三大控制,以及合同、信息两项管理。根据《公路工程施工监理规范》(JTG G10—2016),可根据工程的具体情况予以补充。

2. 监理费用的支付

合同双方当事人可以在合同条件中约定以下内容:

(1) 监理费用的计取方法;
(2) 支付监理费用的时间和数额;
(3) 支付监理费用所采用的货币币种、汇率。

业主在专用条件规定的期限内,未向监理单位支付到期应付的款项,则应按照专用条件规定的利率计算利息,给监理单位予以补偿,补偿时间从未付款项的应付之日起计算。

业主对监理单位要求支付的款项中的任何部分有异议,应在7日内发出书面通知说明理由,但不得借此延误对监理单位其他应得款项的支付。

五、监理合同的变更和终止

1. 变更

任一方申请并经双方书面同意时,可对合同进行变更。如果委托人要求,监理人可提出更改服务的建议,这类建议的服务应看作一次附加的服务。

2. 延误

如果由于委托人或第三方的原因使监理工作受到阻碍或延误,以致增加了工程量或持续时间,则监理人应将此情况与可能产生的影响及时通知委托人。增加服务应视为附加的服务。完成监理任务的时间应相应延长。

3. 情况的改变

如果在监理合同签订后,出现了不应由监理人负责的情况,不得不暂停执行某些监理任务,则该项服务的完成期限应予以延长,直到这种情况不再持续。当恢复监理工作时,还应增加不超过42天的合理期限,用于恢复执行监理服务,并按双方约定的数量支付监理报酬。

4. 合同的暂停或终止

1) 委托人要求暂停或终止合同

委托人如果要求监理人全部或部分暂停执行监理任务或终止监理合同,则应至少在56天前发出通知,此后监理人应立即停止执行监理任务,并将开支减至最小。如果委托人认为监理人无正当理由而又未履行监理义务时,可向监理人发出指明其未履行义务的通知。若委托人在21天内未得到满意答复,可在第一个通知发出后35天内进一步发出终止监理合同的通知。

2) 监理人提出暂停或终止合同

合同履行过程中出现超过支付日30天委托人仍未支付监理报酬,而又未对监理人提出任何书面意见的情况,或暂停监理服务期限已超过半年时,监理人可向委托人发出通知指出上述问题。如果14天后未得到答复,监理人可终止合同,也可自行暂停履行部分或全部服务。

合同协议的终止并不影响或损害各方应有权利、责任或索赔。

六、违约赔偿与争议解决

1. 违约责任

合同履行过程中,由于当事人一方的过错,造成合同不能履行或者不能完全履行,由有过错的一方承担违约责任;如属双方的过错,根据实际情况,由双方分别承担各自的违约责任。为保证监理合同规定的各项权利义务的顺利实现,在《建设工程委托监理合同(示范文本)》中制定了约束双方行为的条款,即委托人责任和监理人责任。这些规定可归纳为如下几点:

(1) 在合同责任期内,如果监理人未按合同中要求的职责勤恳、认真地服务,或委托人违背了其对监理人的责任,均应对对方承担赔偿责任。

(2) 任何一方对另一方负有责任时的赔偿原则:

① 委托人违约应承担违约责任,赔偿监理人的经济损失。

② 如果因监理人过失而造成了委托人的经济损失,应向委托人进行赔偿,累计赔偿额不应超出监理酬金总额(除去税金)。

③ 当一方向对方的索赔要求不成立时,提出索赔方应补偿对方由此所导致的各种费用支出。

2. 监理人的责任限度

建设工程监理是以监理人向委托人提供技术服务为特性,在服务过程中,监理人主要凭借自身知识、技术和管理经验,向委托人提供咨询、服务,替委托人管理工程。因此,在工程项目的建设过程中,在监理人责任方面做了如下规定:

① 监理人在责任期内,如果因过失而造成经济损失,要负监理失职的责任;

② 监理人不对责任期以外发生的任何事情所引起的对损失或损害负责,也不对第三方违反合同规定的质量要求和完工(交图、交货)时限承担责任。

3. 争议的解决

因违反或终止合同而引起的对方损失或损害的赔偿,委托人与监理人应协商解决。如协商未能达成一致,可提交主管部门协调,如仍未能达成一致时,根据双方约定提交仲裁机关仲裁或向人民法院起诉。

任务 5 公路工程其他合同管理

一、工程材料、设备买卖合同

工程材料和设备是工程项目顺利完成的物质保证。通过合同形式实现建设物资的采购,使得买卖双方的经济关系成为合同法律关系,是市场发展规律在法律上的反映,也是国家运用法律手段对建设市场实现有效管理和监督的意志体现。工程材料、设备买卖合同的依法订立和履行,在工程项目建设中具有重要作用。

工程材料、设备买卖合同是指平等主体的当事人之间为实现工程材料、设备买卖,设立、变更、终止相互权利义务关系的协议。

1. 工程材料、设备买卖合同的订立方式

根据我国法律规定以及工程建设实际,工程材料、设备买卖合同的订立方式包括竞争方式和非竞争方式。非竞争方式一般适用于采购价值较小的建筑材料、设备和标准规格的产品,或者是所需材料或设备具有专场专卖性,只能从某一家供货商获得,以及急需采购的某些材料、小型设备或工具等。竞争方式具体包括拍卖和招标投标两种方式,工程材料、设备的采购,一般采用招标投标的方式订立合同。

2. 工程材料、设备买卖合同主要条款

(1) 买卖双方当事人的名称、地址,法定代表人的姓名、职务,委托代订合同的代理人的姓名、职务。

(2) 合同标的。合同标的应写明标的物的名称、品种、规格型号等,应注意符合施工合同的要求。

(3) 标的数量。数量条款应明确卖方交货的数量、计量方法等。在约定数量时应考虑合理磅差、运输途中损耗,合理约定交货数量的正负尾差。

(4) 质量要求、技术标准、卖方对质量负责的条件和期限。根据买卖标的物的性质、通用性能、耐用程度、可靠性、外观、经济性等指标,明确质量要求。技术标准应符合规定,必须写明执行的标准代号、编号和标准名称。

(5) 价款。在合同中应明确是否执行政府定价或政府指导价,列明标的物的单价及合同总金额。

(6) 交(提)货期限。交(提)货期限是标的物由卖方转移给买方的具体时间要求,它不仅涉及当事人合同义务的履行,而且关系到风险责任的承担。交(提)货期限的确定和计算方法有两种:合同约定由供方送货或代运的,交货日期以供方发运产品时承运部门签发已戳记的日期为准;合同约定由买方自提的,以卖方通知的提货日期为准,但卖方应给买方必要的在途时间。

(7) 交(提)货地点、方式。交(提)货地点是卖方交付货物、买方接收货物的地点,它关系到运费的负担、风险的转移等问题,应由双方当事人在合同中予以明确。交(提)货方式是指买卖双方转移标的物所采用的方式,一般有送货、代运和自提三种。由于工程材料、设备数量多,体积大,品种繁杂,当事人应在签订合同时明确交(提)货的方式,以便按时、准确地履行合同。

(8) 价款的支付方式、时间、地点。价款的支付是基于货物买卖而引起的货币支付行为。买方以现金实现的支付,称为现金结算;通过银行账户的资金转移实现的支付,称为转账结算。转账结算方式又分两类,一类是异地结算方式,另一类是同城结算方式。异地结算方式包括异地托收承付结算方式、异地委托收款、信用证结算方式、汇兑结算方式和限额结算方式。当事人在签订合同时,应依据有关规定和实际情况,适当选择结算方式,并同时明确支付的地点和时间,注明双方开户银行、账户名称和账号。

(9) 工程材料、设备的包装。根据材料、设备的性能、形状、体积、重量,在有利于生产、流通、安全和节约的原则下,有关部门制定了统一标准,形成产品的包装标准。凡有国家标准或专业(部)标准的,当事人应执行相应的标准,没有国家标准或专业(部)标准的,产品包装的类型、规格、容量、印刷标志和产品的盛放、衬垫、封袋方法等事项,可按双方合同中的协议或补充条款处理。并且应对包装物的回收办法即回收品的质量、回收价格、回收期限、验收方法等予以明确。

(10) 验收标准和方法。验收是对工程材料、设备的数量、品种、规格、质量的检验。验收的方法有驻厂验收、提运验收、接运验收、入库验收等几种。验收的内容主要是查明产品的名称、规格、型号、数量、质量是否与合同和其他证件技术标准相符;设备的主机、配件是否齐全;包装是否完整,外表有无损坏;对需要化验、试验的材料、设备进行必要的物理化学检验等。在合同中明确验收标准和方法,既有利于双方履行合同,也便于发现数量、质量问题时及时处理。

(11) 违约责任。

(12) 纠纷解决方式。

(13) 合同的份数、使用的文字及其效力。

(14) 订立合同的时间、地点及当事人签字。

以上条款仅就一般工程材料、设备买卖合同而言,对于通过竞争方式订立的合同,或从国外进口工程材料、设备的合同,应按有关规定或商业惯例明确合同内容。

3. 卖方合同义务的履行

在工程材料、设备买卖合同中,卖方的义务就是交付标的物并转移标的物的所有权,因此,合同依法生效后,卖方应当履行向买方交付标的物或者交付提取标的物的单证,并转移标的物所有权的义务。具体来讲,卖方合同义务的履行包括以下几个方面的内容。

1) 交付标的物的时间、地点、方式

(1) 交付标的物的时间。凡当事人在合同中对交付标的物的时间有明确规定的,卖方应按合同约定的期限履行交货义务。约定交付期间的,卖方可以在该交付期间内的任何时间交付。当事人没有约定标的物交付期限或者约定不明确的,可以协议补充;不能达成补充协议的,按照合同有关条款或者交易习惯确定;按照合同有关条款或者交易习惯仍不能确定的,卖方可以随时履行,买方也可以随时要求履行,但应当给对方必要的准备时间。

(2) 交付标的物的地点。卖方应当按照约定的地点交付标的物。当事人没有约定交付地点或者约定不明确的,可以协议补充;不能达成补充协议的,按照合同有关条款或者交易习惯确定。否则,适用下列规定:

① 标的物需要运输的,卖方应当将标的物交付第一承运人以运交给买方;

② 标的物不需要运输,卖方和买方订立合同时知道标的物在某一地点的,卖方应当在该地点交付标的物。不知道标的物在某一地点的,应当在卖方订立合同时的营业地交付标的物。

(3) 交付标的物的方式。交付标的物的方式可分为现实交付和象征性交付。现实交付是卖方将标的物的事实管理权转移给买方,使买方能实际控制标的物,即由买方直接占有标的物。象征性交付是卖方将代表标的物所有权的单证交给买方,买方凭单证提取标的物。根据合同法的规定,交付标的物的方式可以是现实交付,也可以是象征性交付,但在国内工程材料、设备买卖合同中多采用现实交付,而在国际工程材料、设备买卖合同中多采用象征性交付。

(4) 交付其他单证和资料。卖方交付的单证有两类:一类是代表标的物所有权的单证,如提单;另一类是辅助单证,如商品检验合格证、使用说明书等。卖方交付其他单证,指的是交付辅助单证。《合同法》规定,卖方应当按照约定或者交易习惯向买方交付提取标的物单证以外的有关单证和资料。

2) 权利担保

权利担保是卖方应确保对其出售的标的物享有完全的权利,任何第三者不得就该标的物向买方主张任何权利,也没有侵犯任何第三者的权利。对此,《合同法》做出了明确规定:

(1) 出卖的标的物应当属于出卖人所有或者出卖人有权处分。法律、行政法规禁止或者限制转让的标的物,依照其规定。

(2) 出卖人就交付的标的物,负有保证第三人不得向买受人主张任何权利的义务,但法律另有规定的除外。

(3) 买受人订立合同时知道或者应当知道第三人对买卖的标的物享有权利的,出卖人不承担第(2)项规定的义务。

(4) 买受人有确切证据证明第三人可能就标的物主张权利的,可以中止支付相应的价款,但出卖人提供适当担保的除外。

3) 品质担保

品质担保是卖方对其出售的工程材料、设备的质量、特性或适用性承担的责任。对此,《合同法》规定:

(1) 出卖人应当按照约定的质量要求交付标的物。出卖人提供有关标的物质量说明的,交付的标的物应当符合该说明的质量要求。

(2) 当事人对标的物的质量要求没有约定或者约定不明确,按照《合同法》相关规定执行。合同生效后,当事人就质量、价款或者报酬、履行地点等内容没有约定或者约定不明确的,可以协议补充;不能达成补充协议的,按照合同有关条款或者交易习惯确定;质量要求不明确的,按照国家标准、行业标准履行;没有国家标准、行业标准的,按照通常标准或者符合合同目的的特定标准履行。

(3) 出卖人交付的标的物不符合质量要求的,买受人可以依照以下规定要求承担违约责任。质量不符合约定的,应当按照当事人的约定承担违约责任。对违约责任没有约定或者约定不明确,依照有关规定仍不能确定的,受损害方根据标的的性质以及损失的大小,可以合理选择要求对方承担修理、更换、重作、退货、减少价款或者报酬等违约责任。

4) 包装义务

卖方应当按照约定的包装方式交付标的物。对包装方式没有约定或者约定不明确,可以协议补充;不能达成补充协议的,按照合同有关条款或者交易习惯确定。否则,应当按照通用的方式包装,没有通用方式的,应当采取足以保护标的物的包装方式。

4. 买方合同义务的履行

在工程材料、设备买卖合同中,买方的主要义务是支付价款和收取标的物。具体来讲,包括以下几个方面。

1) 支付价款的数额、地点、时间

(1) 支付价款的数额。买方应当按照约定的数额支付价款。当事人对价款没有约定或者约定不明确的,可以协议补充;不能达成补充协议的,按照合同有关条款或者交易习惯确定。否则,按照订立合同时履行地的市场价格履行;依法应当执行政府定价或者政府指导价的,按照规定履行。

(2) 支付价款的地点。买方应当按照约定的地点支付价款。对支付地点没有约定或者约定不明确的,可以协议补充;不能达成补充协议的,按照合同有关条款或者交易习惯确定。否则,买方应当在卖方的营业地支付,但约定支付价款以交付标的物或者交付提取标的物单证为条件的,在交付标的物或者交付提取单证的所在地支付。

(3) 支付价款的时间。买方应当按照约定的时间支付价款。对支付时间没有约定或者约定不明确的,可以协议补充;不能达成补充协议的,按照合同有关条款或者交易习惯确定。否则,买方应当在收到标的物或者提取标的物单证的同时支付。

2) 收取标的物

交付标的物是卖方的义务,收取标的物则是买方的义务。买方应按合同约定的时间、地点和方式收取标的物。买方违反约定没有收取的,标的物毁损、灭失的风险自违反约定之日起由买方承担。

3) 检验标的物

买方收到标的物时应当在约定的检验期间内检验。没有约定检验期间的,应当及时检验。当事人约定检验期间的,买方应当在检验期间内将标的物的数量或者质量不符合约定的情形通知卖方。买方怠于通知的,视为标的物的数量或者质量符合约定。当事人没有约定检验期间的,买方应当在发现或者应当发现标的物的数量或者质量不符合约定的合理期间内通知卖方。买方在合理期间内未通知或者自标的物收到之日起两年内未通知卖方的,视为标的物的数量或者质量符合约定,但对标的物有质量保证期的,适用质量保证期,不适用该两年的规定。卖方知道或者应当知道提供的标的物不符合约定的,买受人不受前两项规定的通知时间的限制。

5. 工程材料、设备买卖合同的管理

工程材料、设备买卖合同从属于工程承包合同,加强工程材料、设备买卖合同的管理,是工程承包合同管理的重要工作内容之一。因此,对工程材料、设备买卖合同的管理应纳入工程师合同管理的范畴,同时,工程材料、设备买卖合同的买方也应做好管理工作。无论是工程师还是工程材料、设备买卖合同的买方,在签订和履行工程材料、设备买卖合同时,都应注意以下几个问题:

(1) 工程材料、设备买卖合同的内容应符合工程承包合同的要求,尤其是有关标的物的品种、规格、型号、数量、质量及检验标准、交货期限等内容,不得与工程承包合同相抵触,否则,将对工程承包合同的履行产生不利影响。

(2) 应适当选择工程材料、设备买卖合同的订立方式。凡依法应以招标投标方式订立的,不应与法律法规的要求相抵触,否则,会影响合同的有效成立。

(3) 加强工程材料、设备的质量检验与监督。对工程材料、设备的质量检验不应仅满足于交货后检验,应力求在工程材料、设备的生产制造过程中加强监督,避免产品缺陷,必要时可派独立的检验人员驻厂监督。一旦发现质量问题,及时作出处理。

(4) 承包商进行工程材料、设备采购时,订立合同后,应将合同的副本交给工程师,并获得工程师的许可。在工程材料、设备的生产制造过程中,为工程师检验、检查提供便利。当交付工程材料、设备时,应事先取得工程师认可后才能进场。在投料时,发现有缺陷的材料、设备应服从工程师的指示,予以拆除、运出现场并重新采购。

二、加工合同

加工合同的标的,通常被称为定作物,它们可以是建筑构件或建筑施工用的物品。加工合同的委托方通常被称为承揽方,该方完成定作物的加工。

1. 加工合同的材料供应方式

加工定作物所需的材料主要有两种供应方式:

(1) 由定作方提供原材料,即来料加工。这种情况通常仅针对国家计划供应的材料或特种材料。承揽方仅完成加工工作。

(2) 由承揽方提供材料。定作方仅需提出所需定作物的数量、质量要求,双方商定价格,由承揽方全面负责材料供应和加工等。

在实际工作中,通常针对不同的材料采用不同的供应方式。

2. 加工合同主要条款

加工合同通常包括以下内容:

(1) 定作物的名称或项目;

(2) 定作物的数量、质量、包装和加工方法;

(3) 检查监督方式;

(4) 原材料的提供以及规格、质量和数量;

(5) 加工价款或酬金;

(6) 履行的期限、地点和方式;

(7) 成品的验收标准和方法;

(8) 违约责任;

(9) 双方商定的其他条款,如交货地点和方式等。

3. 加工合同的双方责任

1) 定作方提供原材料的加工合同

合同中应当明确规定原材料的消耗定额,定作方应按合同规定的时间、数量、质量和规格提供原材料;承揽方按合同规定及时检验,对不符合要求的材料,应立即通知定作方调换或补充。承揽方对定作方提供的材料不得擅自更换。

2) 承揽方提供原材料的加工合同

承揽方必须依照合同规定选用原材料,并接受定作方的检验。承揽方如因隐瞒原材料缺陷,或使用不符合合同规定的原材料而影响定作物的质量,定作方有权要求重做、修理、减少价款或退货。

3)定作方提供技术资料

承揽方在按照定作方的要求进行工作期间,如果发现定作方提供的图纸或技术要求不合理,应当及时通知定作方,定作方应当在规定的时间内答复,提出修改意见。承揽方在规定的时间内未得到答复,有权停止工作,并通知定作方。由此造成的损失,由定作方负责。

4)质量标准和技术要求

承揽方依据合同规定的质量标准和技术要求,用自己的设备、技术和人力完成工作。未经定作方同意,不得擅自变更,更不得转让给第三方加工承揽。

5)检查与验收

在加工期间,定作方可以进行必要的检查,但不得妨碍承揽方的正常工作。双方关于质量问题发生争议时,可由法定质量监督机关检验并提供质量检验证明。

定作方应按合同规定的期限验收。验收前,承揽方应向定作方提交必需的技术资料和有关质量证明。在合同中应明确规定质量保证期限,在保证期限内发生的非定作方使用、保管不当等原因造成的质量问题,由承揽方负责修复、退换。

6)价款与定金

凡是国家或主管部门有规定的,按规定执行;没有规定的,可由当事人双方协商解决。

定作方可向承揽方交付定金,定金数额由双方协商确定。定作方不履行合同,则无权要求返还定金;承揽方不履行合同,应双倍返还定金。

定作方也可向承揽方预付加工价款。承揽方如不履行合同,除承担违约责任外,必须如数退还预付款。定作方不履行合同,可以将预付款抵作违约金和赔偿金。若抵偿后有余额,定作方可以要求返还。

4. 加工合同的违约责任

1)定作方中途变更和废止合同

定作方中途变更定作物的数量、规格、质量或设计等,应当赔偿承揽方因此造成的损失。中途废止合同的赔偿,针对不同的原材料供应方式,有如下两种情况:

① 由承揽方提供原材料的,定作方应偿付承揽方未履行部分酬金总额的10%~30%的违约金;

② 不属承揽方提供原材料的,定作方应偿付承揽方未履行部分酬金总额的20%~60%的违约金。

不论哪种情况,都应在合同中具体规定违约金的百分比。

2)定作方应及时提供资源和及时提货

定作方未按合同规定的时间和要求向承揽方提供原材料、技术资料等,或未完成必要的准备工作,承揽方有权解除合同,定作方应赔偿由此造成的损失。

定作方超期领取定作物,应偿付违约金、保管费、保养费等。超期6个月不领取,承揽方有权变卖定作物。所得价款在扣除报酬、保管费、保养费后,如有结余,应退还给定作方;如果不足,定作方应补偿不足部分。

3)定作方不得无故拒收定作物及超期付款

定作方无故拒绝接收定作物,应当赔偿承揽方由此造成的损失。变更交付定作物地点或接收单位,要承担承揽方由此多支付的费用,超过合同规定的日期付款,应偿付违约金。

4) 承揽方应按质、按量、按时交货

承揽方交付的定作物的数量少于合同规定时,应当照数补齐,补交部分按逾期交付处理。如果由于推迟交付,定作方不再需要少交部分的定作物,定作方有权解除合同。因此造成的损失,由承揽方赔偿。

交付的定作物不符合合同规定的质量,而定作方同意接收,就对定作物按质论价;若定作方不同意接收,承揽方应当负责修整或调换,并承担逾期交付的责任;经过修整或调换后仍不符合合同规定,定作方有权拒收。由此造成的损失由承揽方负责。

承揽方逾期交付定作物,应按合同规定,向定作方支付违约金。违约金数量为:

① 对承揽方提供原材料的合同,违约金为不能交付的定作物或不能完成的工作部分价款总额的 10%~30%。

② 对定作方提供原材料的合同,违约金为不能交付的定作物或不能完成的工作部分酬金总额的 20%~60%。

5) 包装和异地交货

未按合同规定包装定作物,承揽方应当负责返修或重新包装,并承担因此而支付的费用;如果定作方不要求返修或重新包装,而要求赔偿损失,承揽方应当赔偿低于合格包装物价格的部分。因包装不符合合同规定造成定作物毁损、灭失,由承揽方赔偿损失。

异地交付的定作物不符合合同规定,暂由定作方代为保管时,承揽方应偿付定作方实际支付的保管费和保养费。

6) 运送和保管

由合同规定代运或送货的定作物,发到错误的地点或接收单位时,除按合同规定负责改运到指定地点或接收单位外,不需承担因此多付的运杂费和使其交付定作物的合同责任。承揽方由于保管不善致使定作方提供的原材料、设备、包装物及其他物品毁损、灭失,应当偿付定作方因此而造成的损失。

7) 原材料检验

对定作方提供的原材料,未按合同规定的办法和期限进行检验,或已检验发现不符合要求,但未按合同规定的期限通知定作方调换、补充,由承揽方承担责任。擅自调换定作方提供的原材料或修理物的零部件,定作方有权拒收,承揽方应赔偿定作方由此造成的损失。

8) 不可抗力因素

在合同履行期间,由于不可抗力因素致使定作物或原材料毁损、灭失,承揽方在取得合法证明后,可免于承担违约责任,但承揽方应采取积极措施减少损失;如在合同规定的履约期限以外发生不可抗力事件,则不得免责;在定作方延缓接收或无故拒收期间发生不可抗力事件,定作方应当承担责任,并赔偿承揽方由此造成的损失。

三、劳务合同

劳务合同主要包括签约双方的单位名称、地点、代表姓名、劳务工种、人数、年龄、工资、人员条件、服务对象、服务地点、合同期限、双方职责、合同生效及终止日期、劳保、卫生保健、保险、劳务人员权利、仲裁等条款。劳务合同是一种分包合同,这里主要介绍涉外劳务合同。

1. 劳务内容和规模

劳务内容和规模主要包括:劳务种类、规模及技术要求;具体专业、工种、人数、派遣日期和工作期限;各工种的具体工作任务;工长、工程师、技术员的要求和人数。

在合同后应附上施工细则、图纸、进度计划表等文件。合同中应明确规定,派遣方是否需派出行政管理人员,确定他们的人数、职责、权限以及和业主代表的联系制度等。

2. 业主的义务

(1) 负责办理劳务人员出入工程项目所在国国境的手续以及居住证和工作许可证等。

(2) 办理劳务人员携带工具和个人生活用品出入工程项目所在国国境的报关、免税手续,并做好劳务人员从入境到工地和开工之前的一切必要的准备工作,如支付动员费、预付费,准备住房、办公室以及所需的家具、工具、劳保用品,办理各种保险。

(3) 在工程中,负责向劳务人员提供与其工作有关的计划、图纸,提供准确的工程技术指导。业主商讨有关项目的技术经济问题的会议应吸收派遣人员参加,听取他们的意见和建议,对合理的建议应予采纳。

3. 派遣方的义务

(1) 在合同规定的派遣时间前一个月,或按合同规定的时间向业主提交所有派出人员的名单、出生日期、工种、护照号码及其他资料,负责劳务人员离开自己国家国境和途中过境应办的一切手续。如不能按期派出,必须承担业主蒙受的损失。

(2) 负责教育劳务人员遵守工程项目所在国或第三国的法律、法令,尊重其宗教和风俗习惯,保证派出人员不在工程项目所在国进行任何政治活动。

(3) 负责教育劳务人员严格执行业主提出的工程技术要求,并接受其施工指导,按时、按质、按量完成商定的任务;派遣方应定期向业主提交工作报告,并作出必要的建议。

4. 费用和支付

合同中必须明确规定各项费用的范围、标准、承担者、支付期限、支付方法、手续以及派遣方的收款银行、账号等。对于动员、交通、住宿、膳食、工资、加班、医疗、预付款等有关费用要有专门的规定。

1) 动员费

按国际惯例,业主应按人头向派遣方一次性交付动员费,通常相当于每人两个月或三个月的工资。该费用用于派遣方人员出国前制装、探亲和安置家属、集训、考试、体检以及国内差旅费等。动员费一般在合同签订后若干天内,或派遣人员出国前一个月支付。

2) 交通费

一般派遣方人员从本国机场(港口)到工作现场之间的往返交通费及出入境手续费由业主负担。在合同中应明确规定支付期限和支付方式。业主应负责提供派遣方现场代表、管理人员等的办公用车、劳务人员的医疗用车、上下班交通用车。

3) 住宿

关于派遣人员的住宿,一般有两种解决方法:

(1) 由业主提供劳务人员的住房。在合同中应具体规定住房使用面积、家具、卧具等的标准。

(2)由派遣方自己负责筹办住宿。对此可以单独计价,并在合同中规定支付期限和支付办法;也可不单独计价,而是计入工资报价中。

4)膳食

在工程项目的劳务合同中,通常采用由业主提供厨房以及必需的设备、饮具、炊具,而派遣方负责派遣厨师单独开伙的形式,费用单独计算,由业主承担,不计入工资。

5)工具和劳保用品

原则上,工具和劳保用品应由业主提供。也有劳务合同规定,一般劳保用品由派遣方自备,特殊劳保用品由业主提供。对此,可单独计算,也可在工资报价中考虑。

6)医疗

通常由业主提供必要的医疗设备和药品,由派遣方派遣医生和护士,其费用由业主负担。

7)工资

工资报价既要有利,又要有竞争力,能为业主接受。为此,派遣方必须严格核算国内外的各项开支,同时应调查了解工程所在国或第三国招聘其他国家同级人员的技术服务费水平。工资报价应稍低于他们的服务费水平。

合同应明确规定业主对劳务人员支付服务费的计算期限,一般指派遣方劳务人员从本国机场(或港口)出发之日起,到从工程项目所在国的某国际机场(或港口)返回之日止。

8)加班费

不论何种劳务合同,都应明确规定劳务人员每周工作天数、每天工作小时和加班费计算办法。每人每月实际技术服务费一般按小时技术服务费和实际工作时间(包括加班时间)进行结算。

9)支付所用的货币

合同中应明确规定业主支付各种费用所用的货币。当然,派遣方都希望采用自由的硬通外汇,业主则希望多采用当地货币。派遣方对于在当地支付的部分费用,可同意业主以当地货币支付,对其余部分应尽力争取让业主用硬通货币支付。

10)支付期限、办法和手续

合同应明确规定业主支付各种费用的日期、支付办法和手续。派遣方按商定的格式填写工作日报表、月报表、支付清单以及支付通知书,于规定期限内送交业主。业主应在若干天内付款,一般不必办理确认手续。

11)预付经费

对没有动员费的合同,可争取业主在派遣方劳务人员启程前1个月或抵达现场后预付每人一定数额的生活费用,并规定该款项分几次从以后每月工资中扣除。

5. 其他事宜

(1)节假日:劳务人员是同时享受两国法定节日,还是只享受某一国法定节日,应由双方协商,并在合同中规定。

(2)病、事假和休假:通常劳务人员工作期满11个月(或者1年),可以享受带薪回国休假1个月。休假的具体时间应经双方协商决定。休假的往返交通费和出入境手续费应由业主支付。病假的规定在国际上不尽相同,有些合同规定,派遣方劳务人员每年在现场可享受带薪病假15天、30天或60天不等。

(3)人身伤残:一般规定,如遇意外不幸或工伤事故,业主在头3个月照付技术服务费,以后每月支付服务费的1/2~1/3,直至能重新工作。如因此造成派出人员部分或全部失去工作能力,业主应支付一笔抚恤金。

(4)人员更换:在合同履行期间,由于各种原因引起派遣人员更换,所发生的费用由谁承担,应针对不同情况作出具体的规定。

(5)涉外事宜:派遣方劳务人员因工作需要同当地政府部门交涉事宜,可由双方一起或单独出面,但由此发生的费用应由业主负担,与工程无关的事宜,由派遣方交涉并承担费用。

(6)其他:关于劳务合同的税金、保密、保险、不可抗力、仲裁、修改和终止合同等条款,与国际工程承包合同相似。

劳务合同条款要依据劳务工作的性质、种类、特点确定,不可一概而论。

复习思考

1. 简述施工合同文本的结构。
2. 《建设工程施工合同(示范文本)》规定发包人和承包人各自的义务分别有哪些?
3. 公路工程施工合同有哪些分类?
4. 公路工程施工合同履行管理的主要内容有哪些?
5. 工程变更的内容包括哪些方面?
6. 常见施工合同争议主要的解决方式有哪些?
7. 案例题

背景:某施工单位根据领取的20公里公路路基工程项目招标文件和全套图纸,采用低价策略编制了投标文件,并获得中标。该施工单位(乙方)于某年某月某日与建设单位(甲方)签订了该工程项目的固定总价合同,合同工期为8个月。甲方在乙方进入施工现场后,因资金紧缺,无法如期支付工程款,口头要求乙方暂停施工一个月。乙方也口头答应。工程按合同规定期限验收时,甲方发现工程质量有问题,要求返工。两个月后,返工完毕。结算时甲方认为乙方迟延交付工程,应按合同约定偿付逾期违约金。乙方认为临时停工是甲方要求的。乙方为抢工期,加快施工进度才出现了质量问题,因此延期交付的责任不在乙方。甲方则认为临时停工和不顺延工期是当时乙方答应的。乙方履行承诺,承担违约责任。

问题:

(1)该工程采用固定总价合同是否妥当?
(2)该施工合同的变更形式是否妥当?此合同争议依据合同法律规范应如何处理?

学习情境 8

公路工程施工索赔与FIDIC施工合同条件

学习要求

1. 知识目标
(1) 了解索赔的概念、作用及条件;
(2) 了解 FIDIC 合同条件及其应用;
(3) 掌握产生索赔的原因及其分类。

2. 能力目标
(1) 通过学习,对工程索赔有一定认识;
(2) 清楚产生施工索赔的原因;
(3) 对 FIDIC 的概念有一定的了解。

学习情境 8

公路工程施工索赔与FIDIC施工合同条件

> **知识链接**
>
> 某工程合同规定,进口材料由承包商负责采购,但材料的关税不包括在承包商的材料报价中,由业主支付。合同未规定业主支付海关税的日期,仅规定业主应在接到承包商提交的到货通知单后30天内完成海关放行的一切手续。
>
> 现由于承包商采购的材料到货太迟,到港后由于工程施工急需这批材料,承包商先垫付关税,并完成入关手续,以便及早取得材料,避免现场停工待料。
>
> 问题:
>
> 上述案例中,承包商是否可以向业主提出补偿关税的要求?

任务 1 公路工程索赔概述

索赔是一种合法的正当权利要求,是权利人依据合同和法律的规定,向责任人追回不应该由自己承担的损失的合法行为。在合同履行过程中,合同当事人往往由于非自己的原因而发生额外的支出或承担额外的工作,因此索赔是合同管理的重要内容。

一、索赔的概念

索赔是当事人在合同履行过程中,根据法律、合同规定及惯例,对于并非由于自己的过错,而是应由对方承担责任的情况造成的实际损失,向对方提出补偿要求的过程。

索赔具有广义和狭义两种解释:广义的索赔是指合同一方向对方提出的索赔,既包括承包商向业主的索赔,也包括业主向承包商的索赔;狭义的索赔仅指承包商向业主的索赔。

索赔是一种正当的权利要求,它是业主、监理工程师和承包商之间一项正常的、大量发生而且普遍存在的合同管理业务,是一种以法律和合同为依据的、合情合理的行为。在工程建设各阶段,都可能发生索赔,其中发生索赔最集中、处理难度最大的情况通常发生在施工阶段,因此常见的工程建设索赔主要是指工程施工的索赔。

1. 实际工作中的施工索赔

工程发包承包中,业主处于主导地位,往往把风险转移给承包商,将自己可能提出的索赔作为承包商的违约责任纳入合同条款,并作为承包商承包工程项目的前提条件,因此施工合同履行过程中业主主动提出索赔的情况较少,只是在承包商提出索赔后,作为讨价还价的策略而提出索赔。而承包商在工程承包中除了必须承担合同约定的风险责任外,还有可能承担业主的转移风险、第三方失误的风险和其他风险。因此,为避免或减少自己的额外损失,承包商的索赔贯穿于施工合同履行的全过程。习惯上把承包商向业主提出的索赔称为施工索赔,业主向承包商提出的索赔称为反索赔。

2. 施工索赔成败的关联因素

索赔是一种追回权利的管理行为,在未被对方确认时不具有约束力。施工索赔成败的关联因素主要有以下几点。

(1) 施工索赔要以合同或法律法规为依据。

承包商进行施工索赔,应以合同条款为第一依据,有合同作依据的索赔一般情况下都能获得成功。当找不出合同内容作为索赔的依据时,可以法律法规的有关规定作依据,此时索赔成功与否与下列因素有关:

① 索赔事件必须属于所引用的法律法规的调整对象;

② 法律法规的规定具体明确;

③ 索赔事件当事人依据法律法规所作的论证充分。

(2) 施工索赔必须有额外损失或额外支出的证据。

索赔以补偿权利人的额外损失或额外支出为原则,没有证据的索赔同没有合同或法律法规作依据的索赔一样,都不可能成立。

(3) 把握好索赔的时机和遵守索赔的程序规定。

承包商的施工索赔必须遵守合同对索赔程序的约定,应在约定的时效期内提出索赔,否则就会失去索赔的权利。一般来说,承包商在投标时有可能发现索赔的机会,至工程建成一半时,就会有很多的索赔机会。权利人应力争发现一项解决一项,争取在工程建成3/4前基本解决已发现的索赔事项,最迟应在工程竣工或移交前解决。

(4) 不断提高合同管理人员的素质。

索赔涉及技术、管理、法律、经济等多个专业的知识,合同管理人员或专门的索赔人员要有深厚的工程技术等专业知识和丰富的实践经验,要不断提高自身的素质,通晓法律,熟悉合同内容,使索赔有充分的合同或法律依据;能提出科学合理、符合工程实际情况的索赔;具有一定的公关能力和社交艺术,争取索赔谈判成功。

(5) 工程师处理索赔的公正性。

施工合同管理中,工程师是处理和解决索赔事项的第三方。工程师处事公正有利于索赔问题顺利解决。

二、施工索赔原因分析

引起施工索赔的原因有很多,归纳起来主要有工程建设过程的复杂性、业主方面的原因、合同组成和文字方面的原因、国家政策和法律法规变更等。

1. 工程建设过程的复杂性

工程建设过程涉及面广,综合性强,关联部门多,生产过程复杂。只要其中的一个相关因素出现问题,就有可能引起其他各个环节发生额外损失或额外支出。

(1) 随着建筑业的不断发展,出现了越来越多的新技术、新结构、新工艺,设计和施工的难度不断增大,往往需要在施工过程中随时发现和解决这些问题,需要变更原设计方案或施工方案,从而发生额外的工作、额外损失或额外支出。

(2) 工程建设周期长,建设期间可变因素多,自然条件、社会经济条件等任何一个因素变动或异常,都将导致合同当事人的额外损失或额外支出。

(3) 不利自然条件和客观障碍的影响。不利自然条件和客观障碍是指有经验的承包商无法合理预料到的不利自然条件和客观障碍。不利自然条件不包括气候条件,而是指投标时经过现场调查和根据业主提供的资料都无法预料到的其他不利自然条件,如地下水、地质断层、地下暗河、古墓等。客观障碍是指经现场调查无法发现、业主提供的资料中未提到的地下(上)人工建筑物及其他客观存在的障碍物,如市政设施,废弃的建筑物、砌筑物,以及埋在地下的树干、管线等。

以上种种事件,只要不属于当事人本身的责任,都有可能向对方提出索赔。

2. 业主方面的原因

1) 业主违约

业主违约主要表现为业主未能按合同规定为承包商提供施工条件、未在规定时间内付款、无理阻挠或干扰工程施工等,由此给承包商造成经济损失或工期延误。

2) 业主的指定分包商(供应商)违约

指定分包商(供应商)未按规定提供服务或供应材料、设备等,例如供电供水中断,业主指定的材料、设备的供应商未按约定时间供货等。

3) 工程师指令

工程师指令承包商加快施工进度、进行合同外的工作、更换某些材料、采取某种措施或暂停施工等,造成承包商增加支出或延误工期,承包商可提出索赔。

3. 合同组成和文字方面的原因

建设工程合同方面的原因主要表现为合同文件规定不严谨甚至自相矛盾、合同内容遗漏或错误、合同条款可作多种解释等。不仅在商务条款中有可能出现这些问题,甚至在技术规范和图纸中也可能出现不一致的问题。这时,工程师虽然有权作出解释,但如果承包商执行工程师的解释后引起成本增加或工期延长,则有权提出索赔。

4. 其他方面的原因

1) 国家政策、法律法规变更

国家政策、法律法规变更导致原合同签订的法律基础发生变化,直接影响承包商的投标价格。合同通常规定,从距离投标截止日的第 28 天开始,如果工程所在地的法律法规变更导致承包商施工费用增加的,业主应补偿承包商的该增加值;相反,则减少工程价款,由业主受益。

2) 其他承包商干扰和其他第三方原因

其他承包商未能按时、按序、按质进行并完成其承包的工作,各承包商配合不好等,都会给本承包商的工作造成不良影响,被迫延迟工作。例如负责前置工序的承包商未按要求完成,场地使用、现场交通协调不当等。

其他第三方指与工程有关的除业主、工程师、分包商、其他承包商之外的各方。其他第三方的问题也会对本工程产生不利影响,例如,银行付款延误、邮路延误、港口压港、车站压货等。这种原因引起的索赔较难处理,但因影响工期,承包商也要向业主索赔。

3) 建筑业经济效益的影响

目前,建筑市场上的竞争十分激烈,承包商往往采用"靠低价争取中标、靠索赔获得赢利"的策略参与竞争,施工过程中的索赔也就不可避免。

三、施工索赔的分类

1. 按施工索赔的目的分类

按索赔的目的，施工索赔可以分为工期索赔和经济索赔两类。承包商提出索赔，首先要明确提出的是工期索赔还是经济索赔。工期索赔是要求顺延工期，经济索赔是要求经济补偿。编写索赔报告和论证索赔要求时，应根据索赔目的提供依据和证明材料。

2. 按施工索赔的处理方式分类

按处理方法和处理时间的不同，施工索赔可以分为单项索赔和一揽子索赔两类。

1）单项索赔

单项索赔是指当事人针对某一干扰事件的发生而及时提出的索赔。即在影响原合同实施的因素发生时或发生后，合同管理人员立即在规定的索赔有效期内向业主提出索赔意向，及时解决索赔问题。单项索赔原因单一、责任清楚，容易处理，并且涉及金额较小，业主容易接受。承包商应尽可能采用单项索赔的方式处理索赔问题。

2）一揽子索赔

一揽子索赔（总索赔）是指在工程竣工前后，承包商将施工过程中已经提出但尚未解决的索赔进行汇总，向业主提出的总索赔。一揽子索赔中，许多干扰因素交织在一起，责任分析和赔偿值计算较困难，并且赔偿金额较大，双方较难做出让步，索赔谈判和处理较难。一揽子索赔较单项索赔的成功率低。一般在下述两种情况下，才采用一揽子索赔：

① 单项索赔问题复杂，有争议，不能立即解决，双方同意继续施工，索赔问题留到工程后期一并解决。

② 业主拖延单项索赔答复，使谈判旷日持久，导致需要集中处理许多索赔事件。

3. 按施工索赔发生的原因分类

1）延期索赔

延期索赔是指由于业主的原因使承包商不能按原定计划进行施工所引起的索赔，例如出现下列情况时，承包商向业主提出的索赔：① 业主不按时供应材料；② 图纸和规范有错误或遗漏；③ 建筑法规的改变；④ 业主不能按时提交图纸或各种批准等。

2）工程变更索赔

工程变更索赔是指因合同中规定的工作范围的变化而引起的索赔。发生工程变更索赔的主要情况有：① 业主和设计者主观意志的改变引起的设计变更；② 设计的错误和遗漏引起的设计变更等。

3）施工加速索赔

施工加速索赔是指由于业主要求工程提前竣工或提出其他赶工要求而引起的索赔。施工加速往往使承包商的劳动生产率降低，因此施工加速索赔又称劳动生产率损失索赔。

4）不利现场条件索赔

不利现场条件是指合同的图纸和技术规范中所描述的现场条件与实际情况有实质性的不同，或者虽然合同中未作描述，但是一个有经验的承包商无法预料的情况。因出现不利现场条件提出的索赔即不利现场条件索赔。

不利现场条件主要出现在地下的水文地质条件和隐藏的地面条件等方面,是施工项目中的固有风险因素,业主往往要求纳入投标报价,索赔相当困难。所以进行不利现场条件索赔时,承包商必须证明业主没有给出现场资料,或所给资料与实际相差很远,或遇到的现场条件是有经验的承包商也无法预料的不利情况。

4. 按施工索赔的合同依据分类

1) 合同内索赔

合同内索赔是指可以直接引用合同条款作为索赔依据的施工索赔,分为合同明示的索赔和合同默示的索赔两种。

① 合同明示的索赔:承包商的索赔要求在合同中有文字依据,承包商可据此取得经济或工期的补偿。合同文件中有索赔文字规定的条款称为明示条款。

② 合同默示的索赔:承包商提出的索赔要求,在合同中虽然无明示条款,但可根据合同某些条款的含义推断出承包商有索赔权利。这种索赔请求同样具有法律效力,有补偿含义的条款,在合同管理中称为"默示条款"或"隐含条款"。

2) 合同外索赔

合同外索赔是指索赔内容虽然在合同条款中找不到依据,但可从有关法律法规中找到依据的索赔。合同外索赔通常表现为对违约造成的间接损害和违规担保造成的损害的索赔,可在民事侵权行为的法律规范中找到依据。

3) 道义索赔

道义索赔是指承包商既在合同中找不到索赔依据,业主也未违约或触犯民法,但因损失确实太大,自己无法承担而向业主提出的给予优惠性补偿的请求。例如承包商投标时对标价估计不足而投低标,工程施工中发现遇到的困难比原先预计大得多,有可能无法完成合同,某些业主为使工程顺利进行,会同意根据实际情况给予一定的补偿。

四、索赔的作用

1. 保证建设工程施工合同的实施,维护市场正常秩序

建设工程施工合同一经签订,合同双方即产生权利义务关系,这种权利受法律保护,义务受法律制约。索赔是合同法律效力的具体表现,并且由合同的性质决定。如果没有索赔和关于索赔的法律规定,则合同形同虚设,对双方都难以形成约束。这样合同的实施就得不到保证,就不能形成正常的社会经济秩序。索赔能对违约者起警诫作用,使其考虑到违约的后果,以尽力避免违约事件发生。所以,索赔关系到工程双方的紧密合作,有助于合同目标的实现。

2. 落实和调整合同双方经济责任关系的有效手段

在施工合同履行过程中,由于未履行或不履行合同规定的义务而侵犯对方权利的,应根据对方的索赔要求,承担相应的经济责任。离开索赔,施工合同当事人双方的权利、义务关系难以平衡。

3. 维护施工合同当事人的正当权益

对于施工合同当事人双方来说,索赔是一种保护自己、维护自身正当权益、避免损失、增加利润的手段。在现代承包工程中,如果承包商不能进行有效的索赔,不精通索赔业务,就会使损失得不到合理、及时的补偿。

4. 有助于对外工程承包的开展

索赔有助于我国建设工程从业人员更快地熟悉国际惯例,掌握索赔和处理索赔的方法与技巧,进而承包对外工程。

当然,索赔除了上述作用外,也存在一些负面影响,如有些承包商奉行"中标靠低价,赢利靠索赔"的经营策略,利用索赔为自己谋取不正当的利益,有的承包商利用索赔事件漫天要价。这些经营策略虽然可能一时奏效,但从长远来看,会严重影响合同当事人双方的合作,同时严重影响承包商的信誉,导致承包商竞争力削弱。因此,承包商要摒弃上述做法。

任务 2 公路工程索赔的处理与依据

一、索赔的依据

1. 合同文件

合同文件是业主和承包商共同确认、共同遵守的具有法律效力的文件,是索赔中判定是非的依据。因此不论是在投标前还是中标后,承包商都务必仔细、深入地研究合同文件,切实弄清其中所规定的各项责任和义务。

2. 资料证据

资料证据主要指投标文件及施工图纸、变更设计通知单、施工过程中的记录资料(包括工地日志、竣工进度记录等)、质量检查记录、施工中的技术问题记录、财务收支资料(包括施工进度款支付单,工人工资表,材料、设备及配件的采购单)、业主和监理工程师指示(口头批示要有确认的书面记录)、施工计划进度和修改后的施工计划等。

3. 监理工程师的签字

发生索赔事件后,承包商应在合同规定的时间内,书面报告监理工程师。若监理工程师认可即可在索赔报告上签字;如监理工程师不同意,可继续向监理工程师提交书面申请,并抄报业主提请业主解决,也可以要监理工程师在书面报告上就不能索赔签字确认,待以后方便时请业主仲裁。

4. 公路工程索赔产生的原因

根据 FIDIC 条款管理的招投标办法,公路工程索赔产生的原因主要有:

(1) 由于特殊风险和事先不可预见的地下条件或实物障碍引起的索赔;
(2) 国家政策、法规变更引起的索赔;
(3) 由于工程变更引起的索赔;
(4) 业主违约引起的索赔;
(5) 合同文件矛盾引起的索赔;
(6) 设计中的严重缺陷,表现在建设方受资金限制,采用控制投资的方法进行工程设计,而对一些需特殊设计的路段未进行特殊处理而引起的质量问题。

（7）承包商无法合理预料到的不利自然条件和人力不可抗拒的原因。

二、施工索赔的程序

合同执行的过程中，如果一方认为另一方没能履行合同义务或妨碍了自己履行合同义务，或是发生合同中规定的风险事件后，造成经济损失，则受损方通常会提出索赔要求。索赔是签订合同的双方各自应该享有的合法权利，是业主与承包商之间在分担工程风险方面的责任再分配。

FIDIC合同条件对公路工程施工索赔的程序做出了规定，规定中对索赔的通知和证明均有时间限制，并要求保持同期记录，由监理工程师与业主和承包商三方协商解决索赔事件，或者可以提交仲裁或法律诉讼解决索赔争议。

承包商在施工索赔的处理过程中，首先要善于发现和把握索赔的机会，其次必须按合同约定的程序进行索赔。

1. 意向通知

当承包商发现或意识到存在索赔机会时，第一件应做的事是把自己的索赔意向以书面形式通知工程师或业主。这种意向通知既标志着一项索赔的开始，也是使承包商在整个合同履行期间保持良好的索赔意识的最好办法。

索赔意向书的内容应包括：

（1）事件发生的时间及其情况的简单描述；

（2）索赔依据的合同条款及理由；

（3）提供后续资料的安排，包括及时记录和提供事件的发展动态；

（4）对工程成本和工期产生不利影响的严重程度。

2. 准备索赔证据

索赔的成功在很大程度上取决于承包商对索赔作出的解释和强有力的证明材料。索赔所需的证据可从下列资料中收集。

1）施工日记

承包商应指示有关人员记录现场施工中发生的各种情况，做好施工日记和现场记录。做好施工日记有利于及时发现和分析索赔，施工日记也是索赔的重要证明材料。

2）来往信件

来往信件是索赔证据的重要来源，平时应认真保存与工程师等往来的各类信件，并注明收发的时间。

3）气象资料

天气情况是安排施工进度和分析施工条件等必须考虑的重要因素。施工合同履行过程中应每天做好天气情况记录，内容包括气温、风力、降雨量、暴雨雪、冰雹等，工程竣工时，形成一份如实、完整、详细的气象资料。

4）备忘录

（1）对于工程师和业主的口头指令和电话，应随时做好书面记录，并及时提请签字予以确认。

(2) 对发生的索赔事件及其持续过程随时做好情况记录。

(3) 投标过程的备忘录等。

5) 会议纪要

在承包商、业主和监理的会议上应做好记录,并就主要议题形成会议纪要,由参与会议的各方签字确认。

6) 工程进度计划

应妥善保管经工程师批准的各种工程进度计划,它们是承包商提出施工索赔的重要证据。

7) 工程成本核算资料

工程成本核算资料是计算索赔费用的基础资料,主要有人工工资原始记录、材料与设备等的采购单及付款凭证、机械使用台账、会计报表、物价指数、收付款票据等。

8) 其他资料

索赔证据还可从工程图纸、工程照片和声像资料、招投标文件等资料中收集。

3. 编写索赔报告

索赔报告是承包商要求业主给予费用补偿和延长工期的正式书面文件,应当在索赔事件影响结束后的合同约定时间(市场惯例是28天)内提交给工程师或业主。编写索赔报告应注意下列事项。

1) 明确索赔报告的基本要求

(1) 必须说明索赔的合同依据。有关索赔的合同依据主要有两类:一是关于承包商有资格因额外工作而获得追加合同价款的规定;二是关于业主或工程师违反合同给承包商造成额外损失时有权要求补偿的规定。

(2) 索赔报告中必须有详细、准确的损失金额或时间的计算。

(3) 必须证明索赔事件同承包商的额外工作、额外损失或额外支出之间的因果关系。

2) 索赔报告必须准确

索赔报告不仅要有理有据,而且必须准确。

(1) 责任分析清楚、准确。索赔报告中不能有含混不清或自我批评的语言,要强调索赔事件的不可预见性,以及事发后已经采取措施,但无法制止不利影响等。

(2) 索赔值的计算依据要正确,计算结果要准确。索赔值的计算应采用文件规定或公认的计算方法,计算结果不能有差错。

(3) 索赔报告的用词要恰当。

3) 索赔报告的形式和内容要求

索赔报告的内容应简明扼要、条理清楚,一般采用"金字塔形式",即按说明信、索赔报告正文、附件的顺序,文字前少后多。

(1) 说明信:简要说明索赔事由、索赔金额或工期天数,并附正文及证明材料的目录。这部分内容一定要简明扼要,只需让业主了解索赔概况即可。

(2) 索赔报告正文:

① 标题:应针对索赔事件或索赔的事由,概括出索赔的中心内容;

② 事件:叙述索赔事件发生的原因和过程,包括索赔事件发生后双方的活动及证明材料;

③ 理由:根据索赔事件,提出索赔的依据;

④ 因果分析:对索赔事件所造成的成本增加、工期延长的前因后果进行分析,列出索赔费用项目及索赔总额。

(3) 计算过程、证明材料及附件:这是索赔的有力证据,一定要和索赔报告中提出的索赔依据、证据、索赔事件的责任、索赔要求等完全一致,不能有丝毫相互矛盾的地方,要避免因计算过程和证明材料方面的失误而导致索赔失败。

4) 准备细节资料

准备好与索赔有关的各种细节性资料,以备谈判中作进一步说明。

4. 提交索赔报告

索赔的关键在于"索"。索赔报告提交后不能被动等待,而应进行跟踪,即隔一段时间,主动向对方了解索赔处理的情况,并根据反馈的信息做进一步的资料准备。

5. 工程师评审索赔报告

1) 索赔报告评审的要点

(1) 检查索赔事件的证据和索赔的依据。

(2) 分析索赔事件的责任人是业主、工程师、第三方、承包商的某一方,还是某几方都有责任。如果是某几方都有责任,还应分析清楚各方责任大小的比例。

(3) 通过上述评审认定承包商有权索赔后,审查承包商是否遵守索赔意向通知的规定,如果承包商没有遵守,可以拒绝其索赔请求。

(4) 检查合同中是否有关于业主的相关免责条款。合同中有相关免责条款的,不予索赔。

(5) 审核索赔额的计算依据和计算过程,审查索赔计算的正确性。

(6) 检查承包商的承诺记录,如果承包商以前表示过放弃索赔要求,可以驳回索赔要求。

2) 工程师提出初步处理意见

在对索赔报告作出全面评审的基础上,工程师与承包商和业主深入交换意见后提出初步的索赔处理意见。

6. 业主审定索赔处理意见

工程师的索赔处理意见只有得到业主批准才能生效。业主审定索赔处理意见的要点如下:

(1) 根据索赔事件发生的原因、责任范围和合同条款审核索赔处理意见。

(2) 依据工程建设的实际情况,权衡利弊,做出处理决定。

7. 承包商的决定

承包商接受经业主审定的索赔处理意见,工程师签发有关证书,索赔处理过程到此结束。如果承包商不同意业主的处理决定,则应通过合同纠纷解决方式解决索赔争端。

三、索赔费用

1. 工期延长

由于非承包商的原因造成的工程延期,承包商有权要求业主给予工期延长。工程延期是由业主、监理工程师或其他客观因素造成的,承包商有权获得工期延长,但是否能够获得经济补偿则要视具体情况而定。

2. 费用索赔

费用索赔是公路工程索赔的重点,可索赔的费用应当与投标报价的每一项费用相对应。索赔可以分为损失索赔和额外索赔。损失索赔主要是由业主违约或监理工程师指令错误引起的,针对损失索赔,业主应当给予的补偿包括实际损失和可得利益(即利润)。实际损失是指承包商所支出的额外成本,可得利益是指承包商应取得的,却因业主等违约而丧失了的利益。额外索赔主要是由合同变更或监理工程师下达变更指令引起的。针对额外索赔,业主应以原合同中的合适价格为基础,或以监理工程师确定的合适价格予以支付。损失索赔的费用基础多数情况下是成本,少数情况下(工程变更、合同工期延长、合同解除)包括利润,而额外索赔则为成本和利润。

3. 加强索赔管理

在公路工程承包中,为了保护自身的正当权益,弥补工程损失,提高工程效益,承包商应当把索赔管理作为一项重要工作来做。承包商可以从以下四个方面来加强索赔的管理工作:

1)建立完善的合同管理制度

承包商应当加强合同管理,以提高工程索赔的成功率。在合同实施过程中,应随时认真做好事件记录,并详细分析事件发生的原因,看是否存在索赔机会。承包商可以根据工程大小设置一定数量的专职合同管理人员,并明确合同管理中收集资料的范围。在管理体制上,承包商应当实施层层负责、各司其职的办法,也即责任落实到具体施工负责人、具体施工人员,形成一个由下到上的合同综合管理网络。

2)加强施工管理,增强索赔意识,及时发现索赔机会

公路工程施工管理的目的在于保证工程按期、按质和按计划完成任务。承包商要加强施工管理,主要应该在施工组织方面下功夫。在加强施工管理的同时,在思想意识上要有工程索赔观念,这就要求施工管理人员要积极配合合同管理人员做好日常施工管理记录,注意收集与工程变化有关的情况,看是否影响工程进度和增加工程成本,并分析产生的原因,然后结合合同条款,弄清造成进度延期或增加工程成本的责任,最后决定是否提出索赔申请。

3)认真编写索赔报告,把握索赔时机

一旦发现索赔机会之后,合约工程师就要组织有关工程师进行仔细研究,分析索赔事件的具体事项,然后编制索赔报告。

4)充分准备证据,积极谈判,取得索赔成功

索赔证据是承包商用来支持其索赔要求的证明文件和资料,对索赔成功起着非常重要的作用。对于索赔的谈判,应当持有积级的态度。谈判过程既是一个艺术再创造的过程,也是一个谈判双方合作的过程,成功的谈判,每一方都应该是胜利者,要让对方心平气和地接受自己的条件,所以,承包商应当与业主和监理工程师在平等自愿的基础上对索赔事项进行充分协商。同时,承包商就索赔方案进行谈判时应该有针对性,并坚持"有理、有利、有节"的原则,注意陈述恰当,措辞委婉,以理服人,并尊重对方,在一些问题上能够做到善于让步。

四、索赔解决方法

从递交索赔文件开始到索赔结束是索赔的处理过程。经过对索赔文件的评审,与承包商进

行充分讨论后,监理工程师应提出对索赔的初步处理意见,并参加业主和承包商之间的索赔协商。业主和承包商通过协商或谈判对索赔的最后处理达成一致意见。如果业主和承包商不能达成一致,则可通过调解解决,或根据合同规定,将索赔争议提交仲裁或诉讼,使索赔问题获得最终解决。

项目实施中会发生各种各样的索赔问题,合同各方应该争取在最早的时间、最低的层次,尽最大的可能以友好的方式解决索赔问题,不要轻易提交仲裁。因为对工程争议的仲裁往往非常复杂,要花费大量的人力、物力、财力和精力,对工程建设会带来不利的影响。

当业主对承包商提出的索赔要求不予承认或者业主同意支付的额外款项与承包商索赔的金额差距较大,导致双方对索赔事项不能达成一致协议时,需要寻求一种公平、合理、有效的方法加以解决。

1. 谈判

谈判是最令人满意的解决索赔问题的方法,谈判可以避免破坏承包商和业主之间的关系。即使承包商对用司法程序解决索赔争端有十成把握可以胜诉,也应该尽可能地选择谈判解决。通过谈判解决索赔争端,不仅可以节省用于法律程序的大量费用、时间和精力,而且不会伤害双方的感情。

2. 调解

调解也是一种非对抗性的、解决索赔争端的方法。调解是指合同发生争议后,在第三方的参与和主持下,对双方当事人进行说服、协调和疏导,使双方当事人互相谅解并按照法律规定及合同约定,达成解决争议的方法。此方法同样可以保持承包商和业主之间的良好关系。在某种程度上说,调解是帮助争议双方达成一个可接受的协议,而不是决断出谁负有责任。

调解所发生的费用应由双方平均分摊。

3. 仲裁

当争议双方不能通过协商和调解达成一致时,可按合同仲裁条款处理。仲裁作为正式的法律程序,其结果对双方都有约束力。

五、经典案例

某市政工程,承包商按业主提供的地质勘察报告制订了施工方案,并投标报价。开标后业主向承包商发出了中标函。由于该承包商以前曾在本地区进行过桥梁工程的施工,按照以前的经验,他觉得业主提供的地质报告不准确,实际地质条件可能复杂得多。所以在中标后做详细的施工组织设计时,承包商修改了挖掘方案,为此增加了不少设备和材料费用。结果现场开挖完全证实了承包商的判断,由此,承包商就两种方案费用的差别向业主提出了索赔,但被业主否决。业主的理由:按合同规定,施工方案是承包商应负的责任,承包商应保证施工方案的可用性、安全、稳定和效率。承包商变换施工方案是从他自己的责任角度出发的,不能给予赔偿。

实质上,承包商的这种预见性为业主节约了大量的工期和费用。如果承包商不采取变更措施,施工中出现新的与招标文件不一样的地质条件,此时再变换方案,业主就要承担工期延误及其相关的费用赔偿、原方案和新方案的费用、低效率损失等。理由是地质条件是一个有经验的承包商无法预见的。

但是,本案例中承包商由于行为不当,使自己处于一个非常不利的地位。如果要取得索赔的成功,承包商在变更施工方案前应到现场试挖,作简单的勘察,拿出地质条件复杂的证据,并向业主提交报告,建议因不可预见的地质情况而变更施工方案。这样,业主必须慎重地考虑这个问题,并作出答复。无论业主同意或不同意变更方案,都对承包商日后的索赔十分有利。

任务 3 公路工程索赔的计算

索赔值的计算包括工期索赔的计算和经济索赔的计算两个方面。

一、工期索赔的计算

1. 工期索赔成立的条件

(1) 发生了非承包商自身的原因引起的索赔事件;
(2) 索赔事件造成了总工期的延误。

2. 工期索赔的计算方法

1) 网络图分析法

承包商按网络进度计划组织施工的,工期索赔可采用网络图分析法进行计算。计算方法如下。

① 由于非承包商自身原因造成关键线路上的工序暂停施工,则

工期索赔天数 = 关键线路上的工序暂停施工的日历天数

② 由于非承包商自身原因造成非关键线路上的工序暂停施工。

工期索赔天数 = 工序暂停施工的日历天数 − 该工序的总时差天数

注意:当差值为零或负数时,工期不能索赔。

例 某工程合同总价为 1000 万元,总工期为 24 个月,现业主指示增加额外工程 90 万元,则承包商提出的工期索赔为多少?

$$24 \times (90/1000) = 2.16(月)$$

2) 比例计算法

这种方法比较简单,但只是一种粗略的估算,通常用在不能采用其他计算方法时。具体的计算方法有两种。

① 已知部分工程的拖延时间,则

工期索赔值 = 受干扰部分工程的拖期时间 × 受干扰部分工程的合同价 ÷ 原合同价

② 已知额外增加工程量的价格,则

工期索赔值 = 原合同总工期 × 额外增加的工程量的价格 ÷ 原合同价

例 某工程基础施工中出现了不利的地质障碍,业主指示承包商进行处理,土方

工程量由原来的 2760 立方米增至 3280 立方米,原定工期为 45 天,因此承包商可提出的工期索赔为多少?

$$45 \times [(3280-2760)/2760] = 8.5(天)$$

若本合同规定,10% 范围内的工程量增加为承包商应承担的风险,则工期索赔为多少?

$$45 \times \{[3280-2760(1+10\%)]/2760\} = 4(天)$$

二、经济索赔的计算

1. 总费用法

总费用法又称总成本法,这种计算索赔值的方法简单,但有严格的适用条件。当费用索赔只涉及某些分部分项工程时,可采用修正总费用法。

(1) 索赔值计算公式为

$$索赔值 = 该项工程的总费用 - 投标报价$$

(2) 总费用法的适用条件如下:

① 已开支的实际总费用经审核认为是合理的;

② 承包商的原始报价是比较合理的;

③ 费用的增加是由于业主的原因造成的;

④ 由于现场记录不足等,难以采用更精确的计算方法。

(3) 修正总费用法。

修正总费用法与总费用法的原理相同,只是把计算的范围缩小,使索赔值的计算更容易、更准确。修正总费用法计算索赔值的公式为

$$费用索赔额 = 索赔事件相关单项工程的实际总费用 - 该单项工程的投标报价$$

2. 分项法

采用分项法计算经济索赔值时,首先应确定可以索赔的费用项目,然后按下列方法计算每个项目的索赔值,各项目的索赔值之和即本次索赔的补偿总额。

1) 人工费索赔

人工费索赔包括额外增加工人和加班的索赔、人员闲置费用索赔、工资上涨索赔和劳动生产率降低导致的人工费索赔等,根据实际情况择项计算。

① 额外增加工人和加班,则

$$索赔值 = 增加的工时(日) \times 人工单价$$

② 人员闲置费用索赔,则

$$索赔值 = 闲置工时(日) \times 人工单价 \times 0.75(折算系数)$$

③ 工资上涨索赔(由于工程变更,延期期间工资水平上调而进行的索赔),则

$$工资上涨索赔值 = \sum 相关工种计划工时 \times 相关工种工资上调幅度$$

④ 劳动生产率降低导致的人工费索赔,根据实际情况,分别选用下列方法计算索赔值:

a. 实际成本和预算成本比较法的计算公式为

$$索赔值 = 实际人工成本 - 合同中的预算人工成本$$

适用条件:第一,有正确合理的估价体系和详细的施工记录;第二,预算成本和实际成本计

算合理;第三,因业主的原因增加了成本。

b.正常施工期与受影响施工期比较法的计算公式为

$$劳动生产率降低值 = 正常施工期劳动生产率 - 受影响施工期劳动生产率$$

$$劳动生产率降低索赔值 = 计划工日数 \times \frac{劳动生产率降低值}{预期劳动生产率} \times 工日人工平均工资$$

2) 材料费索赔

材料费的额外支出或损失包括消耗量增加和单位成本增加两个方面。

① 材料消耗量增加的索赔。

追加额外工作、变更工程性质、改变施工方法等,都将导致材料用量增加,其索赔值的计算公式为

$$索赔额 = \sum 新增的工程量 \times 某种材料的预算消耗定额 \times 该种材料单价$$

② 材料单位成本增加的索赔。

由于业主原因的延期,期间材料价格上涨(包括买价、手续费、运输费、保管费等),以及可调价格合同规定的调价因素发生时或需变更材料品种、规格、型号等,都将导致材料单位成本增加,其索赔值计算公式为

$$索赔额 = 材料用量 \times (实际材料单位成本 - 投标材料单位成本)$$

3) 施工机械费索赔

施工机械费索赔的费用项目有增加机械台班使用数量索赔、机械闲置索赔、台班费上涨索赔和机械效率降低的索赔等。索赔时根据额外支出或额外损失的实际情况择项,按下列方法计算索赔值:

① 增加机械台班使用数量的索赔。

$$索赔额 = \sum 增加的某种机械台班的数量 \times 该机械的台班费$$

② 机械闲置索赔。

$$索赔额 = \sum 某种机械闲置台班数 \times 该种机械行业标准台班费 \times 折减系数$$

或

$$索赔额 = \sum 某种机械闲置台班数 \times 该种机械定额标准台班费$$

③ 台班费上涨索赔。

由于非承包商原因的工期顺延期间,如果遇上机械台班费上涨或采用可调价格合同时,承包商可以提出台班费上涨索赔。计算公式为

$$索赔额 = \sum 相关机械计划台班数 \times 相关机械台班费上调幅度$$

④ 机械效率降低的索赔。

机械效率降低的索赔值计算方法有两种,可根据掌握的索赔资料情况选择其中一种进行计算。

a.实际成本和预算成本比较法,计算公式为

$$索赔额 = 实际机械成本 - 合同中的预算机械成本$$

适用条件:第一,有正确、合理的估价体系和详细的施工记录;第二,预算成本和实际成本计算合理;第三,因业主的原因增加了成本。

b. 正常施工期与受影响施工期比较法，计算公式为

机械效率降低值 ＝ 正常施工期机械效率 － 受影响施工期机械效率

机械效率降低索赔值 ＝ 计划台班 × 台班单价 × (机械效率降低值 / 预期机械效率)

4) 现场管理费索赔

现场管理费是指施工项目成本中除人工费、材料费和施工机械使用费外的各费用项目之和，包括项目经理部额外支出或额外损失的现场经费和其他直接费。计算公式为

直接成本费用索赔额 ＝ 人工费索赔额 ＋ 材料费索赔额 ＋ 机械费索赔额

现场管理费索赔额 ＝ 直接成本费用索赔额 × 现场管理费率

当事人双方通过协商，选用下列方法之一确定现场管理费率：

① 合同百分比法：按签订合同时约定的现场管理费率计算。

② 行业平均水平法：执行公认的行业标准费率，如工程造价管理部门制定颁发的取费标准。

③ 原始估价法：按投标报价时确定的费率计算。

④ 历史数据法：采用历史上类似工程的费率。

5) 企业管理费索赔

企业管理费索赔包括企业管理费、财务费用和其他费用的索赔，也可将利润损失计算在内。索赔值的计算方法主要有企业管理费率计算法和国际上通用的埃尺利公式计算法两种。

① 企业管理费率计算法，计算公式为

企业管理费索赔额 ＝ 施工项目成本费用索赔额 × 企业管理费率

式中：企业管理费率可采用确定现场管理费率的四种方法之一确定。

② 埃尺利公式计算法（延期索赔），计算公式为

$$延期合同分摊管理费(A) = \frac{被延期合同原价}{同期公司所有合同价之和} \times 同期公司计划企业管理费$$

单位时间(周或日)应分摊的管理费$(B) = A / 计划合同期(周或日)$

企业管理费索赔额$(C) = B \times 延期时间(周或日)$

说明：由于延期，使承包商的合同直接成本和合同总值减少而损失的管理费应予补偿。

③ 埃尺利公式计算法（工作范围变更），计算公式为

$$索赔合同管理费(A1) = \frac{被索赔合同原直接费}{同期所有合同实际直接费} \times 同期公司计划企业管理费$$

每元直接费用应分摊的管理费$(B1) = A1 / 被索赔合同原计划直接费$

工作变更企业管理费索赔额$(C1) = B1 \times 工作范围变更索赔的直接费$

应用埃尺利公式的条件：承包商应证明由于索赔事件的出现，确实引起管理费增加，或在工程停工期间，确实无其他工程可干。对于停工时间短或是索赔额中已包含了管理费的索赔，埃尺利公式不适用。

6) 融资成本索赔

融资成本是指为取得和使用资金所需付出的代价，又称资金成本，其中最主要的是需要支付的资金的利息。

由于承包商只能在索赔事件处理完毕后的一段时间内才能得到索赔费用，而索赔事件所需的支出，承包商不得不从银行贷款或用自己的资金垫支，构成了融资成本。计算公式为

融资成本索赔额 ＝ (施工项目成本索赔额 ＋ 总部管理费索赔额) × 利率

式中的利率可参照金融机构的利率标准或预期的平均投资收益率(机会利润率)确定。

3.索赔报告编写实例

某建设单位和某施工单位签订了工程施工合同。合同规定:钢材、木材、水泥由业主供货到现场仓库,其他材料由承包商自行采购。当工程施工到第三层框架梁钢筋绑扎时,因业主提供的钢筋未到,使该项作业停工14天(该项作业的总时差为0)。10月7日到10月9日,停电、停水使第三层的砌砖停工(该项作业的总时差为4天)。为此,承包商于10月20日向工程师提交了一份索赔报告书,并于10月25日补交了一份包含工期、费用索赔计算书和索赔依据的详细材料。

索赔报告书

题目:××项目临时停工索赔。

事件:业主供应材料未到,以及现场停水停电。

影响:造成现场停工,虽然安排部分工人做其他工作,但是仍然有停工;造成机械停工。

要求:延长工期14天,费用索赔7875元。

其中:人工停工费在尽量安排工人从事其他工作之后,按补偿的工效差计算;机械停工费考虑是自有设备,仅按折旧台班费计算。本索赔事项双方同意不计取管理费和利润。

证据:相应的合同条款,施工现场情况记录,工人工资单等证据资料附在索赔报告之后。

任务 4 FIDIC 施工合同条件

一、FIDIC 组织简介

FIDIC 是国际咨询工程师联合会法文名称的缩写。该联合会是被世界银行认可的咨询服务机构,总部设在瑞士日内瓦。它的成员在每个国家只有一个,中国于1996年正式加入。

FIDIC 是由欧洲三个国家的咨询工程师协会于1913年成立的,现已有70多个国家和地区加入。FIDIC 是最具有权威性的咨询工程师组织,其目标是促进各成员协会的专业影响,它推动了全球范围内的高质量的工程咨询服务业的发展。

FIDIC 下设五个专业委员会:业主咨询工程师关系委员会(CCRC)、合同委员会(CC)、风险管理委员会(RMC)、质量管理委员会(QMC)和环境委员会(ENVC)。FIDIC 的各专业委员会编制了许多规范性文件,这些文件不仅被其成员国采用,也被世界银行、亚洲开发银行、非洲开发银行等金融组织广泛采用。其中最常用的有:

① 《土木工程施工合同条件》(通称 FIDIC"红皮书");

② 《电气与机械工程合同条件》(通称 FIDIC"黄皮书");

③《业主/咨询工程师标准服务协议书条件》(通称 FIDIC"白皮书");
④《设计—建造与交钥匙工程合同条件》(通称 FIDIC"橘皮书");
⑤《土木工程施工分包合同条件》。

1999 年,FIDIC 出版了《施工合同条件》《生产设备和设计——施工合同条件》《设计采购施工(EPC)/交钥匙工程合同条件》和《简明合同格式》这 4 种新的合同条件,旨在逐步取代以前的合同条件。

二、FIDIC 合同条件的发展历程

全球一体化进程的快速推进,国际工程建设的快速发展,工程建设规模的不断扩大等,给当事人签订合同带来了一定的困难。由此,国际工程界需要一种标准合同文本,在工程的费用、进度、质量、当事人的权利和义务等方面都有明确而详细的规定,能在工程项目建设中普遍使用或稍加修改即可使用。而 FIDIC 合同条件正是顺应这一要求而产生的。

1957 年,FIDIC 与欧洲建筑工程联合会(FIEIC)一起在英国土木工程师协会(ICE)编写的《标准合同条件》的基础上,制定了 FIDIC 合同条件第一版。第一版主要沿用英国的传统做法和法律体系,包括一般条件和特殊条件两部分。1969 年修订的第二版 FIDIC 合同条件,没有修改第一版的内容,只是增加了适用于疏浚工程的特殊条件。1977 年修订的第三版 FIDIC 合同条件,则对第二版做了较大修改,同时出版了《土木工程合同文件注释》。1987 年,FIDIC 合同条件第四版出版,此后又于 1988 年出版了第四版的修订版。为指导应用,FIDIC 于 1989 年出版了针对第四版的注释,即《土木工程施工合同条件应用指南》。1999 年,FIDIC 又出版了新的《施工合同条件》,这是目前正在使用的合同条件。

我国对 FIDIC 合同模式的探索比加入国际咨询工程师联合会要早。1986 年陕西西安至三原的公路项目、1987 年的京津塘高速公路项目都采用了第三版 FIDIC 合同条件,此后济青高速公路、成渝高速公路等世界银行贷款公路项目则采用了第四版 FIDIC 合同条件。财政部于 20 世纪 80 年代向世界银行提出编写符合我国国情的 FIDIC 条款的报告得到批准。1991 年,财政部出版了《世界银行贷款项目招标采购文件范本》,并用于杭甬高速公路、深汕高速公路等项目中。交通部于 1992 年、1995 年分别组织专家编写了《公路国际招标文件范本》和《公路工程国内招标文件范本》,并于 2003 年对《公路工程国内招标文件范本》进行了修订。

三、FIDIC 合同条件的构成

FIDIC 合同条件由通用条件和专用条件两部分构成。

1. FIDIC 通用条件

FIDIC 通用条件是固定不变的,只要是属于土木工程施工的工程建设项目,如工业与民用建筑工程、水电工程、路桥工程、港口工程等建设项目均可适用。通用条件共分 20 条 163 款。20 条分别是一般规定,雇主,工程师,承包商,指定的分包商,职员和劳工,工程设备、材料和工艺,开工、延误和暂停,竣工检验,雇主接收,缺陷责任,测量和估价,变更和调整,合同价款和支付,由雇主终止,由承包商暂停和终止,风险与职责,保险,不可抗力,索赔、争端和仲裁。通用条

件还包括附录及程序规则。

通用条件可以适用于所有的土木工程,其条款也非常具体而明确,但不少条款还需要前后串联、对照才能最终明确其全部含义,或与专用条件中相应序号的条款联系起来,才能构成一条完整的内容。FIDIC合同条件属于双方合同,即施工合同的签约双方(业主和承包商)都承担风险,又各自分享一定的权益。因此,其中有大量的条款明确地规定了在工程实施某一具体问题上双方的权利和义务。

2. FIDIC 专用条件

基于不同地区、不同行业的土建类工程施工共性条件而编制的通用条件已是分门别类、内容详尽的合同文件范本。但具体到某一工程项目,有些条款还必须考虑工程的具体特点和所在地区情况予以必要的变动。FIDIC专用条件就是为了实现这一目的而制定的。第一部分的通用条件和第二部分的专用条件,构成了决定一个具体工程项目各方的权利和义务的内容。

第二部分专用条件的编制原则:根据具体工程的特点,针对通用条件中的不同条款进行选择、补充或修正,使由这两部分相同序号的条款组成的内容更为完备。因此,专用条件并不像通用条件那样,条款序号依次排列,并且每一序号下都有具体的条款内容,而是视第一部分条款内容是否需要修改、取代或补充,而决定相应序号的专用条件是否需要修改、取代或补充,从而决定相应序号的专用条款是否存在。

四、FIDIC合同条件下的建设项目工作程序

在FIDIC合同条件下,建设项目的工作大致按以下程序进行:

(1) 进行项目立项,筹措资金。

(2) 通过工程监理招投标选择工程师,签订工程监理委托合同。

(3) 通过竞争性勘察设计招标确定或直接委托勘察设计单位对工程项目进行勘察设计,也可委任工程师对此进行监理。

(4) 通过竞争性招标,确定承包商。

(5) 业主与承包商签订施工承包合同,作为FIDIC合同文件的组成部分。

(6) 承包商办理合同要求的履约担保、预付款保函、保险等事项,并取得业主的批准。

(7) 业主支付预付款。在国际工程中,一般情况下,业主在合同签订后、施工前支付给承包商一定数额的资金(无息),以供承包商进行施工人员的组织、材料设备的购置及进入现场、完成临时工程等准备工作,这笔资金称工程预付款。预付款的有关事项,如数量、支付时间和方式、支付条件、扣还方式等,应在专用合同条件或投标书附件中予以明确。预付款的金额一般为合同价款的 10%～15%。

(8) 承包商提交工程师所需的施工组织设计、施工技术方案、施工进度计划和现金流量估算。

(9) 准备工作就绪后,由工程师下达开工令,业主同时移交工地占有权。

(10) 承包商根据合同的要求进行施工,工程师则进行日常的监理工作。这一阶段是承包商与工程师的主要工作阶段,也是FIDIC合同条件要规范的主要内容。

(11) 根据承包商的申请,工程师进行竣工检验。若工程合格,颁发接收证书,业主归还部分

保留金。

（12）承包商提交竣工报表，工程师签发支付证书。

（13）在缺陷通知期内，承包商应完成剩余工作并修补工程缺陷。

（14）缺陷期满后，经工程师检验，证明承包商已根据合同履行了施工、竣工以及修补所有工程缺陷的义务，工程质量达到了工程师满意的程度，则由工程师颁发履约证书，业主应归还履约保证金及剩余保留金。

（15）承包商提出最终报表，工程师签发最终支付证书，业主与承包商结清余款。随后，业主与承包商的权利、义务关系即告终结。

五、FIDIC 合同条件下合同文件的组成及优先次序

在 FIDIC 合同条件下，合同文件除合同条件外，还包括其他对业主、承包商都有约束力的文件，如中标函、投标书、各种规范、施工图纸和标准图集、资料表和构成合同组成部分的其他文件。构成合同的这些文件应该是互相补充、互相说明的，但是这些文件有时会产生冲突或含义不清。此时，应由工程师进行解释，其解释应根据合同文件的内容按以下先后顺序进行。

1. 合同协议书

合同协议书有业主和承包商的签字，有对合同文件组成的约定，是使合同文件对业主和承包商产生约束力的法律形式和手续。

2. 中标函

中标函是由业主签署的正式接受投标函的文件，即业主向中标的承包商发出的中标通知书。它的内容很简单，除明确中标的承包商外，还明确项目名称、中标标价、工期、质量等事项。

3. 投标书

投标书是由承包商填写并提交给业主的，对其具有法律约束力的文件。其主要内容是工程报价，同时保证按合同条件规范、图纸工程量表、其他资料表、所附的附录及补充文件的要求，实施并完成招标工程并修补其缺陷，保证中标后，在规定的开工日期后尽早地开工，并在规定的竣工日期内完成合同中规定的全部工作。

4. 合同专用条件

这部分内容的效力高于通用条件，有可能对通用条件进行修改。

5. 合同通用条件

这部分内容若与专用条件冲突，应以专用条件为准。

6. 规范

规范包括强制性标准和一般性规范。它是指对工程范围、特征、功能和质量的要求和施工方法、技术要求的说明书，对承包商提供的材料的质量和工艺标准、样品和试验、施工顺序和时间安排等都要做出明确规定。一般技术规范还包括计量、支付方法的规定。

规范是招标文件的重要组成部分。编写规范时可引用某一通用外国规范，但一定要结合本工程的具体环境和要求来选用，同时应按照合同根据具体工程的要求对选用的规范进行补充和修改。

7. 图纸

图纸是指合同中规定的工程图纸、标准图集,也包括在工程实施过程中对图纸进行的修改和补充。这些修改、补充过的图纸均须经工程师签字后正式下达,才能作为施工及结算的依据。另外,招标时提供的地质钻孔柱状图、探坑展示图等地质、水文图纸也是投标人的参考资料。

8. 资料表

资料表包括工程量表、数据、表册、费率或价格表等。标价的工程量表是由招标人和投标人共同完成的。作为招标文件的工程量表中有工程的每一类目或分项工程的名称、估计数量以及计量单位,但留出单价和合价的空格,这些空格由投标人填写。投标人填入单价和合价后的工程量表称为"标价的工程量表",是投标文件的重要组成部分。

任务 5 公路工程索赔案例

案例 1

【背景】

某施工单位(以下称乙方)与某建设单位(以下称甲方)签订了一项施工合同。施工地点位于郊外,施工现场场地情况恶劣。甲方迟迟未按合同约定提供三级路面标准的现场公路,致使乙方运输车辆的轮胎磨损严重,耗油明显增加。此外,现场施工生产率降低,经测算影响工期2个月。乙方据此提出索赔。

【问题】

(1) 乙方该项施工索赔能否成立,为什么?索赔成立的条件有哪些?

(2) 在工程施工中,通常可以提供的索赔证据有哪些?

(3) 在该索赔事件中,乙方应提出的索赔内容包括哪两方面?

(4) 乙方应提供的索赔文件有哪些?

【参考答案】

(1) 乙方该项施工索赔能成立。合同约定了甲方的义务,即应提供三级路面标准的现场公路,但却迟迟未履行,属于违约,应承担由此造成的损失赔偿责任。在具体操作上,乙方索赔要求成立必须同时具备的三个条件为:① 与合同相比较,索赔事件已造成了乙方实际的额外费用或工期损失;② 乙方对造成费用增加或工期损失的原因不存在过失;③ 乙方的索赔遵照规定的索赔程序进行,即在规定时间内提供了相应的索赔文件。

(2) 在工程施工中,通常可以提供的索赔证据有:① 合同协议书、中标通知书、投标书及其附件、施工合同专用条款、施工合同通用条款、标准、规范及有关技术文件、图纸、工程量清单、工程报价单或预算书;② 设计交底记录、变更图纸、变更施工指令;③ 工程签证;④ 往来函件;⑤ 会议纪要;⑥ 施工计划及现场实施情况记录;⑦ 施工日志等;⑧ 送电、送水、道路开通、封闭记录;⑨ 停水、停电和干扰事件记录;⑩ 预付款、进度款拨付记录;⑪ 图纸及其变更、交底记录的往来文件记录;⑫ 施工部位的照片及录像;⑬ 现场气候记录;⑭ 验收报告、技术鉴定;⑮ 材料采购、订货、运输、进场、验收及使用;⑯ 会计核算;⑰ 国家、省、市有关规定。

(3) 由于甲方违约,造成两方面的影响:① 乙方运输车辆的轮胎磨损严重,耗油明显增加;② 现场施工生产率降低,影响工期2个月。因此,乙方应提出相应费用索赔和工期索赔两方面内容。

(4) 承包商应提供的索赔文件有:① 索赔意向通知;② 索赔报告;③ 索赔证据与详细计算书等附件。

案例 2

【背景】

甲方和乙方签订了某路基工程施工合同。乙方承包了路基施工工程,合同中约定的工期为 350 天,开工日期为 2018 年 11 月 12 日,本工程在冬期不停止施工。甲方在合同中约定:乙方采用措施保证冬期施工,措施费为 150 万元,包干使用,不再增减。在开工前,乙方向甲方提交了施工组织设计(方案)及进度计划,甲方同意按此方案实施。

在实际施工过程中发生了以下事件。

事件 1:在土方开挖施工时,由于乙方自身没有土方施工专业队伍和机械,遂将土方开挖分包给另一家土方施工专业公司 A,由于乙方和 A 公司就土方开挖价格未能及时谈拢,土方施工单位未在甲方规定的时间进场开挖,致使土方开挖延期开工 20 天。

事件 2:在土方开挖后,因甲方提供的图纸设计有误,乙方发现此问题后及时通知甲方,甲方通过和设计单位的联系,随后以图纸变更洽商的形式,下令给乙方,因此路基底部的施工比原计划时间推迟 30 天。经乙方现场统计,在图纸变更前,乙方配料和人工窝工已经发生 60 万元的费用。

事件 3:乙方根据合同工期要求,冬期继续施工。在施工过程中,乙方为保证施工质量,采取了多项技术措施,由此造成额外的费用支出共 200 万元。

在上述事件发生以后,乙方及时向甲方通报,并恳请甲方以事实为依据,给予工期顺延,同时给予损失补偿。

【问题】

(1) 事件 1 中乙方提出了补偿要求,按照合同约定,乙方能够获得工期顺延的补偿吗?为什么?

(2) 事件 2 中乙方能够得到工期顺延及经济补偿吗?为什么?

(3) 事件 3 中,乙方采取技术措施保证冬期施工质量所造成的额外费用,甲方会给予补偿吗?为什么?

【参考答案】

(1) 乙方不可以对事件 1 进行索赔,不会得到工期顺延的补偿,因为土方开挖拖期开工 20 天是由于乙方自身的原因造成的,甲方不应该给予工期顺延。

(2) 对事件 2 乙方可以提出索赔,造成路基底部的施工比原计划推迟 30 天及 60 万元的损失是因为图纸设计有误,不属于乙方的过错而给乙方造成损失,符合索赔的条件,因此,甲方应该给予工期顺延,同时对所发生的费用给予补偿。

(3) 对事件 3 甲方不会给予费用补偿,因为甲乙双方事前已经在合同中约定乙方采用措施保证冬期施工,甲方支付 150 万元措施费,包干使用,不再增减。因此,甲方不会给予费用补偿。

案例 3

【背景】

某道路工程中的一条地下通道,原设计图纸中没有显示。工程将近竣工时,工程师才发现这一错误,于是,承包商不得不去购买额外的材料。结果造成专门负责地下工程施工的人员被迫停工待料两周,这期间没有其他工程可以施工。据此,承包商要求费用索赔。

【分析】

根据 FIDIC 第 5.2 款,如果合同文件的内容出错或互相矛盾,这时:① 工程师必须解释及修正构成合同一部分的文件;② 工程师必须向承包商发出指示,以便承包商按指示施工;③ 若工程师认为发出的指示会使承包商付出额外费用,且承包商确实无法事先预见该合同文件中错误或矛盾的地方时,工程师应予以证明,由业主支付给承包商额外费用作为补偿。据第 5.2 款,承包商只有权索要工程费用,而无权索赔利润。工程师审批后答复:可以接受。原因是承包商在遵守工程师所发出的指示施工后,曾支出附加费用;而图纸上的错误,承包商事前确实无法预见,故造成承包商的人员、机具停工待料两周。因此,有权按 FIDIC 第 5.2 款的规定获取额外款项。

案例 4

【背景】

某项道路工程,因要提高道路等级,故工程师建议把通道与涵洞进行归类、合并,则此图应由工程师设计交图。但实际出图时间比合同规定时间要晚,所以承包商提出索赔要求。但是总的设计变更后,即使承包商索赔出一些费用,却为业主节省了较多的工程款。

【分析】

据 FIDIC 第 6.4 款所述,承包商因下列情况多付出款项,应该得到赔偿:① 当工程师未能按合同规定或承包商要求的合理时间内发出有关图纸、批示或给予批准;② 承包商已向工程师发出书面通知,讲明工程进度等可能会受到影响。除非工程师在合理时间内另行发出图纸、指示或批准,承包商则不索赔。

这里应注意的是,这种索赔的工程量及合同总价变更小于总合同价时,承包商只可索取增加的工程成本,而无权索赔利润。若变更大于总合同价,则要在合同价格中增加一笔款项。这一条款也要求工程师监理工程及实施变更必须早有计划及严密组织,若是因监理工程师拖延了承包商的施工进度,业主就要多付出款项。

据 FIDIC 第 6.4 款承包商提出索赔要求。某工程合同及工程规范中规定:工程师应详细测量、确定所有下水道的正确位置、高度和角度。该工程中共有 200 条下水道。工程刚开工不久,承包商就通知工程师必须在半月之内交出 200 条下水道的施工详图,如不能按时得到图纸,工程便会受到延误,承包商将索赔工程受阻所需的费用。

工程师审理后答复:FIDIC 第 6.4 款规定,工程师必须在合适的时间内发出图纸和指示,但要求在同一时间内发出 200 条下水道的图纸是不合理的。据承包商已获批准的工程进度表显示,在半个月之内只需要 20 份图纸,这些图纸已发给承包商。因此,不批准承包商索赔的请示。工程师又给承包商发出通知:以后会分批交付图纸,使承包商在准备进行某条下水道施工之前,收到有关的图纸。

案例 5

【背景】

1. 合同情况

项目及工期:世界银行在某国的工程项目,中标的承包商修建 59 km 长的公路,原合同建造时间为 24 个月,后延期至 36 个月。

路基体积：投标时为 1 178 000 m³，实际工程为 1 672 000 m³，增加了 494 000 m³。

工程造价：投标时 1 310 万美元，增加 140 万美元。

2. 工程及索赔背景

在 10 km 长的沼泽地上，沉陷量较预期大。主路堤的体积超出工程量清单 4 296 m³，增加的数量根据工程量清单价款已付给承包商。由于路堤的体积增加，承包商将延期完成整个工程（无须支付拖期违约损失补偿金）。承包商声称不习惯在亏损情形下的作业。承包商提出 19 个索赔项目来弥补损失，当所有索赔提出时，施工延期即将结束。

3. 承包商所提出的索赔

涉及路堤施工及根据 FIDIC 第 12 条：承包商所面对的恶劣地质情况在投标中是不可预料的，造成路堤体积的增加，材料运距的增长，工程工期延长。

4. 承包商索赔计算

步骤一：承包商在投标报价时，路堤填方的价格原本取决于以下材料来源——道路挖掘、借土区的普通土、沙滩的沙。但因路堤体积增加而造成以上资源无法满足需求，所以必须采用更多的高价材料，要求索赔 206 000 美元。

步骤二：因材料调查报告出现失误，而使承包商认为可以采用借土区的土填筑路堤，后来发现若要将太湿的泥土压实至要求的密实度时，平均需要 20 个工作日。因此，承包商申诉是被迫采用粒状的石料建造路堤。由于将石子爆破和粉碎的费用比较昂贵，很多在借土区采的土中，粉状石料并不足够。要求索赔 1 374 000 美元。

步骤三：由于更换材料的运输路途增加而使运费增加，由 1.8 km（投标书）变为 2.3 km（实际），索赔 607 000 美元。

步骤四：施工延期会使机具和劳力费用增加，又因通货膨胀的影响，与原计划的进度比较，原来需 22.7 个月完成的土方工程现需要 32 个月，因此，工效降低至 71%。工效降低的原因：大量的沉陷和土崩，需挖开更多的取土口，粒状的石子需爆破和粉碎，土地征用的延误（延误 227 天）。要求索赔 2 320 000 美元。

以上四个步骤，累计索赔的直接总款项为 4 507 000 美元，再加上 33.3% 的经营管理费用和盈利 1 502 333 美元，索赔金额总共为 6 009 333 美元。这一索赔款项是总工程费用的 43%。

【分析】

路堤增加的体积是根据改变了承包商投标书中假设的借土来源地而计算的。这一点具有争论性，这是能被有经验的承包商事先发觉的。因为招标时已讲明有 10 km 长的路会穿过沼泽地，土壤和材料报告早已提及沉陷在沼泽地发生的可能性，但沉陷量是不易从沉积层的性质中测定的。即使沉陷可以作为不能预料的恶劣的地质条件（如 FIDIC 第 12 条），但承包商的作业也不会为此而变得困难或费用增加，因为在任何时间，这 10 km 长的沼泽地附近都有足够的可供利用的借土区，材料的数量很多，同时也极易提取。事实上，路堤的沉陷不会使造价更为昂贵，整个路堤的修建是一层接一层至完工为止。

所以，步骤一不允许有额外的付款。

普通土到粒状石料的转换，依据是所谓一般泥土不适用于路堤的建造。实际上，泥土和材料报告中已清楚地指出，这些需要压实的一般泥土非常潮湿；工程规范也说明在未执行土压时，太湿的泥土需干燥，而承包商没有遵从工程师的劝告将路面上的泥土弄松来加快泥土变干。一般的土不能用作路堤建造的结论是错误的，因为在整个东南亚，修筑路堤都是用同样的泥土。

由于承包商在投标中没有遭遇任何不可预料的变故,在这时用FIDIC第12条是不适合的。承包商发现采用同一借土区的粒状石料作为填土更为方便,承包商可以自由选择用怎样的材料来填筑路堤,但这一选择不能达到他享有额外付款的目的。

综上所述,步骤二不允许有额外付款。

运输距离从1.8km变为2.3km,是不正确的。从工程师的详细计算中可知:在承包商投标中所列出的平均运距是2.39km,在实际建造时的平均运距是1.64km,因此,并不需要将修筑路堤的泥土运送很长一段距离。材料运距增加是由于承包商自己所开采使用的借土区比计划多了两倍。

因此,对步骤三不允许有额外付款。

延期所增加的费用是根据通货膨胀及降低效益计算的。承包商以前已得到过赔偿,因为合同内的物价指数公式与物价上涨指数不符,也显示出每月物价的变动,如水泥、钢筋、柴油、沥青、劳工等。工程师不同意承包商所提出的以下导致工作效率下跌的原因:沉陷和土崩,需更多的借土区,开采粒状的借土区需爆破和粉碎,土地延迟等。

由承包商算出的工效是根据实际的土工作业和计划进度作比较,而工程师认为:工效的降低几乎完全是因承包商本身的管理不善而致,应自负其责。这主要有以下几点因素:承包人调动迟缓,通往工地的临时便桥延迟修建,而关于沼泽区的填土,工作人员从开始至完工都没有遵守规范的要求。压实试验证明:因经常不能达到设计要求的标准而返工。恶劣的天气是一个问题,但FIDIC第12条并不适用。

从以上各点来看,工程师能够指出土工作业正如承包商所述可以在22.7个月内完成,规范操作可使上述承包商本身导致的延迟不会发生。所以,对步骤四不允许有额外付款。

综合以上四步来看,承包商未能成功地证明,他遭遇到如FIDIC第12条所述的未能预料的恶劣情况和地质条件所引起的额外费用。因此,工程师不批准所需的额外费用。总的来讲,FIDIC第12条主要是处理承包商与业主之间的风险分担。承包商应负责他可以合理预测的风险,这里所谈的风险主要是工地地质情况和人为阻碍。正确地运用FIDIC第12条款,能确保投标中的公平竞争性。

复 习 思 考

1. 什么是索赔?
2. 引起索赔的原因有几个方面?
3. 索赔有哪些作用?
4. 简述索赔程序的主要步骤。
5. 承包商索赔要求的成立必须同时具备哪四个条件?
6. 索赔解决的方法有哪些?
7. FIDIC土木施工合同条件的构成有哪些?

参考文献

[1] 中华人民共和国交通运输部.公路工程标准施工招标资格预审文件(2018年版)[M].北京:人民交通出版社,2018.
[2] 中华人民共和国交通运输部.公路工程标准施工招标文件(2018年版)[M].北京:人民交通出版社,2018.
[3] 周中意.公路工程招投标与合同管理[M].重庆:重庆大学出版社,2006.
[4] 杨锐,王兆,王颢.工程招投标与合同管理实务[M].北京:机械工业出版社,2015.
[5] 杨庆丰.建筑工程招投标与合同管理[M].北京:机械工业出版社,2011.
[6] 程功,王胜兰.建设工程招投标与合同管理[M].广州:华南理工大学出版社,2015.
[7] 方洪涛,王铁,吕宗斌.工程项目招投标与合同管理[M].2版.北京:北京理工大学出版社,2013.
[8] 刘佳力.公路工程招投标与预决算[M].北京:化学工业出版社,2009.
[9] 罗萍.公路工程建设招标与投标[M].3版.北京:人民交通出版社,2015.